STADT IN DER GESCHICHTE

Band 6

Stadt in der Geschichte

Veröffentlichungen
des Südwestdeutschen Arbeitskreises
für Stadtgeschichtsforschung

Band 6

Jan Thorbecke Verlag Sigmaringen

Südwestdeutsche Städte im Zeitalter der Staufer

16. Arbeitstagung in Stuttgart
22.–24. 4. 1977

Herausgegeben von
Erich Maschke und Jürgen Sydow

Jan Thorbecke Verlag Sigmaringen

CIP-Kurztitelaufnahme der Deutschen Bibliothek
Südwestdeutsche Städte im Zeitalter der Staufer:
16. Arbeitstagung in Stuttgart, 22.–24. 4. 1977 /
hrsg. von Erich Maschke u. Jürgen Sydow. –
Sigmaringen: Thorbecke, 1980.
(Stadt in der Geschichte; Bd. 6)
ISBN 3-7995-6406-3
NE: Maschke, Erich [Hrsg.]

Gesamtherstellung: M. Liehners Hofbuchdruckerei KG, Sigmaringen
Printed in Germany – ISBN 3-7995-6406-3

Inhaltsübersicht

Vorwort 7

Erich Maschke
Bürgerliche und adlige Welt in den Städten der Stauferzeit . . . 9

Gerhard Baaken
Pfalz und Stadt 28

Elisabeth Nau
Staufische Münzpolitik 49

Helmut Maurer
Die Bischofsstadt Konstanz in staufischer Zeit 68

Berent Schwineköper
Zur Problematik von Begriffen wie Stauferstädte, Zähringerstädte und ähnlichen Bezeichnungen 95

Jürgen Sydow
Adelige Stadtgründer in Südwestdeutschland 173

Beiträge aus der Diskussion 193

Verzeichnis der Verfasser und Diskussionsteilnehmer 210

Orts- und Personennamen 211

Vorwort

Anläßlich des 25jährigen Bestehens des Landes Baden-Württemberg veranstaltete das Württembergische Landesmuseum, Stuttgart, im Frühjahr 1977 die große Ausstellung »Die Zeit der Staufer«. Diese Ausstellung war von einer ganzen Reihe wissenschaftlicher Veranstaltungen begleitet. Der Südwestdeutsche Arbeitskreis für Stadtgeschichtsforschung hat sich mit seiner damals ausnahmsweise im April durchgeführten Tagung ebenfalls in dieses große Programm eingefügt. Nachdem im Beirat recht schnell Übereinstimmung darüber herrschte, daß eine Behandlung des Städtewesens der Stauferzeit im gesamten Deutschland keinen tiefergehenden wissenschaftlichen Ertrag bringen würde, ist das Thema auf eine Erforschung des Städtewesens im südwestdeutschen Raum während der Stauferzeit beschränkt worden; denn dadurch wurde es möglich, erstmals in diesem staufischen Kerngebiet die Erscheinungen des gerade hier so blühenden Städtewesens in dieser Landschaft von allen Seiten her zu beleuchten und zu erfassen. Dazu haben viele Kollegen dankenswerterweise mit ihren Referaten und auch mit Diskussionsbemerkungen beigetragen, wofür der Arbeitskreis ihnen herzlichen Dank weiß. Leider fehlt auch in diesem Bande wiederum der Vortrag, den Herr Dr. Joseph Kerkhoff, Stuttgart, auf der Tagung gehalten hat, obwohl gerade dieser Beitrag, der sich mit den Städten der Welfen befaßte, besonders wichtig gewesen wäre.

Die Vorlage eines neuen Bandes veranlaßt selbstverständlich immer dazu, denen zu danken, ohne deren Hilfe und Unterstützung die Abhaltung der Tagung und die Drucklegung der Veröffentlichung nicht möglich wäre. Der Südwestdeutsche Arbeitskreis für Stadtgeschichtsforschung will daher zunächst der Stadt Stuttgart für die liebenswürdige Einladung und Herrn Stadtarchivdirektor Dr. Kurt Leipner für die Mühen der Vorbereitung am Ort herzlich danken. Ohne die laufende Unterstützung durch den Württembergischen Sparkassen- und Giroverband wäre die Tätigkeit des Arbeitskreises schon längst zum Erliegen gekommen; wir können ihm und seinem Präsidenten, Herrn Landrat a. D. Stolz, nur immer wieder unseren Dank für diese Hilfe aussprechen. An den Tagungskosten hat sich sehr wesentlich die Thyssen-Stiftung beteiligt, so daß ihr ein aufrichtiger Dank auszusprechen ist. Zu danken haben wir schließlich auch der Stadt Göppingen und dem Kreis Göppingen sowie der Stadt Stuttgart, die Zuschüsse für die Druck-Verfügung gestellt haben.

Auch dieser Band wurde wiederum vom Geschäftsführer des Arbeitskreises im Stadtarchiv Tübingen vorbereitet, wobei er, wie schon in den vergangenen Jahren, sich auch der Mithilfe seiner Frau erfreuen konnte. Der Südwestdeutsche Arbeitskreis für Stadtgeschichtforschung ist glücklich darüber, daß er so kurz nach dem Erscheinen des letzten Bandes seiner Schriftenreihe nun bereits einen weiteren Band vorlegen kann, womit die Lücke zwischen Tagung und Veröffentlichung, die vor Jahren noch sehr groß war, immer weiter geschlossen wird. Daß dies möglich wurde, ist nicht zuletzt einem namhaften Zuschuß des Ministeriums für Wissenschaft und Kunst, Stuttgart, zu verdanken. Am Schluß sollte dann auch der Dank an unseren Verleger nicht vergessen werden, der die Mühe der Fertigstellung von zwei Bänden, die kurz nacheinander erscheinen, auf sich genommen hat.

Heidelberg und Tübingen, im Oktober 1979

Erich Maschke *Jürgen Sydow*

Bürgerliche und adlige Welt in den deutschen Städten der Stauferzeit

von Erich Maschke

Vorbemerkung: Das Thema wurde in verkürzter Fassung im Südfunk Stuttgart am 13. Mai 1977 und in der hier wiedergegebenen Form vor den Historikern Heidelbergs am 29. Januar 1979 vorgetragen. Den Diskussionen verdankt der Autor wertvolle Anregungen.

Verstehen wir hier unter »Welt« einen durch gleiche geistig-seelische Haltung, gleiche Interessen und Lagemerkmale gekennzeichneten Personenkreis, so dürfen wir sowohl den Adel wie das Bürgertum als Lebenskreise verstehen, die jeweils eine solche »Welt« darstellen. Indem sie sich etwa in der 2. Hälfte des 12. und der ersten Hälfte des 13. Jahrhunderts in den werdenden deutschen Städten begegneten, prägten sie eben hiermit die Stadtgeschichte dieser Zeit in entscheidender Weise.

Die Zeit der Staufer brachte den Höhepunkt der ritterlichen Kultur in Deutschland [1]. Das Königshaus selbst repräsentierte in vollendeter Art die ritterlichen Lebensformen. Das Mainzer Hoffest von 1184 stellte sie in würdigen Formen dar. Staufische Herrscher umgaben sich mit Dichtern oder dichteten selbst. Die königlichen Pfalzen bildeten mit ihrer klaren Architektur den Rahmen für Fest und Alltag des königlichen Hofes, an dem sich große Herren und kleine Dienstmannen begegneten. Ebenso wurden die fürstlichen Höfe zu Mittelpunkten gesteigerter politischer und kultureller Aktivität. In der gleichen Zeit stiegen die Ministerialen als unfreie Diener von Fürsten und Herren in Kriegs- und Verwaltungsdienst auf zum niederen Adel [2]. Eben aus ihrem Kreis erhoben sich Dichter und Sänger, die uns wie die steinernen Gestalten in Naumburg, Bamberg oder Straßburg das ritterliche Idealbild dieses Jahrhunderts verkünden [3].

Ganz unabhängig hiervon bildete sich in den werdenden Städten ein zweiter Mittelpunkt einer intensiven und umfassenden Veränderung des politischen, sozia-

1 Als brauchbarer Gesamtüberblick sei genannt: Die Zeit der Staufer, Geschichte – Kunst – Kultur. Katalog der Ausstellung Stuttgart 1977, Bd. III: Aufsätze; vgl. auch Odilo Engels, Die Staufer. Urban-Taschenbücher 154, ²1977.

2 Karl Bosl, Die Reichsministerialität der Salier und Staufer. Ein Beitrag zur Geschichte des hochmittelalterlichen deutschen Volkes, Staates und Reiches. 2 Bde. SchrrMGH 10, 1950/51.

3 Vgl. allgemein: Das Rittertum im Mittelalter, hg. von Arno Borst. Wege der Forschung 349, 1976.

len und kulturellen Lebens aus [4]. Das Bürgertum der alten deutschen Bischofsstädte erkämpfte sich in der weitgehenden Emanzipation vom Stadtherrn einen hohen Grad von Selbstverwaltung und Gerichtsbarkeit mit Rat und Schöffengericht. Ebenso entstanden unter günstigen rechtlichen und ökonomischen Bedingungen Hunderte von neuen Städten, die neben den lebhaft wachsenden alten Städten den Bevölkerungsüberschuß aufnahmen. So erfuhr die deutsche Stadt in der Stauferzeit einen ersten Höhepunkt ihrer Geschichte. Sie wurde durch die Verleihung von Markt- und Münzrechten eine engbebaute Siedlungsagglomeration mit dem Zweck der gewerblichen Produktion und des Gütertauschs und -absatzes sowie der Geld- und Kreditversorgung. Sie wurde ein eigener Rechtskreis und erhielt durch die Ummauerung Festungscharakter.

Bürgerliche und adlig-ritterliche Welt erscheinen zunächst weit voneinander entfernt und tief voneinander unterschieden. Erinnert man sich an *milte* und *mâze* als die beiden ethischen Grundforderungen des ritterlichen Lebens, so sollte man auch an den Gegenbegriff der *unmaze* denken, den wir in Köln, also im städtischen Milieu, als Personennamen für den Zöllner ministerialischer Herkunft Ungemaze im 12. Jahrhundert finden [5]. In der gleichen Zeit stoßen wir in Köln auf die Gir, Hardevust (harte Faust) und Overstolz, deren Familiennamen gleich vielsagend sind und an führenden Kaufleuten, deren Charakter damit gekennzeichnet ist, haften blieben. Es ist ebenso kennzeichnend, daß der Beiname und Familienname Dives-Reich sich zu dieser Zeit gerade in der bürgerlichen Oberschicht von Städten findet [6]. Der Reichtum bildete den übergeordneten Wertungsmaßstab. Es entstand eine vom Kaufmann her geprägte, spezifisch bürgerlich geformte Mentalität [7].

Wurde das Lehnswesen die verfassungsrechtliche Form und die ständisch gegliederte Lebensordnung der Adelsgesellschaft, in der jeweils Individuen durch Treue miteinander verbunden waren, so wurde das Bürgertum eine in Schichten gegliederte und zum Teil ständisch geordnete Gruppe, die den einzelnen durch seinen Schwur in der Eidgenossenschaft band [8]. Das Bezugssystem des einzelnen war in Adel und Bürgertum durchaus verschieden. Lebte der Adlige ohne eigene Arbeitsleistung von Geld- und Naturaleinkünften aus Grundbesitz und öffentlichen

4 Vgl. ERICH MASCHKE, Die deutschen Städte der Stauferzeit. In: Die Zeit der Staufer, wie Anm. 1, S. 59 ff.

5 EDITH ENNEN, Kölner Wirtschaft im Früh- und Hochmittelalter. In: Zwei Jahrtausende Kölner Wirtschaft 1. Hg. HERMANN KELLENBENZ, 1975, S. 128, auch für das folgende.

6 ERICH MASCHKE, Mittelschichten in deutschen Städten des Mittelalters. In: ERICH MASCHKE und JÜRGEN SYDOW (Hg.), Städtische Mittelschichten. VeröffKommGLdKdeBw B 69, 1972, S. 8.

7 DERS., Das Berufsbewußtsein des mittelalterlichen Fernkaufmanns. In: Miscellanea Mediaevalia 3, Beiträge zum Berufsbewußtsein der mittelalterlichen Menschen, 1964, S. 306 ff.; auch in: Die Stadt des Mittelalters 3: Wirtschaft und Gesellschaft. Wege der Forschung 245, 1973, S. 177 ff.; vgl.: DERS., La mentalité des marchands européens au moyen âge. In: RevHistEconSoc 42, 1964, S. 457 ff.

8 Vgl. WILHELM EBEL, Der Bürgereid als Geltungsgrund und Gestaltungsprinzip des deutschen mittelalterlichen Stadtrechts. 1958.

Abgaben, so hatte der Bürger im allgemeinen einen Beruf als regelmäßig ausgeübte, zumeist auf fachlicher Ausbildung beruhende Tätigkeit zum Zwecke der Existenzsicherung und Gewinnerzielung.

Adlige und bürgerliche Welt wurden wegen dieser Verschiedenheit trotz ihrer Gleichzeitigkeit von der historischen Forschung in einem weiten Abstand voneinander gesehen und demgemäß getrennt behandelt. Im rechts- und verfassungsgeschichtlichen Rahmen, etwa Stadtgründungen durch König, Fürsten und Herren, oder als politische Geschichte (zum Beispiel der Kampf von Bischof und Bürgerschaft in Worms oder Würzburg), wurde das Verhältnis von Adel und Stadt – weniger von Adel und Bürgertum – durchaus beachtet. Diese Ansätze wurden nicht weiterentwickelt; sie wurden zurückgedrängt, seit von Hans Planitz [9] die These vertreten wurde, daß es der Fernkaufmann war, durch den die entscheidende Entwicklung der hochmittelalterlichen Stadt eingeleitet wurde. Hier ist nun in jüngster Zeit eine Wendung eingetreten. Knut Schulz, Josef Fleckenstein und andere haben die Aufmerksamkeit wieder auf die Rolle der Ministerialen gelenkt [10]. Durch ihre Identifizierung, also mit der prosopographischen Methode, haben diese Studien die Ministerialen in Rat und Schöffengericht sowie als einzelne in Rechtsakten festgestellt und ihre Zahl und Bedeutung geklärt. Damit aber erhebt sich die Frage, wie die Vertreter einer agrarisch-kriegerisch-feudalen Welt, aus der die Dienstmannen bei ihrer Einwanderung in die Städte kamen, dem Bürgertum begegneten und die Bürger den Adligen, und wie sie sich miteinander verbanden. Wir wollen unsere Frage nur in zwei Ebenen stellen: der des Königs und der der Dienstmannen. Sie hatten zwar mit Stadt und Bürgertum zwei sehr verschiedene Verbindungen, doch es waren Begegnungen auf dem Boden der Stadt. Was wußten Adlige und Bürgerliche voneinander? Wie verstanden sie sich wechselseitig? Wie verhielten sie sich zueinander? Es sind also übergeordnet sozialpsychologische Fragestellungen, zu deren Beantwortung das hier vorzulegende Material wohl nicht ausreicht, aber vielleicht doch Anstöße bietet.

Wir beginnen mit dem König und lassen die Ministerialen folgen. Der König nahm auf seinen Reisen mit Familie und Gefolge zumeist in Städten Aufenthalt, in den bischöflichen und königlichen Pfalzen. Noch kam es nicht vor, daß er im Haus eines reichen Patriziers abstieg, wie König Ruprecht in Nürnberg 1403 bei Ulman Stromer [11]. Noch gab es im deutschen regnum keine Finanzverwaltung, an

9 Hans Planitz, Die deutsche Stadt im Mittelalter von der Römerzeit bis zu den Zunftkämpfen, 1954.

10 Knut Schulz, Die Ministerialität als Problem der Stadtgeschichte. Einige allgemeine Bemerkungen, erläutert am Beispiel der Stadt Worms. In: RheinVjbll 32, 1968, S. 184 ff. Erich Maschke und Jürgen Sydow (Hg.), Stadt und Ministerialität. Veröff. (wie Anm. 7) B 76, 1973, darin S. 1 ff.: Josef Fleckenstein, Die Problematik von Ministerialität und Stadt im Spiegel Freiburger und Straßburger Quellen. Alfred Haverkamp, Die »frühbürgerliche« Welt im hohen und späteren Mittelalter, Landesgeschichte und Geschichte der städtischen Gesellschaft. In: HZ 221, 1975, S. 587 ff.

11 Ulman Stromers Püchlein von mein geslecht. ChronDtStädte 1, 1865, S. 6.

der Kaufleute wesentlichen Anteil hatten, wie im Königreich Sizilien [12]. Noch spielten in der Stauferzeit Anleihen des Königs bei reichen Kaufleuten in Deutschland keine Rolle mit Ausnahme der Gelder, die österreichische Kaufleute dem Kaiser bei seinem Aufenthalt in Wien 1237 liehen [13], während später Anleihen an den König ein beträchtliches Ausmaß hatten [14].

Die Begegnungen vollzogen sich in anderen Zusammenhängen. In den Städten, die häufig vom König aufgesucht wurden, war sein Erscheinungsbild gewiß jedem Einwohner vertraut. Wenn Barbarossa 18 mal in Würzburg und 13 mal in Ulm [15] oder Heinrich (VII.) 21 mal in Hagenau, 20 mal in Nürnberg und 14 mal in dem soeben erst gegründeten Wimpfen weilte [16], so war auch bei räumlichem Abstand von Pfalz und Stadt die Nähe von Herrscher und Bürger ganz unmittelbar.

Diese Begegnung umfaßte mit dem königlichen Hof eine beträchtliche Personenzahl. Konrad III. genehmigte den Bürgern von Duisburg auf ihre Bitte und zum Lohn für ihren ergebenen Gehorsam die Häuser oder Bauten, die sie rund um *palatium et curiam regalem* und *supra forum* gebaut hatten [17]; so sollte der Ort von den Einwohnern um so eifriger gepflegt werden und es für ihn, den König, der dort eine *curia* hatte, und für *principes* und *familiares* geeignetere Unterkünfte *(hospitia)* gäbe. Für den König und seine *familia* und für die Fürsten, die ihn aufsuchten, aber auch für die Duisburger Bürger war die Genehmigung der Bürgerbauten von Vorteil.

Freilich sah man die Einquartierung des reisenden Königs und seines Gefolges oder gar der Teilnehmer eines Hoftages oder Kriegszuges keineswegs nur als einen Vorteil an, sondern wußte nur zu gut um die damit verbundene Belastung. Das Privileg Barbarossas von 1164 für Hagenau [18] bestimmte daher, daß sein Marschall, wenn der Kaiser die *villa* betreten habe, ohne Schaden für die Bürger friedlich über die Unterkünfte *(hospitia)* verfügen solle. Die Kanzlei wußte also, daß es bei der Unterbringung zu Härten für die Bürger kommen konnte. Da Friedrich sich oft in Hagenau aufhielt, war diese Absicherung für die Hagenauer Bürger ein wichtiges Entgegenkommen. Als Philipp von Schwaben in Erwartung

12 NORBERT KAMP, Adel und Kaufmannschaft in der Finanzverwaltung des staufischen Königreichs Sizilien. In: Mitt. d. Techn. Univ. Carolo-Wilhelmina in Braunschweig 8/9, 1973/74, S. 8 ff.

13 BF Nr. 2713.

14 Vgl. PETER MORAW, Königtum und Hochfinanz in Deutschland 1350–1450. In: ZGORh 121, 1974, S. 23 ff.

15 WALTER SCHLESINGER, Bischofssitze, Pfalzen und Städte im deutschen Itinerar Friedrich Barbarossas. In: Aus Stadt- und Wirtschaftsgeschichte Südwestdeutschlands. Festschrift für Erich Maschke zum 75. Geburtstag, 1975, S. 5, 10.

16 THEODOR MAYER, Das deutsche Königtum und sein Wirkungsbereich. In: DERS., Mittelalterliche Studien, Gesammelte Aufsätze, Karte »Königsitinerar Heinrichs (VII.)« im Anhang. Für Itinerar und Königsgastung in der Stauferzeit vgl. allgemein KARLRICHARD BRÜHL Fodrum, Gistum, Servitium regis. Kölner Hist. Abhh. 14 I, 1968, besonders S. 141 ff., für die Königsgastung durch die Städte S. 214 f., dazu 14 II die Karten.

17 UB f. d. Gesch. d. Niederrheins. Hg. TH. J. LACOMBLET, 1, 1840, Nr. 353.

18 FRIEDRICH KEUTGEN, Urkunden zur Städtischen Verfassungsgeschichte, 1899, S. 137 Nr. 135 § 27.

des welfischen Gegners 1198 einen Bündnisvertrag mit der Stadt Speyer schloß [19], mußte er damit einverstanden sein, daß zwar er mit 30 Rittern in der Stadt aufgenommen würde, doch sein Heer weder in der Stadt noch in der Vorstadt beherbergt werden dürfe. Die Aufnahme fürstlichen Gefolges oder von Heeren in Städten war für die Bürger überall eine Last. Daher stellte es für die Bürger von Nürnberg einen gewissen Ausgleich oder eine Belohnung dar, wenn Friedrich II. in seinem Privileg von 1219 [20] bestimmte, daß während der Abhaltung eines königlichen Hoftages kein Nürnberger von irgendwelchen Dingen Zoll zahlen solle.

Wurde die Nähe des Bürgers zum königlichen Hof mit der Last der Einquartierung bezahlt, so waren die Reichssteuern eine andere Belastung. Das Steuerverzeichnis von 1241 [21] zeigt, mit welchen Steuern der königliche Fiskus rechnete. Doch gerade dieses Aktenstück zeigt einen guten Informationsgrad und eine bemerkenswerte Rücksichtnahme im Falle der Zahlungsunfähigkeit der Städte. In Friedberg, Wiesbaden und Seligenstadt wie ebenso in den Städten anderer Landschaften wurde die Steuer ganz oder zur Hälfte für den Mauerbau der Stadt verwandt. Das lag im Interesse der königlichen Wehr- und Territorialpolitik. Doch wenn die Steuer erlassen wurde, weil die Stadt verbrannt war, so sprechen hieraus nicht nur die gute Informiertheit der Zentralverwaltung, sondern auch Verständnis und Entgegenkommen im Fall einer Notlage. Dabei wurden Unterschiede gemacht: Konstanz war nur für ein Jahr steuerfrei *propter incendium.*

Ein Zugang zum königlichen Lebensraum öffnete sich, wenn nach dem Stadtrecht Friedrich II. für Goslar von 1219 [22] kein Bürger der Stadt anderswo vor Gericht stehen durfte als in der Stadt selbst in der kaiserlichen Pfalz, unter der er wohnte.

Die Privilegierung wirtschaftlicher Rechte ging gewiß auf Wünsche der Städte zurück, setzte aber doch das Interesse und Verständnis der Kanzlei für ökonomische Zusammenhänge voraus. Sie kamen zum Ausdruck, wenn die Verleihung eines Stadtrechtes an Nürnberg, die Friedrich II. im Jahre 1219 vornahm [23], davon ausging, daß »jener Ort weder Weinberge noch Schiffahrt hat, sondern vielmehr auf härtestem Boden liegt«. Der Ausgleich für diese ungünstige Ausgangsposition wurde durch rechtliche, monetäre und kommerzielle Vorteile geschaffen. Über dieses Verständnis für einen Einzelfall ging das wirtschaftspolitische Denken hinaus, wenn Friedrich II. im August 1243 in Ariani der Stadt Worms ein Messeprivileg verlieh [24]. In der Arenga wurde als allgemeines Prinzip formuliert: »Dazu sind an geeigneten Orten allgemeine Messen eingeführt worden, daß der allgemeine Nutzen, für den weit und breit die menschliche Tätigkeit sorgt, gemeinsam durch wechselseitige Handelsgeschäfte gepflegt werde«. Daher wurde in der Für-

19 Urk. z. Gesch. d. Stadt Speyer. Hg. ALFRED HILGARD, 1885, S. 25 f. Nr. 22.
20 KEUTGEN, wie Anm. 18, S. 195 Nr. 157 § 12.
21 Ebd. S. 489 ff.; vgl. GERO KIRCHNER, Die Steuerliste von 1241. In: ZRGG 70, 1953, S. 64 ff.
22 KEUTGEN, wie Anm. 18, S. 181 Nr. 152 § 29.
23 Ebd. S. 194 Nr. 157.
24 UB d. Stadt Worms. Hg. HEINRICH BOOS, 1, 1886, S. 144 f. Nr. 206.

sorge für die Untertanen der Stadt Worms »zum wechselseitigen Vorteil« eine jährliche Messe verliehen. Das Privileg diente wörtlich als Vorurkunde für eine Messeverleihung an Speyer im Juli 1245 [25]. Die Wormser Frühjahrsmesse und die Speyerer Herbstmesse ergänzten sich.

Es kann nicht unsere Aufgabe sein, die wirtschaftlichen Maßnahmen der Könige zu schildern, doch an einer Planung gegenüber den Städten ist nicht zu zweifeln. Sie wirkte sich als Münz- und Währungspolitik aus, ganz besonders aber wurden die Handelsabläufe durch die Zollpolitik gesteuert. Sie erstrebte durch Privilegien eine Verflechtung der Bischofs- und Königsstädte untereinander zu einem Netz weitgespannter Handelsbeziehungen, in denen auch kleine Wirtschaftsräume berücksichtigt wurden, wenn etwa 1219 den Kaufleuten von Goslar [26] volle Zollfreiheit im ganzen Reich zugesagt wurde mit Ausnahme von Köln, Tiel und Bardowiek, in denen offensichtlich die Interessen Kölns den Vorrang hatten. Gab es im deutschen *regnum* auch keine Wirtschaftsplanung wie im Königreich Sizilien, so hatte das Königtum doch für die Anliegen der städtischen Wirtschaft und besonders für den Fernhandel durchaus Verständnis. Es gab am Hof Männer, die wirtschaftliche Kenntnisse besaßen. Der Abstand zum bürgerlichen Kaufmann war, wenn überhaupt vorhanden, nur gering.

Andererseits war das junge Bürgertum aufgeschlossen für das staufische Königtum. Eben in der Stauferzeit kam die Siegelführung der Bischofs- und Königsstädte als Ausdruck ihrer erfolgreichen Emanzipation in Brauch [27]. In manchen Königsstädten zeigte die Umschrift der Siegel, daß das besondere Verhältnis zum Reich durchaus bewußt war und im Bewußtsein erhalten wurde. In Mühlhausen in Thüringen [28] lautete der Text: *Sigillum burgensium imperialis civitatis,* in Boppard [29] merklich betonter *liberum et speciale opidum Romani imperii,* und gegen Ende der Stauferzeit in Wimpfen [30] feierlich gehoben: *Regia Wimpina gerit hec victricia signa.* Aachen [31] siegelte mit dem Siegel Karls des Großen und Frankfurt am Main [32] mit dem Siegel, das zunächst zur Pfalz und dem Reichskammergut gehörte und daher die Umschrift trug: *Frankenvort specialis domus imperii.*

Noch eindeutiger war die Parteinahme der Bürgerschaft in den Bischofsstädten für die staufischen Herrscher. Wir wollen nur an Weniges erinnern. Während im Kampf zwischen Kaiser und Papst die Bischöfe überwiegend auf der Seite der Kurie standen, bekannten sich die Bürger ihrer Städte zum König und Kaiser. Sie

25 UB Speyer, wie Anm. 19, S. 54 Nr. 69.

26 Wie Anm. 22 § 32.

27 Planitz, wie Anm. 8, S. 115, 234 ff.

28 Vgl. Deutsches Städtebuch II: Mitteldeutschland. HG. Erich Keyser, 1941, S. 616.

29 Ebd. IV, 3: Rheinland-Pfalz und Saarland, 1964, S. 112.

30 Klaus-Peter Schroeder, Wimpfen. Verfassungsgeschichte seiner Stadt und ihres Verhältnisses zum Reich von den Anfängen bis zum Ende des 15. Jhs. VeröffGLdKdeBW B 78, 1973, S. 15.

31 Erich Meuthen, Zur Datierung und Bedeutung des älteren Aachener Karlssiegels. In: ZAachenGV 65, 1965, S. 6 ff.; Heinrich Maria Kloos, Epigraphische Bemerkungen zum Aachener Karlssiegel. In: ebd. 82, 1972, S. 5 ff.

32 Deutsches Städtebuch, wie Anm. 28, IV, 1: Hessen, 1957, S. 142 ff.

waren hierbei, wie besonders die Geschichte von Worms zeigte, auch zu schweren Opfern bereit [33]. Wenn es in Würzburg [34] in der ersten Hälfte des 13. Jahrhunderts mehrfach zu Unruhen gegen den Bischof kam, so ging es hierbei nicht so sehr um die politische Stellungnahme von Angehörigen der Oberschicht, sondern um die breite Bevölkerung, die den Staufern anhing und sich gegen den Bischof als Parteigänger der Kurie wandte. Ähnlich war die Stellungnahme in anderen Städten.

Indem wir uns der politischen Konsequenzen des positiven Verhältnisses von Königtum und Bürgertum erinnern, können wir diesen Teil unserer Ausführungen abschließen. Hiermit verglichen, war das Verhältnis von Bürgertum und Stadt zu Ministerialität bzw. niederem Adel von sehr viel größerer Breite. Dabei darf nicht vergessen werden, daß es eine Tendenz gab, von der Stadt ins Land hinauszugreifen. Ein Kontakt mit dem landgesessenen Adel ergab sich, wo die Bemühungen der Bürger um die passive Lehensfähigkeit Erfolg hatten [35]. So verlieh König Heinrich (VII.) den *cives* von Basel 1227 zum Lohn für ihren ergebenen Gehorsam, daß sie frei Lehen empfangen könnten und, wie immer sie sie erwerben könnten, sie zu vollem Recht besitzen sollten [36].

Der Übergang reicher Patrizier in den Landadel sollte vorwiegend erst den folgenden Jahrhunderten angehören. Jetzt, in der späteren Stauferzeit, in der sich die städtische Oberschicht gerade erst formte und konsolidierte, ging es wohl mehr darum, sich über die passive Lehensfähigkeit den Zugang zu Einnahmen aus agrarischen Quellen zu verschaffen. Die Berechtigung der Bürger, Lehen zu empfangen, fand sich auch in anderen Städten; auch die Wiener Erbbürger gehörten dazu. In Norddeutschland bildete sich die aktive und passive Lehensfähigkeit erst einige Zeit später heraus.

Von unvergleichlich größerer Bedeutung war der entgegengesetzte Vorgang: die Niederlassung von Ministerialen in der Stadt, das heißt von Unfreien, die zu ehrenvollen Diensten, besonders Hofämtern und Kriegsdiensten, herangezogen wurden, dafür ein Dienstlehen erhielten und zur *familia* ihres Herrn gehörten. Im Rahmen unseres Themas kann es sich nur darum handeln, zu zeigen, ob und wie weit der Abstand von ritterlicher und bürgerlicher Welt, von dem wir ausgingen, in der Stadt überwunden werden konnte, die Anpassung an die Stadt und vielleicht gar eine Verbürgerlichung im Sinne einer bürgerlichen Berufsausübung erfolgte. Weder die Frage nach dem Ursprung der Ministerialität kann uns beschäf-

33 HEINRICH BOOS, Geschichte der rheinischen Städtekultur von ihren Anfängen bis zur Gegenwart mit besonderer Berücksichtigung der Stadt Worms 1, ^{2}1897, S. 465 ff.

34 JOHANNA REIMANN, Die Ministerialen des Hochstifts Würzburg in sozial-, rechts- und verfassungsgeschichtlicher Sicht. In: MainfränkJbGKunst 16, 1964, S. 95, 163; HANS-JOACHIM DAUL, Ratsfähige Oberschichten in Franken. In: Deutsches Patriziat 1430–1740. Hg. HELLMUTH RÖSSLER, 1968, S. 233 f.

35 FERDINAND FRENSDORFF, Die Lehnsfähigkeit der Bürger im Anschluß an ein bisher unbekanntes niederdeutsches Rechtsdenkmal. In: NachrrGesWissGött 1894, S. 403 ff.; PLANITZ, wie Anm. 9, S. 265, auch für das folgende.

36 KEUTGEN, wie Anm. 18, S. 448 Nr. 348.

tigen noch der Unterschied von adliger und bürgerlicher Ministerialität oder von Verwaltungs- und Handelspatriziat. Vielmehr nehmen wir unter Beschränkung auf die Stauferzeit die Ministerialen, wie sie uns vor allem in den Zeugenlisten, aber auch in anderen Quellen entgegentreten, als gegeben und fragen nur, wie sie sich unter den Bedingungen und Möglichkeiten einer urbanen Existenz entwickelten. Dabei sei darauf hingewiesen, daß die weitgehende Beschränkung auf Bischofsstädte eine wohl nicht unbedenkliche Einseitigkeit mit sich bringt, wegen der Größe dieser Städte aber vielleicht eine genauere Differenzierung der Einzelerscheinungen erlaubt.

Der Aufstieg der Ministerialen zu einer starken gesellschaftlichen und politischen Position und die Emanzipation der Städte, insbesondere der Bischofsstädte, zu einem hohen Grade von Autonomie fielen zeitlich zusammen. Nach Frühformen in der Salierzeit fiel dieser Höhepunkt der Entwicklung für beide in die Epoche der staufischen Könige. Sie hatten zunächst nichts miteinander zu tun, doch sie überschnitten sich eben durch die Einwanderung und Einbeziehung der Ministerialen in die wachsenden Städte.

Als Ausgangsstellung dieser Entwicklung wird in mehreren Städten die völlige räumliche und rechtliche Trennung der beiden Gruppen erkennbar. In Breisach [37] wurden bei der Gründung 1185 die *mercatores* auf dem Breisachberg, die *milites* auf dem Eckartsberg angesiedelt. Im thüringischen Mühlhausen [38] saßen die Reichsministerialen als Ganerben auf der Burg, als *castrenses* von den Bürgern geschieden, die 1256 die Burg erstürmten. Als Oppenheim 1226 von Friedrich II. Stadtrecht erhielt [39], verlieh der Kaiser den Rittern auf der Burg dauernde Steuerfreiheit, den Bürgern zur Finanzierung des Mauerbaus aber nur auf zehn Jahre. Der Stadtkern sicherte die Bürger auch gegen die Ministerialen ab. Das Freiburger Stadtrecht [40] bestimmte, daß ein Ministeriale oder *miles* sich nur mit gemeinsamer Zustimmung aller Bürger niederlassen dürfe, und Friedrich I. untersagte 1181 den Kaufleuten von Pegau [41], ihre Hofstätten an Ritter zu verkaufen.

Wie gerade das Beispiel Freiburgs zeigt, war die Ansiedlung von Ministerialen nicht aufzuhalten, wie auch der Abstand zwischen ihnen und den Bürgern nicht für die Dauer gelten konnte. Für die Burgmannen bedeutete der Weg in die Enge der Stadt keine große Veränderung ihrer Vitalsituation. Um nur ein Beispiel zu nennen, war eine vom kaiserlichen Schultheiß Wölfflin von Hagenau 1227 errichtete Burg beim späteren Kaysersberg im Elsaß für 44 Ritter bestimmt [42]. In der

37 Günther Haselier, Geschichte der Stadt Breisach am Rhein, 1, 1969, S. 80 ff.

38 Hans Silberborth, Ministerialität und Bürgertum in der Reichsstadt Nordhausen. In: Harz-Zs. 2, 1950, S. 49 ff.; Gerhard Günther, Mühlhausen in Thüringen. 1200 Jahre Geschichte der Thomas-Münzer-Stadt. Berlin-Ost 1975. S. 24 ff.

39 J.-L. A. Huillard-Bréholles, Historia diplomatica Friderici secundi, 2, Paris 1852, S. 623 f. (BF 1635).

40 Wie Anm. 18, S. 119 Nr. 133.

41 Paul Kehr (Hg.), Urkundenbuch des Hochstifts Merseburg. GQProvSachs N. R. 36, 1899, Nr. 125.

42 Werner Gley, Die Entwicklung der Kulturlandschaft im Elsaß bis zur Einflußnahme Frankreichs, 1932, S. 131.

Stadt lebten die Ministerialen gewiß nicht beengter. In einer recht beträchtlichen Zahl von Städten erhielten sie sich den Wehrcharakter ihres Wohngebäudes in der Form des Wohnturmes. In Mainz [43] war die Familie »zum Turm« im 13. Jahrhundert die bedeutendste ritterliche Familie, deren Hof vielleicht in der Kämmerergasse lag. Der Ritter Arnold zum Turm war von 1238 an Kämmerer, ein Bruder von ihm war Schultheiß. In Schwäbisch Gmünd [44] führte die Familie Turn einen Turm im Wappen. Der heutige Glockenturm des Münsters war einst ein Wohnturm.

In Rottweil [45] waren die Sitze des bürgerlichen und adligen Patriziats im 13. Jahrhundert zunächst an der Mauer und den Toren der Stadt, also in einer Randlage in Verbindung mit den Wehrbauten, später aber an den Straßen des für Rottweil charakteristischen Straßenkreuzes. In Würzburg [46] lag zunächst die Ministerialensiedlung auf dem Domberg, die Kaufleutesiedlung lag am Markt. Durch die Niederlassung weiterer Ministerialen, Kaufleute und gehobener Handwerker trat eine Annäherung und Vermischung im gleichen Siedlungsraum ein. Die älteste und bedeutendste Ministerialenfamilie waren die *de Foro* (seit 1131). Die Dienstmannen übernahmen die Marktkontrolle und andere praktische Ämter des Bischofs. So näherten sie sich räumlich und geistig dem Leben und der Mentalität der Kaufleute an.

Die Ansässigkeit der Ministerialen in der Stadt war die erste Voraussetzung für eine intensive Begegnung mit der bürgerlichen Welt im Sinne der einleitend gegebenen Kennzeichnung. Schon die räumliche Verteilung deutet auf weitere Zusammenhänge hin. Wir werden daher auf topographische Erscheinungen auch noch weiterhin einzugehen haben.

Allgemein war das Verhältnis von Bürgern und Ministerialen von der Größe und Wirtschaftsstruktur der Städte abhängig, in denen Ministerialen ansässig waren. In Köln [47] erfolgte die Angleichung an Handel und Geldverkehr schneller

43 LUDWIG FALCK, Mainzer Ministerialität. In: FRIEDRICH LUDWIG WAGNER (Hg.), Ministerialität im Pfälzer Raum. Veröff. d. Pfälz. Ges. z. Förderung der Wissenschaften 64, 1975, S. 53.

44 AXEL HANS NUBER, Staufische Ministerialität in Gmünd. In: Stadt und Ministerialität, wie Anm. 10, S. 54, 56.

45 CORD MECKSEPER, Rottweil. Untersuchungen zur Stadtgeschichte im Hochmittelalter. Diss. und Hab.schrift, Stuttgart 1970, S. 325.

46 Die historische Topographie ist mit abweichenden Ergebnissen untersucht worden. Hier seien genannt: KARL WITHOLD, Die frühgeschichtliche Entwicklung des Würzburger Stadtplanes. In: Studien zu den Anfängen des europäischen Städtewesens. VortrrForsch 4. Hg. THEODOR MAYER, 1958, S. 363 ff.; HERMANN BULLINGER, Area, Straßenführung und Besitzstand im früh- und hochmittelalterlichen Würzburg. In: MainfränkJbGKunst 15, 1963, S. 118 ff.; WINFRIED SCHICH, Würzburg im Mittelalter. Studien zum Verhältnis von Topographie und Bevölkerungsstruktur. Städteforschung A 3. Hg. HEINZ STOOB, 1977. Die *de Foro*, ebd. S. 125 und weiterhin. Vgl. unten S. 21 mit Anm. 74.

47 ENNEN, wie Anm. 5, S. 127 f.; WILHELM PÖTTER, Die Ministerialität der Erzbischöfe von Köln vom Ende des 11. bis zum Ausgang des 13. Jhs. StudKölnKG 9, 1967.

und umfassender als in einer kleinen, agrarisch bestimmten Stadt, in der der Abstand zu dem Leben von Burgmannen gering war. Im übrigen gab es, wie immer in der Sozialgeschichte, sehr differenzierte Tatbestände.

Eben in kleinen Städten von strategischer Bedeutung erhielt sich die ursprüngliche kriegerische Aufgabe der Dienstmannen am dauerhaftesten. In Boppard [48], das die Staufer zur Sicherung des dortigen Königsgutes ausbauten, wurden zahlreiche Reichsministerialen angesetzt, unter denen die Namen *de porta, ante portam, de fossato, de littore* und ähnliche kennzeichnend für die militärisch wichtige Lage ihrer Höfe sind.

In den großen Städten gab es viele Ministerialen-Familien, die auf die Dauer nicht für ein städtisches Leben zu gewinnen waren. In Trier [49] trennten sich von der zweiten Hälfte des 12. Jahrhunderts an verschiedene Zweige ministerialischer Familien, von denen ein Teil in den *cives* und *burgenses* aufging, während ein anderer die *miles*-Bezeichnung erwarb, sich damit für ein ritterliches Landleben entschied und früher oder später zum niederen Adel gerechnet wurde. In Straßburg [50] stellten die *milites* die oberste Gruppe der Ministerialen dar; sie hielten sich immer auf der Seite des Bischofs. Allmählich gingen sie im Landadel auf. In Augsburg [51] erfolgte die Anpassung der Dienstmannen an die Stadt nur langsam und begrenzt; Landrecht war stärker als Stadtrecht.

Dabei wurde der Anpassungsprozeß an die Stadt dadurch erleichtert, daß die Aufgaben, denen die Ministerialen in herrschaftlichen Ämtern genügen mußten, bürgerlichen Berufspflichten keineswegs fernstanden. Das galt zu guten Teilen schon für die Inhaber der Hofämter. Der einflußreiche Kämmerer und Burggraf Ludwig aus der Familie *De ponte* in Trier mußte für die Mahlzeiten seines Erzbischofs täglich einen Sextarius Wein und zwei Sextarii Bier besorgen [52]. Organisationsgabe und Waren- und Sachkenntnis gehörten für die Amtsträger dazu, soweit ihre Ämter nicht nur Titel waren. In Straßburg [53] war gegen die Mitte des 13. Jahrhunderts ein Mitglied der Familie von Müllenheim, die zu einem der bedeutendsten Geschlechter aufstieg, Inhaber des *geltenambachts,* also des Gültenamts, der Verwaltung der Naturaleinkünfte von den verliehenen Gütern des Domkapitels; ein anderer von Müllenheim war *procurator* des Bischofs. Die Finanzverwaltung erforderte gründliche Geldkenntnisse.

48 Friedrich Ludwig Wagner, Die Ministerialität in den mittelrheinischen Städten zwischen Boppard und Bacharach. In: Stadt und Ministerialität, wie Anm. 10, S. 124.

49 Knut Schulz, Ministerialität und Bürgertum in Trier. Untersuchungen zur rechtlichen und sozialen Gliederung der Trierer Bürgerschaft vom ausgehenden 11. bis zum Ende des 14. Jhs. TrierArch 66, 1968, S. 45, 57.

50 Helga Mosbacher, Kammerhandwerk, Ministerialität und Bürgertum in Straßburg. In: ZGORh 119, 1971, S. 129 f.

51 Wolfgang Leiser, Die Bedeutung der Augsburger Stadtrechte 1276–1976. In: Gesprochenes und Geschriebenes zur Ausstellung des Stadtarchivs Augsburg. Sonderdruck des Amtsblattes Augsburg, 1976, S. 17.

52 Gesta Alberonis auctore Balderico (MGH SS 8), S. 250. Vgl. Knut Schulz, Die Ministerialität in rheinischen Bischofsstädten. In: Stadt und Ministerialität, wie Anm. 10, S. 30.

53 Mosbacher, wie Anm. 50, S. 109.

Ein entscheidender Schritt führte die Dienstmannen näher an das bürgerliche Leben heran, wenn ihr Herr sie mit Ämtern in der Stadt betraute. Das aus den letzten Jahrzehnten des 12. Jahrhunderts stammende erste Straßburger Stadtrecht [54] nannte als die vier Ämter, aus denen *urbis gubernatio* bestünde, den Schultheiß, den Burggrafen, den Zöllner und den Münzmeister. Von ihnen hatten die beiden letzten wirtschaftliche Bedeutung, die wirtschaftliches Wissen und Können verlangten – vom Münzmeister müssen wir noch an anderer Stelle sprechen -, während die anderen beiden Ämter vor Rechts- und Verwaltungsaufgaben stellten. Dazu kam das Schöffenkollegium, das als oberstes Gremium der Stadt Gericht war. Jetzt trat ein näherer Kontakt mit den führenden Familien der bürgerlichen Oberschicht ein. Er vertiefte sich, sobald Ämter, Gerichts- und Verwaltungskörperschaften sich von dem bestimmenden Einfluß des Stadtherrn befreiten und durch Wahl oder Selbstergänzung besetzt wurden.

Damit treten in den Zeugenlisten der einschlägigen Urkunden im 12. und 13. Jahrhundert Bürger und adlige Dienstmannen als zwei Gruppen terminologisch im allgemeinen sauber geschieden nebeneinander. Wenige Beispiele mögen die Form, die sich herausbildete, illustrieren. In Koblenz [55] hatten 1182 *tam ministeriales quam burgenses* einen Streit mit dem Sankt-Simeonsstift wegen der Zolleinnahmen. In der Zeugenliste standen zehn Ministerialen vor zehn Bürgern. In Straßburg [56] folgen 1209 auf die Zeugen *ex ordine militum* dann *de civitate vero* die Bürger. In Würzburg [57] sind schon in den ersten Jahrzehnten des 12. Jahrhunderts Ministerialen und Bürger in den Zeugenlisten voneinander getrennt, so daß in einer Bischofsurkunde von 1115 Geistliche, Edelfreie, 12 Ministerialen und 30 Bürger aufeinander folgen. Otto IV. belohnte 1212 die Ergebenheit *tam ministerialium quam civium* der Stadt Trier [58].

Die ältere Forschung hat aufgrund dieser Trennung von *milites/ministeriales* einerseits, *burgenses/cives* andererseits beide Gruppen als ständisch völlig voneinander getrennt angesehen. Doch die personen- und familiengeschichtliche Forschung der letzten Jahre zeigt, daß diese Trennung nicht zutrifft. Vielmehr finden sich unter den Bürgern von Trier, Mainz, Würzburg, Straßburg, Worms und anderen Bischofsstädten zahlreiche Dienstmannen. Das gilt auch für Amtsträger, so daß zum Beispiel der Würzburger Kämmerer Marquard Weise 1223 unter den *cives*

54 UB. der Stadt Straßburg 1, 1879, 467 ff. Nr. 616; vgl. PHILIPPE DOLLINGER, Le premier statut municipal de Strasbourg (XIIe Siècle). In: L'annuaire des amis du Vieux-Strasbourg 1972–1973 (1973) S. 13 ff.; auch in: DERS., Pages d'Histoire. France et Allemagns médiévales. Alsace. Association des publications près les Universités de Strasbourg. Collection de l'Institut des hautes études alsaciennes 25. Toulouse 1977, S. 182 ff.; KEUTGEN, wie Anm. 18, S. 93 § 7.

55 SCHULZ, Ministerialität, wie Anm. 49, S. 35.

56 MOSBACHER, wie Anm. 50, S. 120.

57 REIMANN, wie Anm. 34, S. 95.

58 SCHULZ, wie Anm. 49, S. 32.

Wirceburgenses aufgeführt ist [59]. Ähnliches läßt sich in den Reichsstädten beobachten. In Frankfurt am Main [60] wie in den kleineren Wetteraustädten setzte sich das werdende Patriziat zu großen Teilen aus Reichs- und anderen Dienstmannen zusammen. Gelegentlich flüchteten sie nach dem Untergang der Staufer von der Burg in die Stadt. Schnell rückten sie zu Schöffen und in andere Ämter auf. Sie interessierten sich bald auch für Handelsgeschäfte. Eine Trennung von Handels- und Verwaltungspatriziat gab es also auch nicht. In Mühlhausen in Thüringen [61], wo Dienstmannen und Bürger zunächst sogar räumlich getrennt waren [62], führten die Gegensätze zwischen ihnen 1256 zum offenen Konflikt und der Erstürmung der Burg. Doch viele der entmachteten Ministerialen blieben in der Stadt. Unter ihnen befand sich noch 1271 *Conradus miles dictus Topilstein civis in Mulhausen.* Diese Aufhebung von Unterschieden und Angleichung der Angehörigen ursprünglich verschiedener Gruppen führte dann auch zu Heiratsverbindungen zwischen ihnen.

Die Feststellung einer beträchtlichen Zahl von Ministerialen in den Städten gerade zu der Zeit, in der diese in lebhaftem Aufschwung des bürgerlichen Lebens sich eine weitgehende Autonomie erwarben, korrigiert auch die Auffassung, daß die Kaufleute in der Frühgeschichte der deutschen Stadt die entscheidende Rolle gespielt hätten. Hatte das Amt am Hofe des Herrn neben, ja vielleicht vor dem Kriegsdienst einen wesentlichen Anteil an dem rechtlichen und sozialen Aufstieg der Dienstmannen, so führte das Amt in der Stadt, das stadtherrliche wie das städtische, sie am unmittelbarsten in das Bürgertum hinein. Es bedurfte dabei nicht für alle eines Amtes, um diesen Weg zu gehen. Doch die regelmäßig ausgeübte Tätigkeit in einem Hofamt, die Erfahrung und die Sachkenntnisse, die hierbei gewonnen wurden, waren der günstigste Ausgangsort für den Weg in das bürgerliche Leben.

Entsprechend diesen Wandlungen veränderten sich auch Wirtschaftsverhalten und Besitzverhältnisse der Dienstmannen. Die Schöffenfamilien in Trier [63] besaßen Weinberge, Felder, Wiesen und Wald von der Stadt bis in entferntere Dörfer; sie hatten Vogtei-, Patronats- und Zehntrechte. In der Stadt besaßen sie Häuser und anderen Grundbesitz. Sie verfügten über Natural- und Geldeinkünfte. Grundrenten spielten wohl die größte Rolle. Damit unterschieden sie sich nicht von anderen Angehörigen des landgesessenen niederen Adels [64]. Ein städtisches Element kam hinein, wenn Ministerialen in Trier [65] oder in Straßburg [66] Brot- und Fleischbänke besaßen, die sie gegen Zins an Bäcker beziehungsweise Metzger aus-

59 Reimann, wie Anm. 34, S. 95.

60 Vgl. Heinz F. Friedrichs, Herkunft und ständische Zuordnung des Patriziats der wetterauischen Reichsstädte bis zum Ende des Staufertums. In: HessJbLdg. 9, 1959.

61 Silberborth, wie Anm. 38, S. 50.

62 Oben S. 16.

63 Schulz, wie Anm. 49, S. 68.

64 Ebd., S. 48.

65 Ebd.

66 Mosbacher, wie Anm. 50, S. 135.

taten. Für die Dienstmannen war damit kein berufliches Können verbunden, aber doch eine gewisse Einsicht in das Funktionieren das Nahmarktes.

Die volle Vertrautheit mit dem Markt hatten die Ministerialen, die als Kaufleute im Handel tätig waren. Innerhalb der Ministerialität in den Städten konnten sie eine gewisse Sonderstellung haben. Das älteste Straßburger Stadtrecht sah eine solche in rechtlicher Beziehung für die *ministri* der Klöster in Handelsangelegenheiten vor [67]; der Zusatz »wenn sie Kaufleute sein wollen«, deutet doch wohl auf eine freie Entscheidung, wenn nicht schon »Berufwahl« hin. Für die *ministri* der Wormser Kirche entschied 1182 ein Hofgerichtsurteil Barbarossas [68], daß diejenigen, die den Domherren und der Kirche täglich in eigener Person dienten, sich aber um Markt und verkäufliche Waren nicht kümmerten, von Steuern und Abgaben frei sein sollten, nicht aber die Kaufleute. In Regensburg [69] hoben sich aus der oberen Schicht der Dienstmannschaft von Sankt Emmeran seit den 1120er/30er Jahren, wie dann auch sonst Kaufleute und Krämer heraus. In Straßburg waren die ministerialischen Kammerkürschner im Felleinkauf tätig [70]. Über die Tätigkeit von Ministerialen im Handel gibt es für die Stauferzeit weitere Nachrichten. Die Nennung einzelner Kaufleute aber ist noch selten, so daß der exakte Beweis für die Handelstätigkeit einzelner Dienstmannen fehlt. Soweit sie agrarische Eigenprodukte verkauften, in den Rhein- und Mosellanden besonders den Wein [71], wird man noch nicht von kaufmännischer Tätigkeit sprechen können. Wird der Angehörige einer ministerialischen Familie als *mercator* bezeichnet, wie Sinzo aus der Freisinger Familie Nadelin zu Beginn des 12. Jahrhunderts [72], so ist doch nichts Näheres über seinen Handel bekannt. Ein unmittelbares Interesse der Trierer Ministerialen am Handel tritt hervor, wenn Otto IV. 1212 *milites* und *burgenses* unter seinen Schutz nahm [73], wohin immer sie im ganzen Reich gingen, so daß sie sicher in Sachen und Personen sich bei allen Geschäften seines Schutzes erfreuen konnten. Der Beiname »Dives« des Würzburger bischöflichen Ministerialen Gerung [74] deutet darauf hin, daß sein Reichtum durch Handelsgewinne entstanden war. Der Initiator des Großen Rheinischen Bundes von 1254, Arnold Walpod [75], war, wie der Name zeigt, Mainzer Ministeriale, der mit Polizeiaufgaben betraut war. Er findet sich freilich immer unter den *cives* und *burgenses*. Wenn man ihn

67 Keutgen, wie Anm. 18, S. 95 Nr. 126 § 38.

68 UB. Worms, wie Anm. 24, S. 72 f. Nr. 89.

69 Vgl. Karl Bosl, Die Sozialstruktur der mittelalterlichen Residenz- und Fernhandelsstadt Regensburg. Die Entwicklung ihres Bürgertums vom 9.–14. Jh. AbhhAkadMünchen N. F. H. 63, 1966; auch in: Untersuchungen zur gesellschaftlichen Struktur der mittelalterlichen Städte in Europa. Vortr. u. Forsch. 11. 1966, S. 93 ff.

70 Mosbacher, wie Anm. 50, S. 96, 102.

71 Schulz, wie Anm. 49, S. 43 ff.

72 Günther Flohrschütz, Die Freisinger Dienstmannen im 12. Jh. in: ObBayer Arch. 97, 1973, S. 304 f., S. 327.

73 Schulz, wie Anm. 49, S. 44.

74 Reimann, wie Anm. 34, S. 148, 192, vgl. 214; Schich, wie Anm. 46, S. 128 ff.

75 Falck, wie Anm. 43, S. 55; Hans Jürgen Rieckenberg, Arnold Walpot, der Initiator des Rheinischen Bundes von 1254. In: DA 16, 1960, S. 228 ff.

nun als Fernkaufmann ansehen möchte, so nur deshalb, weil bei den Vertragsbestimmungen des Bundes über die Sicherheit der Straßen und die Abschaffung ungerechter Zölle sehr viel Sachkenntnis hervortritt, die erlaubt, Arnold Walpod als den maßgeblichen Mann beim Abschluß des Vertrages selbst als Fernhändler anzusehen.

Die Handelstätigkeit Kölner Ministerialenfamilien unterschied sich nicht von der der bürgerlichen Kaufleute [76]. Besonders günstig ist die Quellenlage in Frankfurt am Main [77]. Im Königsland der Wetterau wurde diese Stadt weit vor Wetzlar, Gelnhausen und Friedberg, die ähnliche Erscheinungen in bescheidenerem Rahmen zeigten, zum Anziehungspunkt für die Reichsministerialen. Bis hin zum Reichsschultheiß Wolfram beteiligen sie sich an Handelsgeschäften. Wie gerade das Beispiel dieses hohen Amtsträgers von 1232 zeigt, war er nicht selbst im Handel tätig, sondern ließ die Geschäfte durch zwei *mercatores* durchführen. Nachstaufische Fälle bestätigen diese Form, bei der auch servientes der Reichsdienstmannen erscheinen. Man wird daher etwas zweifelnd fragen müssen, in welchem Umfang die am Handel beteiligten Ministerialen, in Ämtern oder ohne solche, selbst Geschäfte durchführten und daher Kaufleute, vor allem Fernhändler im genauen Sinne, waren. Die Topographie ergänzt dieses Bild.

Die bedeutendsten Reichsministerialen Frankfurts besaßen sehr große Höfe am Main in Sachsenhausen, in der Nähe von Furt und Brücke, die zunächst zu Wehrzwecken bestimmt waren, aber auch ein herrenmäßiges Leben und einen umfangreichen Güterverkehr erlaubten [78].

In der städtischen Verwaltung, dem Schöffenkollegium und anderen Organen, sowie wirtschaftlich durch gleiche Interessen eng miteinander verbunden, gingen Ministerialen und bürgerliche Familien der Reichsstädte in der Wetterau auch Eheverbindungen miteinander ein. Sie waren bis 1232 sogar unter Zwang erfolgt. Im Januar dieses Jahres [79] verlieh König Heinrich (VII.) den Schultheißen und allen *cives* von Frankfurt, Wetzlar, Friedberg und Gelnhausen die Freiheit, daß er niemanden von ihnen, arm oder reich – also von allen – jemals zwingen werde, seine Tochter oder Enkelin einem von seinem Hof *(curia)*, d. h. einem Reichsministerialen, oder von einem anderen Hof zur Ehefrau zu geben. Demgemäß sollte die Tochter seines Getreuen Johann Goldstein von Frankfurt, eines der reichsten und einflußstärksten Bürger, von dem Zwang, einen Reichsministerialen zu heiraten, wie der König vorgesehen hatte, frei sein. Acht Jahre später, im Januar 1240, wiederholte Konrad IV. diese Zusage [80]. Schöffen und Bürgerschaft hatten sich

76 Luise von Winterfeld, Handel, Kapital und Patriziat in Köln bis 1400. PfingstbllHansGV 16, 1925.

77 Heinz Friedrich Friederichs, Die Ministerialen von Bornheim und die Frankfurter Patrizierfamilie Goldstein. In: HanauerGBll 21, 1966, S. 97.

78 Ebd. S. 58 f.

79 UB. d. Reichsstadt Frankfurt. Hg. Johann Friedrich Boehmer, bearb. Friedrich Lau, 1, 1901, S. 49 Nr. 94.

80 Ebd. S. 61 f. Nr. 120.

beschwert, daß er ihre und ihrer Mitbürger Töchter und Witwen den *famuli* seiner *curia* zur Ehe übergeben habe. Der König versprach, keine Tochter oder Witwe mehr zu einer solchen Heirat zu zwingen, wenn es nicht aus der Bürger und der Frauen gutem Willen und Konsens erfolge.

Unter freiheitlichen Bedingungen waren dann in der Tat die Ehen zwischen Ministerialen und bürgerlichen Geschlechtern sehr zahlreich [81]. Sie betrugen in manchen Familien in der Zeit bis 1300 mehr als die Hälfte aller Eheschließungen. Kleine Dienstmannen wie die großen Reichsministerialen hatten daran teil.

Schließlich hatten die Dienstmannen durch die Zugehörigkeit zu den Münzer- und Hausgenossen auch im Bereich von Geld und Kredit ihren festen Platz [82]. Sie waren vor allem in Bischofsstädten ansässig, etwa den mittelrheinischen oder Regensburg, aber auch in Reichsstädten wie Goslar. Ein nur in später deutschsprachiger Überlieferung vorhandenes Privileg Friedrich Barbarossas für die Wormser Münzer und Hausgenossen von 1165 [83] läßt die wichtigsten Rechte und Pflichten der Münzer erkennen. Als oberster Inhaber des Münzregals bestätigte er ihnen ihre Rechte, denn die Münze ist *eins keysers camer.*

Daß die Münzer Ministerialen waren, geht daraus hervor, daß der Bischof beim Besuch eines Königs und dem damit verbundenen Aufwand im Bedarfsfalle die Münzer zu den Hofämtern des Marschalls, Truchseß, Schenk oder Kämmerers heranziehen durfte, aber nicht zu den niederen Ämtern. Bestand kein Bedarf mehr, sollten sie zu *ir erste ampte* zurückkehren. Der Dienstcharakter des Münzeramtes ist unverkennbar. Der Zugang zu ihrer »Gesellschaft«, wie sie genannt wird, war gegen eine Geldzahlung möglich. Die Münzer hatten einen eigenen Gerichtsstand. Falls der König oder Kaiser nach Worms kam, konnte er beanspruchen, daß ihm aus einer Menge Silbers, das er gab, das gleiche Gewicht Münzen geschlagen wurde. Dann sollte der Münzmeister Werkleute mit ihrem Werkzeug kommen und die Silbermünzen prägen lassen. Hier ist also deutlich, daß zumindest der Münzmeister nicht selbst prägte; für die Münzer ist nicht klar, wie weit sie zunächst selbst die handwerkliche Tätigkeit des Münzers ausübten. Die Münzer hatten das Monopol des Geldwechsels, das auch für Ladenburg und Wiesloch gelten sollte, da, wie es in der Urkunde hieß, die dortigen Märkte *unser sind und zu unserer Kammer gehören.* In Speyer, wo erst eine Urkunde Ludwigs des Bayern von 1330 genauer über die Tätigkeit und Rechtsstellung der Hausgenossen Auskunft gibt [84], mußten diese selbst den Wechsel durchführen. Sie setzten sich aus Dienstmannen, handwerklich geschulten Münzern und Kaufleuten zusammen. Sie kauften das Silber für die Münzen auf, prägten diese und waren im Geldwechsel tätig. Von der Bewertung des Rohstoffs bis zur Kenntnis der Wechselkurse mußten sie über ein umfangreiches Wissen verfügen. Ihre Tätigkeit nahm sie weitgehend in Anspruch. Sie waren im bürgerlichen Sinn berufstätig.

81 FRIEDERICHS, wie Anm. 77, S. 56.

82 WILHELM JESSE, Die deutschen Münzerhausgenossen. In: NumismatZ 63 = NF. 23, 1930, S. 47 ff.

83 UB. Worms, wie Anm. 68, 1. S. 64 ff. Nr. 80.

84 HILGARD, wie Anm. 19, S. 312 f. Nr. 386.

Der Zugang zur Münzer- und Hausgenossenschaft war ebenso verschieden wie ihre Mitgliederzahl. In Straßburg [85] gehörten im Jahre 1266 schon 328 und später noch mehr dazu, indem schon den Kindern die spätere Tätigkeit gesichert wurde. In Worms genügte die Zahlung eines Eintrittsgeldes. In Speyer [86] wurden neue Mitglieder zugewählt. Hier war der Zusammenhalt so fest, daß die Münzer und Hausgenossen bis zu den Konflikten mit den Zünften allein das Patriziat darstellten und den Rat besetzten. In jedem Fall verschmolzen in dieser Genossenschaft ministerialische und bürgerliche Oberschicht miteinander im Zeichen einer Kapital und Sachkenntnis erfordernden, regelmäßig ausgeübten Tätigkeit, die auch eine starke politische Stellung sicherte.

Faßt man die Einzelbetrachtungen über das soziale, politische und wirtschaftliche Verhältnis von Adel und Bürgertum in den Städten der Stauferzeit zusammen, so ergibt sich das im folgenden skizzierte Bild:

Der Abstand zwischen ministerialischen und bürgerlichen Geschlechtern, der von gesellschaftlichen Normen und vom Lebensstil her zunächst sehr groß erscheint, war in Wirklichkeit durchaus überbrückbar. In den wohlhabenden Kaufmannsfamilien gab es eine Tendenz zu ritterlicher Lebensweise, die schon in der Stauferzeit durch die Verleihung der passiven Lehensfähigkeit eingeleitet wurde und früher oder später aus der Stadt hinaus und in den Landadel führte. Problematischer war andererseits die Integration der Ministerialen, gelegentlich auch Edelfreier, in das bürgerliche Leben der Stadt, das wirtschaftlich und gesellschaftlich übergeordnet durch eine auf Fachkenntnissen beruhende berufliche Tätigkeit bestimmt war und in dem der Erfolg am materiellen Reichtum gemessen wurde. Doch gerade bei den Dienstmannen waren Sachkönnen und umfangreiche Tätigkeit erforderlich, wenn sie in den Hofämtern wie in den städtischen Ämtern, mit denen sie von ihren Herren betraut wurden, ihrer Aufgabe gewachsen sein wollten. Von hier aus ergab sich die Verbindung mit den bürgerlichen Geschlechtern so leicht, daß die Ministerialen bald vollständig in die Stadt integriert waren, was nicht zuletzt durch die zahlreichen Eheschließungen zwischen den beiden Gruppen der städtischen Oberschicht bestätigt wurde.

Es war bezeichnend, daß in Würzburg die stattlichen Höfe der Ministerialen in geschlossenen Siedlungskernen am Main und in der Domstraße lagen [87], doch in anderen Stadtteilen, in denen sie auch zahlreich waren, im Gemenge mit bürgerlichen Wohnstätten [88], so daß nachbarliche Beziehungen entstehen konnten. Vielleicht war die Verbindung von fürstlichen Finanzämtern, Kreditgeschäften und grundherrlichem Besitz, von bürgerlichen Unternehmungen und ritterlicher Lebensweise nirgends so glücklich gelöst wie im Erbbürgertum der Stadt Wien [89].

85 Mosbacher, wie Anm. 50, S. 134.

86 Georg Wagner, Münzwesen und Hausgenossen in Speyer. Veröff. d. Pfälz. Ges. zur Förderung der Wiss. XVII, 1931.

87 Vgl. oben S. 20.

88 Reimann, wie Anm. 34, S. 192 ff.

89 Otto Brunner, Das Wiener Bürgertum in Jens Enikels Fürstenbuch. In: MIÖG 58, 1950.

Zwischen *milites/ministeriales* und *burgenses/cives* gab es keine starren Standesgrenzen. Es gab in der städtischen Oberschicht gewiß Konflikte, aber nicht die von Ständen. Die Gleichheit der Interessen und Bindungen kam auch in den politischen Entscheidungen zum Ausdruck. In Würzburg [90] retteten 1247 die Ministerialen den Bischof, der die Autonomiebestrebungen der Bürger mit Gewalt zu unterdrücken versuchte, vor der Wut der Bevölkerung auf die Burg. Doch häufiger waren die bischöflichen Dienstmannen führend im Emanzipationsprozeß der Bürger gegenüber dem Stadtherrn. In Trier [91] gab es 1132 unter Führung der Ministerialen eine *coniuratio* gegen den Erzbischof. In Mainz [92] erhoben sich 1158 die Bürger unter Führung des Kämmerers Meingot und anderer Ministerialen gegen den in Italien weilenden Erzbischof Arnold von Selenhofen. Wenige Jahre später wurde er erschlagen. Sie lehnten eine Steuer für Barbarossas Italienpolitik ab. Die Dienstmannen konnten sich mit den übrigen Bürgern solidarisieren; denn beide erstrebten die Unabhängigkeit vom Erzbischof und die Autonomie der Stadt.

Der Schlußakkord unseres Themas führt uns an die Literatur der Zeit heran. Die höfisch-ritterliche Dichtung klang gegen Ende der staufischen Periode in Stadt und Bürgertum aus [93]. Ulrich von Lichtenstein aus steirischem Geschlecht [94] war repräsentativ für die geistig-materielle Konfliktsituation, in der sich der niedere Adel befand. Wo dieser nicht den Anschluß an die von den Städten ausgehende Geldwirtschaft fand, wurde seine ökonomische Lage schwierig. Doch auch wenn die Beteiligung an frühkapitalistischen Einkünften gelang, blieb der Gegensatz zu den Idealen bestehen, die für den ritterlichen Menschen noch immer gültig waren. Herzog Ulrich von Kärnten übertrug 1256 an Ulrich von Lichtenstein Bergbaurechte in Kärnten. Mit der zeitgenössischen Lehrdichtung war zugleich auch Ulrich gegen die Geldwirtschaft gestimmt; er betonte den Gegensatz zwischen Erwerbsstreben und der »milte« und dem »hohen muot« als Ausdruck des höfisch-ritterlichen Weltgefühls. Vor diesem Hintergrund der Begegnung bürgerlicher und ritterlicher Wertvorstellungen wandelte sich auch die Dichtung.

Dieser Wandel trat im Werk des Rudolf von Ems [95] deutlich hervor. Er war Ministeriale der Herren von Montfort in der Ostschweiz; Hohenems im oberen Rheintal war sein Stammsitz. Als Begleiter König Konrads IV. 1250/54 in Italien weilend, ist er hier gestorben. Ganz im niederadligen und höfischen Milieu lebend, hat er als erster den bürgerlichen Kaufmann in die Dichtung eingeführt. Er schrieb

90 REIMANN, wie Anm. 34, S. 199; WILHELM ENGEL, Die Stadt Würzburg und die Kurie. In: ZRGKA 37, 1951, S. 304.

91 SCHULZ, wie Anm. 49, S. 32 f.

92 FALCK, wie Anm. 43, S. 47 ff; vgl. SCHULZ, wie Anm. 49, S. 35.

93 Frau Professor Wisniewski-Heidelberg und Herr V. Kreyher, Assistent am Germanistischen Seminar der Universität Heidelberg, vermittelten dem Verf. überaus liebenswürdig die einschlägige, im Folgenden herangezogene Literatur, wofür hier aufrichtig gedankt sei.

94 Vgl. BERND THUM, Ulrich von Lichtenstein. Höfische Ethik und soziale Wirklichkeit. Diss. Heidelberg 1968. Bes. S. 65 ff.

95 Vgl. FRIEDRICH SENGLE, Die Patrizierdichtung »Der gute Gerhard«. In: Dte. Vj. schr. f. Lit. wiss. u. Geistesgesch. 24 (1950), S. 53–82; XENIA VON ERTZDORFF, Rudolf von Ems. Untersuchungen zum höfischen Roman des 13. Jhs. 1967. S. 160 ff.

sein frühes Epos »Der gute Gerhard«, das er auf Wunsch Rudolfs von Steinach, eines St. Gallener Ministerialen, dichtete. Der Held des Romans war ein Kölner Kaufmann. Der Bürger wurde in die höfische Dichtung aufgenommen.

Doch Gerhard handelte nicht wie ein Kaufmann. Auf einer Handelsfahrt ins Heidenland benutzt er seine Gewinne, um in unkaufmännischer Art einige Gefangene freizukaufen. Die weitere Erzählung hält sich dann im höfischen Milieu. Rudolfs Alexanderroman typisiert den ritterlichen Helden, sein Willehalm rühmt Tapferkeit und Minne als die Ideale der Ritter, während sein Guter Gerhard die Herzensgüte und Schlichtheit als edelste Eigenschaften besaß. War der Willehalm dem Reichsministerialen Konrad von Winterstetten gewidmet, so schrieb er in seinen letzten Lebensjahren für König Konrad eine Weltchronik. Gelten Rudolfs Werke dem ritterlichen Laientum, so war der Verfasser doch nicht mehr selbstverständlich mit der höfischen Welt verbunden. Geistig und stilistisch ein Nachfolger Gottfrieds von Straßburg, der bürgerlicher Herkunft war, gehörte der Ministeriale Rudolf von Ems doch nicht mehr ganz der Tradition des Rittertums in der Stauferzeit an.

Häufiger war das umgekehrte Verhältnis: war die höfische Dichtung vor allen anderen das Werk von nichtstädtischen Ministerialen, so waren es gegen Ende der Stauferzeit Bürgerliche, die diese Literatur fortsetzten. Ottokars österreichische Reimchronik [96] erwähnt in der Umgebung Manfreds bürgerliche Dichter, Vertreter der Spruchdichtung, die wohl Konrad IV. begleitet hatten und dann bei Manfred blieben.

Andere begegnen in Deutschland. Ulrich von dem Türlin [97] stammte aus einem St. Veiter, also Kärntner Bürgergeschlecht, das sich nach der Lage seines Hofes an einem Durchgang der Stadtmauer »von dem Türlin« nannte. Er widmete in den 1250er Jahren seinen Willehalm dem böhmischen König Ottokar II. Motive der höfischen und volkstümlichen Epik und des Spielmannsliedes mischen sich in seiner Dichtung. Heinrich von dem Türlin [98], von dem gleichfalls Gedichte erhalten sind, dürfte der gleichen Familie angehört haben. An den Werken beider ist der Verfall des Ritterromans abzulesen. Sie sind Epigonen.

Wieder anders war die Kombination bei Ulrich von Türheim [99], der aus einem wirtschaftlich bescheidenen Adelsgeschlecht im Raum um Augsburg stammte. Er ist von 1236 an urkundlich bekannt. Den französischen Text zu seinem Epos Rennewart erhielt er durch Otto den Bogener, einen angesehenen Augsburger Bürger. Ulrich war mit Konrad von Winterstetten befreundet, dem er seinen Tristan widmete.

96 Vgl. MARTIN LINTZEL, Die Mäzene der deutschen Literatur im 12. und 13. Jh. In: Thür.- sächs. Zs. f. Gesch. u. Kunst 27 (1933), S. 77.

97 H.-FR. ROSENFELD, Ulrich von dem Türlin. In: Die deutsche Literatur des Mittelalters. Verfasserlexikon. 4. Hg. von KARL LANGOSCH. 1953. Sp. 668 ff.

98 ERICH GÜLZOW, Heinrich von dem Türlin. In: Verfasserlexikon, wie Anm. 97. 2. Hg. WOLFGANG STAMMLER. 1936. Sp. 352 ff.

99 GERHARD EIS, Ulrich von Türheim. In: Ebd., wie Anm. 97, Sp. 603 ff.

Die Verbindung von adliger und bürgerlicher Welt in der Dichtung war aber auch in umgekehrter Kombination möglich.

Es war Konrad von Würzburg [100], der in Leben und Werk die letzte Steigerung dieser Entwicklung brachte. Als Sohn einer bürgerlichen Familie in Würzburg zwischen 1215 und 1230 geboren, gehörte er nur mit seinen jugendlichen Jahren der Stauferzeit an. Er starb 1287 in Basel, wohin er in reiferem Alter übergesiedelt war. Die Fortführung der ritterlichen Dichtung war das Anliegen des Bürgersohnes in der Stadt. Er schrieb in der Nachfolge Gottfrieds Legenden, Heldenepen, Lieder und Sprüche. Er machte versachlichte Aussagen über die Liebe. Es war Auftragsdichtung, ohne daß die Qualität darunter gelitten hätte. Zu seinen Kunden gehörten der ländliche Hochadel, der Basler ritterliche Stadtadel und das Patriziat sowie die hohe Geistlichkeit [101]. Unter den Auftraggebern seiner Legenden fanden sich z. B. ein Domherr und Basler Bürger [102]. Die Pantaleon-Legende wurde für Johannes von Arguel geschrieben, der Ministeriale altfreier Herkunft war und an der Spitze einer gegen den Bischof von Basel gerichteten Bewegung stand [103]. Doch auch Johanns politischer Gegner, der bischofstreue Peter Schaler, war Konrads Mäzen. Der Dichter übergriff mit seiner Dichtung Stände und Parteien, in denen er seine Auftraggeber fand. Er arbeitete also auf Bestellung gegen Bezahlung. Mit Recht hat man gesagt, daß er der erste Dichter war, der seine Tätigkeit als Beruf auffaßte, eine spezifisch bürgerliche Lebensform [104].

Liegt das Schwergewicht in der Lebensleistung bei Konrad von Würzburg auch in nachstaufischer Zeit, so wird doch durch ihn die Tendenz, die schon vorher eingesetzt hatte, am reinsten verkörpert. Die Dichter bewahrten die ritterlich-höfischen Wertvorstellungen und Erscheinungsformen, zugleich aber verbürgerten sie selbst in Herkunft, Verhaltensweisen und zum Teil auch der Thematik. Hiermit spiegelten die Wandlungen der Dichter und der Dichtung das Verhältnis von adliger und bürgerlicher Welt in den Städten der Stauferzeit wider, indem die Adligen, soweit sie in der Stadt blieben, bei Bewahrung der ritterlichen Lebensweise sich in Amt und Beruf doch den Bürgern anpaßten, die bürgerliche Oberschicht aber auch Ideale und Lebensstil der Adligen anerkannte. So wurde die deutsche Stadt der Stauferzeit durch die Verbindung von Adel und Bürgertum in ihren Mauern sozial, wirtschaftlich und geistig auf eine überragende Höhe getragen.

100 Vgl. HANS JOACHIM GERNENTZ, Konrad von Würzburg. Charakter und Bedeutung seiner Dichtung. In: Weimarer Beiträge. Zs. f. dte. Lit. gesch. 7 (1961), S. 32 ff.; INGE LEIPOLD, Die Auftraggeber und Gönner Konrads von Würzburg. Versuch einer Theorie der »Literatur als soziales Handeln«. Göppinger Arbeiten zur Germanistik 176. 1976; THOMAS CRAMER, Minnesang in der Stadt. Überlegungen zur Lyrik Konrads von Würzburg. In: Philologie und Geschichtswissenschaft. Hg. HEINZ RUPP. Medium Literatur 5. 1977. S. 63–73.

101 CRAMER S. 70 ff.

102 LEIPOLD S. 47 ff.

103 Ebd. S. 89 ff.

104 Vgl. oben S. 11.

Pfalz und Stadt

von Gerhard Baaken

Der Kunig sol auch seinen hof gepieten ze franckenfurt und ze nurnberg und ze ulm. und in andernn steten die des reichs sind mag er wol gepieten sein sprach mit recht. So beantwortet um 1275 der Verfasser des sog. Schwabenspiegels [1], des kaiserlichen Land- und Lehnrechtsbuches, die zuvor von ihm selbst aufgeworfene Rechtsfrage, wo der König Hof halten soll, für den größten Teil des deutschen Königreiches, nachdem er – dem älteren Sachsenspiegel folgend – die Städte in Sachsen – es sind bekanntlich deren fünf – aufgezählt hat, *do der kunig hof hin gepeut* [2]. Der eingangs zitierte Rechtssatz des Schwabenspiegels steht schon in den ältesten Überlieferungen und in den besten Handschriften [3], zumal der sog. Kurzform, so daß man ihn zur Fassung des – wie man sagt – Urschwabenspiegels, also der Aufzeichnung eines (für uns namenlosen) Augsburger Minoriten rechnen muß, die spätestens in der Mitte der 70er Jahre des 13. Jahrhunderts zu Pergament gebracht wurde.

Geht man davon aus – und alle Untersuchungen, die man den im Landrechtsteil des Rechtsbuches niedergelegten Rechtssätzen gewidmet hat, sprechen eindeutig dafür – geht man also davon aus, daß hier keineswegs eine Rechtsnorm neu niedergelegt oder gar einem Wunsche rechtlich Ausdruck verliehen wurde, sondern der Spiegler vielmehr eine zu seiner Zeit bekannte, überlieferte und nach seiner Überzeugung uralte Verpflichtung des Königs schriftlich fixierte, so ist daran zweierlei bemerkenswert und für unser Thema von Gewicht. Zum einen trifft der Spiegler eine deutliche Differenzierung: In Frankfurt, Nürnberg und Ulm h a t der König – im Sinne der von ihm geforderten regelmäßigen Rechtsprechung durch den Herrscher selbst – Hoftage zu halten. In den anderen Reichsstädten k a n n er Gericht halten *(mag er wol gepieten sein sprach)*; dabei sieht sich der Verfasser des Rechtsbuchs noch veranlaßt zu bemerken, daß es – auch, müssen wir hinzufügen – in diesen Fällen rechtmäßig *(mit recht)* geschehe. Eine zweite Beobachtung führt noch näher an die hier zu erörternden Zusammenhänge heran: Von allen Städten Schwabens wird von einem immerhin in diesem Stammesgebiet schreibenden Rechtskundigen nur eine einzige, nämlich Ulm, als diejenige ge-

1 Schwabenspiegel. I.II. Hg. Karl August Eckhardt. ²1974 (MGH Fontes iuris Germ. ant. NS IV,1 u. 2) S. 201. Vgl. auch Schwabenspiegel. Kurzform III (Tambacher Handschrift). Hg. Karl August Eckhardt. 1972 (MGH Fontes iuris Germ. ant. IV,3) S. 142.

2 Schwabenspiegel. Kurzform I.II. S. 199.

3 Vgl. dazu die Zusammenstellung der Handschriften bei Eckhardt, Kurzform I.II. S. 9 ff. und das »wohl endgültige« Stemma S. 29.

nannt, in denen der König Hof halten soll (oder muß), während er für Franken deren zwei, für Sachsen gar fünf aufzählt. Wodurch ist diese einzigartige Vorzugsstellung Ulms als einer notwendigerweise zum Zwecke der Hofhaltung zu besuchenden Stadt begründet, wird man fragen; ist dieser Rang etwa nur durch Tradition, durch Herkommen zu erklären oder dieser Stadt erst durch die Bedeutung zugewachsen, die sie im 13. Jahrhundert zweifellos besaß? Der Schwabenspiegel selbst gibt auf solche (oder auf noch weitergehende) Fragen keine Antwort. Der Verfassungshistoriker sieht sich demnach auf andere Quellen verwiesen, wenn er sich nunmehr der Frage des Verhältnisses von Pfalz und Stadt in staufischer Zeit zuwendet. Wir werden dennoch – denke ich – gut daran tun, die in den beiden zitierten Sätzen formulierte Überzeugung des Spieglers in Gedächtnis zu bewahren, wenn wir jetzt in ganz anderer Weise unser Thema angehen.

Erlauben Sie mir bitte, daß ich mit einigen methodischen Überlegungen beginne. Pfalz und Stadt ist, wie Sie wissen, ein keineswegs selten behandelter Zusammenhang. Namentlich in den letzten 2½ Jahrzehnten hat sich, gefördert auch durch das Max-Planck-Institut für Geschichte in Göttingen, die »Pfalzenforschung« dieser Frage zugewandt [4]. Sie kennen sicher alle die schönen Itinerarkarten (gerade auch für die staufische Zeit), an denen sich – wie Theodor Mayer gesagt hat – der »Wirkungsbereich des deutschen Königtums« ablesen lasse [5]. Und Sie haben Ihr Auge vielleicht auch schon einmal an den Kartogrammen erfreut, die – in entsprechender Größe – das Gewicht der einen oder anderen Pfalz innerhalb des Herrscheritinerars symbolisieren sollen [6]. Wie kommen diese Karten bzw. Kartogramme zustande? Oder: anders herum gefragt: Aufgrund welcher Feststellungen gewinnt ein Ort den Rang einer Pfalz des Königs?

Um Pfalzen zu ermitteln, ging man bislang so gut wie immer von den – vornehmlich in der Actum- bzw. Datumzeile der Diplome belegten – Aufenthaltsorten des Herrschers aus und schloß sodann, wenn die Zahl der Aufenthalte eine bestimmte Größe erreichte, auf eine königliche Pfalz. Oder um es mit den Worten Walter Schlesingers in seinem Beitrag zur Festschrift für Erich Maschke von 1975 zu sagen: »Die Frage, an welchen Orten eine Königspfalz angenommen werden darf, ist zufriedenstellend nur zu beantworten, wenn man von der jeweiligen Zahl der über längere Zeiträume bezeugten Königsaufenthalte ausgeht« [7]. Nach dieser, der quantifizierenden Methode, wird die Pfalz allein von der großen Zahl her de-

4 Deutsche Königspfalzen. Beiträge zu ihrer historischen und archäologischen Erforschung 1.2. 1963–65 (Veröff. d. Max-Planck-Instituts f. Geschichte 11).

5 THEODOR MAYER, Das deutsche Königtum und sein Wirkungsbereich. In: Mittelalterliche Studien. Gess. Aufss. 1959. S. 28–44; die zugehörigen Königsitinerare finden sich im Anhang. Vgl. auch die Itinerarkarten bei CARLRICHARD BRÜHL, Fodrum, gistum, servitium regis. Studien zu den wirtschaftlichen Grundlagen des Königtums im Frankenreich und in den fränkischen Nachfolgestaaten Deutschland, Frankreich und Italien vom 6. bis zur Mitte des 14. Jh. 2. 1968 (Kölner hist. Abhh. 14,2).

6 So in: Die Zeit der Staufer. Katalog der Ausstellung, 4: Karten und Stammtafeln, 1977.

7 WALTER SCHLESINGER, Bischofssitze, Pfalzen und Städte im deutschen Itinerar Friedrich Barbarossas. In: Aus Sozial- und Wirtschaftsgeschichte Südwestdeutschlands. Festschr. f. Erich Maschke. 1975 (VeröffKommGeschichtlLdkeBadWürtt B 85) S. 3.

finiert, ist also – zugespitzt gesagt – ein statistischer Begriff. Die allgemeine Hochschätzung dieser Methode hat, das möchte ich sofort betonen, ohne Zweifel ihre guten Gründe, und die auf diesem Wege erzielten Ergebnisse erschöpfen sich keineswegs in einer Itinerarstatistik. Wir werden uns daher sogleich ebenfalls dieses Hilfsmittels bedienen. Dennoch möchte ich behaupten: Namentlich der Verfassungshistoriker kann sich schlecht mit einer Methode zufrieden geben, die jedem, vielleicht zufälligen, vielleicht zufällig überlieferten Aufenthalt des Herrschers gleiches Gewicht beimißt und bei der fast völlig davon abgesehen wird, was bei diesen Aufenthalten geschah, welche Rechtshandlungen getätigt wurden, ob der König Gericht hielt, wer anwesend war usw. usf.

Es verwundert daher nicht, wenn die bisherige Pfalzenforschung ihre Hauptaufgabe darin sah, an solchen von den Herrschern bevorzugten Aufenthaltsorten, in »Pfalzen« somit, Befestigungen, Wirtschaftshöfe, Bauten für Aufenthalt und Repräsentanz des Königs (»palatium«) sowie die zugehörigen Kirchen (»Pfalzkapellen«) zu ermitteln – vor allem auf archäologischem Wege – und im übrigen die Bedeutung der Pfalzen für das Königtum im wirtschaftlich-materiellen Sinne hervorzuheben: Die Versorgung des Herrschers und seines Hofes, *servitium regis, fodrum, gistum,* diese »wirtschaftlichen Grundlagen des Königtums« – wie Brühl im Untertitel seines Werkes [8] sagt, standen und stehen von Bruno Heusinger (1923) [9] bis Carlrichard Brühl (1968) im Mittelpunkt der einschlägigen Arbeiten.

Unbeschadet der Wichtigkeit der Resultate, die diese Forschungen erbracht haben, sei es gestattet, die Frage aufzuwerfen: Ist damit bereits alles über die Funktion der Pfalz oder auch nur das Entscheidende über ihr Wesen ausgesagt? Ich bin geneigt, darauf eine verneinende Antwort zu geben, wenngleich ich sofort einräumen muß, daß ich auf die weitere Frage, worin denn nun die »eigentliche« Funktion der Pfalz zu erblicken und auf welchem Wege, mit welcher Methode – wenn nicht der quantifizierenden – diese zu ermitteln sei, Sie einstweilen mit vorläufigen Überlegungen bescheiden muß. Um es präziser zu sagen: Es soll der Versuch gewagt werden, näher zu bestimmen, was in staufischer Zeit als Pfalz zu gelten hat und worin der eigentliche »Pfalz«-charakter besteht, d. h. wir stellen die bislang kaum aufgeworfene Frage nach der Qualität bestimmter vom König häufig besuchter Orte. Daß dies nur mit Beschränkung auf einen bestimmten Raum und eine begrenzte Zeitspanne geschehen kann, braucht wohl kaum hervorgehoben zu werden. Der Zeitraum für unsere Erörterung wird durch das Gesamtthema dieser Tagung abgesteckt: die Zeit der Staufer, genauer gesagt, vom Regierungsantritt Konrads III. 1138 bis zum Abmarsch Konradins nach Italien, also bis 1267. Was nun den erfaßten Raum angeht, so habe ich mich auf den rechtsrheinischen Teil des Herzogtums Schwaben beschränkt. Das bedarf wohl in zweifacher Hinsicht der Begründung: Zum einen setzt sich immer mehr die Einsicht durch,

8 Wie Anm. 5.

9 Bruno Heusinger, Servitium regis in der deutschen Kaiserzeit. Untersuchungen über die wirtschaftlichen Verhältnisse des deutschen Königtums 900–1250. In: AUF 8, 1923, S. 26–159.

daß die Beschränkung auf eine Pfalz, einen Königshof, eine Stadt, für die wichtigsten Probleme namentlich im Verhältnis von Pfalz und Stadt geradezu blind macht. Dafür ließen sich in der Literatur auch aus jüngerer Zeit Belege anführen. Es galt also, eine Mehrzahl von Pfalzen zu erfassen, d. h. alle Aufenthaltsorte der staufischen Könige in einem bestimmten Gebiet. Bei dessen Abgrenzung muß man sich der vielfach belegten, wenngleich häufig übersehenen engen Bindung der Pfalzen – oder bestimmter Pfalzen – an das Gebiet eines Stammes oder eines Teiles davon erinnern. Noch die Rechtsbücher des 13. Jh. sagen das ja mit aller wünschenswerten Deutlichkeit. Und für die gesamte Stauferzeit gilt: Jeder Stamm bzw. jeder Angehörige eines Stammes lebt – dem Personalitätsprinzip entsprechend – nach seinem Landrecht, das seinerseits – wie Sie wissen – im Kern Stammesrecht ist. Will man nun den Versuch wagen, die rechtliche Qualität der Aufenthaltsorte des Königs zu ermitteln, tut man gut daran, den räumlichen Rahmen zu beachten, den das Landrecht setzt. Und das ist – wie bereits gesagt – nach wie vor der Stamm. Auf der anderen Seite ist wohlbekannt, welche Untergliederung gerade das Herzogtum Schwaben zur Stauferzeit – und längst zuvor – erfahren hat: Das Elsaß, zumindest zeitweise ein eigener Dukat, hat sich fast ganz gelöst, und auch die Stammesgebiete südlich des Rheins führen ein deutlich faßbares Eigenleben. Neuere Forschungen, vor allem unseres verstorbenen Freundes Hans Jänichen, haben solche allgemeinen Feststellungen in vielen, oft überraschenden Einzelheiten bestätigt und begründet. Die Beschränkung auf den rechtsrheinischen Teil des Herzogtums Schwaben entspringt also keineswegs einer willkürlichen Begrenzung, sondern versucht, der Tatsache gerecht zu werden, daß in staufischer Zeit dieser Teil des Herzogtums Schwaben als dessen eigentliches Gebiet betrachtet wurde.

Will man nun – wie wir es anstreben – die Königspfalzen in dem so begrenzten Raum ermitteln, so bieten sich verschiedene Methoden an. Am wenigsten ergibt – jedenfalls für das 12. und 13. Jahrhundert – eine systematische Suche nach der Verwendung des mittellateinischen Wortes *palatium* für königliche Aufenthaltsorte. So fruchtbar dieses Vorgehen für die fränkische Zeit sein kann – ich werde alsbald darauf zurückzukommen haben – in dem Zeitraum, dem unsere heutige Untersuchung gilt, 1138–1267, kommt der Begriff *palatium* nach Ausweis der Glossare und Wörterbücher wie der Diplome kaum noch vor; er scheint als etwas antiquiert gegolten zu haben und ist in der Sprache der Königsurkunden fast regelmäßig durch *curia* ersetzt, dessen Bedeutungsumfang nicht so exakt zu fixieren ist, daß es allein als Indiz für »Pfalzen« dienen könnte.

Bei dieser Lage der Dinge wäre es in der Tat töricht zu nennen, wenn man sich nicht zunächst der geschilderten quantifizierenden Methode bedienen würde, zumal diese für unseren Untersuchungszeitraum unseres Wissens noch niemals für das Gebiet eines Stammes angewendet worden ist, wo sie doch am ehesten verwertbare Ergebnisse erbringen dürfte. Dennoch muß sogleich ein einschränkendes Wort angefügt werden: Die mit Hilfe der quantifizierenden Methode allein zu erzielenden Resultate, nämlich die Zahl der Aufenthalte an bestimmten Orten, stellen nicht den Endzweck unserer Bemühungen dar; wir benützen diese Ergebnisse vielmehr in heuristischer Absicht, will sagen in der Hoffnung, an Hand der statistischen Zusammenstellungen auf andere Ergebnisse geführt zu werden.

Es ist nun angesichts der Staufereuphorie unserer Tage wohl nicht überflüssig, mit einem gewissen Nachdruck darauf zu verweisen, wie schlecht es noch immer mit der Sammlung und kritischen Edition der wichtigsten Überlieferungen für unseren Zeitraum bestellt ist. Das gilt vor allem für die Quellengattung, die unseren Bemühungen die verläßlichste Grundlage bietet, ich meine die Königsurkunden, die Diplome. Das Wort von der »Stauferlücke« ist in Mediävistenkreisen in Jahrzehnten zu einem geflügelten geworden und hat an Berechtigung bislang nur wenig eingebüßt. Umso mehr sehe ich mich veranlaßt, Ihnen offenzulegen, auf welchen Grundlagen die dann doch zusammengestellten und Ihnen im knappen Auszuge vorliegenden Listen beruhen. Zum einen ist ja, was die Bereitstellung der Diplome für die Forschung angeht, seit einigen Jahren eine kleine Verbesserung der Situation zu verzeichnen: 1969 legt Friedrich Hausmann nach jahrzehntelangen Vorarbeiten die Diplome Konrads III. vor [10], und 1975 erschien dank der zähen Bemühungen Heinrich Appelts der erste Band der Urkunden Friedrich Barbarossas [11]. Für die Zeit von 1138–1158 (soweit reicht Appelt I) ist also ein zuverlässiger Grund gelegt, zumal auch die »Jahrbücher des Deutschen Reiches«, dieses nach wie vor unentbehrliche Hilfsmittel, für diese beiden Jahrzehnte seit langem vorliegen. Im Jahre 1972 wurden von mir die Regesta Imperii Heinrichs VI. veröffentlicht [12], so daß auch hier die Diplome und die für das Itinerar wichtigen Nachrichten aus anderen Quellen gesammelt sind. Dennoch klaffen große Lücken: Bei Friedrich Barbarossa von 1158 bis 1189 (dem Antritt der Kreuzfahrt) [13] sowie von 1198–1267, von Philipp von Schwaben, Otto IV., Friedrich II., Heinrich (VII.), Konrad IV. bis Konradin, also für die gesamte spätstaufische Zeit. Die mit Recht hoch geschätzten Regesten von Böhmer-Ficker-Winkelmann [14] können ihren Zweck kaum noch erfüllen; fast 100 Jahre nach ihrem Erscheinen sind sie für moderne Fragestellungen als unzulänglich zu betrachten und müssen als lückenhaft gelten. Um auch diese erwähnten Lücken jedenfalls für unsere Untersuchung einigermaßen zu schließen, durfte ich mich großzügig gewährter kollegialer Hilfe erfreuen: Für Friedrich Barbarossa konnte ich in Wien den dort liegenden Diploma-

10 Die Urkunden Konrads III. und seines Sohnes Heinrich, bearb. v. FRIEDRICH HAUSMANN. 1969 (MGH Diplomata regum et imperatorum Germaniae IX).

11 Die Urkunden Friedrichs I. 1152–1158, bearb. v. HEINRICH APPELT. 1975 (MGH Diplomata regum et imperatorum Germaniae X,1).

12 J. F. BÖHMER, Regesta Imperii IV,3: Die Regesten des Kaiserreiches unter Heinrich VI. 1165 (1190)–1197, neubearb. v. GERHARD BAAKEN. 1972. Der 2. Band, das Namenregister sowie Ergänzungen, Berichtigungen und Nachträge enthaltend, erscheint 1979.

13 Einen gewissen Ersatz bietet inzwischen die Arbeit von FERDINAND OPLL, Das Itinerar Kaiser Friedrich Barbarossas (1152–1190). 1978 (Forschungen zur Kaiser- und Papstgeschichte des Mittelalters 1).

14 J. F. BÖHMER, Regesta Imperii V: Die Regesten des Kaiserreiches unter Philipp, Otto IV., Friedrich II., Heinrich (VII.), Conrad IV., Heinrich Raspe, Wilhelm und Richard 1198–1272, neu hg. v. JULIUS FICKER und EDUARD WINKELMANN. 1881–1882.

taapparat ausschöpfen, und für die Zeit von 1198 an lieferten der jetzige Bearbeiter der Regesta Imperii dieses Zeitraumes, Paul Zinsmaier [15], wie auch andere zahlreiche Ergänzungen und Nachträge. Diese etwas weitschweifig anmutende Offenlegung der Quellen für meine Zusammenstellungen dürfte deswegen nicht unnütz sein, weil auch in den jüngsten einschlägigen Zusammenstellungen, in der von Walter Schlesinger für Friedrich Barbarossa in der Festschrift für Erich Maschke (1975) [16] wie etwa in derjenigen von Ursula Schmitt für Ulm (1974) [17] weder die Diplomata Friedrichs I. noch der Wiener Apparat, von den übrigen Ergänzungen einmal abgesehen, benutzt werden konnten. Die von den Genannten erstellten Listen müssen daher schon aus diesem Grunde als unvollständig bezeichnet werden [18]. Die Feststellung gilt noch in anderer Hinsicht: Befolgte man bisher die quantifizierende Methode, so zählte man immer nur die Zahl der Aufenthalte an einem bestimmten Ort. Es liegt nun aber auf der Hand, daß – um ein beliebiges Beispiel zu wählen – ein weitgehend durch das Itinerar bestimmter Aufenthalt König Friedrichs I. 1154 in Göppingen, wo er nur eine Urkunde für das benachbarte staufische Hauskloster Lorch ausstellt [19], anders bewertet werden muß als ein Hoftag in Ulm 1152 – bisher auch nur als ein Aufenthalt gezählt – wo der König zahlreiche Rechtshandlungen vornimmt, zu Gericht sitzt und als Zeugnis seines Tuns uns nicht weniger als 11 Diplome und Briefe erhalten geblieben sind [20]. Ich habe mich daher bemüht, in jedem Falle die Zahl und die Art von Rechtshandlungen (im weiteren Sinne des Wortes) zu ermitteln und ebenfalls in Listen festzuhalten, da mir diese Ergänzung geeignet erscheint, das oft einseitige und schiefe Bild vom Königsitinerar zu korrigieren, wie es sich aus einer einfachen Zählung der Aufenthalte ergibt.

Die so erstellten Listen können hier schon allein ihres Umfanges wegen nicht vollständig vorgelegt werden. Das wesentliche Ergebnis läßt sich jedoch auch an einem statistischen Auszug ablesen, der im Anhang abgedruckt ist [21]. Dieser bietet nach Herrschern und – bei Friedrich Barbarossa und Friedrich II. – auch nach in Deutschland verbrachten Regierungsjahren gegliedert die Zahl der Aufenthalte in den einzelnen Orten des rechtsrheinischen Schwabens und dahinter – in Klammern – die Zahl der in den Quellen belegten Rechtshandlungen. Sicher ein mage-

15 Im Druck liegt bisher nur vor eine ältere Ergänzungsliste von Paul Zinsmaier, Nachträge zu den Kaiser- und Königsurkunden der Regesta Imperii 1198–1272. In: ZGORh 102, 1954, S. 188–273. Ein Ergänzungsband zu Böhmer-Ficker-Winkelmann, ebenfalls von Paul Zinsmaier, soll in absehbarer Zeit erscheinen.

16 Wie Anm. 7.

17 Urusula Schmitt, Villa regalis Ulm und Kloster Reichenau. Untersuchungen zur Pfalzfunktion des Reichsklostergutes in Alemannien (9.–12. Jahrhundert). 1974 (Veröff. d. Max-Planck-Instituts f. Geschichte 42).

18 Bei der Arbeit von Walter Schlesinger kommt hinzu, daß er sich (vgl. dort S. 4) teilweise auf veraltete Zusammenstellungen stützte, andererseits neue Publikationen (wie etwa die Regesten Heinrichs VI.) nicht vollständig verwertete.

19 In der Edition von Appelt, wie Anm. 11: D F.I. 77.

20 Vgl. dazu bei Appelt die DD F.I. 15–25.

21 S. unten S. 46 ff.

rer Ersatz; er wird dennoch – wie ich hoffe – ein deutliches Bild vermitteln und es erleichtern, dem Gang der Untersuchung zu folgen. In einer Anmerkung habe ich noch darauf hinzuweisen, daß in den Zusammenstellungen Augsburg fehlt. Das hat seine guten Gründe, die im einzelnen zu erörtern hier zu weit führen würde. Nur so viel: Augsburg, ganz am Rande des Stammesgebietes gelegen, spielt, bei aller reichsgeschichtlichen Bedeutung, für die Geschichte des Herzogtums Schwabens und damit für eine Untersuchung der Pfalzen in diesem Raum keine Rolle mehr [22]. Endlich muß ich einräumen, daß auch die von mir erstellten Listen nicht fehlerlos sein können oder noch kleine Lücken enthalten dürften. Insbesondere was die Ausschöpfung von nichturkundlichen Quellen anbelangt. Beim gegenwärtigen Stand der Vorarbeiten – vor allem angesichts des Fehlens der Jahrbücher der Deutschen Geschichte insbesondere für 1158–1198 und von 1233 an – muß diese kleine Unvollkommenheit in Kauf genommen werden. Für die Ergebnisse bleibt sie, wie ich hoffe zeigen zu können, ohne Gewicht.

Schon ein flüchtiger Blick auf die im Anhange vorgelegten Zusammenstellungen wird die Aufmerksamkeit auf einige, wie ich glaube, doch überraschende Zahlen und Zahlenverhältnisse lenken. Da ist zum einen die geringe Zahl der unter Konrad III. und Friedrich Barbarossa, den ersten Staufern auf dem deutschen Königsthron, urkundlich bezeugten Aufenthaltsorte des Königs. Hier im Stammlande des Geschlechtes sind es deren insgesamt fünfzehn, wovon jedoch zwölf (Freiburg, Lorch, Batzenhofen, Mengen, Adelberg, Esslingen, Wallhausen, Schattbuch, Säkkingen, Schwäbisch Gmünd [23], Göppingen und die namengebende Burg Staufen) nur je ein einziges Mal belegt sind. Vergleicht man dies mit den Zahlen der Aufenthaltsorte in anderen deutschen Stammesgebieten, so sind diese schon für Sachsen erheblich höher; ganz zu schweigen von Bayern oder gar Franken. Auf der anderen Seite stechen sogleich die großen Zahlen ins Auge, mit denen Konstanz und Ulm auf der Liste erscheinen. Allein von den während der gesamten Regierungszeit Friedrich Barbarossas urkundlich nachweisbaren 33 Aufenthalten entfallen 8 auf Konstanz und 13 auf Ulm, also von 33 nicht weniger als 21 auf diese beiden Plätze. Noch krasser erscheint das Verhältnis, wenn man die Zahlen der Rechtshandlungen einander gegenüberstellt: 67 für Barbarossa insgesamt, davon 24 in Konstanz, 32 in Ulm; d. h. von 67 nachweisbaren Rechtshandlungen werden 56 gelegentlich einer Anwesenheit in diesen beiden Orten, Konstanz und Ulm, vollzogen. Auf der anderen Seite ist bei denjenigen Orten, die nur einmal besucht wurden, in der Regel auch nur eine einzige bei diesem Aufenthalt vollzogene

22 In der an diesen Vortrag anschließenden Diskussion (vgl. unten S. 194) wurde von Herrn Kollegen P. FRIED dieses Fehlen Augsburgs in den Zusammenstellungen gerügt. Doch ist daran festzuhalten, daß eine Berücksichtigung Augsburgs das Bild verfälscht haben würde. Der überwiegende Teil der Herrscheraufenthalte dort steht mit dem Antritt und dem Ende von Italienzügen in Zusammenhang; die Stadt und ihre Umgebung diente als Versammlungsplatz des Heeres, vgl. dazu jetzt auch die Bemerkungen von OPLL, wie Anm. 13, S. 124.

23 Die Identifizierung von *apud Mundam*, dem Ausstellungsort des Diploms für Ellwangen v. 29. September 1167 (Stumpf 4097) mit Schwäbisch Gmünd ist zudem wegen Namensform und Itinerar recht zweifelhaft; vgl. OPLL, wie Anm. 13, S. 47.

Rechtshandlung nachzuweisen (so bei Batzenhofen, Göppingen, Mengen, Schattbuch, Säckingen, Staufen, vielleicht auch Schwäbisch Gmünd)[24], bei einem Ort (Wallhausen) deren zwei, bei Adelberg endlich gar keine. Eine Erklärungsmöglichkeit für diese auffälligen Tatbestände kann man sogleich ausschließen: Es ist jedenfalls bei den beiden ersten Königen aus staufischem Hause, bei Konrad III. wie bei Friedrich, anhand der Besuchsfrequenz keine Vorliebe eines Herrschers für bestimmte Plätze erkennbar, auch nicht etwa in dem einen oder dem anderen Abschnitt seiner Regierungszeit. Vielmehr verteilen sich die Aufenthalte in Konstanz und Ulm – überblickt man den gesamten Zeitraum von 1138–1189 – ziemlich gleichmäßig. Die hervorragende Rolle dieser beiden Orte, die sich schon aus der Statistik der Aufenthalte und der urkundlich belegten Rechtshandlungen ergibt, tritt noch plastischer hervor, wenn man diese hier vollzogenen Rechtshandlungen näher betrachtet, oder, um es anders zu formulieren, wenn man über ihre mit Hilfe der quantifizierenden Methode ermittelte Zahl hinausgeht und nach der Qualität der Rechtsakte fragt.

Zunächst für Konrad III. und die Aufenthalte in Konstanz betreffend. Bei der ersten Anwesenheit in der Bischofsstadt im März des Jahres 1142 hält der Herrscher hier einen Hoftag: *in curia Constantiensi*[25] wird durch den König selbst eine Güterübertragung an die Zisterze Salem vollzogen; diesen Akt bezeugen nicht nur der päpstliche Legat, Kardinalbischof Dietwin von S. Rufina, sondern auch so vornehme Herren wie die Herzöge von Schwaben (Friedrich und sein gleichnamiger Sohn, der spätere Kaiser), von Burgund, von Lothringen. Deren Anwesenheit hat aber noch einen weiteren Grund: In diesen Tagen versucht – wie Karin Feldmann nachgewiesen hat[26] – der König zu einer Übereinkunft mit dem ebenfalls anwesenden Welf VI.[27] über die Ansprüche seines Hauses auf Bayern und Sachsen zu kommen. 1142 blieben die Verhandlungen zwar erfolglos, doch 1152, beim zweiten Hoftag für Schwaben und wiederum – wohl kaum zufällig – in Konstanz konnte der staufisch-welfische Ausgleich von König Konrad und Herzog Welf unter Vermittlung des ebenfalls anwesenden Herzogs Friedrich von Schwaben – der zwei Monate später König sein wird – gefunden werden[28]. Betrachtet man nun die Aufenthalte Konrads III. in Ulm, so stößt man auf politische Verhandlungen und Rechtsakte von ähnlichem Rang: 1146 wird hier, wiederum in Anwesenheit Herzog Friedrichs von Schwaben[29], der Ausgleich

24 Vgl. dazu Anm. 23.

25 Vgl. D K.III. 72; die Erwähnung der *curia Constantiensis* auf S. 129 (Z. 1); dazu auch Wilhelm Bernhardi, Konrad III. (Jahrbücher der Deutschen Geschichte). 1883. S. 273 ff.

26 Karin Feldmann, Herzog Welf VI. und sein Sohn. Das Ende des süddeutschen Welfenhauses (mit Regesten). Phil. Diss. Tübingen 1971, S. 17 u. Reg. 11.

27 Vgl. dazu Feldmann a. a. O. und jetzt D F.I. 129 (mit Vorbemerkung). Danach geht die Erwähnung Welfs VI. bereits auf die Vorurkunde, das Privileg Papst Eugens III. (JL 8862) zurück.

28 Vgl. D K.III.268, in der Welf VI. als Zeuge erscheint, sowie Feldmann a. a. O. S. 28 ff. und Bernhardi, wie Anm. 25, S. 915.

29 Herzog Friedrich von Schwaben ist Zeuge in D K.III. 155 (1146 Juli 21).

mit den Zähringern gefunden [30]; 1151 wird hierher nach Beschluß der *principes* Herzog Heinrich von Sachsen vor das Hofgericht geladen [31]. Hier, in Ulm, auf schwäbischem Boden, sollte das Verfahren gegen den – bekanntlich nach alemannischem Rechte lebenden – Heinrich den Löwen seinen Anfang nehmen, ohne Zweifel vor einer mit Stammesgenossen besetzten Urteilerbank. Wenn man sich, vor allem nach den Untersuchungen von Heinrich Mitteis [32], erinnert, wie sorgfältig gerade in politischen Prozessen die Verfahrensvorschriften beachtet wurden, Fristen, Bildung des Gerichtes, aber auch Wahl des rechten Ortes, wird man diesem – wegen der Verweigerung Heinrichs nicht zustandegekommenen – Termin in Ulm höchste Aufmerksamkeit schenken müssen.

Bleiben wir sogleich in Ulm, wenn wir uns Friedrich Barbarossa zuwenden: Schon auf seinem Königsumritt 1152 kommt der Herrscher nach Ulm [33] – hier betritt er zum ersten Mal nach seiner Krönung schwäbischen Boden – und hält einen großen Hoftag, an den noch ein Jahr später ein Diplom [34] mit den Worten erinnert: *in curia, quam aput Ulmam primo regni nostri anno celebravimus* und der in einer dort ausgestellten Urkunde Herzog Welfs VI. beschrieben wird: *coram rege et magna principum frequentia in curia, que aput Ulmam in festo beati Jacobi apostoli celebrata est* [35]. Hier wird die Klage über die Zugehörigkeit der Grafschaft Chiavenna zum Herzogtum Schwaben verhandelt und durch Fürstensentenz einstweilig entschieden, hier auf alemannischem Boden erläßt der König, wohl aufgrund eines Weistums der Großen, seinen ersten Landfrieden [36]. Es ist der älteste, der für alle Teile des Reiches Geltung hatte und dessen einziger terminus technicus in der Volkssprache – wie Heinrich Appelt jüngst darlegte [37] – aus dem alemannischen Stammesrecht, der Lex Alemannorum rührt.

Dieser Eindruck, daß es hochwichtige Regierungsakte und vor allem das Herzogtum Schwaben betreffende rechtliche Entscheidungen sind [38], die anläßlich des Aufenthaltes in Ulm getätigt werden, bestätigt sich bei einem Überblick – soweit dies in einem Vortrag mit begrenzter Zeit möglich ist – über die weitere Regierungszeit Barbarossas: 1156 ein *magnum placitum cum episcopis, abbatibus, duci-*

30 Vgl. Bernhardi, wie Anm. 25, S. 485.

31 Vgl. den Brief König Konrads III. an Abt Wibald von Corvey vom Januar 1151 (D K.III.243): ...*quod nos ex consilio et peticione principum duci H(einrico) Saxonię ad expostulandam beneficialem iusticiam curiam Ulme in octava epiphanię indiximus.*

32 Heinrich Mitteis, Politische Prozesse des früheren Mittelalters in Deutschland und Frankreich. In: SB Heidelberger AkadWissPhil.-hist.Kl. 1926/27, Abh. 3; Neudruck Darmstadt 1974.

33 Vgl. Henry Simonsfeld, Jahrbücher des Deutschen Reiches unter Friedrich I. (Jahrbücher der Deutschen Geschichte) I. 1908. S. 116 ff. sowie die DD F.I. 15–25.

34 D F.I. 54 (1153 April 23); das Zitat auf S. 93.

35 Vgl. Feldmann, wie Anm. 26, Reg. 35.

36 D F.I. 25.

37 Vgl. die Vorbemerkung zu D F.I. 25 auf S. 41.

38 Hierzu ist jetzt jeweils das grundlegende Werk von Helmut Maurer, Der Herzog von Schwaben. Grundlagen, Wirkungen und Wesen seiner Herrschaft in ottonischer, salischer und staufischer Zeit, 1978, heranzuziehen.

bus et reliquis principibus, bei dem verschiedene Entscheidungen gefällt werden [39]. 1157 *generalis curia* [40] in Ulm, wo unter anderem wiederum über die Zugehörigkeit der Grafschaft Chiavenna zum Herzogtum Schwaben verhandelt wird. Die Gerichtsurkunde [41], welche die Entscheidung schriftlich fixiert hat, verdient einen Augenblick unsere Aufmerksamkeit [42]. Schon zu Anfang sagt der Kaiser *dum curiam Ulme in purificatione sancte Marie celebraremus et de statu totius ducatus Suevorum sollicite tractaremus,* ein feierlicher Hoftag also, der grundsätzlichen Angelegenheiten des Herzogtums Schwaben gewidmet war. Hier tragen nun *omnes comites et barones Suevorum* ihre Klage wegen Minderung des *honor ducatus Suevie* [43] vor, hier wird dann *in generali curia* die Fürstensentenz gefunden und daraufhin vom Kaiser die Grafschaft Chiavenna dem Herzogtum Schwaben zurückerstattet. Ein für den ducatus Suevie ohne Zweifel hochbedeutsames Urteil, das hier im Hofgericht zu Ulm gefunden wurde, das unter dem Vorsitz des Kaisers tagte. Doch hier muß schnell hinzugefügt werden: nicht nur des Imperator Romanorum, sondern auch des Herzogs von Schwaben. Die genannte Gerichtsurkunde weist nämlich eine völlig ungewöhnliche Intitulatio auf: *Federicus dei gratia Romanorum imperator et dux Suevorum.* Es ist das einzige Mal während seiner gesamten Regierungszeit, daß Barbarossa seinem Königs- bzw. Kaisertitel noch denjenigen eines *dux Suevorum* hinzufügt; man hat diesen Zusatz denn auch lange als fremden Einschub, wenn nicht gar als Verfälschung abtun wollen. Heinrich Appelt hat jedoch in seiner Edition der Diplome Friedrichs I. überzeugend dargelegt, daß diese Erweiterung des Titels ursprünglich und echt ist und »aus der einzigartigen Rechtslage« [44] zu erklären sei. Man wird unterstreichend hinzufügen müssen: Dieser einzigartige Rechtsstreit über das Herzogtum Schwaben, der den vorsitzenden Kaiser zur Führung des *dux*-Titels veranlaßt, wurde in Ulm entschieden – das dürfte kaum Zufall sein.

Auch bei den folgenden Aufenthalten des Kaisers tritt die Vorrangstellung Ulms deutlich hervor. Als Friedrich Barbarossa am Ende des Jahres 1162 über

39 Vgl. dazu im einzelnen Simonsfeld, wie Anm. 33, S. 511 ff. und Schmitt, wie Anm. 17, Anhang Nr. 32 (S. 100 f.).
40 Als *generalis curia* wird dieser Hoftag im Privileg des Kaisers für St. Emmeram zu Regensburg (D F.I. 158, S. 272) bezeichnet, das noch in Ulm am 5. Februar 1157 ausgefertigt wurde.
41 D F.I. 157; wenngleich sich die Frage, ob diese Urkunde zu 1157 oder zu 1158 zu stellen ist, nicht eindeutig entscheiden läßt, dürfte doch mit Recht 1157 der Vorzug zu geben sein, vgl. die Vorbemerkung Appelts zu D F.I. 157.
42 Vgl. dazu jetzt auch Maurer, wie Anm. 38, S. 258 ff.
43 Helmut Maurer, Chiavenna und die »Ehre« des Herzogtums Schwaben. In: Festschr. f. Friedrich Hausmann, hg. Herwig Ebner, 1977. S. 339 ff.
44 Vorbemerkung zu D F.I. 157. – Die Einwände von H. Maurer, wie Anm. 38, S. 263 Anm. 251 vermögen nicht zu überzeugen. Folgte man dieser Meinung, so bliebe die unbezweifelbare Hinzufügung des Titels *dux Suevorum* ohne jede Erklärung. Zudem wird dieser Titel in der (aus der Kanzlei rührenden) Nachurkunde Heinrichs VI. (Böhmer-Baaken, wie Anm. 12, Nr. 204) – die als Insert die Urkunde Barbarossas überliefert – übernommen, was wohl kaum geschehen wäre, wenn hier lediglich einem fremden Schreiber eine grobe Kanzleiwidrigkeit unterlaufen wäre.

zogtum Schwaben [45], obwohl der Reiseweg (Selz-Girbaden [46]–Ulm-Konstanz) dadurch eine beträchtliche Verlängerung erfuhr. Fällt es schon auf, daß der Herrscher von Westen kommend zunächst den größten Teil des Stammesgebietes durcheilt [47], um einen Hoftag in Ulm zu halten und nicht etwa an einem anderen Ort, der sich vom Itinerar her weit eher angeboten hätte, so tritt dazu die lapidare Notiz des Chronisten von Petershausen: Kaiser Friedrich kehrt nach der Zerstörung Mailands zurück und hält den ersten Hoftag zu Toul, den zweiten zu Ulm, den dritten zu Konstanz [48]. Diese, vom Reiseweg her unerklärliche Abfolge der Hoftage in Schwaben scheint dem Autor selbstverständlich zu sein, einer festen Gewohnheit zu entsprechen. Und in der Tat: Von Konrad I. (912) [49] bis zu Konradin (1262) [50] reicht die Liste von Hoftagen in der Folge: Ulm – Konstanz (oder umgekehrt) namentlich bei der Besitzergreifung des Herzogtums Schwaben, so daß man versucht ist, von einer Regelmäßigkeit zu sprechen.

Schnell noch einige weitere Beispiele für Ulm: 1166 hier großer Hoftag, *generalis curia,* Prozeß gegen den schwäbischen Pfalzgrafen Hugo von Tübingen, der mit dessen Verurteilung und Unterwerfung endet [51]. Wie dieser, so ist auch der bedeutendste politische Prozeß der staufischen Zeit, derjenige gegen Heinrich den Löwen, von Anfang an eng mit dem Gerichtsplatz Ulm verbunden: Unmittelbar nach der Rückkehr Barbarossas aus Italien und Burgund 1178 werden hier auf einem Hoftag die Maßnahmen gegen den Herzog vorbereitet [52] und im Jahre darauf wird ihm der Termin nach Ulm gesetzt – was in der Literatur nicht selten übersehen wurde. *Dataque ei curia apud Ulmam ipsum ad iudicium subeundum imperiali more citavit,* sagt Otto von St. Blasien [53], hierher wurde – noch im landrechtlichen Verfahren – der Herzog geladen, um, wie es später die Gelnhäuser Urkunde sagt [54], durch ein Urteil *principum et sue conditionis Suevorum,* des

45 Vgl. dazu SCHMITT, wie Anm. 17, Anhang Nr. 36 (S. 104) und OPLL, wie Anm. 13, S. 32 f. u. S. 193 f.

46 Burg bei Molsheim, w. von Straßburg; vgl. OPLL, wie Anm. 13, S. 193 u. S. 244.

47 Die Zerstörung der Burg Girbaden (vgl. vorige Anm.) durch den Kaiser ist Ende Oktober/Anfang November 1162 anzusetzen, vgl. OPLL, wie Anm. 13, S. 32; etwa Mitte November ist der Herrscher in Ulm, bereits für den 23. November ist seine Anwesenheit in Konstanz belegt, OPLL a. a. O.

48 Die Chronik des Klosters Petershausen, hg. OTTO FEGER (Schwäb. Chroniken der Stauferzeit 3). ²1978. S. 246: *Eodem anno ... imperator Fridericus rediens de subversione Mediolanensis civitatis habuit colloquium apud civitatem que vocatur Tula, item aliud Ulme, tertium quoque Constantie.*

49 Vgl. dazu: GERHARD BAAKEN, Fränkische Königshöfe und Pfalzen in Südwestdeutschland. Eine Forschungsbilanz aus der Sicht des Historikers. In: Ulm und Oberschwaben 42/43, 1978, S. 45.

50 Vgl. BF 4778b und 4780.

51 Vgl. SCHMITT, wie Anm. 17, Nr. 38 (S. 105 f.) und bes. FELDMANN, wie Anm. 26, S. 67 ff.

52 Vgl. SCHMITT, wie Anm. 17, Nr. 40 (S. 106) und OPLL, wie Anm. 13, S. 73.

53 Ottonis de Sancto Blasio Chronica, ed. ADOLF HOFMEISTER (MGH SS rer Germ). 1912, S. 36.

54 Vgl. im Druck bei: FERDINAND GÜTERBOCK, Die Gelnhäuser Urkunde und der Prozeß Heinrichs des Löwen. 1920. S. 24.

mit schwäbischen Reichsfürsten besetzten Gerichtes, beschieden zu werden. Doch der Herzog kam nicht, und das weitere – lehnrechtliche – Verfahren nahm an anderen Orten seinen Fortgang.

Die hohe Bedeutung der Bischofsstadt Konstanz für das Reich namentlich während der Regierungszeit Friedrich Barbarossas ist allgemein bekannt – zudem werden wir von Herrn Maurer einen Vortrag dazu hören. Es mag genügen, an die beiden Konstanzer Verträge, dem von 1153 mit Papst Eugen III.[55] und dem von 1183 mit den lombardischen Städten zu erinnern[56], aber auch an die hier auf schwäbischem Boden, vom »Bischof Schwabens« vollzogene Trennung der Ehe Friedrichs mit seiner ersten Gemahlin Adela von Vohburg. Hier wäre einmal die Frage aufzuwerfen, ob die Wahl von Konstanz als Ort für diesen Akt nicht doch auch noch andere als die ständig genannten Gründe hat. Aber auch Prozesse, die das Herzogtum Schwaben berühren, werden in Konstanz geführt, so in einer Zwischenphase der uns schon bekannte wegen der Grafschaft Chiavenna 1153 *in nostra audientia coram principibus*[57]. Endlich sind es die kaiserlichen Hofgerichte von 1179 *(iudicium imperiale, quod iudicatum erat coram imperatore Constantię)*[58] und 1181 *(in curia nostra iudicatum est et communi principum consensu approbatum)*[59]. Und hielt, wie wir gesehen haben, der Kaiser Ende 1162 von Italien kommend, seinen ersten Hoftag in Schwaben zu Ulm, so gleich anschließend den zweiten zu Konstanz.

Lassen Sie mich diese Liste von Beispielen – die man beträchtlich verlängern könnte – einstweilen schließen und schnell zur grundsätzlichen Frage überleiten: Sind diese beiden Plätze, Ulm und Konstanz, nur durch Zufall oder Itinerar aus der Zahl der übrigen Aufenthaltsorte in Schwaben hervorgehoben, oder lassen sich andre Gründe namhaft machen? Bevor wir uns dem zuwenden, dürfte es nützlich und klärend sein, unsere Darlegungen über Ulm und Konstanz schnell durch eine negative Feststellung zu ergänzen: An keinem anderen Ort Schwabens, der im Itinerar Kaiser Friedrich Barbarossas (und damit auf unserer Liste) auftaucht, werden bei den Aufenthalten ähnliche, nach ihrer Qualität vergleichbare Rechtshandlungen getätigt; nichts von dem, was wir für die Sonderstellung von Ulm und Konstanz angeführt haben, läßt sich anderwärts belegen.

Tritt damit der Vorrang dieser beiden Plätze als den einzigen im rechtsrheinischen Schwaben für Hoftage und Hofgerichte in aller Deutlichkeit hervor, so erhebt sich die Frage nach den Gründen. An dieser Stelle muß ich nun auf Darlegungen verweisen, die ich an anderem Orte vorgelegt habe und die den Pfalzen in

55 Jetzt: D F.I. 52.

56 Stumpf 4360, MGH Const. I Nr. 293 (S. 408–418): *Dat. apud Constantiam in sollempni curia.*

57 Vgl. D F.I. 54 (von 1153 April 23), hier (S. 93): ... *utramque partem in nostram presentiam Constantie per scripta vocavimus et eorum causa in nostra audientia coram principibus iussimus ventilari.* Dazu zuletzt: Maurer, wie Anm. 38, S. 258 ff.

58 Vgl. Stumpf 4281a. Dazu Opll, wie Anm. 13, S. 73.

59 Stumpf 4316; MGH Const. I Nr. 282 (S. 388–389).

Südwestdeutschland in fränkischer Zeit galten [60]. Um die Ergebnisse dieser Untersuchung in aller Kürze zusammenzufassen: Aufgrund einer vollständigen Sammlung aller Zeugnisse über Aufenthalte fränkischer Herrscher in Alemannien, von ihrem ersten Auftreten (Ludwig der Fromme 839) bis zum Tode Konrads I. (918), wurden vor allem die Datierungsformeln der Urkunden wie die bezeugten Rechtshandlungen näher untersucht. Als Resultat ergab sich: Pfalzen, als Hofgerichte des Königs, werden im rechtsrheinischen Alemannien in dieser Zeit (von Ludwig dem Frommen bis zum Tode Konrads) lediglich an zwei Orten gehalten: In Ulm und in Bodman. Nur bei diesen beiden tritt auch in der Datierungsformel der Begriff *palatium, palatium imperiale* o. ä. zur Kennzeichnung bestimmter Gerichtsversammlungen auf. Die Reihe der Diplome aus dem 9. und den ersten beiden Dezennien des 10. Jh. zeigt, wie die *palatia* – die vom König prinzipiell überall gehalten werden konnten – sich ausschließlich konzentrieren auf die Königshöfe Ulm und Bodman. Zu dem Zeitpunkt, da in Alemannien zum ersten Male ein Pfalzgraf, *comes palatinus,* in einem Diplom auftaucht, 912, zu Beginn der Regierungszeit Konrads I. ist dieser Konzentrationsprozeß beendet. Nur in den beiden genannten Pfalzen sitzt der König des ostfränkischen, des nun entstehenden deutschen Reiches innerhalb des Herzogtums Alemannien dem königlichen Gericht vor. Das Karolingerreich hat diesem Herzogtum, nun seit dem 10. Jahrhundert Teil des Regnum teutonicum, diese Pfalzen, Ulm und Bodman, als besondere Zentren königlicher Rechtsprechung und Herrschaftsausübung in Schwaben hinterlassen.

Legt man diese Ergebnisse einmal unserer weiteren Untersuchung zugrunde und akzeptiert sie als Ausgangspunkt für die Entwicklung von der ersten Hälfte des 10. Jahrhunderts an, so ergibt sich – wenn von Ulm zunächst abgesehen werden darf – daraus prompt ein Problem, das unlösbar zu sein scheint: Bodman verschwindet gerade zu dem oben genannten Zeitpunkt, nämlich seit Konrad I., seit 912, völlig aus dem Itinerar der deutschen Könige und taucht nie mehr darin auf. Man muß daraus die Folgerung ziehen – und Theodor Mayer [61] wie Arno Borst [62] haben es getan – daß damit die Geschichte der (Königs-)Pfalz Bodman endet. Nun hat einerseits schon Hans Jänichen vor Jahren dargetan [63], wie die Herren von Bodman eine Stellung als Vertreter des Pfalzgrafen bewahrten, schon bevor die Tübinger 1146 die schwäbische Pfalzgrafenwürde erlangten. Für diese, die Pfalzgrafen von Tübingen, sollte der Besitz in Bodman eine der Grundlagen bilden bei ihrem letztlich vergeblichen Streben, mit dem Pfalzgrafenamt höhere Gerichtsrechte zu verbinden und in den Reichsfürstenstand aufzusteigen.

60 Wie Anm. 49.

61 THEODOR MAYER, Die Pfalz Bodman. In: Deutsche Königspfalzen, wie Anm. 4, I, S. 97 ff.

62 ARNO BORST, Die Pfalz Bodman. In: Bodman. Dorf, Kaiserpfalz, Adel. Hg. HERBERT BERNER, I. 1977. S. 169–230, bes. S. 214 ff.

63 In einem Vortrag am 16. November 1974 vor dem Konstanzer Arbeitskreis für mittelalterliche Geschichte. Dieser Vortrag wurde nun nach dem Tode des Autors gedruckt: HANS JÄNICHEN, Die Pfalz Bodman und die schwäbische Pfalzgrafschaft im Hochmittelalter. In: Bodman, wie Anm. 62, S. 309–316.

Ich glaube jedoch, daß hier nur eine der Entwicklungslinien, die von der fränkischen Königspfalz Bodman ausgehen, erfaßt wurde. Denn die eigentliche Funktion als Pfalz des Königs, in der der Herrscher selbst Hof hält und Recht spricht, hat Bodman ja nie wieder erlangt [64]. Dagegen wird Konstanz seit den Ottonen von den Königen, zwar nicht sehr häufig, doch mit einer gewissen Regelmäßigkeit besucht; mit Sicherheit sind Otto I., Otto II., Otto III., Konrad II. und Heinrich V., vielleicht auch Heinrich III. hier nachzuweisen. Mit aller gebotenen Vorsicht könnte man sagen: Konstanz, das vorher nicht im Itinerar auftaucht, scheint an die Stelle von Bodman getreten zu sein. Und daß es nicht nur Beziehungen der Herren von Bodman zum Königtum, sondern auch zu den Bischöfen von Konstanz gegeben hat, ist jedenfalls bekannt und von Jänichen hervorgehoben worden: Die Herren von Bodman waren sicher schon im 12. Jahrhundert Ministerialen der Bischöfe, eine noch frühere lehnrechtliche Bindung ist jedenfalls nicht auszuschließen [65]. Endlich hatten die Bischöfe von Konstanz auch Besitz in Bodman: In der großen Bestätigungsurkunde, die Friedrich Barbarossa 1155 dem um das Reich hochverdienten Bischof Hermann gibt [66], findet sich auch die *curtis in Podoma cum ecclesia* [67], der Hof in Bodman mitsamt der Kirche. Es ist nicht bekannt, wann dieses Gut in Bodman an den Konstanzer Bischofsstuhl kam, doch scheint es zum älteren Besitz des Hochstifts zu gehören.

Ich möchte den Kennern der Konstanzer Geschichte nicht vorgreifen. Dennoch: Aufgrund dieser Beobachtungen wage ich die Folgerung zu ziehen: Im Laufe des 10. oder 11. Jahrhunderts gewann Konstanz, dank der Bemühungen seiner Bischöfe, aber auch wohl im Einvernehmen mit dem Königtum, die »Pfalzlichkeit« – wie Helmut Maurer, einen Begriff von Walter Schlesinger aufnehmend, treffend gesagt hat –, die zuvor mit dem Königshof Bodman verbunden war. Seither übt der deutsche König seine herrscherlichen Funktionen in Konstanz aus, und zwar im *palatium Constantiense*. Hier darf ich mich auf die Ergebnisse berufen, die Helmut Maurer unter diesem Titel »Palatium Constantiense« vor 10 Jahren in der Festschrift für Gerd Tellenbach veröffentlicht hat [68]. Der Nachweis für die Existenz einer Königspfalz im gemeinsamen Besitz von Herrscher und Bischof ist meiner Meinung nach durch Maurer erbracht; in den 70er und 80er Jahren des 12. Jahrhunderts hält der Kaiser hier Hof- und Gerichtstage. Ich würde jedoch in der Wertung eines früheren Beleges, nämlich von 1155, doch etwas weiter gehen. In dem kaiserlichen Diplom [69], das am 27. November dieses Jahres, und zwar in Konstanz selbst, dem Bischof Hermann gegeben wurde – wir hatten uns schon

64 Das betont auch Borst, wie Anm. 62, S. 214 ff.

65 Vgl. dazu jetzt auch: Karl Schmid, »Eberhardus comes de Potamo«. Erwägungen über das Zueinander von Pfalzort, Kirche und Adelsherrschaft. In: Bodman, wie Anm. 62, S. 317 ff.

66 D F.I. 128 vom 27. November 1155.

67 a. a. O. S. 214.

68 Helmut Maurer, Palatium Constantiense. Bischofspfalz und Königspfalz im hochmittelalterlichen Konstanz. In: Adel und Kirche. Gerd Tellenbach z. 65. Geburtstag. Hg. Josef Fleckenstein und Karl Schmid. 1968. S. 374 ff.

69 Wie Anm. 66.

kurz mit dem Stück beschäftigt –, verbietet der Herrscher u. a., daß irgendjemand in die *curtes claustrales* [70] der Domkanoniker, also in deren Kurien bei der Bischofskirche eindringe. Wer es dennoch tue, den solle dieselbe Strafe treffen wie die *invasores palatii nostri* [71]. Ich frage: Auf welches kaiserliche *palatium* soll sich die Bestimmung in dieser, wie gesagt, in Konstanz und für den Bischof von Konstanz ausgestellten Urkunde beziehen, wenn nicht auf die kaiserliche Pfalz bei der Bischofskirche selbst? Die Gegenüberstellung bzw. Gleichstellung von *curtes claustrales* der Kanoniker und *palatium* des Kaisers ist doch nur dann einleuchtend, wenn sich beides auf den Sitz des Empfängers, den Konstanzer Bischof, bezieht [72]. Prüft man den Text des Diploms, wie es jetzt in der Monumenta-Edition von Heinrich Appelt vorliegt, so kann m. E. daran kein vernünftiger Zweifel bestehen.

Spätestens für die Mitte des 12. Jahrhunderts ist also in Konstanz eine Pfalz anzunehmen, die jedoch – wie Maurer dargelegt hat – nicht dem Herrscher allein gehört und zur Verfügung steht, sondern sich im gemeinsamen Besitz von König und Bischof befindet. Die Feststellung ist nicht nur geeignet, unsere oben geäußerten Vermutungen über die Hereinverlegung der Pfalz von Bodman an die Bischofskirche und den tätigen Anteil der Konstanzer Bischöfe daran zu stützen, sie ist auch für die Erhellung der weiteren Geschichte dieser Pfalz heranzuziehen. Hier greifen wir ein wenig vor. Bei der Betrachtung der angefügten Liste dürfte auffallen, daß Konstanz in den Königsitineraren der späteren Stauferzeit deutlich zurücktritt, übrigens ganz im Gegensatz zu Ulm. Heinrich VI. (während seiner Regierungszeit) und Konrad IV. waren, soviel wir wissen, niemals in Konstanz, und auch bei Friedrich II. und seinem Sohn Heinrich ist die Zahl der Aufenthalte, gemessen an Ulm, aber etwa auch an Esslingen, geringer. Das hängt zum einen wohl mit dem – ebenfalls von Maurer beschriebenen – Übergang der Pfalz in den alleinigen Besitz des Bischofs zusammen, ein Vorgang, der wohl spätestens in den 40er Jahren des 13. Jahrhunderts seinen Abschluß gefunden hat. Schon 1229 vollzieht König Heinrich eine Güterübertragung in Konstanz im Chor der Bischofskirche [73] – von der Pfalz ist nicht mehr die Rede. Dies ist zugleich der letzte Aufenthalt des Herrschers in Konstanz, und auch sein Vater, Kaiser Friedrich II., ist nicht mehr in die Stadt gekommen. Einen anderen Hinweis liefert das eben behandelte Diplom Barbarossas von 1155 [74]: Hier bestimmt der Kaiser für sich und seine Nachfolger, daß sie nicht nach Konstanz kommen sollen, außer auf Wunsch des Bischofs, *orationis causa* oder wenn es vom Itinerar geboten sei. Die Beschränkung, die sich das Königtum auf diese Weise für die Zukunft auferlegt hat, tat ihre Wirkung, wir können sie am Rückgang der Zahl der Aufenthalte ablesen.

70 a. a. O. S. 215.

71 a. a. O. S. 215.

72 Das möchte ich gegenüber den Bedenken, die Maurer, wie Anm. 68, S. 384 Anm. 60 hatte, doch hervorheben.

73 Vgl. BF 4133.

74 Wie Anm. 66.

Nun zu Ulm. Hier kann ich – auch aus Zeitgründen – auf die Dissertation von Ursula Schmitt verweisen [75], die 1974 erschien und im Anhang eine zwar weder lücken- noch fehlerlose, dennoch recht nützliche Zusammenstellung der Königsaufenthalte bietet. Das heißt, um es genauer zu sagen, ich könnte mit gutem Gewissen auf dieses Buch verweisen, wenn die Autorin im darstellenden Teil die Dinge bisweilen nicht mehr verdunkelt als erhellt hätte, was schon Walter Schlesinger kritisch anmerkte [76]. Dabei ergibt sich aus der großen Zahl von Quellen mit aller wünschenswerten Klarheit die ständige hohe Bedeutung Ulms für das deutsche Königtum, insbesondere zur Herrschaftsausübung im und über das Herzogtum Schwaben. Wie in staufischer Zeit wird hier schon von den Saliern den politischen Gegnern, soweit sie aus Alamannien stammen, der Prozeß gemacht: Konrad II. 1027 gegen Herzog Ernst [77], 1077 richtet Heinrich IV. über seinen Rivalen Rudolf von Rheinfelden sowie über Herzog Berthold von Schwaben, Welf und andere [78]. Daß der Aufstieg der Staufer zum schwäbischen Herzogtum eng mit Ulm, mit dem Kampf um diesen Ort und dessen Besitz zusammenhängt, ist allgemein bekannt. Es verdient aber doch deutlicher, als es bisher geschehen ist, hervorgehoben zu werden, wie klar sich aus den Quellen ergibt, daß der Besitz von Ulm für den Herzog von Schwaben (und für die Legitimation des Königs in diesem Herzogtum) eine unbedingte Notwendigkeit darstellte. Darum ist Ulm im Investiturstreit so häufig das Zentrum der Fürstenopposition – hier wird 1079 auch der Sohn Rudolfs von Rheinfelden zum Herzog erhoben [79] – darum versucht im gleichen Jahr der von Heinrich IV. eingesetzte Herzog Friedrich von Schwaben den Platz zu erobern [80]. Und die Vertreibung Herzog Friedrichs des Einäugigen und seines Bruders Konrad, des Gegenkönigs, 1134 aus dem *oppidum* Ulm durch Herzog Heinrich von Bayern wie die anschließende Zerstörung der Pfalz sollte die Stellung der Staufer in Schwaben wie im Reich an dem in rechtlichem Betracht zentralen Punkt treffen [81].

Es verwundert daher nicht, wenn Ulm von allen Staufern zur Sicherung der Herrschaft über das Herzogtum Schwaben zäh bewahrt wird. Vor allem in Krisenzeiten tritt dies deutlich vor Augen. So in der Zeit des Doppelkönigtums: Philipp von Schwaben ergreift 1200 mit der staufischen Partei Besitz von der

75 Wie Anm. 17.
76 Wie Anm. 7, S. 11 Anm. 70, doch geht die Kritik SCHLESINGERS in manchen Fällen zu weit. So sind die a. a. O. S. 10 Anm. 67 gegen URSULA SCHMITT erhobenen Vorwürfe ungerechtfertigt; das Diplom ist echt, vgl. D F.I. 71.
77 Vgl. SCHMITT, wie Anm. 17, Anhang 1 Nr. 12 (S. 90 f.).
78 Vgl. SCHMITT, Anhang 1 Nr. 22 (S. 94 f.).
79 Vgl. SCHMITT, Anhang 2 Nr. 5 (S. 129).
80 Vgl. SCHMITT, Anhang 2 Nr. 6 (S. 129).
81 Vgl. SCHMITT, Anhang 2 Nr. 11 (S. 131 f.).

Pfalz [82] und hält hier feierliche Hoftage [83], und seinen Rivalen Otto IV. finden wir bald nach dem Tode des Staufers und nach seiner allgemeinen Anerkennung in Ulm [84], wo er – als Verlobter der Tochter Philipps, Beatrix [85] – Besitz vom Herzogtum Schwaben ergreift, das König Philipp bis zu seiner Ermordung selbst in der Hand behalten hatte. Friedrich II. endlich hat alsbald nach seiner Wahl zum römischen König und seinem Auftreten in Deutschland hier, im Vorort Schwabens, eine *curia publica* gehalten [86] und bis zu seiner Rückkehr nach Italien die Pfalz nicht weniger als neun Mal aufgesucht; die Zahl der für die Zeit von 1212–1220 festgestellten Rechtshandlungen (39) – meist in Anwesenheit des Tübinger Pfalzgrafen vollzogen – spricht ja für sich.

Hier in Ulm wird 1220 dem Heinrich von Neuffen die Obhut über den erwählten König und Herzog von Schwaben Heinrich wie auch über dieses Herzogtum selbst anvertraut [87], und als Friedrich II. Mitte der 30er Jahre nach Deutschland eilt, um die Regierung wieder selbst in die Hand zu nehmen, tut er dies für Schwaben in Ulm [88]. Noch Konradin hält 1262 zur Inbesitznahme des Herzogtums Schwaben seinen ersten Hoftag in dieser Stadt [89]. Und selbst als der Gegenkönig in Gestalt Heinrich Raspes den deutschen König und Herzog von Schwaben, Konrad IV., 1247 aus dieser Stellung zu verdrängen sucht, belagert er als einzige schwäbische Stadt eben Ulm [90].

Diese einzigartige Stellung Ulms als d i e Pfalz und d e r Gerichtsort Schwabens, die mehr als einmal bewirkt, daß vom Besitz dieses Platzes auch die Herrschaft über das Herzogtum abhängt, währt bis zum Ende der Stauferzeit, ja, darüber hinaus. Auch für Rudolf von Habsburg kam bei seinem vergeblichen Mühen um die Wiederherstellung des schwäbischen Herzogtums Ulm noch eine zentrale Rolle zu. Bei dieser Feststellung darf man andererseits jedoch nicht übersehen, wie andere, neue Plätze innerhalb weniger Jahrzehnte zu bevorzugten Aufenthaltsorten der Herrscher werden. Zwar liegt keine der »neuen« Pfalzen der Staufer – Hagenau, Gelnhausen, Wimpfen, Kaiserslautern, Altenburg, Eger u. a., die seit

82 Vgl. BF 53 (1200 November 28) und dazu: EDUARD WINKELMANN, Philipp von Schwaben und Otto IV. von Braunschweig. 1. 1873. S. 190 f. mit Anm. 4. – Der Fortsetzer der Casus S. Galli nennt diesen Hoftag, auf dem der Abt Heinrich von St. Gallen die Investitur von Philipp erhielt, *sollemnis curia.*

83 Der bei SCHMITT, wie Anm. 17, Anhang 1, Nr. 45 (S. 109 f.) nach der älteren Literatur zu 1200 gesetzte Aufenthalt (BF 44) gehört richtig zu 1207; vgl. schon ANTON JULIUS WALTER, Die deutsche Reichskanzlei während des Endkampfes zwischen Staufern und Welfen. 1938. S. 187 und jetzt PAUL ZINSMAIER, Die Urkunden Philipps von Schwaben und Ottos IV. (1198–1212). 1969 (VeröffKommGeschichtlLkdeBad-Württ B 53) S. 16 u. 18.

84 Vgl. BF 264.

85 Vgl. BF 240d und WINKELMANN, wie Anm. 82, 2, S. 126 ff.

86 Vgl. BF 737 *in publica curia nostra Ulme.*

87 Vgl. EDUARD WINKELMANN, Kaiser Friedrich II. (Jahrbücher der Deutschen Geschichte). 1. 1889, S. 49.

88 Vgl. BF 2250 u. 2251.

89 Vgl. BF 4778b.

90 Vgl. BF 4883b.

den 70er und 80er Jahren des 12. Jahrhunderts im Königsitinerar auftauchen – innerhalb unseres Raumes. Jedoch wird aus der angefügten Liste deutlich, wie vom Ende dieses Jahrhunderts an auch in Schwaben bestimmte Orte zum ersten Male und dann häufiger von den Herrschern aufgesucht werden: etwa Überlingen, Ravensburg und namentlich Esslingen. Es sind sämtlich Plätze, die eben zur selben Zeit den Charakter einer Stadt, einer königlichen Stadt gewinnen, wobei es im Einzelfall unklar oder umstritten ist, ob die Begründung einer »Pfalz« oder diejenige der Stadt die ältere Stufe darstellt. Hinter diesem, auch an der Zahl der Aufenthalte abzulesenden, wachsenden Gewicht einer Reihe von Städten für das Königtum verbirgt sich ein grundsätzlicher Wandel, der schon als der »Prozeß der Verstädterung der Pfalz« bezeichnet wurde. Eine Pfalz – wenn man darunter nun eine für die Aufnahme des königlichen Hofes geeignete Örtlichkeit versteht – schien nur noch in einer Stadt oder in Verbindung mit einer Stadt denkbar. Und die rechtliche Stellung der Pfalz erfährt eine tiefgreifende Veränderung: Sie wird von der Stadt aufgesogen. Der König kommt fortan nicht mehr in seine Pfalz, sondern ist als Besucher des Pfalzortes Gast, ja zahlender Gast der Stadt.

Aus der Sicht der allgemeinen Verfassungsgeschichte stellt auch im Verhältnis Pfalz – Stadt die Stauferzeit eine Periode des Überganges dar: Zu Beginn dieses Zeitraumes war die überlieferte Stammesverfassung des Reiches noch in Geltung; es sind die alten, auf Stamm und Herzogtum bezogenen Pfalzen, von denen aus der Herrscher regiert und Recht spricht. Sowohl die Ausbildung der Territorien wie das Aufblühen der Städte wirken im Ergebnis gegen die überkommene Gliederung des Regnum teutonicum, und im Zusammenhang damit verlieren die alten »Stammespfalzen« mit wenigen Ausnahmen – so Ulm – ihren einzigartigen Rang. Der deutsche König, ohne ständige Residenz, immer noch ein Reisekönig, kann nun die ihm verbliebenen Rechte überall da ausüben, wo – wenigstens der Theorie nach – noch Reichsboden ist: namentlich in den königlichen, in des Reiches Städten.

Wir erinnern uns: Ebenso sieht es der Verfasser des kaiserlichen Land- und Lehnrechtsbuches, des sog. Schwabenspiegels: *Der kunig sol auch seinen hof gepieten ze francken furt und ze nurnberg und ze ulm. und in andernn steten die des reichs sind mag er wol gepieten sein sprach mit recht* [91].

91 Wie Anm. 1.

Anhang

AUFENTHALTE UND RECHTSHANDLUNGEN DER KÖNIGE UND KAISER IM RECHTSRHEINISCHEN SCHWABEN

Konrad III. (1138–1152)

Freiburg/Br.:	1	(1)	
Konstanz:	2	(4 + 1?)	
Lorch:	1	(1, für Kl. Lorch)	
Ulm:	3 + 1?	(5 + 1?)	

Friedrich I.

I) bis 1158 (Antritt des 2. Italienzuges)

Batzenhofen: (Ldkr. Augsburg)	1	(1)	
Göppingen:	1	(1, für Kl. Lorch)	
Konstanz:	2	(6)	dazu 1 fragl. zu 1154, vgl. Opll, wie Anm. 13, S. 168.
Ulm:	5	(18)	

II) 1162/1163 (zwischen dem 2. und 3. Italienzug)

Konstanz:	1	(1)	
Ulm:	1		

III) 1164/1166 (zwischen dem 3. und 4. Italienzug)

Ulm:	2	(5)	

IV) 1168/1174 (zwischen dem 4. und 5. Italienzug)

Giengen:	1	(1)	
Mengen:	1	(1)	
Säckingen:	1	(1)	
Schwäbisch Gmünd:	1	(1)	die Identifizierung von *apud Mundam* mit Sch. G. ist nicht gesichert, vgl. Opll, wie Anm. 13, S. 47.
Ulm:	1	(1)	

V) 1178/1189

Adelberg: (Kr. Göppingen)	1		
Esslingen:	1	(1)	
Giengen:	2	(2)	
Konstanz:	3	(15)	dazu ein fragl. Aufenthalt zu 1187, vgl. Opll, wie Anm. 13, S. 93.

Schattbuch: (bei Wangen)	1	(1)
Staufen:	1	(1)
Ulm:	4	(8)
Wallhausen: (am Südufer des Überlinger Sees, n. von Konstanz)	1	(2)

Heinrich VI. (1189–1197)

Schwäbisch Gmünd:	1	(1)
Ulm:	1	(1)

Philipp von Schwaben (1198–1208)

Esslingen:	3	(4)
Giengen:	1	(1)
Ravensburg:	1	(1)
Ulm:	4	(6 + 1?)
Weingarten:	1	(1)

Otto IV. (1198–1218)
(alle Aufenthalte in Schwaben aber erst nach dem Tode Philipps)

Esslingen:	1	(2)
Überlingen:	1	
Ulm:	2	(2)
Weingarten:	1	(2)

Friedrich II.

I) 1212/1220		
Esslingen:	1	(1)
Konstanz:	3	(7)
Rottweil:	1	(1, für Kl. Rottenmünster)
Überlingen:	2	(3)
Ulm:	9	(39)
Weingarten:	3	(4, davon 3 für Weißenau)
II) 1235/1237		
Geislingen:	1	(1)
Ulm:	1	(2)

Heinrich (VII.) (1216–1235)

Esslingen:	9	(24)
Konstanz:	3	(4)
Überlingen:	4	(5)
Ulm:	14	(31)
Weingarten:	2	(4, davon 3 für Weißenau)

Konrad IV. (1237–1251)

Altdorf:	1	(1)
Biberach:	1	(1)
Esslingen:	3	(5)
Memmingen:	1	(1)
Schaffhausen:	2	(2)

Heinrich Raspe (1247)

vor Ulm:	1 (vergebliche Belagerung der Stadt)

Konradin (1262–1267)

Engen:	1	(1)
Esslingen:	1	(2)
Konstanz:	3	(4)
Ravensburg:	1	(1)
Rottweil:	2	(4)
Ulm:	1	(1)

Staufische Münzpolitik

VON ELISABETH NAU

Zunächst muß ich meinen Vortrag über staufische Münzpolitik mit einer negativen Feststellung beginnen: als Herzöge von Schwaben haben die Staufer während der knapp zweihundert Jahre, in denen dieses Amt in ihrem Hause erblich war, keine für uns erkennbare Münzpolitik betrieben. Rund fünfzig Jahre, bevor das Herzogtum Schwaben an Friedrich v. Staufen kam, war die herzogliche Münzprägung mit Ernst II. im ersten Drittel des 11. Jahrhunderts erloschen. Die beiden wichtigsten herzoglichen Münzstätten Breisach und Zürich gingen in geistliche Hände über, Breisach in die des Bischofs von Basel, Zürich in die der Äbtissin von Fraumünster. Auch sonst gab es in Schwaben während der frühen staufischen Herzogszeit, zwischen 1079 und 1138 – mit einer Ausnahme – nur noch geistliche Münzstätten. Außer Zürich sind in dieser Zeit durch Münzen bzw. schriftliche Quellen nachgewiesen: die bischöflichen Münzstätten Konstanz, Augsburg und Chur, die reichenauische Münzstätte Radolfzell, St. Gallen, die Frauenabtei Lindau, das Allerheiligenkloster Schaffhausen. Die bischöflich-baslerischen Pfennige beherrschten damals den Breisgau, wobei bis jetzt nicht geklärt ist, ob außer Basel an diesen Emissionen des späten 11. und frühen 12. Jahrhunderts auch Breisach beteiligt war [1]. Im Elsaß, das bereits von den frühen Staufern bevorzugt als Herrschaftsgebiet und Machtbasis ausgebaut wurde, prägte in dieser Zeit lediglich eine geistliche Münzstätte, die des Bischofs von Straßburg. Bei der Suche nach einer weltlichen Münzstätte in Schwaben während der frühen staufischen Herzogszeit stoßen wir nur auf eine einzige, die durch Funde und schriftli-

1 Die jüngsten Bearbeitungen der Münzstätten Basel und Breisach (FRIEDRICH WIELANDT, Die Basler Münzprägung – Schweiz. Münzkat. VI., Bern 1971 S. 16 u. 28; DERS., Der Breisgauer Pfennig und seine Münzstätten, 2. Aufl. Karlsruhe 1976 S. 17 f.) halten eine Prägetätigkeit in Breisach in jener Zeit für unwahrscheinlich. Dennoch läßt die von Wielandt betonte Tatsache, daß die Freiburger Bucht im 11. Jahrh. und noch zur Gründungszeit Freiburgs (1120) Umlaufgebiet Basler Pfennige war (Histor. Atlas v. Baden-Württ. Beiwort zur Karte XI, 1 S. 3) die Möglichkeit aufscheinen, daß dieser Basler Einfluß vom benachbarten Breisach und nicht von dem weiter entfernten Basel ausging. Daß »Breisach im 11. Jh. fast ohne wirtschaftliche Bedeutung gewesen« sei (Breisg. Pfg. S. 18) dürfte wohl kaum zutreffen. Seine geographische Schlüsselposition am Oberrhein sicherte diesem Platz immer auch seine wirtschaftliche Bedeutung. Das Schweigen der Quellen während des 11. und frühen 12. Jhs. ist hierfür kein Gegenargument, auch nicht die Bezeichnung Breisachs als »villa« in der Papsturkunde von 1146, die sich lt. GÜNTHER HASELIER, Geschichte der Stadt Breisach a. Rh. 1. Halbband. 1969. S. 71 f. lediglich auf den Salhof am Aufgang zum Felsplateau bezieht.

che Quellen dokumentiert ist: Ulm. Zwar schweigen sich die schriftlosen, sehr primitiven Münzbilder über Münzstätte und Münzherrn aus (Abb. 1–3). Daß es sich bei diesen Beischlägen zu bischöflich-konstanzischen Pfennigen um Erzeugnisse der Münzstätte Ulm handelt, dürfte indessen als geklärt gelten [2]. Ob diese Münzstätte damals eine herzoglich-schwäbisch-staufische war, kann nicht mit gleicher Wahrscheinlichkeit vermutet werden, dazu wechselte Ulm in den Kämpfen des Investitur- und Thronstreites zu oft den Besitzer. Von welchen Münzherrn auch immer diese Pfennige ausgegangen sind, es spielte damals sowieso keine Rolle. Denn es handelt sich bei dieser lokalen Pfennigsorte, die im ganzen nördlichen Schwaben und südlichen Franken bis zur unteren Jagst verbreitet war, um einen über hundert Jahre lang, vom Beginn des 11. bis zum Beginn des 12. Jahrhunderts nahezu unveränderten Typ immobilisé. Der bzw. die Münzherrn am Ende des 11. und Anfang des 12. Jahrhunderts haben jenen aus dem 1. Viertel des 11. Jahrhunderts stammenden Gebäudetyp kaum verändert, sich dagegen immer an die Regel gehalten, ihre Pfennige nach bischöflich-konstanzer Vorbild zu schlagen, wobei das alte Muster beibehalten wurde (Abb. 4). Die Konstanzer Pfennige mit Bischofsköpfen wurden verständlicherweise nicht kopiert, aber metrologisch die Ausrichtung nach Konstanzer Vorbild immer durchgehalten.

Damit erkennen wir bereits im 11. Jahrhundert eine für die gesamte Währungsstruktur des hochmittelalterlichen Reiches typische Situation: die Einteilung der Münzstätten nach Diözesen. Ulm lag in der Konstanzer Diözese und prägte seine Pfennige darum nach Konstanzer Schlag. Das blieb auch so während der gesamten staufischen Epoche und weit darüber hinaus bis ins 15. Jahrhundert hinein, als die Ulmer Münzstätte in städtischer Regie war [3].

Zusammenfassend muß nochmals gesagt werden, daß in Schwaben während des 11. und frühen 12. Jahrhunderts neben den Prägeaktivitäten der geistlichen Institutionen und ihrer anonymen Nachahmer eine eigenständig herzoglich-staufische Münzpolitik nicht erkennbar ist, dafür aber seit etwa der Mitte des 12. Jahrhunderts eine sehr intensive königlich-staufische. Als Könige haben die Staufer nicht nur in ihrem Stammesherzogtum, sondern im ganzen Reich eine geradezu stürmische Aktivität in Münz- und Währungsfragen entfaltet [4].

Schon die Anfänge in der Zeit Konrads III. sind überaus eindrucksvoll. Aus einem Schatzfund in Bulgarien, der wahrscheinlich mit dem Kreuzzug von 1147 in Verbindung steht, stammen diese schönen Pfennige aus der königlichen Münzstätte Nürnberg [5] (Abb. 5 u. 6). Sie zeigen auf der einen Seite den gekrönten, bärtigen

2 Elisabeth Nau, Ulmer Münz- und Geldgeschichte. In: Der Stadt- und der Landkreis Ulm. Amtl. Kreisbeschr. 1972. S. 491 f.

3 Dies., Die Münzen und Medaillen der oberschwäbischen Städte. Freiburg i. Br. 1964. S. 3 ff.

4 In dem folgenden Abriß königlich-staufischer Münzpolitik, der sich in knapper Form auf das Wesentlichste konzentrieren muß, wird die Darstellung auf das regnum Teutonicum beschränkt, die völlig anders gelagerten Verhältnisse in Italien dagegen ausgeklammert.

5 Heinrich Buchenau, Fund Fränkischer und Bayerischer Halbbrakteaten aus dem Balkangebiet. In: Mitt. Bayer. Num. Ges. 1910, S. 135–145, Taf. VI und 1911, S. 65–67.

König in langem, unten mit breiter Borte besetztem Gewand und auf der Schulter mit einer Ringfibel zusammengehaltenem Paludamentum auf einem Faltstuhl thronend. Die Rechte mit aufgerecktem Zeigefinger ist ausgestreckt, in der Linken hält er einen Kreuzstab. Die Umschrift lautet ergänzt CVONRADVS REX ROM. Auf der anderen Seite der Pfennige steht neben einem Baum mit geschultertem Schwert und ebenfalls ausgestreckter, deutender rechter Hand der barhäuptige Burggraf von Nürnberg, den die Umschrift GOTFRIDVS CAST(RI COMES) oder CAST(ELLANVS) nennt. Diese Pfennige sind zusammen mit ähnlichen und anderen Typen, die das Brustbild des Königs auf der einen und einer symbolischen Stadtdarstellung mit Quadermauern, Türmen und Arkaden auf der anderen Seite zeigen, das erste Zeugnis der von Konrad wiederbelebten, von nun an kräftig aufblühenden und für kommende Könige und Kaiser bis zum Ende des Alten Reiches prägenden Reichsmünzstätte Nürnberg.

Wohl das schönste und eindrucksvollste Bild König Konrads überhaupt ist auf einer Münze Erfurter Schlages erhalten, die sein gekröntes Brustbild in reich besticktem Gewand mit erhobenem Schwert und Fahne über einer Arkade zwischen zwei gedrehten Kuppeltürmen – einer symbolischen Stadtdarstellung – zeigt (Abb. 7). Auch hier erscheint außer dem Königsnamen CVNRATVS REX der Name eines Burggrafen LAMPERTVS, hier auf der gleichen Seite, weil es sich bei dieser Münze um eine einseitige Prägung, einen sogenannten Brakteaten handelt. Lampertus wird von der Forschung für einen Grafen v. Tonna-Gleichen gehalten, Bruder des Erfurter Burgvogtes Ernst v. Tonna-Gleichen [6]. Die Entstehung dieses Brakteaten wird teils nach Erfurt selbst, teils in die königliche Münzstätte Mühlhausen i. Thüringen gelegt. Eine solche bis dahin nördlich der Alpen auf Münzen nicht bekannte prätentiöse Darstellung des Königsbildes gibt Aufschluß einerseits über das neue hohe Selbstverständnis des staufischen Königs, das er in sein Amt einbrachte, andererseits darf sein wohl nicht zufälliges Erscheinen auf einem Geldstück, einer Münze, als Betonung besonderen königlichen Interesses an diesem zentralen Strukturelement der Reichsverfassung und einem der wichtigsten Königsrechte verstanden werden.

Als Wahrer von Recht und Frieden bestätigte König Konrad am 3. Mai 1140 seinem Halbbruder Otto v. Freising, daß im Bistum Freising niemand eine Münzstätte haben dürfe außer dem Bischof [7]. Was der König hier dokumentierte war eine in die Form einer speziellen königlichen Vergünstigung gekleidete uralte Regel, ein Gewohnheitsrecht, auf dem das Währungssystem des deutschen Reiches seit der Karolingerzeit beruhte und dessen Wurzel bis in die Merowingerzeit zurückreicht. Wir sahen sein praktisches Funktionieren am Beispiel der Ulmer Münzstätte vom 11. bis ins 13. Jahrhundert und hunderte anderer Beispiele sind

6 Norbert Kamp, Moneta Regis. Diss. Göttingen 1957. S. 331 f. mit Hinweis auf die ältere Literatur.

7 *... et in praedicto episcopatu nemo monetam habeat praeter ipsum episcopum.* MG Dipl. IX Nr. 46.

derzeit in der Staufer-Ausstellung im Alten Schloß zu besichtigen. Das hohe Alter dieser nach bischöflichen Amtsbereichen gegliederten Währungsstruktur geht u. a. auch aus einer Urkunde Papst Eugens III. für Bischof Ortlieb von Basel vom 15. Mai 1146 hervor, in welcher dem Bischof das Münzrecht in der Stadt Basel und im ganzen Bistum bestätigt wurde mit der Begründung, dies sei seiner Kirche seit ihrer Gründung von Königen und Kaisern als Geschenk verliehen worden [8]. An diese Formulierung des Papstes *donatio regum et imperatorum* knüpfte Konrad III. drei Jahre später an, als er am 1. Juni 1149 dem gleichen Bischof Ortlieb von Basel unter anderen Gaben die Basler Münze bestätigte und als *donum regie maiestatis nostre* bezeichnete. Er fügte hinzu, niemand im ganzen Bistum dürfe die Münze des Bischofs nachahmen [9].

Wir sehen also in der Regierungszeit Konrads III. zwei fundamentale Wesenszüge des Systems, auf welchem die Ordnung des Münz- und Geldwesens im staufischen Reich aufgebaut war und die beide einer damals schon sehr alten Tradition entsprachen. Erstens: der König ist der oberste Münzherr und das Recht, zu münzen, wird von ihm als Gnade und Geschenk verliehen, was immer wieder von neuem bestätigt und bekräftigt werden mußte. Zweitens: den Bischöfen obliegt in ihren Städten und Diözesen die Durchführung der verliehenen Rechte, die Überwachung von Münzprägung und Geldverkehr. Vergehen und Fälschungen unterliegen dem Diözesangericht und werden mit geistlichen Strafen geahndet.

Das alles war im staufischen Reich, wie gesagt, nicht neu, es wurde jetzt nur sehr nachdrücklich betont und durchgeführt. Auffallend ist, daß die Bestätigungen alter Gewohnheitsrechte von den Königen in die Form besonderer Gnadenerweise gekleidet werden, eine wiederauflebende, lange Zeit in Vergessenheit geratene Betonung königlicher Machtvollkommenheit. Das geht soweit, daß Barbarossa im Jahr 1155 Bischof Ulrich von Halberstadt und Erzbischof Hartwig von Bremen wegen Nichtbefolgung der Reichsheerfahrt zur Kaiserkrönung nach Rom die Regalien aberkannte. Kurze Zeit darauf bestätigte er sie ihnen wieder, denn auch er mußte sich in diesem Fall schließlich und endlich den alten Gewohnheiten beugen [10]. Aber überall, wo es nur möglich und erfolgversprechend war, haben die staufischen Könige ihre Suprematie in Währungsfragen, sei es in Bezug auf Münzrechtsverleihungen, seien es Ermahnungen an die Adresse der Bischöfe zur Verbesserung ihrer Pfennige, wie sie Barbarossa 1154 an Bischof Ortlieb von Basel rich-

8 ... *ius monete in civitate Basilea et in toto episcopatu, sicut ipsa ecclesia ab initio sue fundationis donatione regum et imperatorum hactenus obtinuisse dinoscitur.* TROUILLAT I, S. 313.

9 ... *Monetam quoque Basiliensem supradictus episcopus et omnes postmodum successores eius ita specialiter et singulari impressione in civitate sua obtineat dono regie maiestatis nostre, ut nullus extra civitatem in episcopio suo eam imitetur.* MG Dipl. IX Nr. 204.

10 HENRY SIMONSFELD, Jbb. d. Dt. Reiches. Friedrich I. I,1 (1152–58) Lpzg. 1908. S. 250 und 421 sowie GEORGE A. LÖNING, Das Münzrecht im Erzbistum Bremen. Quellen und Studien zur Verfassungsgesch. d. Dt. Reiches in Mittelalter und Neuzeit. Bd. VII, Heft 3, 1937. S. 77 ff.

tete [11], sei es die Festlegung von Gewicht und Feingehalt, wie es 1196 Heinrich VI. für das Bistum Speyer anordnete [12], zum Ausdruck gebracht.

Da es in dem auf Lehensrecht basierenden Reich seit Ludwig d. Fr. üblich war, daß der oberste Münzherr, der König, das Münzrecht an seine Vasallen verlieh, waren während des 11. und frühen 12. Jahrhunderts eigene königliche Münzstätten höchst selten geworden. Die Staufer haben alles in ihrer Macht stehende getan, um diesen Zustand zu ändern und den offenkundigen Mangel zu beheben. Konrads III. tatkräftige Belebung der königlichen Münzstätten Nürnberg und Mühlhausen haben wir bereits gewürdigt. Aus seiner Zeit haben wir aber auch den ersten Beleg für eine unter seinen Nachfolgern ausgiebig befolgte Praxis, die der königlichen Mitbeteiligung an geistlichen Münzstätten.

Am 9. April 1973 wurden bei Grabungen des Landesamts für Denkmalpflege/ Abtlg. Mittelalterliche Archäologie, in einem Adelsgrab der ehem. Klosterkirche Murrhardt, heute Stadtkirche, 24 bisher unbekannte Pfennige Würzburger Schlages aus der ersten Hälfte des 12. Jahrhunderts geborgen. 17 von ihnen tragen auf den Vorderseiten das Brustbild eines barhäuptigen Geistlichen mit Krummstab und Kreuz (Abb. 8), 7 das Bild eines Königs mit Krone, Zweigszepter und Fahne (Abb. 9). Bei der ersten Bearbeitung dieses Fundes deutete ich die Königsdarstellung auf den angeblichen Gründer der Abtei Murrhardt, Kaiser Ludwig d. Fr., von dem die Ortslegende behauptet, er sei in Murrhardt begraben [13]. Die für ihn im 13. Jahrhundert vor dem Hochaltar der Klosterkirche errichtete leere Tumba ist heute noch in der Walterichkapelle zu sehen. Nach eingehenderer Beschäftigung mit der staufischen Münzgeschichte halte ich es jetzt jedoch für wahrscheinlicher, in dem auf den Murrhardter Pfennigen dargestellten König den damals lebenden Konrad III. zu sehen und in diesen geistlich-weltlichen Parallelemissionen das Zeugnis eines Kondominats zwischen Kloster und Vogt im Münzbetrieb, wie es für die gesamte Stauferzeit als typisch anzusehen ist, und im Folgenden näher behandelt werden soll.

Auf den Rückseiten zeigen die geistlichen Pfennige ein Kreuz mit vier weiteren kleinen Kreuzen in den Winkeln, die königlichen Pfennige eine symbolische Stadtdarstellung mit drei Türmen. Die Umschriften sind wie auf den Vorderseiten verstümmelt, lassen aber im Gegensatz zu den nicht eindeutig lesbaren Vorderseiten-Umschriften durch ihre konsequenten Anfangsbuchstaben WIR und Wortenden CI die Legende WIRSEBVRG CIVITAS mit Sicherheit erkennen.

Die Abtei Murrhardt, weit nach Süden vorgeschobene Bastion der Diözese Würzburg war bischöflich-würzburgisches Eigenkloster. Oberster Vogt der Würzburger Kirche war der staufische König, der damit auch Vogt des Klosters war. Als solcher war er sowohl an der bischöflichen Münzstätte Würzburg beteiligt wie auch an der durch die Murrhardter Findlinge zum ersten Mal in unser Gesichtsfeld tretenden Klostermünzstätte Murrhardt.

11 Jbb. Friedr. I a. a. O. S. 224.

12 Speyrer UB Nr. 116.

13 Elisabeth Nau, Die Barschaft des Erschlagenen. Münzfund aus der Stadtkirche Murrhardt. In: Schweizer Münzbl. 24, 1974, S. 87–99.

Nicht zufällig erscheint auf den königlichen Prägungenen eine Stadtdarstellung. Wie wir sahen, beherrscht eine Stadtansicht auch den größten Teil der Rückseiten der Nürnberger Konrad-Pfennige und die beiden Kuppeltürme auf dem Mühlhauser Konrad-Brakteaten symbolisieren ebenfalls eine Stadtanlage. Das Münzrecht steht in engster Beziehung zum Stadtrecht. Wie eine Fülle von Beispielen in staufischer Zeit es beweist, wird das Münzrecht ganz wesentlich in Zusammenhang mit Stadtgründungen und Befestigungsrechten erworben. Die Murrhardter Situation, die uns allein durch die Münzen überliefert ist, wird durch einen von schriftlicher Quelle näher erläuterten Parallelfall schlagartig erhellt. Es handelt sich um das bischöflich-speyerische Eigenkloster Sinsheim im Elsenzgau. Ich stütze mich hier auf die Forschungen von Norbert Kamp, die er in seiner Göttinger Dissertation 1957 vorgelegt hat und zitiere ihn im folgenden wörtlich[14]: »1192 schloß Kaiser Heinrich VI. einen Vertrag mit dem Kloster Sinsheim. Der Kaiser nahm das Kloster in seinen Schutz und erhielt dafür vom Abt mit Zustimmung des Bischofs von Speyer als Eigenherrn des Klosters die Hälfte von Gericht, Münze und Zoll zu Sinsheim übertragen. Abt und Kaiser sollten in Zukunft Gericht, Münze und Zoll an diesem Ort gemeinschaftlich besitzen. Sie wollten den causidicus, der das Gericht versah, den Münzer und Zöllner gemeinsam ernennen und sich auch in die Einkünfte aus diesen Ämtern teilen. Diese Vereinbarung des Kaisers mit dem Abt von Sinsheim diente zur Vorbereitung einer königlichen Stadtgründung auf dem Besitz des Klosters Sinsheim. Das belegt schon der zweite Teil der angeführten Urkunde Heinrichs VI., in der der Kaiser den Einwohnern von Sinsheim – er nannte sie bereits *cives* – wertvolle und wichtige Freiheitsrechte verlieh. Die Übernahme der Münze in die gemeinschaftliche Verwaltung durch König und Abt war somit nur ein Teilvorgang im Rahmen einer königlichen Stadtgründung. Die dem Kloster seit langem verliehenen Hoheitsrechte in Sinsheim mußten zu diesem Zweck wieder für die Krone zurückgewonnen werden. Das ging freilich nur, indem sich König und Abt auf gemeinsamen Besitz und gemeinschaftliche Nutzung der Regalien einigten«. Etwas Ähnliches muß sich aller Wahrscheinlichkeit nach in Murrhardt schon zur Zeit Konrads III. abgespielt haben, eine vom König beabsichtigte Stadtgründung, zu der es dann aber nicht kam. Die sieben in Murrhardt gefundenen Königsmünzen sind das einzige auf uns gekommene Zeugnis, das von diesem Stadtgründungsplan Konrads III. geblieben ist.

Auch in Lindau beteiligte sich der staufische König an der Münzstätte der Abtei. In der ersten Hälfte des 13. Jahrhunderts sehen wir das Königsbild auf den durch Lindenzweige gekennzeichneten Pfennigen auftreten (Abb. 10). Die staufischen Könige hatten die Vogtei über die Frauenabtei und damit auch Rechte und Anteile an der Münze. Auch in diesem Fall hat Kamp darauf aufmerksam gemacht, daß die Lindauer Münze von den Staufern für deren Krone erworben wurde, als sie mit der Äbtissin von Lindau gemeinsam die Gründung einer Stadt vereinbarten, die durch Erweiterung und Ausbau einer älteren Marktsiedlung des

14 Kamp, wie Anm. 6, S. 454 f.

Klosters in Lindau geschaffen wurde [15]. Dies geschah vermutlich um 1215, als Friedrich II. die Städtepolitik seines Vaters und Großvaters – und man darf jetzt auch hinzufügen, seines Urgroßonkels – wieder aufnahm. An der Münze zu Lindau hatte seither sowohl die Äbtissin des dortigen Klosters als auch der König Anteil.

Das hier an drei Beispielen aus den Regierungsperioden Konrads III., Heinrichs VI. und Friedrichs II. gezeigte Bemühen der staufischen Könige, Mitbeteiligungen an geistlichen Städten und Münzstätten zu erwerben, gilt natürlich auch für die Zeit Barbarossas. Als typisch mögen hier die Fälle Nordhausen und Saalfeld in Thüringen stehen.

In der Münzstätte der Frauenabtei Nordhausen entstand um die Mitte des 12. Jahrhunderts dieser schöne Brakteat der Äbtissin Cäcilie [16] (Abb. 11). Zwischen zwei sitzenden Frauengestalten steht das Kreuz, Signum des Heiligkreuz-Klosters, das ein weltlicher Herr, wohl der Vogt des Klosters, knieend umfaßt. Bald nach 1180, nachdem der Ort durch Heinrich d. Löwen zerstört worden war, findet ein Wechsel des Münzbildes statt. Zu beiden Seiten des Kreuzstabes erscheinen zwei gekrönte weltliche Gestalten, ein königliches Paar (Abb. 12). Das neue Münzbild macht es völlig klar, daß auch jetzt und hier die Münzstätte in den (Mit-)Besitz des Königs überging, sicher auch in diesem Fall verbunden mit dem Wiederaufbau der Stadt, einer Stadt-Neugründung durch den König [17]. Nach wie vor steht groß und unübersehbar im Münzbild das Kreuz des Heiligkreuzklosters und macht in Analogie zu Sinsheim und Lindau die Annahme wahrscheinlich, daß auch hier das Kloster an Betrieb und Nutzen der Münzstätte beteiligt blieb.

Im südlichen Thüringen, in Saalfeld, erwarb Barbarossa bald nach dem Schicksalsjahr 1180 von Erzbischof Philipp v. Köln das Kloster des hl. Petrus im Tausch gegen die westfälischen Reichsklöster Herford und Vreden. Von jetzt an erscheint im Münzbild der Saalfelder Brakteaten nicht mehr wie früher der Abt (Abb. 13) oder der Klosterpatron, sondern der thronende König (Abb. 14). Weder aus dem Münzbild noch aus irgendwelchen schriftlichen Urkunden geht hervor, ob die Äbte von Saalfeld noch an der Münze beteiligt waren. Im Hinblick auf die an den vorhergehenden Beispielen beobachtete konservative Praxis, die die staufischen Könige in den miterworbenen geistlichen Münzstätten verfolgten, dürfte dies aber anzunehmen sein.

Nicht so konservativ und schonend ging es indessen zu bei den immer heftiger werdenden Konkurrenzkämpfen, in denen sich die seit der Mitte des 12. Jahrhunderts rasch anwachsende Zahl der Münzstätten gegenseitig das Silber und die Umlaufgebiete streitig machten. An dem Durchsetzungsvermögen der königlichen Emissionen in Schwaben und Franken läßt sich die ganze Aggressivität der staufischen Münzpolitik ablesen. Ihre Opfer waren zunächst die fränkischen und schwäbischen Bistümer, deren Metropolmünzstätten und Umlaufsgebiete, im Endeffekt dann das gesamte altüberlieferte episkopale Währungssystem des Reiches.

15 Ebd. S. 457 ff. unter Hinweis auf die ältere Literatur.

16 Katalog der Staufer-Ausstellung Stuttgart 1977. III S. 96/7, Abb. 3.

17 Ebd. Abb. 4; Kamp, wie Anm. 6, S. 343.

Am stärksten betroffen war zunächst der Mainzer Pfennig (Abb. 15). Um 1160/65 etablierte Barbarossa unmittelbar vor den Toren von Mainz, in dem wichtigen Markt- und Messeplatz Frankfurt am Main eine königliche Münzstätte, die schwere Pfennige und Hälblinge nach Kölner Schlag (Abb. 16) und außerdem eine leichte lokale Pfennigsorte im Wert von $^{2}/_{3}$ Kölner Pfennigen im Brakteatenstil (Abb. 17) prägte. Gleichzeitig oder nur wenig später als Frankfurt begannen zwei weitere königliche Münzstätten in der Wetterau, Gelnhausen (Abb. 18) und Kalsmunt-Wetzlar (Abb. 19) zu prägen, im 13. Jahrhundert als vierte königliche Münzstätte Friedberg (Abb. 20). Im Gefolge dieser königlichen Aktivitäten entstanden hier zahlreiche Münzstätten weltlicher Dynasten, Münzenberg (Abb. 21) und Assenheim (Abb. 22) als Prägestätten der Herren von Münzenberg, Nidda als Münzstätte der Grafen von Ziegenhain, Grünberg als Münzstätte der Landgrafen von Thüringen und Hessen, Ortenberg als Münzstätte der Herren von Isenburg-Kempenich, Orb als Münzstätte der Herren von Trimberg und andere mehr [18]. Die einzigen geistlichen Münzstätten in diesem sich um das Zentrum Frankfurt herum neu bildenden Währungsgebiet waren die Münzstätte der Erzbischöfe von Mainz, Aschaffenburg (Abb. 23) und die Münzstätte Seligenstadt (Abb. 24) im Besitz der dortigen Abtei. Die sonst im hochmittelalterlichen Reich gültige Regel, daß die Münzen der bischöflichen Metropolen die Leit- und Vorbilder für alle übrigen Münzstätten der betreffenden Diözesen sind, hatte sich in diesem Währungsgebiet des Reichslandes Wetterau umgekehrt, maßgebend war die königliche Münzstätte Frankfurt und die erzbischöfliche Münzstätte Aschaffenburg prägte wie alle anderen nach deren Vorbild.

In den schwäbischen Bistümern Konstanz und Augsburg überspielten die königlichen Emissionen die der bischöflichen Metropolen in der 1. Hälfte des 13. Jahrhunderts völlig. In dem großen Schatzfund von Elchenreute bei Aulendorf verhalten sich die zwischen 1190 und der Mitte des 13. Jahrhunderts geprägten bischöflichen Constancienses zu den im gleichen Zeitraum geprägten königlichen Constancienses wie 1:10. 291 bischöflichen Pfennigen der Münzstätte Konstanz (Abb. 25) stehen 2842 Pfennige der königlichen Münzstätten Ulm (Abb. 26), Überlingen (Abb. 27), Ravensburg (Abb. 28) und Lindau (Abb. 29) gegenüber [19].

Nicht viel anders lagen die Verhältnisse im Augsburger Währungsbereich. Hier machte vor allem die königliche Münzstätte Donauwörth der Bischofsmetropole so starke Konkurrenz, daß diese in ihrer Diözese nördlich der Donau praktisch ausgeschaltet war. Hier enthielten sieben Funde an königlichen Augustenses der Zeit von 1190 bis zur Mitte des 13. Jahrhunderts 1420 Stück, aber nur drei bischöfliche Augsburger. Südlich der Donau in unmittelbarer Nähe der Metropole zeigt jedoch der Fund von Wollishausen bei Augsburg um 1200–1210 die starke Präponderanz der bischöflichen Pfennige (Abb. 30) mit 1950 Exemplaren vor 250

18 Walter Hävernick, Das ältere Münzwesen der Wetterau. Veröff. d. Histor. Komm. f. Hessen u. Waldeck XVIII, 1. 1936.

19 Elisabeth Nau, Der Brakteatenfund von Elchenreute. In: Hamburger Beitrr. z. Numismatik 18/19, 1964/65, S. 55–94.

1

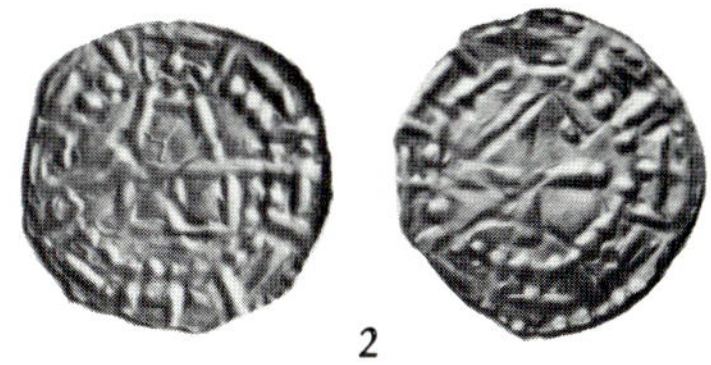

2

3

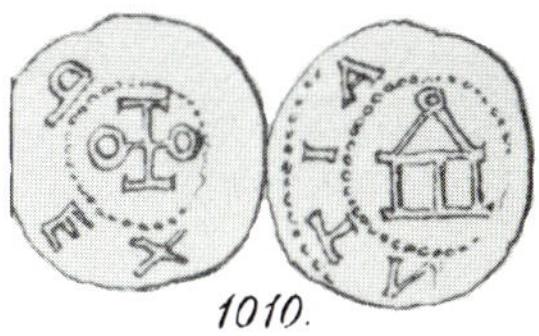

4

5

6

7

8

9

10

11

12

13

14

15

16

17

18

19

20

21

22

23

24

25

26

27

28

29

30

31

32

33

34

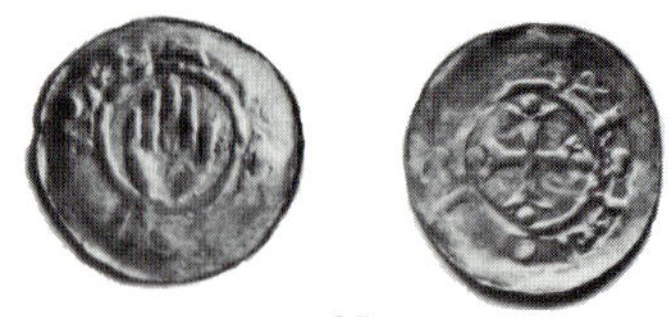
35

36

37

38

39

40

41

42

43

44

45

46

47

48

49

50

51

52

53

54

55

56

57

Abbildungs-Verzeichnis

1 Ulmer Pfennig. Mitte 11. Jahrh. Aus Fund Ulm, Gerbergasse, 1940. Verbleib: Städt. Museum Ulm

2 Ulmer Pfennig. Ende 11. Jahrh. Aus Fund Remmingsheim Kr. Tübingen 1866. Verbleib: Münzkabinett des Württ. Landesmuseums Inv. Nr. 16053

3 Ulmer Pfennig. 1. Hälfte 12. Jahrh. Aus Fund Leubas bei Kempten 1881. Verbleib: Münzkabinett des Württ. Landesmuseums Inv. Nr. 16181

4 Konstanzer Pfennig. Otto III. als König 983–996. Aus H. Dannenberg, Die deutschen Münzen der sächsischen und fränkischen Kaiserzeit. Berlin 1876 Taf. XLIV, 1010

5 Nürnberger Pfennig. Konrad III. 1138–52 und Burggraf Gottfried. Aus einem bulgarischen Fund 1909. Verbleib: Staatl. Münzsammlung München acc. 28890

6 Nürnberger Pfennig. Konrad III. 1138–52 und Burggraf Gottfried. Aus einem bulgarischen Fund 1909. Verbleib: Staatl. Münzsammlung München acc. 28890

7 Pfennig Erfurter Schlags. Wohl Münzstätte Mühlhausen i. Thür. Konrad III. 1138–52. Aus Fund Gotha 1900. Verbleib: Kestner-Museum Hannover Inv. Nr. 1924,126

8 Hälbling Würzburger Schlags. Münzstätte Murrhardt. Geistliche Prägung um 1130/50. Aus Fund Murrhardt Kr. Backnang. Verbleib: Münzkabinett des Württ. Landesmuseums Inv. Nr. MK 1975/1311

9 Hälbling Würzburger Schlags. Münzstätte Murrhardt. Königliche Prägung um 1130/50. Aus Fund Murrhardt Kr. Backnang. Verbleib: Münzkabinett des Württ. Landesmuseums Inv. Nr. MK 1975/1330

10 Pfennig Konstanzer Schlags. Münzstätte Lindau. Königliche Prägung um 1225/50. Aus Fund Granheim Kr. Saulgau 1890. Verbleib: Münzkabinett des Württ. Landesmuseums ZV 700

11 Pfennig Erfurter Schlags. Münzstätte Nordhausen. Äbtissin Cäcilie um 1140/60. Aus Fund Gotha 1900. Verbleib: Münzkabinett des Württ. Landesmuseums Inv. Nr. MK 1965/17

12 Pfennig Erfurter Schlags. Münzstätte Nordhausen. Königliche Prägung ab 1180. Aus Fund Ringleben Kr. Sondershausen. Verbleib: Staatl. Münzsammlung München

13 Pfennig Erfurter Schlags. Münzstätte Saalfeld. Abt Engelrich und EB Rainald v. Köln 1159–67. Aus Fund Gotha 1900. Verbleib: Kestner-Museum Hannover Inv. Nr. 1915,62

14 Pfennig Erfurter Schlags. Münzstätte Saalfeld. Königliche Prägung ab 1180. Aus Fund Gotha 1900. Verbleib: Staatl. Münzsammlung München

15 Mainzer Pfennig. EB Christian v. Buch 1160–61, 1165–1183. Verbleib: Stadtarchiv Mainz Inv. Nr. 245,I/3

16 Pfennig Kölner Schlags. Münzstätte Frankfurt a. M. Friedrich I. 1152–90. Verbleib: Münzkabinett der Staatl. Museen Berlin

17 Wetterauer Pfennig. Münzstätte Frankfurt a. M. Friedrich I. 1152–90 und Beatrix. Verbleib: Staatl. Kunstsammlungen Kassel

18 Wetterauer Pfennig. Münzstätte Gelnhausen. Beatrix 1156–84. Verbleib: Staatl. Kunstsammlungen Kassel

19 Wetterauer Pfennig. Münzstätte Kalsmunt. Friedrich I. 1152–90. Verbleib: Staatl. Kunstsammlungen Kassel

20 Hälbling Kölner Schlags. Münzstätte Friedberg. Friedrich II. 1215–50. Verbleib: Münzkabinett des Württ. Landesmuseums Inv. Nr. 1976/24

21 Wetterauer Pfennig. Münzstätte Münzenberg. Kuno v. Münzenberg 1151–1212. Verbleib: Städt. Museum Braunschweig Inv. Nr. ST. M. VIII,361 Nr. 1

22 Hälbling Kölner Schlags. Münzstätte Assenheim. Ulrich I v. Münzenberg 1212–44. Verbleib: Münzkabinett des Württ. Landesmuseums Inv. Nr. MK 1976/28

23 Pfennig Wetterauer Schlags. Münzstätte Aschaffenburg. EB Konrad v. Mainz 1162–65, 1183–1200. Verbleib: Kestner-Museum Hannover Inv. Nr. 1921,114

24 Pfennig Wetterauer Schlags. Münzstätte Seligenstadt? Prägung der Abtei um 1170/80. Verbleib: Kestner-Museum Hannover Inv. Nr. 1921,48

25 Konstanzer Pfennig. Münzstätte Konstanz. B Hermann II. v. Friedingen 1183–89 bis B Diethelm v. Krenkingen 1189–1206. Aus Fund Elchenreute Kr. Aulendorf 1895. Verbleib: Münzkabinett des Württ. Landesmuseums Inv. Nr. MK 1192

26 Pfennig Konstanzer Schlags. Münzstätte Ulm. Friedrich I. 1152–90. Aus Fund Elchenreute Kr. Aulendorf 1895. Verbleib: Münzkabinett des Württ. Landesmuseums Inv. Nr. MK 1163

27 Pfennig Konstanzer Schlags. Münzstätte Überlingen. Königliche Prägung 1. Hälfte 13. Jahrh. Verbleib: Münzkabinett des Württ. Landesmuseums Inv. Nr. ZV 2190

28 Pfennig Konstanzer Schlags. Münzstätte Ravensburg. Königliche Prägung um 1180. Aus Fund Bernloch Kr. Münsingen 1920. Verbleib: Münzkabinett des Württ. Landesmuseums Inv. Nr. MK 15971

29 Pfennig Konstanzer Schlags. Münzstätte Lindau. Prägung der Abtei um 1190. Aus einem Fund bei Schw. Gmünd vor 1880. Verbleib: Münzkabinett des Württ. Landesmuseums Inv. Nr. ZV 213

30 Augsburger Pfennig. Münzstätte Augsburg. B Udalschalk v. Eschenlohe 1184–1202 bis B Hartwig II. v. Hürnheim 1202–08. Typ Wollishausen 6. Verbleib: Münzkabinett des Württ. Landesmuseums Inv. Nr. MK 15997

31 Pfennig Augsburger Schlags. Münzstätte Donauwörth oder Schongau. Heinrich VI. 1190–97. Aus Fund Wollishausen Kr. Augsburg vor 1907. Verbleib: Staatl. Münzsammlung München acc. 25241

32 Haller Pfennig. Münzstätte Schw. Hall. Friedrich I. 1152–90. Aus Fund Randenweiler Kr. Crailsheim 1969. Verbleib: Münzkabinett des Württ. Landesmuseums Inv. Nr. MK 1970/2

33 Haller Pfennig. Münzstätte Schw. Hall. Königliche Prägung um 1200. Grabungsfund aus St. Dionysius Esslingen 1960–63.

34 Haller Pfennig. Münzstätte Schw. Hall. Königliche Prägung 1. Viertel 13. Jahrh. Aus Fund Randenweiler Kr. Crailsheim 1969. Verbleib: Münzkabinett des Württ. Landesmuseums Inv. Nr. MK 1970/2

35 Haller Pfennig. Münzstätte Schw. Hall. 2. Viertel 13. Jahrh. Aus unbekanntem Fund. Verbleib: Münzkabinett des Württ. Landesmuseums Inv. Nr. MK 15949

36 Haller Pfennig. Münzstätte Schw. Hall. Mitte 13. Jahrh. Aus unbekanntem Fund. Verbleib: Münzkabinett des Württ. Landesmuseums Inv. Nr. MK 16258

37 Haller Pfennig. Münzstätte Schw. Hall. 3. Viertel 13. Jahrh. Aus Fund Renquishausen Kr. Tuttlingen 1935. Verbleib: Heimatmuseum Tuttlingen

38 Speyrer Pfennig. Münzstätte Speyer. B Konrad III. v. Scharfenberg 1200–1224. Verbleib: Münzkabinett des Württ. Landesmuseums Inv. Nr. MK 1969/1365

39 Pfennig Wormser Schlags. Münzstätte Landau: Gemeinschaftsprägung Graf Friedrich II. v. Leiningen und Abtei Limburg, um 1230. Aus Fund Kerzenheim Kr. Kirchheimbolanden 1881. Verbleib: Münzkabinett des Württ. Landesmuseums Inv. Nr. MK 1969/1401

40 Mainzer Pfennig. Münzstätte Mainz. EB Siegfried II.–III. v. Eppstein 1200–30–49. Verbleib: Stadtarchiv Mainz Inv. Nr. 172, I/4

41 Tübinger Pfennig. Münzstätte Tübingen. Prägung der Pfalzgrafen, 2. Hälfte 12. Jahrh. Aus Fund Owingen Kr. Hechingen 1951. Verbleib: Münzkabinett des Württ. Landesmuseums Inv. Nr. 15991

42 Tübinger Pfennig. Münzstätte Tübingen. Prägung der Pfalzgrafen. 13. Jahrhundert. Aus Fund Owingen Kr. Hechingen 1951. Verbleib: Münzkabinett des Württ. Landesmuseums Inv. Nr. 15993

43 Rottweiler Pfennig. Münzstätte Rottweil. Prägung der Reichsvögte 13. Jahrh. Aus Fund Elchenreute Kr. Aulendorf 1895. Verbleib: Karlsgymnasium Stuttgart

44 Nürnberger Pfennig. Münzstätte Nürnberg. Königliche Prägung Anfang 13. Jahrh. Aus Fund Hersbruck 1928. Verbleib: Staatl. Münzsammlung München acc. 44698

45 Wetterauer Pfennig. Münzstätte Amöneburg. EB Werner v. Mainz 1259–1284. Verbleib: Stadtarchiv Mainz Inv. Nr. 176,8/6

46 Würzburger Pfennig. Münzstätte Würzburg. B. Konrad v. Querfurt 1198–1202. Verbleib: Münzkabinett des Württ. Landesmuseums Inv. Nr. MK 1952/613

47 Würzburger Pfennig. Münzstätte Würzburg. B Otto v. Lobdeburg 1207–1223. Verbleib: Münzkabinett des Württ. Landesmuseums Inv. Nr. MK 1952/615

48 Augsburger Pfennig. Münzstätte Augsburg. B Udalschalk v. Eschenlohe 1184–1202 bis Hartwig II. v. Hürnheim 1202–08. Aus Fund Esslingen 1872. Verbleib: Münzkabinett des Württ. Landesmuseums Inv. Nr. MK 15998

49 Augsburger Pfennig. Münzstätte Augsburg. B Hartmann v. Dillingen 1250–1286. Verbleib: Münzkabinett des Württ. Landesmuseums Inv. Nr. MK 1951/611

50 Pfennig Augsburger Schlags. Münzstätte Donauwörth oder Schongau. Königliche Prägung. Zeit Friedrichs II. 1215–1250. Aus Fund Heuchlingen Kr. Heidenheim 1918. Verbleib: Münzkabinett des Württ. Landesmuseums Inv. Nr. MK 16002

51 Pfennig Augsburger Schlags. Münzstätte Donauwörth oder Schongau. Königliche Prägung. Zeit Friedrichs II. 1215–1250. Aus Fund Heuchlingen Kr. Heidenheim 1918. Verbleib: Münzkabinett des Württ. Landesmuseums Inv. Nr. MK 16003

52 Konstanzer Pfennig. Münzstätte Konstanz. B Eberhard v. Waldburg-Tanne. 1248–1274. Aus Fund Elchenreute. Verbleib: Münzkabinett des Württ. Landesmuseums Inv. Nr. ZV 1200

53 Pfennig Konstanzer Schlags. Münzstätte St. Gallen. Prägung der Abtei um 1250. Verbleib: Münzkabinett des Württ. Landesmuseums Inv. Nr. MK 1969/2348

54 Pfennig Konstanzer Schlags. Münzstätte Ulm. Königliche Prägung um 1250. Konrad IV. u. Elisabeth. Verbleib: Münzkabinett des Württ. Landesmuseums Inv. Nr. MK 1969/2471

55 Pfennig Konstanzer Schlags. Münzstätte Ravensburg. Königliche Prägung 4. Viertel 13. Jahrh. Aus Fund Elchenreute Kr. Aulendorf 1895. Verbleib: Münzkabinett des Württ. Landesmuseums Inv. Nr. ZV 1233

56 Kölner Pfennig. Münzstätte Köln. EB Engelbert v. Falkenburg 1261–1274. Aus Fund Köln-Dünnwald 1939. Verbleib: Rhein. Landesmuseum Bonn Inv. Nr. 58,182

57 Kölner Pfennig. Münzstätte Attendorn. EB Engelbert v. Falkenburg 1261–1274. Verbleib: Münzkabinett des Württ. Landesmuseums Inv. Nr. ZV 8511

ABBILDUNGS-NACHWEIS

1–5, 8–11, 15, 20, 22, 25–30, 32–42, 46–57 Württ. Landesmus. Stgt.; 6, 12, 14, 31, 44 Staatl.Münzslg.Mchn.; 7, 13, 23, 24 Kestner-Mus. Hannover.; 16 Staatl. Museen Berlin; 17–19, 45 Dr. Wolfgang Heß, Marburg; 21 Städt. Mus. Braunschweig.; 43 Karlsgymnasium Stgt.

königlichen (Abb. 31). Auf der von Norbert Kamp erarbeiteten Verbreitungskarte ist die säuberliche Trennung von bischöflichen und königlichen Augustenses, die den nördlichen Teil der Augsburger Diözese erobert hatten, gut zu erkennen [20].

Die folgenreichste Entwicklung wurde aber durch die Gründung der königlichen Münzstätte Schwäbisch Hall, die um 1180 erfolgt sein muß, eingeleitet. Die hier geprägte Münzsorte unterschied sich tiefgreifend von den übrigen im regnum Teutonicum geprägten Pfennigen. In der Würzburger Diözese etabliert, nahm sie von Anfang an eine in Bild, Schrot und Korn völlig unabhängige Stellung ein. Sie ahmte nicht das Vorbild der zuständigen bischöflichen Metropolpfennige nach, sondern begnügte sich mitten in einer Zeit, die ihre Münzbilder mit figürlichen Darstellungen reich verzierte, mit einer nüchtern-trockenen Rechtssymbolik, Hand und Kreuz, in der Umschrift zwar regelmäßig den Münzort, aber nur selten den Münzherrn nennend (Abb. 32–37). Zudem war der Haller Pfennig mit nur 500/000 Feinheit, d. h. für jene Zeit ungewöhnliche 8-Lötigkeit, eine im Vergleich zu seinen Zeitgenossen unterwertig ausgebrachte Pfennigsorte [21]. Nominell 1:3 zum Kölner Pfennig verrechnet, war er dennoch auf Grund seines niedrigen Silbergehaltes weniger wert. Sein durchschlagender Erfolg lag darum in jenem Gesetz aus den Zeiten des Metallgeldes begründet, das der englische Bankier Thomas Gresham im 16. Jahrhundert formulierte: schlechtes Geld vertreibt gutes. Weitab von allen Silberbergwerken allein durch Einschmelzen und Umprägen anderer Sorten massenhaft hergestellt, verdrängte er bis zur Mitte des 13. Jahrhunderts die meisten anderen schwäbischen und fränkischen Pfennigsorten, den Speyrer (Abb. 38), Wormser (Abb. 39), Mainzer (Abb. 40), Tübinger (Abb. 41–42), Rottweiler (Abb. 43), Nürnberger (Abb. 44), Wetterauer (Abb. 45) und erzielte tiefe Einbrüche in die Würzburger (Abb. 46–47), Augsburger (Abb. 48–51), Konstanzer (Abb. 52–55) und Kölner (Abb. 56–57) Umlaufsbereiche.

Vor diesem Hintergrund der harten Realitäten muß man denn auch die von staufischen Kaisern und Königen zwischen 1190 und 1235 immer wiederholten Zusicherungen an die geistlichen und weltlichen Fürsten beurteilen, in denen sie beteuern, sie würden deren Rechte auf eigene Zölle und Münzen nicht schmälern. Am 26. April 1220 sicherte Friedrich II. auf einem Reichstag in Frankfurt allen geistlichen Fürsten zu, ohne ihren Willen in ihren Ländern und Rechtsbereichen keine neuen Zölle und Münzen anzulegen, sondern die ihren Kirchen seit alters verliehenen Zölle und Münzstätten unvermindert zu bewahren und zu schützen [22]. Vier Tage später wurde dasselbe auch den weltlichen Fürsten zugesagt und gleichzeitig dem Grafen von Geldern verboten, ohne Erlaubnis des Königs betriebene Zölle und Münzen zu unterhalten. Niemandem könne der König das Münz- und Zollrecht verleihen, der es zum Schaden und Nachteil eines anderen gebrau-

20 Norbert Kamp, Münzprägung und Münzpolitik der Staufer in Deutschland. In: Hamburger Beitrr. z. Numism. 17, 1963, S. 517–544.

21 Elisabeth, Nau, Haller Pfennige. In: Württ.-Franken 44, 1960, S. 25–62; Dies., Der Heller kommt aus Schwäbisch Hall. In: Beiträge zur Landeskunde, Beil. z. Staatsanz. f. Baden-Württ., Nr. 6 Dez. 1968.

22 MG LL IV Const. II Nr. 73.

che [23]. Am 1. Mai 1231 und nochmals ein Jahr danach wiederholte Friedrich im Statutum in favorem principum ausdrücklich, daß er keine neue Münze im Lande eines Fürsten schlagen lassen werde, durch die die Münze jenes Fürsten Schaden erleide [24]. Am 11. Februar 1234 versprach Heinrich (VII.) auf dem Landfriedenstag zu Frankfurt a. M., daß alle falschen und ungerechten Zölle, die seit Zeiten seines Urgroßvaters Friedrich I. ohne Zustimmung und Willen der Fürsten eingerichtet wurden, durch Rechtsspruch zu beseitigen, *und wir selbst werden die von uns neu eingerichteten Zölle zuerst aufheben* [25]. Im August des folgenden Jahres 1235 verkündete Friedrich II. unter Einschränkung der Frankfurter Zugeständnisse seines Sohnes den Mainzer Landfrieden: *Wir setzen und gebieten, daz all die munze, die sit unseres vaters tode, kaiser Heinriches, gemachet sint, von sweme si gemachet sint oder swa man si gemachet, daz si alle abe sin, ez ensi, der si da hat, der muge gewisen vor dem rich, als reht ist, daz er si ze reht haben sul . . . Wir gebieten, daz man die alten munze nah ihr rehte habe und verbieten allen valsch* [26].

Streng genommen im Sinne der damaligen Zeit war der Haller Pfennig eine Falschmünze, denn er entsprach nicht den althergebrachten Verhaltensregeln der episkopalen Währungsordnung. Er fiel aus ihr heraus und zerstörte sie. Das massenhafte Einschmelzen und Umprägen fremder, durchweg besserer Pfennige in der Salzstadt Hall am Kocher war ein brutal gegen andere Interessen gerichtetes, unlauteres Unternehmen, das, von einer königlichen Münzstätte betrieben, besonders schwer wog. Von der vornehmsten Aufgabe des Königs, Recht und Frieden zu bewahren, war hier nicht mehr die Rede, die Praxis bezeugte das Gegenteil. Die Vita Gregors IX. berichtet, der Papst habe Friedrich einen *novus monetae falsarius* gescholten, *dum aera cudit diverso charactere argenti tenui superinducta cuticula* [27]. Der Vorwurf paßt nicht nur auf die Zustände im Königreich Sizilien, wo zischen 1236 und 1250 der Silbergehalt der Denare von 25 auf 2 % sank [28], sondern auch auf die Ereignisse nördlich der Alpen, wo die Entwertung des königlichen Silbergeldes zwar nicht so radikal war, aber nur allzuoft aus den Hellern das blanke Kupfer heraussah [29].

Nun finden deutsche Historiker, wenn es um die Macht des Königs, die Stärkung der Zentralgewalt geht, immer heraus, daß es so richtig war und daß

23 MG LL IV Const. II Nr. 74.

24 MG LL IV Const. II Nr. 304 n. 171.

25 MG LL IV Const. II Nr. 319.

26 MG LL IV Const. III S. 275 ff.

27 Tom III. Rer. Italicar. p. 584. Zitiert nach L. Blancard, Mémoires et Dissertations. Des Monnaies frappées dans les deux siciles, au XIIIe siècle par les Suzerains de Provence. III. Deniers de Frédéric II. 1864. S. 294.

28 Lt. Formelbuch der sizilischen Könige aus dem 13. Jh. Vgl. Arthur J. Sambon, Annuaire de Numismatique 1896 p. 353. Zitiert nach H. Kowalski und P. Reimers, Zerstörungsfreie Analyse mittelalterlicher Goldmünzen. In: Komm. d. Europ. Gem. Brüssel 16./17. Nov. 1971. S. 1.

29 Siehe auch den hohen Anteil von Kupfer-Hellern unter den Fundmünzen der Grabungen in St. Dionysius/Esslingen 1960–63. Elisabeth Nau, Neue Ausgrabungen in Württemberg. In: Dona Numismatica. Festschr. f. Walter Hävernick. 1965. S. 269.

der gute Zweck die Mittel heiligt. So auch hier. Die Verbreitung des Hellers auf Kosten anderer Währungen hatte in der Tat einen zentralisierenden Effekt. Anstelle vieler kleiner Umlaufsbereiche lokaler Pfennnigsorten läßt sich seit dem 2. Viertel des 13. Jahrhunderts ein überregionales Umlaufsgebiet des Hellers erkennen, der sich im Gegensatz zu anderen Währungssorten nicht an lokale Umlaufsbereiche hält. Der Heller war eine Art Reichsmünze für das staufische Territorium, das sich während der ersten Hälfte des 13. Jahrhunderts aus vielen kleinen Ländereien zu einem großen zusammenhängenden Komplex herausbildete. Es ist wohl kaum ein Zufall, daß sich die Verbreitung des Hellers weitgehend mit der von Bosl erarbeiteten Verbreitungskarte der Reichsministerialität deckt [30]. Vollends nach dem Ende des Kölner Pfennigs 1288 tritt der Heller an seine Stelle als überregionale Leitwährung im gesamten regnum Teutonicum. Dieses Zielstadium haben die staufischen Könige nicht mehr erlebt. Mit dem Erlöschen des staufischen Königtums und der Abdrängung der Nachfolger in die Randstaaten des Reiches fehlte dieser Entwicklung der Kristallisationskern und entscheidende Motor, so daß es in Deutschland – im Gegensatz zu England und Frankreich – im späten Mittelalter nach Einführung der silbernen und goldenen Großmünzen nicht zum systematischen Aufbau einer einheitlichen Reichswährung kam. Auch die Hellerwährung, im Zeitalter der Gulden und Groschen eine viel zu schwache Basis, erlosch unter dem Sohn Karls IV., Wenzel, und bis 1871 lag die Währungsordnung des deutschen Reiches in den Händen Verträge-schließender, souveräner Landesfürsten.

30 Karl Bosl, Die Reichsministerialität der Salier und Staufer. Ein Beitrag zur Geschichte des hochmittelalterlichen deutschen Volkes, Staates und Reiches. Schriften der MGH X/1–2. 1950.

Die Bischofsstadt Konstanz in staufischer Zeit

von Helmut Maurer

Im Gedenken an Karl Mommsen († 18. Juli 1976)

Die staufische Zeit bedeutet für die Bischofsstadt Konstanz nicht nur eine Epoche mittelalterlicher Reichsgeschichte, der sich auch die Geschichte dieser Stadt einzufügen hat.

Staufische Zeit, – das ist für Konstanz, für diejenige Stadt, die den Mittelpunkt der umfangreichsten deutschen Diözese und zudem die Mitte der den größten Teil Schwabens umfassenden Diözese bildet, zugleich ein Zeitraum tatsächlichen und unmittelbaren Kontaktes mit Mitgliedern des staufischen Hauses. Und so beginnt denn die Stauferzeit für Konstanz im Grunde bereits mit jenem 26. November des Jahres 1123, an dem Herzog Friedrich II. von Schwaben – zusammen mit vielen andern geistlichen und weltlichen Fürsten des deutschen Südwestens – der feierlichen Erhebung der Gebeine des erst vor kurzem, während des ersten Laterankonzils kanonisierten Bischofs Konrad beiwohnte, das bischöfliche Hospital zu Kreuzlingen, vor den Toren der Stadt, reich beschenkte, und zusammen mit den Herzögen Konrad von Zähringen und Heinrich dem Schwarzen aus dem Hause der Welfen, Konstanz gleichzeitig zur Stätte eines schwäbischen Fürstentages werden ließ [1].

Der erste Staufer, der die Bischofsstadt an Bodensee und Rhein mit seinem Besuch beehrte, war demnach noch keineswegs ein König. Er war vielmehr ein Träger jener Würde, die dem staufischen Hause erst einmal die entscheidende Grundlage für den Gewinn der Krone vermitteln sollte [2].

Der letzte Staufer hingegen, den die Konstanzer Bürger in ihrer Stadt empfingen, war ein falscher Staufer, war jener Sohn eines Schmiedes aus Ochsenfurt am Main, der als Student in Pavia von einigen Deutschen wegen seines an Konradin

1 Zu diesem Ereignis vgl. neuestens Helmut Maurer, Der Bischofssitz Konstanz als Hauptstadt in Schwaben. In: SVG Bodensee 91 (1973), S. 1–15, hier S. 8 f. und jetzt Otto Gerhard Oexle, Bischof Konrad von Konstanz in der Erinnerung der Welfen und der welfischen Hausüberlieferung während des 12. Jahrhunderts. In: Der heilige Konrad, Bischof von Konstanz. Hg. Helmut Maurer, Wolfgang Müller, Hugo Ott. 1975. S. 7–40, hier S. 14 ff. sowie Renate Neumüllers-Klauser, Zur Kanonisation Bischof Konrads von Konstanz. Ebd. S. 67–81, hier S. 75 ff. – Zur Schenkung Friedrichs an Kreuzlingen vgl. TUB II, Nr. 19, S. 46, zu 1125 I 7.

2 Dazu ausführlich Helmut Maurer, Der Herzog von Schwaben. 1978.

erinnernden Äußeren in die Rolle dieses kurz zuvor in Neapel hingerichteten letzten deutschen Staufers hineingedrängt worden war und daraufhin im Jahre 1269 von Pavia über Zürich auch nach Konstanz zog, wo ihn, der hier vom Volk mit großem Jubel empfangen wurde, der Bischof zwar als Betrüger entlarvte, dann aber dennoch straflos in seine mainfränkische Heimat entließ [3].

Zwischen beiden Ereignissen liegt eine Zeitspanne von beinahe einhundertundfünfzig Jahren, liegt eine Zeitspanne, die nicht nur eine Vielzahl von Aufenthalten staufischer Könige in dem beim Ausfluß des Rheins aus dem See liegenden Bischofssitz in sich einschloß, sondern zugleich eine Epoche, die sowohl die äußere Gestalt, als auch das innere Gefüge der civitas Constantia ganz entscheidend gewandelt hat.

Noch zu Beginn des 12. Jahrhunderts, zu der Zeit also, da erstmals ein Herzog von Schwaben aus staufischem Hause Konstanzer Boden betrat, war Konstanz voll und ganz und war Konstanz einzig und allein Stadt des in ihr residierenden Bischofs, war Konstanz alles in allem eine geistliche Stadt [4].

Ihren Mittelpunkt bildete die Bischofskirche, das Münster, und die unmittelbar daneben, auf dem oberen Münsterhof gelegene Bischofspfalz. Beide Gebäulichkeiten zusammen, die Kirche des Bischofs und die Residenz des Bischofs, machten Konstanz zum *caput episcopatus*, zur Hauptstadt des Bistums, wie Bischof Hermann I. im Jahre 1148 seinen Bischofssitz ausdrücklich bezeichnet [5].

Aber Münster und Pfalz stellten nicht nur den Mittelpunkt einer weitausgreifenden, von den Alpen bis zum mittleren Neckar und vom Oberrhein bis an die Iller reichenden Diözese dar; sie bildeten – wie gesagt – zugleich den Mittelpunkt einer Bischofsstadt, die im Umkreis des Münster- und Pfalzhügels erwachsen war, so wie denn auch der Bischof selbst nicht nur als Ordinarius seiner Diözese, sondern zugleich als Herr dieser seiner Stadt fungierte.

Die Stadt war in ihrer äußeren Gestalt ebenso wie in ihrem inneren Gefüge von der Herrschaft der Bischöfe bestimmt und geprägt worden [6].

Bischöfe des 10. Jahrhunderts hatten durch die Errichtung zahlreicher Kirchen ihrem Grundriß und Aufriß so, wie beide noch heute für Konstanz charakteristisch sind, das Gepräge verliehen.

Ja, das ottonische Konstanz, die *felix mater Constantia*, wie der Bischofssitz sich im 10. Jahrhundert voll Stolz benennen ließ, wies darüber hinaus bereits all jene Elemente auf, die die künftige Stadt als eine an See und Fluß angelehnte Stadt erscheinen ließen, mit anderen Worten als eine Stadt, für die die Verbin-

3 Hermann Schreibmüller, Der Schmied von Ochsenfurt. In: MainfränkJbGKunst 1 (1949), S. 95–146, hier S. 117 ff.

4 Hierzu und zum folgenden Helmut Maurer, Konstanz als ottonischer Bischofssitz. Veröff. Max-Planck-Institut für Geschichte 39. 1973, insbes. S. 32 ff. sowie Ders., Palatium Constantiense. In: Adel und Kirche. Gerd Tellenbach zum 65. Geburtstag dargebracht. Hg. Josef Fleckenstein u. Karl Schmid. 1968. S. 374–388.

5 REC I, Nr. 864, hier als Fälschung bezeichnet. Über ihre Echtheit vgl. jedoch Ferdinand Güterbock, Engelbergs Gründung und erste Blüte 1120–1223. 1948. 141 f.

6 Hierzu und zum folgenden wiederum Helmut Maurer, wie Anm. 4.

dung über das Wasser, d. h. einmal über den See hinweg mit dem Schiff, und zum andern über den Fluß hinweg mit einer Fähre und später, etwa seit dem Jahre 1200, endlich auch mit Hilfe einer Brücke, zur wesentlichen Grundlage nicht nur ihres Wirtschaftslebens, sondern auch ihrer politischen Bedeutung werden sollte [7].

Für Topographie, Verfassung und Wirtschaft dieser sich aus dem Bischofssitz allmählich herausentwickelnden Stadt [8] wurde nun aber neben Bischofskirche und Bischofspfalz, neben den Gebäulichkeiten des Domkapitels und neben den zahlreichen, rechtlich und liturgisch sämtlich an die Bischofskirche gebundenen Einzelkirchen, wurde neben Schiffslandestelle und Fähre ein anderes rechtliches, aber zugleich auch topographisch zu fixierendes Element von großer Bedeutung: Ich meine den Markt und die sich ihm anschließende Marktsiedlung, die unmittelbar vor Münster- und Pfalzhügel und zwischen diesem Hügel und der zweiten ins Frühmittelalter zurückreichenden Kirche, der Pfarrkirche St. Stephan, herangewachsen war [9].

Der Markt hat sich aufgetan an jener Stelle, wo von der Längsachse des Bischofssitzes, von der vom Rhein in den Thurgau hinüberziehenden Straße, eine Straße zum nahen Seeufer und damit gleichzeitig zum Hafen hin abzweigt. Die Lage des Marktes unmittelbar vor dem Münsterhügel weist deutlich genug darauf hin, wer sein Herr war; aber die Erwähnung des Konstanzer Marktrechts als Vorbild für andere neu entstandene Märkte in den Marktrechtsprivilegien ottonischer Herrscher [10] zeigt zugleich, daß der Markt des Bischofs zumindest seit dem 10. Jahrhundert überdies unter die Rechte, unter die Regalität des Reichs zu stehen gekommen war [11], wie im übrigen nicht anders auch die Münze, wenngleich die ersten Konstanzer Prägungen aus der Wende vom 9. zum 10. Jahrhundert bemerkenswerterweise bereits den Namen des Königs und den des Bischofs trugen [12].

Aber nicht nur der Bezug zu König und Reich war hier, durch Markt und Münze, immerhin schon ansatzweise vorgegeben. Die Händler, die notwendigerweise

7 Darüber FRANZ BEYERLE, Das mittelalterliche Konstanz: Verkehrslage und wirtschaftliche Entwicklung. In: Syntagma Friburgense. Histor. Studien Hermann Aubin zum 70. Geburtstag. 1956. S. 29–48.

8 Zur topographischen Entwicklung der Stadt vgl. HELMUT MAURER: Stadterweiterung und Vorstadtbildung im mittelalterlichen Konstanz. In: Stadterweiterung und Vorstadt. Hg. ERICH MASCHKE u. JÜRGEN SYDOW. VeröffKommGeschichtlLdKeBadWürtt B 51. 1969. S. 21–38.

9 Über den frühen Konstanzer Markt zuletzt HELMUT MAURER, wie Anm. 4, S. 47 ff. mit der älteren Literatur und zusätzlich WOLFGANG METZ, Marktrechtsfamilie und Kaufmannsfriede in ottonisch-salsicher Zeit. In: BllDtLdG 108 (1972), S. 28–55, passim.

10 Vgl. MGDO III, Nr. 280 zu 998 und MGDO III, Nr. 311 zu 999.

11 Zu diesem Wandel vgl. neuerdings – unter ausdrücklicher Erwähnung von Konstanz – WALTER SCHLESINGER, Der Markt als Frühform der deutschen Stadt. In: Vor- und Frühformen der europäischen Stadt im Mittelalter, hg. von HERBERT JANKUHN, WALTER SCHLESINGER, HEIKO STEUER. AbhhAkad Göttingen. 3. Folge, Nr. 83, 1973, S. 262–293, hier S. 271/272 u. S. 281 f.

12 Dazu JULIUS CAHN, Münz- und Geldgeschichte von Konstanz und des Bodenseegebietes im Mittelalter, 1911, S. 42 ff.

zum Markt gehören, die Konstanzer *mercatores*, die bereits im 10. und 11. Jahrhundert mit ihren Waren über See fahren, denen wir im Orient ebenso begegnen wie am Mittelrhein, diese Konstanzer Fernkaufleute bildeten ein neues Element innerhalb oder – genauer – zunächst noch am Rande des Bischofssitzes [13]. Diese Konstanzer *mercatores*, deren Recht im Jahre 1075 von neuem für die Wiederbegründung eines reichenauischen Marktes in Allensbach zum Vorbild genommen wurde und im Jahre 1100 bei der Gründung des gleichfalls reichenauischen Marktes zu Radolfzell als *iustitia et libertas Constantiensis, quod ius fori est* wiederum erscheint [14], – diese Konstanzer Kaufleute bilden zweifellos die bedeutendste Gruppe jener cives, die im Jahre 1092, während der Wirren des Investiturstreits also, etwas tun, was die Bürger anderer deutscher Bischofsstädte nicht taten: Die Konstanzer Bürger verteidigen nämlich ihren Stadtherrn, Bischof Gebhard III., gegen dessen Feinde, vor allem gegen den auf seiten Kaiser Heinrichs IV. stehenden Abt Ulrich von St. Gallen, der es gewagt hatte, den vom Kaiser eingesetzten Gegenbischof Arnold von Heiligenberg in die Stadt einzuführen [15].

Damit treten jetzt, gegen Ende des 11. Jahrhunderts, die Bürger der Bischofsstadt erstmals aktiv handelnd in Erscheinung, indem sie die Bischofsstadt und zugleich auch schon ihre Stadt mit Waffen schützen. Neben den Bischof, neben die Kanoniker des Doms und neben die Kanoniker des Stifts St. Stephan, ja neben den *clerus civitatis* [16] insgesamt treten die *cives urbis* [17], die *cives civitatis* [18], treten die *burgenses civitatis*, wie sie gegen Ende des 12. Jahrhunderts heißen, treten die Bürger. Sie werden zum aktiven Element am Bischofssitz, sie streben – Handel treibend – über die Mauern, die spätestens seit der Mitte des 12. Jahrhunderts die noch relativ kleinräumige Stadt erstmals umschließen [19], hinaus in die weite Welt. Sind sie als Händler alleine oder allenfalls in kleineren Gruppen tätig, so fühlen sie sich innerhalb der Mauern der Stadt doch bereits als umfassendere Gemeinschaft, als gemeinsam handelnder Verband aufgerufen, wenn ihr Stadtherr oder wenn seine und ihre Stadt in Gefahr gerät. Hier ist eine Entwicklung vorgegeben, die dann vorab in staufischer Zeit die Bischofsstadt zugleich zur Bürgerstadt werden läßt. Aber auch zu Beginn des 12. Jahrhunderts herrscht noch immer das bischöfliche Element, herrscht das stadtherrliche Element vor, gilt seit dem

13 Über die frühen Konstanzer Fernkaufleute zuletzt Helmut Maurer, wie Anm. 4, S. 48, sowie – einschränkend – Bernhard Kirchgässner, Strukturfragen von Handel und Verkehr des Bodenseeraumes im Mittelalter. In: SchrrVGBodensee 91 (1973), S. 41–65, hier S. 43.

14 Darüber zuletzt – nach mehreren vorausgegangenen Versuchen aus seiner Feder – Walter Schlesinger, Zur Gründungsgeschichte von Freiburg. In: Freiburg im Mittelalter. Hg. Wolfgang Müller, 1970, S. 24–49, hier S. 34 u. S. 44 ff.

15 Hierzu und zum folgenden Helmut Maurer, Die Konstanzer Bürgerschaft im Investiturstreit. In: Investiturstreit und Reichsverfassung. Hg. Josef Fleckenstein. Vorträge und Forschungen XVII, 1973, S. 363–371.

16 Vgl. TUB II, Nr. 51 zu 1175 o. T.

17 Vgl. etwa FUB V, Nr. 96 zu 58 o. T.

18 Vgl. etwa TUB II, Nr. 43 zu 1158 II 27.

19 Hierüber zuletzt Helmut Maurer, Stadterweiterung, wie Anm. 8, S. 23.

11. Jahrhundert der Martyrer Pelagius, der Patron der Bischofskirche, zugleich als Patron der urbs, der Stadt [20], fördert Bischof Ulrich I. von Dillingen die dann im Jahre 1123 vollzogene Heiligsprechung eines seiner Vorgänger aus ottonischer Zeit, des Welfen Konrad, dessen feierliche Elevation weltliche Fürsten, Klerus und Laien der Diözese mit Bischof und Konstanzer Stadtbürgerschaft zu jenem großen Fest vereint, das die Bischofsstadt an Bodensee und Rhein zugleich als eine Hauptstadt in Schwaben erscheinen und Alter, Glanz und Ruhm des Konstanzer Bischofssitzes, ja des Bistums Konstanz aller Welt vor Augen führt [21]. Und wenig mehr als ein Jahrzehnt später, im Jahre 1134, wird der geistliche Charakter der Stadt noch einmal deutlich unterstrichen durch die feierliche Erhebung eines anderen Konstanzer Bischofs aus ottonischer Zeit, Bischof Gebhards, des Gründers der drüben, auf dem rechten Ufer des Rheins errichteten Abtei Petershausen [22].

Die Heiligsprechung Bischof Konrads zu Beginn der staufischen Zeit hat nun aber auch entscheidend dazu beigetragen, daß der Bischofssitz Konstanz, dessen äußere Gestalt noch immer durch die im Zeitalter der Ottonen errichteten Kirchenbauten bestimmt wurde, daß dieses Konstanz erstmals auch nach Süden hinausgriff. Indem Bischof Ulrich I. das vom hl. Konrad in der Nähe seiner Bischofskirche gegründete Spital, das wegen der ihm von seinem Gründer überlassenen Kreuzreliquie Crucilin genannt wird, auf das Gelände des bischöflichen Fronhofs Stadelhofen, d. h. an die Straße in den Thurgau verlegt und mit einer dort bereits bestehenden Ulrichskirche zu einem Augustinerchorherrenstift mit dem Namen Kreuzlingen vereinigt [23], setzt er der Benediktinerabtei Petershausen im Norden der Stadt eine nicht minder gewichtige geistliche Institution im Süden der Stadt entgegen, eine geistliche und zugleich wohltätige Institution, die im übrigen – das sei ausdrücklich betont – eben wiederum einem Bischof ihre Gründung zu verdanken hat.

Und im Westen der Stadt lassen sich offenbar im gleichen 12. Jahrhundert iroschottische Mönche nieder. Ihr »Schottenkloster« [24] bildet zusammen mit Peters-

20 Vgl. Helmut Maurer, Konstanz als ottonischer Bischofssitz, wie Anm. 4, S. 42 mit Anm. 75. – Im Jahre 1192 wird dann – bezeichnenderweise – neben dem hl. Pelagius überdies auch noch der hl. Konrad als Patron des Münsters aufgeführt; über die »Patrone (Tituli) der Bischofskirche« vgl. künftig Helmut Maurer. In: Helvetia Sacra (Bistum Konstanz).

21 Dazu oben S. 68.

22 Darüber zuletzt Ilse Juliane Miscoll-Reckert, Kloster Petershausen als bischöflich-konstanzisches Eigenkloster. Konstanzer Geschichts- und Rechtsquellen XVIII, 1973, S. 152 und jetzt Helmut Gerhard Walther, Gründungsgeschichte und Tradition im Kloster Petershausen vor Konstanz. in: SchrrVGBodensee 96 (1978), S. 31–67, hier S. 46 ff.

23 Über Stift Kreuzlingen Helmut Maurer, Konstanz als ottonischer Bischofssitz, wie Anm. 4, S. 61 ff., sowie ergänzend jetzt Walter Berschin, Odalscalcs Vita S. Kōnradi im hagiographischen Hausbuch der Abtei St. Ulrich und Afra. In: Der heilige Konrad, wie Anm. 1, S. 82–106; insbes. S. 98 ff. die Edition von Odalscalcs Vita S. Konradi liber tertius; und dazu R. Neumüllers-Klauser: Zur Kanonisation, wie Anm. 1, S. 77 f., sowie neuestens Arno Borst, Mönche am Bodensee 610–1525, 1978, insbes. S. 158 ff.

24 Über das Konstanzer Schottenkloster vgl. neuestens Franz Quarthal. In: Germania Benedictina V: Baden-Württemberg, 1975, S. 359 ff.

hausen und Kreuzlingen einen der Eckpunkte jenes Dreiecks, das künftig auf Jahrhunderte hinaus das Vorfeld der Stadt topographisch markieren sollte.

Derart also sah die Stadt aus, in die nun, im März des Jahres 1142, erstmals ein König aus staufischem Hause – von Ulm kommend – seinen Einzug hält [25].

Der ihn, Konrad III., empfängt, ist Bischof Hermann von Arbon, ein Kirchenfürst, der in den nächsten Jahren einer der engsten Berater Konrads III. und Friedrich Barbarossas werden sollte [26]. Der König nimmt Quartier in der Pfalz neben dem Münster [27], die erstmals seit zwanzig Jahren wieder einen königlichen Gast in ihren Mauern sieht [28]. Mit diesem ersten Besuch eines Stauferkönigs in Konstanz beginnt eine neue Epoche in der Geschichte der Stadt, denn nun wird sie oder genauer: werden Bischofssitz und Bistum in einem bisher nie gekannten Ausmaß in die Politik, in das Regieren der Könige einbezogen, wird zugleich aber auch das Königtum in einem Umfang in der Stadt präsent, wie das in ottonischer und salischer Zeit unbekannt geblieben war [29]. Zweimal hat Konrad die Bischofsstadt besucht und sieben- wenn nicht gar achtmal hat Friedrich Barbarossa Aufenthalt in ihr genommen [30]. Und immer wieder waren es die geistlichen und weltlichen Fürsten des mittleren und des südlichen Schwaben, die sich hier, in Konstanz, um den staufischen König scharten, waren es die Bischöfe von Konstanz,

25 Vgl. MGDK III, Nr. 72 zu 1142 III 19.

26 Über Hermann von Arbon vgl. jetzt Ursula-Renate Weiss, Die Konstanzer Bischöfe im 12. Jh. Konstanzer Geschichts- und Rechtsquellen XX, 1975, S. 74–120, und demnächst Helmut Maurer. In: Helvetia Sacra (Bistum Konstanz).

27 Zur Konstanzer Bischofspfalz vgl. Helmut Maurer, Palatium, wie Anm. 4. – Umstritten ist freilich noch immer der Rechtsstatus der Konstanzer Pfalz im 12. Jahrhundert. Hatte ich in dem eben genannten Aufsatz, S. 386, für einen gemeinsamen Besitz der Pfalz durch Bischof und König plädiert, so hat demgegenüber Gisela Möncke, Bischofsstadt und Reichsstadt, wie Anm. 54, S. 36 ff. ein solches Miteigentumsrecht des Königs an der Konstanzer Pfalz als »höchst unwahrscheinlich« bezeichnet (S. 39). Gerhard Baaken möchte dagegen aufgrund des im Privileg Friedrichs I. von 1155 enthaltenen Introitusverbotes (vgl. dazu unten S. 77) die Pfalz neben dem Münster geradezu als »Königspfalz« ansprechen (vgl. G. Baaken in diesem Bande S. 41). Das Problem bedarf neuerlicher Prüfung. – Erst nachträglich stoße ich im Privileg Papst Hadrians IV. für Stift Kreuzlingen vom 27. Februar 1158 auf einen mir bisher entgangenen frühen Beleg für die Existenz der Pfalz als Pfalz des Bischofs und zugleich für das Vorhandensein der Pfalzkapelle St. Peter: *... de manso in villa Richinbach ad capellam sancti Petri curie ipsius episcopi pertinentem ...* (TUB II, Nr. 43, S. 167).

28 Der letzte königliche Besucher war im Jahre 1121 Heinrich V. gewesen. Vgl. St. 3169 zu 1121 IV 29.

29 Darüber ansatzweise schon Helmut Maurer, Palatium, wie Anm. 4, S. 282 ff.; dazu Klaus Hefele, Studien zum hochmittelalterlichen Stadttypus der Bischofsstadt in Oberdeutschland (Augsburg, Freising, Konstanz, Regensburg). Diss.-phil. München, 1970, und Ursula-Renate Weiss, Konstanzer Bischöfe, wie Anm. 26, insbes. S. 74 ff., sowie jetzt Gerhard Baaken in diesem Bande.

30 Über die Konstanzer Königsaufenthalte der staufischen Zeit noch immer nützlich Philipp Ruppert, Deutsche Kaiser und Könige in Konstanz. In: Ders., Konstanzer Geschichtliche Beiträge 3, 1892, S. 181–211 und jetzt Ferdinand Opll, Das Itinerar Kaiser Friedrich Barbarossas (1152–1190), 1978, insbes. S. 136–137, und Gerhard Baaken in diesem Bande.

Basel, Augsburg und Chur, waren es die Äbte der Reichenau und von St. Gallen, war es der Herzog von Schwaben aus staufischem Hause, waren es Herzog Welf VI. und der Herzog von Zähringen, sowie der Markgraf von Baden, waren es schließlich Mitglieder aller jener bekannten schwäbischen Grafenfamilien [31], die wir nicht nur in Konstanz, sondern auch in der für die Staufer noch bedeutsameren Pfalzstadt Ulm [32] beinahe regelmäßig jeden königlichen Hoftag besuchen sehen: die Grafen von Bregenz, von Pfullendorf, von Nellenburg, von Zollern, von Hohenberg, von Veringen, von Sigmaringen, von Kirchberg, von Dillingen, von Berg, dazu – aus den Gegenden südlich des Hochrheins, – die Grafen von Habsburg, von Lenzburg, von Baden (im Aargau), von Kyburg und von Toggenburg. Kurzum: Konstanz gesellte sich zu Ulm als eine Art zweiter Hauptstadt des Königs in Schwaben [33]; aber die Beratungsgegenstände, die im Mittelpunkt der auf den Hoftagen gepflogenen Verhandlungen standen, zeigen deutlich, daß vor allem Friedrichs I. Konstanzer Hoftage keineswegs primär der Ordnung schwäbischer Angelegenheiten gewidmet waren, daß sie vielmehr vorab Friedrichs Italienpolitik dienten. Das aber ist wiederum angesichts der Lage der Bischofsstadt an wichtigen Straßen, die – aus Innerschwaben kommend – Konstanz über die Überlinger, die Uhldinger oder die Meersburger Fähre [34] erreichten und dann gegen Süden, über die Alpen hinweg, nach Italien weiterführten, kaum verwunderlich.

Indessen ist nicht nur diese Ausrichtung auf die Italienpolitik für Friedrich Barbarossas Konstanzer Hoftage, seine Konstanzer Reichstage, charakteristisch; charakteristisch für Konstanz als Hoftagsort ist zugleich auch die politische Bedeutung der hier behandelten Themen und der hier gefaßten Beschlüsse. Hier in Konstanz, im Bereich des engeren bischöflichen Bezirks, bestehend aus Bischofskirche, bischöflicher Pfalz und oberem Münsterhof als freier Fläche unmittelbar vor der Bischofspfalz [35], die die Bischöfe dem Herrscher für die Dauer seines Aufenthalts am Bischofssitz zur Verfügung stellten, wenn nicht gar zur Verfügung zu stellen hatten, – hier im engsten Umkreis des Münsters also, dürfen wir die Stätte etwa jenes Geschehens suchen, das sich im Jahre **1153** mit dem Abschluß des

31 Vgl. dazu die Zeugenreihen von St. 3441 = DK III Nr. 72, St. 3596 = DK III Nr. 268, St. 3664 = DF I Nr. 52, St. 3665 = DF I Nr. 53, St. 3730 = DF I I Nr. 128, St. 3731 = DF I Nr. 129, TUB II Nr. 47, St. 3972, 4280, 4281, 4315–4317, 4359–4367 u. St. 4484–4486.

32 Vgl. dazu die Regesten bei Ursula Schmitt, Villa Regalis Ulm und Kloster Reichenau. Veröff. Max-Planck-Inst. für Geschichte 42, 1974, S. 96 ff.

33 Vgl. dazu Julius Ficker/Paul Puntschart, Vom Reichsfürstenstande II/2, 1861/1923, S. 123 ff.

34 Zu diesen Fähren und den mit ihnen verbundenen Verkehrswegen vgl. zuletzt Helmut Maurer, Fähre, Burg und Markt. In: Die Stadt in der europäischen Geschichte. Festschrift Edith Ennen, hg. von Werner Besch u. a. 1972, S. 259–269, insbes. S. 265 ff., und zu den Straßen vom Bodenseegebiet nach Italien neuestens Bernhard Kirchgässner, Strukturfragen, wie Anm. 13, passim.

35 Zur Topographie des oberen Münsterhofes vgl. jetzt Wolfgang Erdmann und Alfons Zettler: Zur Archäologie des Konstanzer Münsterhügels. In: SchrrVGBodensee 95 (1977), S. 19–134.

Konstanzer Vertrags zwischen Friedrich Barbarossa und Papst Eugen III. ebenso verband [36] wie mit der durch Bischof Hermann ausgesprochenen Trennung von Friedrichs Ehe mit Adela von Vohburg [37]. Und den Münsterhügel mit seinen bischöflichen Bauwerken werden wir auch als Stätte jener Ereignisse ansehen dürfen, die im Jahre 1183 der Abschluß des Konstanzer Friedens, den Friedrich I. mit den opponierenden Lombardenstädten schloß, mit sich brachte [38]. Nimmt man hinzu, daß sich vor allem Bischof Hermann I. von Arbon, dessen Pontificat von 1138 bis 1165 dauerte, auch außerhalb von Konstanz häufig in der Nähe des Königs aufhielt und von Konrad III. und Friedrich I. mehrmals mit Legationen nach Oberitalien und zur päpstlichen Kurie betraut wurde [39], ja, daß Bischof Hermann im Jahre 1153 in Konstanz eigenhändig ein von Friedrich I. ausgestelltes Diplom für Kloster Bobbio in Oberitalien ausgefertigt hat [40], dann kann kein Zweifel mehr daran bestehen, daß Konstanz durch die intensive Heranziehung seiner Bischöfe und des Bischofssitzes zu den Aufgaben der Reichskirche einerseits zwar nicht zu übersehende Belastungen, andererseits aber auch eine bedeutsame Steigerung seiner Geltung und seines Ansehens hat erfahren dürfen.

Diese enge Bindung des zentralen schwäbischen Bistums und seines caput, seiner Hauptstadt, an das staufische Königtum hielt auch unter Hermann von Arbons Nachfolgern, vor allem unter Hermann von Friedingen und unter Diethelm von Krenkingen, an [41]. Ja, Diethelm von Krenkingen, dem bedeutenden Bischof an der Wende vom 12. zum 13. Jahrhundert, wurde von Philipp von Schwaben noch in seiner Eigenschaft als Herzog im Jahre 1197 die einmalige Aufgabe zuteil, das Herzogtum Schwaben während Philipps Abwesenheit in Italien zu verwalten [42]. Und angesichts eines solchen Vertrauensverhältnisses ist es dann vollauf verständlich, daß gerade Diethelm von Krenkingen es war, der durch sein Verhandlungsgeschick Philipp von Schwaben in entscheidendem Maße den Weg zum Königtum ebnete [43].

Die Bischofsstadt Konstanz, die – wie wir nachher sehen werden – in eben diesem 12. Jahrhundert immer mehr auch von der Bürgerschaft mitbestimmt wird, diese Bischofsstadt ist zugleich zu einer Stadt des Königs geworden, der nicht nur dann präsent ist, wenn er für Tage oder Wochen in ihr Hof hält.

36 Hierzu immer noch wichtig PETER RASSOW, Honor Imperii. Die neue Politik Friedrich Barbarossas, 1152–1159, ²1961, S. 45–65.

37 Dazu E. RUNDNAGEL, Die Ehescheidung Friedrich Barbarossas. In: Festschrift für Robert Holtzmann, 1933, S. 145 ff.

38 Dazu noch immer instruktiv WALTER LENEL, Der Konstanzer Frieden von 1183 und die italienische Politik Friedrichs I. In: HZ 128 (1923), S. 189–261.

39 S. URSULA-RENATE WEISS, Konstanzer Bischöfe, wie Anm. 26, insbes. S. 103 ff.

40 MGDF I, Nr. 53 zu 1153 III 23.

41 Über beide Bischöfe jetzt WEISS, Konstanzer Bischöfe, wie Anm. 26, S. 132 ff. u. 145 ff., sowie künftig HELMUT MAURER, in: Helvetia Sacra (Bistum Konstanz). Über Diethelm von Krenkingen jetzt vor allem ARNO BORST, Mönche am Bodensee 610–1525, 1978, S. 172 ff.

42 WEISS, Konstanzer Bischöfe, wie Anm. 26, S. 163 ff.

43 Ebenda.

Der König ist vielmehr auch über seinen Tod hinaus in der Stadt gegenwärtig, indem etwa drüben, jenseits des Rheins, in der Klosterkirche Petershausen, die Friedrich Barbarossa im Jahre 1162 – nach seiner Rückkehr von der Eroberung Mailands – reich beschenkt hatte [44], indem dort dieses Kaisers am 10. Juni eines jeden Jahres ebenso gedacht wird [45] wie am 22. Juni des Todes König Philipps von Schwaben [46] und am 1. Juli des Todes der Kaiserin Konstanze [47], der Gattin Heinrichs VI. Und eben dieser Heinrich VI. hat im Jahre 1191 zusammen mit seinen Brüdern Otto, Pfalzgraf von Burgund, Konrad, Herzog von Rothenburg, und Philipp, erwähltem Bischof von Würzburg, in der Konstanzer Domkirche ein Jahrtagsgedächtnis zum Seelenheil seiner verstorbenen Eltern, des Kaisers Friedrich Barbarossa und der Kaiserin Beatrix, sowie seines Bruders, Herzog Friedrichs von Schwaben, gestiftet [48].

Konstanz – als Residenz eines geistlichen Fürsten noch immer in weitem Maß repräsentiert durch die Bischofskirche und die übrigen Kirchen der Bischofsstadt – hielt in seinen Kirchen das Gedenken an die Kaiser und Könige und die Herzöge aus staufischem Hause auch noch in nachstaufischer Zeit lange aufrecht. Und dies mit gutem Grund: Denn die Könige hatten die Bischofsstadt nicht nur durch ihre häufige Anwesenheit ausgezeichnet, sie hatten sich vielmehr auch unmittelbar für die – freilich mehr oder weniger freiwillige – Gastfreundschaft erkenntlich gezeigt, die ihnen hier Jahrzehnte hindurch erwiesen worden ist. Nicht nur das Kloster Petershausen wußte sich die Gunst Friedrich Barbarossas zu sichern; auch das noch junge Augustinerchorherrenstift Crucilin am andern Ende der Stadt hatte bereits im Jahre 1154 [49] und dann wieder im Jahre 1162 vom gleichen Herrscher ein Privileg zu erlangen vermocht [50]. Aber alle diese Gunsterweise wurden in den Schatten gestellt von jener umfassenden Privilegierung, die König Friedrich Barbarossa auf dem Konstanzer Reichstag des Jahres 1155 Bischof Hermann von Arbon, seinem nahen Vertrauten, zukommen ließ [51].

Hier wurden dem Bischof alle seine Rechte und Besitzungen sowie die Grenzen seines Bistums ebenso verbrieft [52] wie die Grenzen seiner Forstbänne im Umkreis von Arbon und in der Höri und wie schließlich auch die Grenzen eines sich un-

44 Vgl. die Chronik des Klosters Petershausen. Ed. Otto Feger, 1956, S. 246.

45 Vgl. MG Necrol. I, S. 671.

46 Ebenda, S. 672.

47 Ebenda.

48 Baaken, RJ Heinrich VI., Nr. 144; Druck in Carl Gustav Dümgé, Regesta Badensia (1836), Nr. 104, S. 149 f. Vgl. dazu auch das Nekrolog des Hochstifts MG Necrolog. I, S. 291 (für Herzog Friedrich von Rothenburg zu August 19) und S. 289 (für König Philipp zu Juni 21).

49 MGDF I Nr. 78, vgl. dazu auch Elisabeth Meyer-Marthaler, Die Diplome Kaiser Friedrichs I. und Heinrichs VI. für Kreuzlingen. In: ThurgauBeitrrVaterländG 77 (1941), S. 10–34.

50 TUB II Nr. 47 [fehlt bei Stumpf].

51 MGDF I, Nr. 128.

52 Zur Interpretation noch immer wichtig Otto Feger: Das älteste Urbar des Bistums Konstanz. Quellen und Forschungen zur Siedlungs- und Volkstumsgeschichte der Oberrheinlande 3, 1943, S. 5 ff.

mittelbar im Süden, im Thurgau also, an die Bischofsstadt anschließenden Gebietes geschlossener bischöflicher Besitzungen und Rechte, eines Gebietes, das bezeichnenderweise den Namen Bischofshöri trug. Dazu aber kam die Bestätigung der dem Bischof gehörenden Kirchen im Stadtgebiet selbst: der Abtei Petershausen, des Stiftes Kreuzlingen und der Propstei St. Stephan, und – neben vielen Höfen draußen im Lande – des Fronhofes zu Stadelhofen, unmittelbar am südlichen Rande der Stadt gelegen, und kam dann endlich die Privilegierung von Markt und Münze, Hafen und Zoll als der entscheidenden, vom Reiche dem Bischof in der Bischofsstadt selbst überlassenen Rechte [53].

Aber damit nicht genug; der König sah sich sogar zu dem Versprechen bewogen, daß er bzw. seine Nachfolger im Königtum nur dann die Bischofsstadt aufzusuchen und hier eine Steuer (statuta servitia) einzufordern das Recht haben, wenn er bzw. wenn sie vom Bischof gerufen seien, wenn er bzw. wenn sie des Gebetes wegen nach Konstanz kommen würden, oder wenn die Notwendigkeit des Reisewegs dies erfordere [54]. Und wer die Domherrenhöfe ohne Genehmigung des Bischofs betrete, verfalle der gleichen Strafe wie der, der in die königliche Pfalz eindringe, wobei freilich unsicher bleiben muß, ob der letzte Satz dieser Bestimmung tatsächlich konkret auf die Konstanzer Pfalz bezogen werden darf [55].

Die Pfalz soll im übrigen von Bischof Hermann von Arbon nach einem Brand um die Mitte des 12. Jahrhunderts wieder neu aufgebaut worden sein [56].

Aber trotz der Beschränkungen, die der König sich in seinem Privileg vom Jahre 1155 für seine künftigen Aufenthalte in der Bischofsstadt auferlegte, fanden die Herrscher doch auch nach 1155 immer wieder Gründe, um einen Besuch, um einen Aufenthalt in Konstanz als notwendig erscheinen zu lassen. Mochten die Belastungen, die sich aus den zahlreichen Königsaufenthalten für die Bischofsstadt ergaben, groß sein, – der Stadtherr, der Bischof, zog dennoch auch weiterhin Gewinn aus seiner und seines Bischofssitzes Königsnähe, und dies vor allem dadurch, daß er – über die Gesamtprivilegierung des Jahres 1155 hinaus – die Bestätigung ihm wesentlich erscheinender Rechte durch den König erreichte. Wichtig war ihm vor allem die Sicherung der Verkehrswege über See und Rhein. Dies ist ohne weiteres verständlich, wenn man sich vor Augen hält, wie sehr Konstanz durch seine geographische Lage auf die Überwindung von See und Fluß angewiesen war. So erreichte es im Jahre 1179 Bischof Berthold, daß ihm Kaiser Friedrich I. die Fährerechte bei Uhldingen erneut verbriefte, Rechte, die der gleiche

53 Hierzu JULIUS CAHN, Münz- und Geldgeschichte, wie Anm. 12, S. 71 f.

54 Vgl. darüber zuletzt GISELA MÖNCKE, Bischofsstadt und Reichsstadt. Ein Beitrag zur mittelalterlichen Stadtverfassung von Augsburg, Konstanz und Basel. Diss. phil. FU Berlin, 1971, S. 38 f.

55 Dazu MAURER, Palatium, wie Anm. 4, passim, und MÖNCKE, Bischofsstadt u. Reichsstadt, wie Anm. 54, S. 36 ff. Anders jedoch die Auffassung von G. BAAKEN in diesem Bande, S. 42.

56 Vgl. MAURER, Palatium, wie Anm. 4, S. 377.

Herrscher früher der Konstanzer Kirche entfremdet und seinem Getreuen, dem Grafen Rudolf von Pfullendorf, verliehen hatte [57].

Nicht durchgedrungen ist der Bischof freilich mit seinem um die Wende vom 12. zum 13. Jahrhundert unternommenen Versuch, die Rechte des Grafen von Rohrdorf an der von Konstanz bzw. Staad nach Meersburg hinüberführenden Fähre, die *libertas navigii apud Constantiam, quod pontonium vulgus appellat*, und die Erhebung des Zolls auf der – offenbar erst kürzlich zwischen der Stadt und Petershausen erbauten – Rheinbrücke, zu beeinträchtigen bzw. für sich zu beanspruchen [58].

Hier hat Bischof Diethelm um die Wende vom 12. zum 13. Jahrhundert von König Philipp zwar von neuem ein Privileg zu erlangen vermocht; aber der Inhalt der Urkunde kam eher einer Einengung bischöflicher Befugnisse denn einer Erweiterung gleich.

Als König Philipp mit diesem Privileg einem offenbar langdauernden Streit um die Verkehrswege von und zur Bischofsstadt Konstanz ein Ende setzte, war diese Bischofsstadt freilich nur noch in dem Sinne eine Stadt des Bischofs, als der Bischof weiterhin ihr Herr war und blieb. Innerhalb der Mauern dieser seiner Stadt aber hatte sich die Bürgerschaft schon seit mindestens 50 Jahren zu einer selbständigen Kraft entwickelt. Wie einst gegen Ende des 11. Jahrhunderts, in den Wirren des Investiturstreits, erscheinen die Bürger um die Mitte des 12. Jahrhunderts freilich noch ganz als getreue Partner ihres Stadtherrn, in dessen Urkunden sie erstmals im Jahre 1150 als Zeugen genannt werden [59]. Zusammen mit den Domherren und den bischöflichen Ministerialen fungieren sie als Umstand des bischöflichen Chor- und Pfalzgerichts [60], eines weltlichen Gerichts des Bischofs, dessen Vorsitz der Bischof, dem freilich der Vogt der Konstanzer Kirche zur Seite steht, selbst innehat. In diesem weltlichen Gericht des Bischofs, das man als Nachahmung des Königsgerichts bezeichnen könnte und das zugleich als Hoftag des geistlichen Fürsten aufzufassen sein dürfte, treten fortan bis zum Ende des 13. Jahrhunderts – vom Bischof offenbar nach freiem Belieben berufene – Bürger als Zeugen auf, ganz gleich, ob dieses Gericht im Chor des Münsters oder in der bischöflichen Pfalz zusammentritt. Aber das Bemerkenswerte ist nun, daß die gleichen Bürger, die das einemal ausdrücklich cives, ausdrücklich Bürger genannt wer-

57 S. St. 4281; Druck in CARL GUSTAV DÜMGÉ, Regesta Badensia (1836), Nr. 99. Dazu zuletzt HELMUT MAURER, Fähre, wie Anm. 34, S. 265 mit Anm. 43.

58 RJ V, Nr. 128. Druck in ZGORh 27 (1875), S. 29–31. Dort, S. 5 ff., der noch immer lesenswerte Kommentar von KARL HEINRICH ROTH VON SCHRECKENSTEIN. Darüber hinaus jetzt auch MAURER, Fähre, wie Anm. 34, S. 266 f.

59 Vgl. TUB II Nr. 30 zu 1150 VI 11.

60 Über das bischöfliche Chor- oder Pfalzgericht vgl. KONRAD BEYERLE, Grundherrschaft und Hoheitsrechte des Bischofs von Konstanz in Arbon. In: SchrrVGBodenee 32 (1903), S. 31–116, hier S. 96 f.

den, ein andermal ebenso ausdrücklich auch als ministeriales, als Dienstleute des Bischofs, Erwähnung finden [61].

Das deutet darauf hin, daß die Stadtbürger des 12. Jahrhunderts nicht allein aus der Kaufmannschaft, sondern zu einem nicht geringen Teile, ja sogar in ihrer führenden Gruppe aus der bischöflichen Ministerialität hervorgegangen sein dürften. Und so finden denn auch alle diejenigen bischöflichen Amtsträger, die man gewiß am ehesten der Dienstmannschaft des Bischofs wird zurechnen wollen, in den Zeugenreihen der bischöflichen Urkunden stets den Platz an der Spitze der Bürger, allen voran der *causidicus civitatis* [62], der *minister civitatis* [63], oder *scultetus* [64], wie er im 13. Jahrhundert heißt, der bischöfliche Stadtrichter, der Ammann also, sodann der *villicus* [65], der bischöfliche Meier, der den Fronhof, den Wirtschaftshof des Bischofs draußen im vorstädtischen Stadelhofen bewirtschaftet [66], und überdies – im Jahre 1175 erstmals erwähnt – der *monetarius* [67], der bischöfliche Münzmeister, der hier in Konstanz als dem Zentrum der gesamten oberschwäbischen Münzlandschaft [68] die bischöflichen Denare prägt, und weiter der *pontomiarius* [69], der bischöfliche Fährmann also, und schließlich der *theolonearius,* der bischöfliche Zolleinnehmer [70].

Und das Auffällige an dieser Spitzengruppe bürgerlicher Urkundenzeugen ist es nun, daß deren Mitglieder einer Jahrzehnte hindurch relativ homogen bleibenden Gruppierung von Familien entstammen, einer Gruppierung, die wir dann in der ersten Hälfte des 13. Jahrhunderts den Rat mit Angehörigen der ihr zugehörenden Familien besetzen sehen [71].

Diese Konstanzer Stadtbürger der zweiten Hälfte des 12. Jahrhunderts treffen wir im übrigen als Inhaber umfangreichen Eigenbesitzes in der vor den Toren der

61 Hierzu und zum folgenden vorläufig die Bemerkungen bei KLAUS H. KOCH, Bemerkungen zum Anteil der Ministerialität an der städtischen Führungsschicht in Konstanz. In: Stadt u. Ministerialität. Hg. ERICH MASCHKE u. JÜRGEN SYDOW. VeröffKommGeschitLdKdeBadWürtt B 76, 1973.

62 Vgl. DÜMGÉ, wie Anm. 57, Nr. 93 zu 1158; oder BEYERLE, Grundeigentumsurkunden, Nr. 6, zu 1193 XII 6.

63 Vgl. TUB II, Nr. 51 zu 1175, oder TUB II, Nr. 52 zu 1176.

64 Vgl. TUB II, Nr. 97 zu 1213 u. TUB II, Nr. 125 zu 1228 II 23.

65 Vgl. TUB II, Nr. 51 zu 1175.

66 Vgl. dazu Anm. 99.

67 Wie Anm. 65.

68 Vgl. dazu auch J. CAHN, Münz- und Geldgeschichte, wie Anm. 12, S. 79 und ELISABETH NAU, Die Münzen und Medaillen der oberschwäbischen Städte, 1964, S. 19 ff., hier S. 19 sowie jetzt DIES., Der Schatzfund von Sindelfingen und seine Aussagen zur Geld- und Verfassungsgeschichte des hohen Mittelalters. In: Protokoll der 87. Arbeitstagung vom 12. VI. 1976 des Konstanzer Arbeitskreises für mittelalterliche Geschichte, Hess. Abteilung, S. 2 ff. und: Der Münzschatz aus der Martinskirche von Sindelfingen, in: Forschungen und Berichte der Archäologie des Mittelalters in Baden-Württemberg 4, 1977, S. 67–75.

69 Vgl. TUB II, Nr. 90 zu 1210 IV 8.

70 Vgl. BEYERLE, Grundeigentumsurkunden, Nr. 8 zu 1220 VII 29.

71 Wie Anm. 61.

Stadt liegenden Bischofshöri ebenso an wie als Inhaber von bischöflichen Lehen, die gleichfalls zumeist außerhalb der Mauern der Stadt gelegen sind [72].

Indes die Vorstellung, die Konstanzer Bürger hätten sich in staufischer Zeit allein auf ihre Stadt und deren unmittelbares Umland als Lebensraum beschränkt, wäre für diese Epoche ebenso falsch wie für das vorausgehende 11. und das nachfolgende 13. Jahrhundert. Denken wir nur an die religiösen Bewegungen dieses 12. Jahrhunderts: Im Jahre 1146 war Bernhard von Clairvaux auf Einladung Bischof Hermanns auch in Konstanz gewesen und hatte im Münster den Kreuzzug gepredigt [73]. Im Jahre 1159 aber sehen wir den Konstanzer Stadtbürger Marquard vor Antritt seiner Pilgerreise nach Jerusalem das Stift Kreuzlingen beschenken [74], hören wir etwa um dieselbe Zeit von Konstanzern, die zum Grab des Apostels Matthias nach Trier pilgern [75], vernehmen wir aber auch von Konstanzer Bürgern, die an das weitentfernte Kloster Fulda zu Ehren des hl. Bonifatius Schenkungen übereignen [76].

Ist durch diese Hinweise wenigstens etwas vom Lebensbereich einzelner Konstanzer Bürger eingefangen, so begegnen gleichfalls um die Mitte des 12. Jahrhunderts Nachrichten, die die Bürger der Bischofsstadt doch auch bereits als selbständig handelnde Gemeinschaft auszuweisen vermögen. Die Bürger sorgen sich vor allem um den offenbar sehr beschränkten Raum, der ihnen vor den Toren ihrer Stadt, die immer weiter nach Süden, in den Thurgau hineinwächst, für ihre ihnen zum Leben notwendige Viehweide noch verblieben ist, seitdem eben dort »Stift Kreuzlingen« sich breitgemacht hat und Anspruch auf diese Wiesen erhebt: Es kommt zum Streit, in dem Stift Kreuzlingen den Bischof, ja den König und selbst den Papst bemüht [77]. Für die Bürger aber ist dieser Kampf um die Weide im Jahre 1152 gegebener Anlaß, sich in einer Vollversammlung, sich in einem *generalis conventus* über ihr Vorgehen zu beraten [78]. Und der Zustimmung dieser seiner Konstanzer Mitbürger, der *concessio Constantiensium,* bedarf im Jahre 1176 auch der Konstanzer Bürger Ulricus Rex, Ulrich König also, da er beabsichtigt, dem Konstanzer Domkapitel Besitz zu übereignen [79].

72 Vgl. etwa TUB II, Nr. 52, zu 1176 oder TUB II, Nr. 65, zu 1193 XII 6.

73 Vgl. S. Bernardi Miracula, in it. Germ. patrata, MGSS 26, S. 125.

74 TUB II, Nr. 45 zu 1159 VII 6.

75 Vgl. RICHARD LAUFNER, Die Fragmente des ältesten Pilgerbruderschaftsbuches von St. Matthias, Trier, zwischen 1150 und 1230. In: ArchMittelrhKG 7 (1955), S. 237–263, hier S. 253. Daß mit dem dort eingetragenen »Constest« durchaus Konstanz gemeint sein kann, zeigt die Nennung eines Orts in der Umgebung von Konstanz: *De Geilingen iuxta Constantiam* (S. 251). (= Gailingen, Lkrs. Konstanz). Dagegen jüngst JÜRGEN SYDOW, Stadtgeschichtliche Beobachtungen am ältesten Bruderschaftsbuch von Sankt Matthias zu Trier, in: Geschichtsschreibung und geistiges Leben im Mittelalter, Festschrift für Heinz Löwe, hg. von Karl Hauck und Hubert Mordek, 1978, S. 450–467, hier S. 462, Anm. 31.

76 Vgl. E. F. J. DRONKE, Traditiones et antiquitates Fuldenses. (1844). Kop. 40, Nr. 74–82.

77 S. dazu TUB II, Nr. 34 zu 1152 VI 17; TUB II, Nr. 38 (dazu aber E. MEYER-MARTHALER, wie Anm. 49) und TUB II, Nr. 43 = GP II/2, S. 30, Nr. 6 zu 1158 II 27.

78 TUB II, Nr. 34 zu 1152 VI 17.

79 TUB II, Nr. 52.

Wir sehen: Die Bürger von Konstanz begegnen seit der Mitte des 12. Jahrhunderts als eine selbständig handelnde, ihre Mitbürger verpflichtende Gemeinschaft, und angesichts des Anspruchs, den sie nach innen wie nach außen hin erheben, muß es wohl oder übel bald zu einem Konflikt mit dem Herrn der Stadt, mit dem Bischof, kommen. Der Anlaß für einen Zusammenstoß ist in dem Augenblick gegeben, als der Bischof versucht, den Bürgern eine bis dahin unbekannte und ungewohnte Steuer aufzuerlegen. In der Abwehr dieses Anspruchs vermögen die Bürger nicht nur einen Sieg über den Bischof zu erringen [80]; es gelingt ihnen vielmehr darüberhinaus, unmittelbar den König für ihre Sache zu gewinnen. Kaiser Heinrich VI. nimmt sich des Streits an und stellt den Bürgern und der Stadt am 28. November des Jahres 1192 zu Lüttich ein Privileg aus [81] des Inhalts, daß ihnen weder der Bischof noch der Vogt eine *petitio seu collecta,* d. h. doch wohl »eine bis dahin nicht übliche Steuer« [82], auferlegen dürfe, da dies der den Bürgern und der Stadt von Heinrichs VI. Vorgängern verliehenen libertas widerspreche. Man hat diese Freiheit, diese *libertas burgensibus et civitati Constantiensi concessa,* zu der offenbar auch die Befreiung von direkten Steuern gehörte, meines Erachtens mit gutem Grund auf jene *iustitia et libertas, quod ius fori est,* auf jene Konstanzer Marktfreiheit, auf jenes Konstanzer Marktrecht also zurückgeführt [83], das im Jahre 1100 der Abt von Reichenau für seine Marktgründung zu Radolfzell zum Vorbild genommen hatte. Aus dem Marktrecht ist freilich inzwischen, in diesem staufischen 12. Jahrhundert, ein Stadtrecht, eine Stadtfreiheit geworden, die – einschließlich der ihr innewohnenden Steuerfreiheit – jetzt ausdrücklich vom König garantiert wird. Aber nicht genug damit. Der König hat mit diesem seinem Lüttticher Urteil erstmals gegen den Bischof Stellung genommen, hat erstmals die Herstellung einer unmittelbaren Beziehung der Konstanzer Stadtbürgerschaft zum Reichsoberhaupt zugelassen. Waren bisher allein die Bischöfe Nutznießer des engen Verhältnisses von Königtum und Bischofssitz gewesen, so hatte nun auch die Bürgerschaft als eigenständige Kraft »eine direkte Verbindung zum König gefunden« [84]. Dieses Privileg Heinrichs VI. für die Konstanzer Bürgerschaft machte aus der Bischofsstadt zwar noch keine Reichsstadt [85]; aber sie brachte das Reich, sie brachte den König, in der Verfassung dieser Stadt erstmals mit ins Spiel. Konstanz konnte fortan nicht mehr nur einfach als Bischofsstadt gelten; neben den Stadtherrn waren vielmehr – mit Billigung des Königs – die Bürger selbst und war schließlich auch der König als Garant der Stadtfreiheit, der Bürgerfreiheit, getreten.

Und die Folgen dieses unmittelbaren königlichen Einwirkens in die inneren Verhältnisse der Bischofsstadt sollten sich bald einstellen.

80 Zum Folgenden neuestens MÖNCKE, Bischofsstadt, wie Anm. 54, S. 41 ff., sowie KLAUS HEFELE, Studien, wie Anm. 29, passim.

81 DÜMGÉ, Reg. Bad. Nr. 105 = BAAKEN, RJ Heinrich VI., Nr. 253.

82 So MÖNCKE, Bischofsstadt, wie Anm. 54, S. 42 im Anschluß an BÜTTNER.

83 MÖNCKE, ebd., S. 42.

84 So auch MÖNCKE, ebd., S. 44.

85 Ebd.

Sie stellten sich ein, als Bischof Konrad im September des Jahres 1212 dem soeben aus Italien über die Alpen nach Deutschland eilenden Staufer Friedrich II. nach anfänglichem Zögern die Tore der Bischofsstadt öffnete, und sich damit gegen Friedrichs II. Widersacher, den Welfen Otto IV., entschied, der bereits in Überlingen weilte und eben seinerseits im Begriffe stand, in die Bischofsstadt Einzug zu halten [86].

Die Entscheidung Bischof Konrads war folgenschwer nicht nur für seine Stadt und sein Bistum, sondern für die Geschicke des Reiches insgesamt. Denn mit dem Einzug in Konstanz hatte der Staufer nun auch nördlich der Alpen Fuß gefaßt. Der Anfang zur Wiedereroberung Deutschlands für die staufische Sache war damit gemacht. Und Konstanz war erneut zu einer staufischen Bischofsstadt geworden. Das gibt sich nicht allein darin zu erkennen, daß Friedrich II. noch zweimal, nämlich in den Jahren 1213 und 1216 in Konstanz weilte [87], daß sein Sohn, König Heinrich (VII.), im Jahre 1229 der Stadt gleichfalls die Ehre seines Besuchs gab [88], ja im Chor des Konstanzer Münsters zu Gericht saß [89], und endlich – nach einem antistaufischen Zwischenspiel – der letzte deutsche Staufer, Konradin, der sich der besonderen Förderung seiner Ansprüche auf die schwäbische Herzogsfahne und die deutsche Königskrone durch Bischof Eberhard von Konstanz erfreuen durfte [90], in den Jahren 1262, 1265 und 1267 gleichfalls in Konstanz weilte [91], ja hier sogar mit den ihm anhängenden schwäbischen Fürsten einen großen Hoftag abhielt [92].

In dieses Bild erneuerter Staufernähe des Bischofssitzes, fügt sich vielmehr auch aufs beste ein, daß der Konstanzer Dompropst Heinrich von Tanne, der spätere Bischof, der schon als scholasticus im Jahre 1214 in der Konstanzer Domkirche dem Gedächtnis des sechs Jahre zuvor ermordeten Königs Philipp eine Jahrzeit gestiftet hatte [93], seit dem Jahre 1217 als Protonotar König bzw. Kaiser Friedrichs II. auftritt [94] und im Jahre 1229 bei Heinrichs (VII.) Aufenthalt in Konstanz im unmittelbaren Gefolge auch dieses jungen Stauferkönigs erscheint [95].

Die Stauferzeit hat demnach für Konstanz seit Friedrichs II. Einzug in die Stadt im Jahre 1212 von neuem unmittelbare Gestalt angenommen. Ja, in seinen

86 Hierzu und zum Folgenden die kurze und klare Würdigung dieses Ereignisses bei Fedor Schneider, Kaiser Friedrich II. und seine Bedeutung für das Elsaß, jetzt in Ders.: Ausgewählte Aufsätze zur Geschichte und Diplomatik des Mittelalters, 1974, S. 431–458, hier S. 437 ff.

87 Vgl. dazu Ph. Ruppert, Kaiser und Könige, wie Anm. 30, S. 186.

88 Ebd.

89 Vgl. WUB IV, Nr. 758 zu 1229.

90 Darüber zuletzt Bruno Meyer, Das Ende des Herzogtums Schwaben auf linksrheinischem Gebiet. In: SchrrVGBodensee 78, 1960, S. 65–109, passim.

91 Vgl. Ph. Ruppert, Kaiser u. Könige, wie Anm. 30, S. 186 f.

92 Vgl. Monumenta Boica XXXI/1, Nr. CCCXVI zu 1262 VIII 16.

93 Vgl. GLA Karlsruhe, Kopialbuch 506, fol. 60' zu 1214 IV 26.

94 Vgl. über ihn ausführlich Joseph Vochezer, Geschichte des fürstlichen Hauses Waldburg in Schwaben, I. 1888, S. 114 ff.

95 Wie Anm. 89.

ersten Regierungsjahren scheint Friedrich II. zwei Maßnahmen getroffen zu haben, die die Rechtsgestalt der Bischofsstadt nach innen wie nach außen ganz entscheidend verändern mußten.

Die eine dieser Maßnahmen betraf die Vogtei über die Stadt [96]. Der Bischof bedurfte, da er als Geistlicher dazu nicht in der Lage war, in Fällen, die die Hohe Gerichtsbarkeit betrafen, der Hand eines weltlichen Vogtes, eines weltlichen Schutzherren, und dieses Amt hatten die Bischöfe, spätestens seit der Wende vom 11. zum 12. Jahrhundert den jenseits des Sees, drüben im Linzgau ansässigen Grafen von Heiligenberg zu Lehen gegeben. Die Heiligenberger werden jedoch in den Quellen nicht nur als Vögte der Bischofsstadt [97], sondern auch ganz allgemein als Konstanzer Vögte, d. h. als Vögte der Konstanzer Bischofs-Kirche [98] bezeichnet, und in der Tat hatten sie auch die Vogtei über den unmittelbar südlich an die Stadt angrenzenden geschlossenen bischöflichen Herrschaftsbereich, hatten sie die Vogtei Eggen [99], inne [100]. Mit andern Worten: Des Bischofs Stadt und des Bischofs Land unterstanden ein- und demselben Vogt, ein- und derselben Vogtei. Zwischen Stadt und Landschaft gab es zwar auf dem Gebiet der sogenannten niederen Gerichte, für die in Konstanz und nur für die Stadt selbst der bischöfliche Stadtammann zuständig war [101], eine deutliche Scheide; im Bereich der hohen Gerichtsbarkeit freilich bildeten Bischofsstadt und bischöfliches Land eine Einheit.

Der vom Bischof zu Lehen gehenden Vogtei der Grafen von Heiligenberg über die Bischofsstadt und über die Herrschaft des Bischofs auf dem flachen Lande scheint indessen Friedrich II. schon bald ein Ende bereitet zu haben. Denn im Jahre 1213 tritt zum letzten Mal ein Heiligenberger als Vogt der Konstanzer Kirche auf [102]. Im Jahre 1249 aber verspricht König Wilhelm von Holland den Kon-

96 Für die Geschichte der Konstanzer Vogtei noch immer maßgebend Siegfried Rietschel, Das Burggrafenamt und die hohe Gerichtsbarkeit in den deutschen Bischofsstädten während des früheren Mittelalters, 1905, S. 46 ff. und jetzt G. Möncke, wie Anm. 54, S. 56 ff.

97 1150 VI 11. Bischof Hermann: *Cunradus nostre civitatis advocatus* (TUB II, Nr. 30). 1175: *Chonradus advocatus civitatis* (TUB II, Nr. 51); 1176 ebenso (TUB II, Nr. 52); vgl. auch das an den *advocatus civitatis* gerichtete Verbot im Privileg Heinrich VI. von 1192 (wie Anm. 81).

98 1100 II 27: *Heinricus advocatus Constantiensis* (QSG III, Nr. 34); 1122 V 30: *advocatus Constantiensis* (QSG III, Nr. 60); 1169 III 10: *Cōnradus advocatus Constantiensis* (Cod. Dipl. Salem I, Nr. 12); 1171 III 31: *Konradus Constantiensis advocatus* (WUB IV, Nachtrag Nr. LIVIII); 1192 XII 4: *advocatus Constantiensis* (TUB II, Nr. 64).

99 Über die Vogtei Eggen zuletzt Bruno Meyer, Fischingen als bischöfliches Kloster. In: SchrrVGBodensee 92, 1974, S. 47–97, hier S. 60 f. mit Anm. 57 und ansonsten immer noch Otto Feger, Das älteste Urbar des Bistums Konstanz. Quellen und Forschungen zur Siedlungs- und Volkstumsgeschichte der Oberrheinlande III/1, 1943, S. 46 ff.

100 Vgl. die Schenkung von 1192 XII 4 in Dippishausen *situm in pago scilicet qui vulgo Eggen appellatur, consensu advocati Constantiensis ... cuius termini advocatii ecclesie Constantiensi pertinentes predictam continebant terram.* (TUB II, Nr. 64).

101 Über den Ammann und sein Gericht vgl. noch immer Konrad Beyerle, Zur Verfassungsgeschichte der Stadt Konstanz im 12. und 13. Jahrhundert, In: SchrrVGBodensee 26 (1897), S. 33–50, hier S. 38 ff.

102 1213 (TUB II, Nr. 96).

stanzer Bürgern, die Vogtei über die Stadt niemals dem Reiche zu entfremden [103]. Die Umwandlung der Vogtei über die Bischofsstadt in eine Reichsvogtei kann demnach in den Jahren nach 1213 nur durch Friedrich II. vorgenommen worden sein [104]. Nicht mehr der Bischof hatte künftighin den Vogt zu bestellen, sondern der König, der jedoch den Reichsvogt, der ihn fortan in der Stadt vertrat, stets aus einer der der bischöflichen Ministerialität entstammenden Konstanzer Patrizierfamilien bestellte [105].

Jetzt also war nicht nur die Bischofsstadt auf dem Gebiet der Hohen Gerichte für immer vom umgebenden Lande, genauer: von der in andere Hände – aber zunächst nicht in die des Königs – übergegangenen [106] Vogtei Eggen im Thurgau getrennt, um damit endlich einen eigenen Hochgerichtsbezirk bilden zu können; jetzt war der König, jetzt war auch das Reich in ganz anderer Weise in der Bischofsstadt präsent [107], als dies etwa seit der ausdrücklichen Garantierung der Stadtfreiheit durch König Heinrich VI. im Jahre 1192 der Fall gewesen war. Von nun an konnte die Bischofsstadt zugleich auch als werdende Reichsstadt, genauer gesagt als werdende Reichsvogteistadt [108], gelten [109].

Und so hat sie denn Friedrich II. bereits im Jahre 1237 zu seinen und des Reiches Städten gezählt [110]; hat der gleiche Herrscher im März des Jahres 1241 die Bürger der Stadt in Faenza als seine Getreuen empfangen und ihnen das Privileg Heinrichs VI. aus dem Jahre 1192 erneuert [111]. Und ebenso folgerichtig ist Konstanz auch in der Reichssteuerliste des Jahres 1241 verzeichnet [112]; die Steuer, die die Stadt – zweifellos aufgrund der Reichsvogtei [113] – zu zahlen hat, geht im

103 1249 VII 9 (GLA, D 71 = RJ V/1, Nr. 4982).

104 So auch G. Möncke, wie Anm. 54, S. 68/69.

105 Ebd., vgl. auch die – freilich unvollständige – Liste der Reichsvögte bei Konrad Beyerle, Die Konstanzer Ratslisten des Mittelalters. 1898. S. 37.

106 Wie Anm. 99.

107 Dazu neuestens Thomas Martin, Die Städtepolitik Rudolfs von Habsburg. Veröff. Max-Planck-Institut für Geschichte 44, 1976, S. 125.

108 So die Formulierung bei Götz Landwehr, Die Verpfändung der deutschen Reichsstädte im Mittelalter. 1967, S. 135. Zur Gesamtproblematik vgl. Jürgen Sydow, Zur verfassungsgeschichtlichen Stellung von Reichsstadt, freier Stadt u. Territorialstadt im 13. u. 14. Jh. In: Les libertés urbaines et rurales du XIe au XIXe siècle., 1968, S. 281–309, sowie jetzt Gisela Möncke, Zur Problematik des Terminus »Freie Stadt« im 14. u. 15. Jahrhundert. In: Bischofs- und Kathedralstädte des Mittelalters und der frühen Neuzeit. Hg. Franz Petri. Städteforschung A 1, 1976, S. 84–94. Vgl. auch Horst Rabe, Stadt und Stadtherrschaft im 14. Jahrhundert. Die schwäbischen Reichsstädte. In: Stadt und Stadtherr im 14. Jahrhundert. Hg. Wilhelm Rausch. Beitr. zur Geschichte der Städte Mitteleuropas II, 1972, S. 301–318.

109 Hierzu und zum Folgenden zuletzt G. Möncke, wie Anm. 54, S. 70 ff.

110 1237 IX 19 = RJ V B, Nr. 147 29.

111 1241 März (Huillard-Bréholles V/2, S. 1103 ff.).

112 MG Const. III, S. 2–5.

113 So mit Gero Kirchner, Die Steuerliste von 1241. In: ZRG/GA 70 (1953) S. 64–104, hier S. 98/99, S. 100 Anm. 137 und S. 104, und mit G. Möncke, wie Anm. 54, Franz Xaver Vollmer: Reichs- und Territorialpolitik Friedrichs I. Diss. phil. Masch. Freiburg i. Br. 1951. S. 113 ff. u. S. 121 und Wolfgang Metz, Staufische Güterverzeichnisse. 1964, S. 109 ff.

übrigen zur Hälfte an den Kaiser, zur Hälfte aber an den Bischof, dem dieser Anteil indessen nur vom Kaiser, der ja eben noch einmal das Verbot der Auferlegung einer bischöflichen Steuer erneuert hatte, überlassen worden sein kann [114].

War mit der Übernahme der Vogtei über die Bischofsstadt an das Reich die Rechtsstellung der Stadt nach außen hin ganz entscheidend verändert, war die Stadt, waren ihre Bürger unmittelbar der Vogtei des Reichs unterworfen, war der König künftig ständig durch den Reichsvogt in der Stadt vertreten, war die Stadt, die nun ihren eigenen, sie klar vom Lande scheidenden Rechtsbezirk besaß, im Grunde – wie die Teilung der Reichssteuer zwischen Kaiser und Bischof zeigt – ein zwischen Bischofs- und Reichsstadt schwankendes Gebilde geworden, so griff derselbe Kaiser Friedrich II. nicht minder tief auch in die innere Verfassung der Stadt ein.

Denn wiederum in die ersten Regierungsjahre Friedrichs II. verweist eine Nachricht des Jahres 1255 [115], die zu berichten weiß, daß vor vierzig Jahren erstmals ein Rat in Konstanz tätig geworden sei [116]. Zwar hatten wir schon für die Mitte des 12. Jahrhunderts von einem *generalis conventus* der Konstanzer Bürger gehört [117], hatten wir von einem Zustimmungsrecht der Konstanzer Bürger bei Hausverkäufen vernommen [118], – ein Organ der Bürgerschaft, das dem bischöflichen Ammann gegenüber – oder an die Seite gestellt worden wäre, gab es damals trotz alldem jedoch noch immer nicht. Allerdings finden sich gleichfalls schon während der zweiten Hälfte des 12. Jahrhunderts immer wieder Mitglieder einer weitgehend konstant bleibenden Gruppe von »Bürgerfamilien mit ministerialischer Bindung« [119] als Vertreter der Bürgerschaft im bischöflichen Gericht ein. Und als dann der offensichtlich von Friedrich II. seiner jetzt unter des Reiches Vogtei stehenden Stadt gestattete Rat – das *concilium civitatis* – im Jahre 1225 mit der – außer dem Ammann künftig üblichen Zahl von zehn Mitgliedern [120] –, erstmals und zwar in engem Zusammenwirken mit dem Bischof tätig wird [121], da zeigt sich, daß im Rat wiederum Mitglieder der gleichen Familien vertreten sind, die bereits während der zweiten Hälfte des 12. Jahrhunderts und auch noch während des gesamten 13. Jahrhunderts als Vertreter der Bürgerschaft im bischöf-

114 Vgl. G. Möncke, wie Anm. 54, S. 77.
115 1255 XI 29 (Beyerle, Grundeigentumsurkunden Nr. 36a.).
116 Hierzu und zum Folgenden zuletzt G. Möncke, wie Anm. 54, S. 87 ff., S. 103 u. S. 113 sowie Karl Mommsen, Zu den Anfängen der Ratsverfassung und des Spitals in Konstanz. In: ZGORh 120 (1972), S. 469–479. Immer noch wichtig auch Konrad Beyerle, Die Entwicklung des Konstanzer Stadtrechts. In: Das Rote Buch. Hg. von Otto Feger, Konstanzer Stadtrechtsquellen 1, 1949, S. 1–28. Zum gesamten Problem jetzt auch B. Töpfer, Stellung und Aktivitäten der Bürgerschaft von Bischofsstädten während des staufisch-welfischen Thronstreits, in: Stadt und Städtebürgertum in der deutschen Geschichte des 13. Jhs., hg. von B. Töpfer (= Forschungen zur mittelalterlichen Geschichte 24), 1976, S. 13–62, hier S. 56/57.
117 Vgl. oben S. 80.
118 Ebenda.
119 So Klaus H. Koch, wie Anm. 61, S. 92.
120 Vgl. dazu Konrad Beyerle, Ratslisten, wie Anm. 105, S. 14 ff.
121 Beyerle, Grundeigentumsurkunden Nr. 10.

lichen Pfalz- oder Chorgericht aufgetreten waren bzw. noch immer auftreten [122]. Und die Rolle, in der der Rat im Jahre 1225 erstmals erscheint, zeigt ihn überdies als wichtigen Partner des Bischofs. Denn ihm, dem *consilium civitatis,* das ausdrücklich der *communitas civitatis,* der Gesamtgemeinde gegenübergestellt wird, überträgt der Bischof die Pflegschaft über ein wenige Jahre zuvor von zwei Bürgern am sogenannten Marktgestade neu begründetes Hospital [123]. Diese erste bürgerliche Spitalgründung, die dem von einem Bischof errichteten Spital im vorstädtischen Kreuzlingen an die Seite gestellt wird, bedeutet nicht nur den Beginn einer Epoche selbständiger bürgerlicher Sorge für die Alten und Kranken in der Stadt, einer Fürsorge, die sich – außer in der Unterhaltung des Spitals als Altenheim und Krankenhaus – auch in der Unterhaltung eines Aussätzigenhauses, des Hauses der »Armen Leute auf dem Felde«, ebenso äußert wie in der Einrichtung der sogenannten Raite, d. h. der Verwaltung und Verteilung der bei den vier Pfarrkirchen zu St. Johann, St. Stephan, St. Paul und Kreuzlingen eingesammelten Almosen an Hilfsbedürftige, – alles wohltätige Institutionen, die im Laufe des 13. Jahrhunderts unter städtische Aufsicht geraten waren bzw. noch geraten sollten [124].

Mit der aktiven Beteiligung des Rats an der Spitalgründung beginnt vielmehr zugleich auch die allmähliche Ausbildung der bürgerlichen Selbstverwaltung und die Ausbildung eigenen Bürgerrechts. Hatte schon im Jahre 1220 ein Hausverkauf nach dem Rat der Bürger, d. h. in diesem Falle wohl: nach Beratung durch die Bürger [125] und in der zwischen Bürgern bei Hausverkäufen üblichen Rechtsform stattgefunden, so ist nun, fünf Jahre später, im Zusammenhang mit der Spitalgründung erstmals ausdrücklich vom *commune ius civium* [126] die Rede, das vor allem vorschreibt, daß bei Kauf oder Verkauf eines Hauses drei Salmannen [127], drei Träger [128], zu bestimmen seien, und zwar offenbar vor allem aus den Mitgliedern des Rats zu bestimmen seien [129].

122 Dazu wiederum Klaus H. Koch, wie Anm. 61, S. 92 f.

123 Zur Spitalgründung vgl. Wolfgang W. Schürle, Das Hospital zum Heiligen Geist in Konstanz. Konstanzer Geschichts- und Rechtsquellen XVII, 1970, S. 21 ff. und jetzt Mommsen, wie Anm. 116, S. 472 ff., sowie außerdem Jürgen Sydow, Kanonistische Fragen zur Geschichte des Spitals in Südwestdeutschland. In: HJB 83 (1964), S. 54–68, hier S. 65 ff.

124 Dazu zuletzt Otto Feger, Die wohltätigen Sonderstiftungen in Konstanz. In: Spital und Stadt. Protokoll der 2. Arbeitstagung des Arbeitskreises für Südwestdeutsche Stadtgeschichtsforschung, 1964, S. 43–46.

125 1220 VII 29 (Beyerle, Grundeigentumsurkunden Nr. 8) ... *iuxta consilium burgensium et formam inter eos habitam ...* .

126 Wie Anm. 121. Vgl. auch 1246 I 25 (Beyerle, Grundeigentumsurkunden Nr. 22): *iuxta consuetudinem civitatis electi et statuti sunt salmanni ...* .

127 Zum Konstanzer Salmannenrecht vgl. Konrad Beyerle, Das Salmannenrecht, 1900, passim.

128 Zur Institution des Trägers vgl. allg. Claudieter Schott, Der Träger als Treuhandform. Forschungen zur deutschen Rechtsgeschichte 10, 1975, insbes. S. 79 f. u. 232 ff.

129 Wie Anm. 127.

Dann aber, gegen die Mitte des 13. Jahrhunderts, genauer gesagt im Jahre 1246, vernehmen wir erstmals auch von der Besiegelung einer Urkunde mit dem Siegel der Stadt – das Siegel ist nebenbei bemerkt noch heute erhalten [130] –, vernehmen wir aber auch, daß die Bürger der Stadt, die – im Gegensatz zu ihrem Bischof Heinrich von Tanne – treue Anhänger Friedrichs II. gewesen waren, bis sie um das Jahr 1249 doch noch zu Wilhelm von Holland überschwenkten [131], daß diese Bürger oder wohl richtiger ihr Rat, *statuta*, Gesetze also, erlassen haben [132], und zwar gegen den Willen des Bischofs erlassen haben, dem – wie es in einer Ukunde Papst Innozenz IV. vom Jahre 1248 heißt – die weltliche Gerichtsbarkeit über diese Stadt zugehöre [133]. Und eben dieser Papst verbietet den Bürgern zugleich, künftig noch einmal Räte *(consules)* zu wählen [134]. Und ganz zu dieser Tätigkeit des Rats, die dem Bischof offensichtlich sehr unliebsam geworden ist, paßt es, wenn um 1250 erstmals Urkunden von Ammann, Rat und Bürgerschaft ausgestellt werden [135] und wenn – ganz folgerichtig – im Jahre 1256 und nicht erst im Jahre 1282, wie K. H. Rexroth noch gemeint hat [136] – erstmals ein *Hainricus scriba civitatis* [137] – ein eigener Stadtschreiber also – genannt wird, der künftig die von Ammann und Rat der Stadt ausgehenden Urkunden ausfertigt und sich dabei stets der deutschen Sprache bedient [138]. Er, der Stadtschreiber, fungiert im übrigen zugleich als Stadtschulmeister, als *doctor puerorum,* womit wir überdies auch den ersten Hinweis auf die Existenz einer »bürgerlichen« Knabenschule in der Stadt besitzen dürften [139]. Die Aktivitäten von Bürgerschaft und Rat führen dann aber um die Mitte des Jahrhunderts zu einem neuerlichen Zusammenstoß mit dem Bischof als dem Herrn der Stadt, zu einem Konflikt, der noch dadurch gefördert wird, daß Bürgerschaft und Bischof zu allem hin noch in zwei verschiedenen politischen Lagern stehen. Ein vorsichtiges Ausweichen aus der Stadt, ein Sich-Rückversichern des Bischofs gibt sich bereits in der ersten Hälfte des 13. Jahrhunderts zu erkennen, als Bischof Heinrich von Tanne von König Heinrich (VII.) im Jahre 1233 ein Marktprivileg erwirkt, um in Anlehnung an seine jenseits des Sees

130 Wie Anm. 126.

131 Vgl. dazu die Urkunde 1249 VII 9 (GLA D 71 = RJ V/1, Nr. 4982) und zuvor 1247 V 6 (TUB II, Nr. 195) und 1248 II 10 (Neugart E C II, Nr. 35), und dazu Jörg Füchtner, Die Bündnisse der Bodenseestädte bis zum Jahre 1390. Veröff. Max-Planck-Institut für Geschichte 8, 1970, S. 16 f.

132 1248 II 18 (Neugart E C II, S. 623/624).

133 Ebenda: ... *cum ad ipsum pertineat ipsius civitatis iurisdictio temporalis.*

134 Ebenda: *ne decetero consules in civitate ipsa eligerent vel tenerent electas, aut forum precepto statuto vel mandato ... obedirent.* Hierzu jetzt E. Engel, Die Beziehungen zwischen Königtum und Stadtbürgertum unter Wilhelm von Holland (1247–1256), in: Stadt und Stadtbürgertum, wie Anm. 116), S. 63–107, hier S. 93.

135 Vgl. dazu Karl Heinrich Rexroth, Die Entstehung der städtischen Kanzlei in Konstanz. Konstanzer Geschichts- und Rechtsquellen. XII, 1960, S. 13.

136 Ebenda S. 21 ff.

137 GLA Karlsruhe, Kopialbuch 585, fol. 36 zu 1256 X 8.

138 Karl H. Rexroth, wie Anm. 135, S. 23.

139 Ebenda, S. 24.

gelegene Meersburg einen Markt anlegen zu können [140]. Gegen die Mitte des Jahrhunderts errichtet Bischof Heinrich dann aber unweit der Stadt die Burg Gottlieben am Seerhein, in der er sich fortan häufig aufzuhalten pflegt [141].

Gegen diese Burg hatte sich der Zorn der Bürger offenbar zuallererst gerichtet, als es vor dem Jahre 1255 zu tätlichen Angriffen und Übergriffen der Bürgerschaft auf die Besitzungen und Rechte des Bischofs in der Stadt gekommen war [142]. In Mitleidenschaft gezogen wurde dabei vor allem der Mittelpunkt der bischöflichen Grundherrschaft, der Fronhof Stadelhofen, draußen, im Süden vor der Stadt, wo zugleich das mit Ministerialen, Stadtbürgern und Hofleuten besetzte, für die bischöflichen Familia zuständige Gericht zusammenzutreten pflegte [143]. In Mitleidenschaft gezogen wurde aber neben dem bischöflichen Fron- oder Kelnhof auch der gleichfalls in Stadelhofen zu lokalisierende bischöfliche Forsthof. Hier hatten sich die bürgerlichen Übergriffe vor allem in der Erhebung einer städtischen Steuer von den zur bischöflichen Grundherrschaft gehörenden Curtes geäußert. Aber diese städtische Steuer und dazu noch Wachtdienste an und auf den Mauern der Stadt hatten Bürgerschaft und Rat sogar von den bischöflichen Dienstmannen, die in der Stadt sitzen, gefordert; sie hatten sie aber auch gefordert von den Domherrenhöfen und den Höfen der Chorherren an St. Stephan, und das gleiche hatten sie gegenüber den Amtleuten des Bischofs, also etwa gegenüber dem Mesmer am Münster und gegenüber dem bischöflichen Bäcker, vorzubringen versucht.

Auf alle diese Ansprüche aber müssen sie im Jahre 1255 nach einem vom Abt von St. Gallen gefällten Schiedsspruch [144] ebenso Verzicht leisten, wie auf ihren Anspruch, sich Befugnisse über die Münsterglocken und die Wacht auf dem Münsterturm aneignen zu dürfen.

Nicht angetastet aber wird das Recht der Bürger, die Schlüssel zu den Stadttoren und zum Tor auf der Brücke verwahren zu dürfen, freilich unter dem ausdrücklichen Vorbehalt des bischöflichen Vorrechts, durch diese Tore fahren zu dürfen, wann immer der Bischof es wünsche! Zeigt sich in diesen – zum einen

140 Vgl. dazu MAURER, Fähre, wie Anm. 34, S. 268.

141 Vgl. CHRISTOF SCHULTHAISS, Constanzer Bistumschronik, ed. JOHANN MARMOR. In: FreibDiözArch 8 (1874), S. 1–101, S. 34 und die Urkunden REC I Nr. 1836, 1844, 1893 ff. für die Jahre 1253 ff.

142 Hierzu und zum Folgenden die Schiedsurkunde von 1255 XI 29 (BEYERLE, Grundeigentumsurkunden Nr. 36a).

143 Über dieses Gericht FRANZ BEYERLE, Ein Konstanzer Hofrechtsweistum von 1204 über den Sterbfall ... [Ms. im Stadtarchiv Konstanz] [o. D.] gestützt auf die Urkunde von 1204 (St. A. Konstanz Nr. 12009; Druck: ZGORh 107/1959, S. 319 f.); vgl. auch den Spruch des Stadelhofer Fronhofgerichts von 1248 VII/XII 16 (TUB II, Nr. 222).

144 Wie Anm. 142. Zu diesem Schiedsspruch zuletzt G. MÖNCKE, wie Anm. 54, S. 105 ff., und K. MOMMSEN, wie Anm. 116, S. 470 ff. Hier auch die Zusammenfassung über den neuesten Forschungsstand zur Datierung des sog. Richtebriefes, der früher mit dem »Sühnebrief« von 1255 in zeitliche und sachliche Verbindung gebracht worden ist, nach dem jetzigen Erkenntnisstand jedoch erst der Zeit um 1300 angehören kann und damit als Quelle für die Konstanzer Verfassungsgeschichte in staufischer Zeit ausscheiden muß.

mit Erfolg, zum andern ohne Erfolg erhobenen – Ansprüchen der Bürger deutlich genug, in welchem Maße aus der Bischofsstadt zugleich auch schon eine Bürgerstadt geworden war, so gibt der Schiedsspruch des Jahres 1255 darüber hinaus zu erkennen, was den Bürger in Konstanz im Grunde überhaupt erst zum Bürger werden ließ: Der Bürgerschaft wird nämlich die Erhebung der städtischen Steuer von den Amtleuten des Bischofs, des Domkapitels und des Stifts St. Stephan für den Fall erlaubt, daß einer dieser Amtleute mit Leinwand, mit Wachs, mit Pfeffer und mit anderem handeln oder Eigengut zu Konstanz besitzen sollte. Man ersieht daraus: freier Kauf und der Besitz freien Eigens begründen die Steuerpflicht und vermögen auch einen geistlichen Beamten zum Bürger werden zu lassen. Das größte Opfer, das den Bürgern im Jahre 1255 abverlangt wurde, war jedoch der Verzicht auf einen eigenen Rat, ein Verzicht, den schon Papst Innozenz IV. im Jahre 1248 gefordert hatte [145]. Freilich kann es sich dabei nur um denjenigen Rat gehandelt haben, den der Bischof glaubte mißbilligen zu müssen [146]. Vollständig sollte die Bürgerschaft auf einen Rat jedoch offenbar nicht zu verzichten brauchen. Denn 25 Tage vor dem Schiedsspruch des Abtes von St. Gallen, am 4. November des Jahres 1255, hatte König Wilhelm den Bürgern der Stadt Konstanz ausdrücklich erlaubt, einen Rat haben zu dürfen [147]; und so sehen wir denn auch Bischof Eberhard bereits im Jahre 1259 wieder gemeinsam mit dem Rat der Stadt eine Handlung vollziehen [148]. Der Schiedsspruch, den der Abt von St. Gallen im Jahre 1255 zwischen dem Bischof und der Bürgerschaft fällte, kann insgesamt als ein Meilenstein in der Entwicklung der Bischofsstadt zur Bürgerstadt hin angesehen werden. Die Bürgerschaft hatte bis dahin vieles erreicht; sie hatte einen Rat erlangt, sie hatte ein eigenes städtisches Recht ausgebildet. Sie hatte sich ein eigenes Stadtsiegel zugelegt. Ja, ihr Rat erlaubte es sich, ebenso eigene Gesetze zu erlassen, wie er mit Hilfe eines eigenen Stadtschreibers Urkunden ausstellte. Die Bürgerschaft erhob von ihren Bürgern eine eigene Stadtsteuer und zog diese ihre Bürger zum Wachtdienst an den Stadtmauern bei, zu deren Toren sie im übrigen auch die Schlüssel innehatte. All das war erreicht worden. Aber im Jahre 1255 hatten die Ansprüche der Bürgerschaft innerhalb der Mauern der Stadt örtlich genau fixierte Grenzen gesetzt bekommen. Denn die Bürgerschaft mußte die besonderen, ihren Ansprüchen nicht unterliegenden Rechte der bischöflichen, der geistlichen Bezirke innerhalb ihrer Stadt anerkennen. Sie mußte erkennen, daß es nicht möglich war, aus der Bischofsstadt eine Bürgerstadt mit einem alle Häuser und alle Bewohner in gleicher Weise erfassenden Stadtrecht zu gestalten; sie mußte vielmehr zur Kenntnis nehmen, daß der rechtliche Charakter ihrer Stadt als Bischofsstadt, als geistlicher Stadt zwar zurückzudrängen und topographisch einzuengen, daß er aber nicht völlig auszulöschen war. Fortan gab es vielmehr über

145 Vgl. oben S.

146 Hierzu und zum folgenden G. Möncke, wie Anm. 54, S. 113, und K. Mommsen, wie Anm. 116, S. 472 ff.

147 RJ V/1, Nr. 5276 = Winkelmann: Acta Imperii 448.

148 1259 V 1 (TUB III, Nr. 408), ... *una cum consulibus predicte civitatis* ... .

Jahrhunderte hinweg, ja bis hin zum Beginn des 19. Jahrhunderts mehr oder weniger umfangreiche Bezirke innerhalb der Stadt, die nicht dem Stadtrecht unterworfen, sondern von der Geltung dieses Stadtrechts ausgenommen waren. Das gilt für den Bezirk um das Münster ebenso wie für den Bezirk um St. Stephan und das gilt nicht zuletzt für den Bereich um den bischöflichen Fronhof Stadelhofen. Die Stauferzeit hatte – unter tatkräftiger Förderung durch Herrscher aus staufischem Hause – der Konstanzer Bürgerschaft den Weg zu weitgehender Selbstbestimmung und Selbstverwaltung geebnet, und dies nicht zuletzt dadurch, daß die Stadt dank Friedrichs II. Eingreifen zur Reichsvogteistadt und König und Reich damit zu dauernden Garanten bürgerlicher Freiheit geworden waren. Das Ende der staufischen Zeit aber bedeutete zugleich auch ein vorläufiges Ende dieses Weges, und so kommt der Stauferzeit – zumindest in der Verfassungsgeschichte der Bürgerstadt Konstanz – in der Tat die Bedeutung einer Epoche zu.

Indessen ist eine Stadt nicht nur ein rechtliches Gebilde. Und so muß sich der Blick denn doch auch noch – wenigstens kursorisch – auf einige andere Bereiche städtischer Entwicklung während der ersten fünf oder sechs Jahrzehnte des 13. Jahrhunderts richten, soll das Bild von Konstanz in spätstaufischer Zeit immerhin einigermaßen zutreffend erscheinen.

Da ist zunächst das äußere Wachstum der Stadt [149], ist hervorzuheben die Erweiterung der Stadt vor allem nach Süden in den Thurgau hinein, ist hervorzuheben das Überschreiten des ersten, wohl der Mitte des 12. Jahrhunderts angehörenden Mauerberings, ist zu vermerken die wohl noch um die Wende vom 12. zum 13. Jahrhundert anzusetzende Anlage neuer, weiterer Märkte, zusätzlich zum alten ersten Markt bei St. Stephan: Einmal die Anlage des Obermarktes als Platzmarkt, der jedoch nach dem See und zur Landungsstelle hin seine Fortsetzung in dem langgezogenen, großzügig angelegten Marktgestade mit Kornhaus, Metzigbänken und Brotlauben findet, wie zum andern die Anlage des Fischmarktes, die indessen erst durch Auffüllung des Seeufers ermöglicht worden sein dürfte. Ja, die Stadt wächst vor allem gegen Süden hin immer mehr auf den bislang außerhalb der Stadt gelegenen, als Suburbium bezeichneten bischöflichen Fronhof Stadelhofen zu. Aber um die Mitte des 13. Jahrhunderts hat die Stadt dann in etwa jene Ausdehnung erreicht, die ihren Grundriß – sieht man von der später folgenden Einbeziehung der Vorstädte Stadelhofen und Petershausen in den Mauerbering ab – bis ins 19. Jahrhundert hinein bestimmt.

Ein entscheidender Abschluß dieser baulichen Entwicklung ist in etwa erreicht, als der Konstanzer Patrizier Heinrich In der Bünd im Jahre 1252 seinen am Südrande der Stadt gelegenen Obstgarten parzelliert und die daraus entstehenden Grundstücke in Erbleihe zur Bebauung ausgibt, um darauf Häuser zu errichten und zugleich eine neue Gasse, eben Neugasse genannt, anzulegen [150].

Hier haben wir ein Beispiel für die Art und Weise planmäßiger Ausdehnung der zu besiedelnden Fläche und für die Art und Weise ihrer Bebauung vor uns.

149 Hierzu wiederum H. Maurer, Stadterweiterung, wie Anm. 8, S. 24 ff.
150 Beyerle, Grundeigentumsurkunden, Nr. 26.

Zum Ausbau der Stadt an ihrem Rande und in ihrem Innern tragen dann aber vor allem Gründung und Bau zahlreicher klösterlicher Niederlassungen bei [151]. So entstehen das Dominikanerkloster auf der Insel im See im Jahre 1235, das Franziskanerkloster im Jahre 1250, die Dominikanerinnenklöster St. Peter an der Fahr und Zoffingen in den Jahren 1252 und 1257 und entsteht schließlich das Kloster der Augustinereremiten im Jahre 1268. All diese klösterlichen Niederlassungen sind zumeist auf Veranlassung und mit aktiver Unterstützung der Bischöfe gegründet worden und lassen – abgesehen allenfalls vom Franziskanerkloster – noch kaum eine Beteiligung der Bürgerschaft und des Rates an ihrem Gründungsvorgang erkennen. Indes legen die Namen der zahlreichen, aus dem Konstanzer Patriziat stammenden Insassen dieser Konstanzer Bettelordensklöster [152], zu denen sich noch eine Reihe von Beghinen – und Bruderhäusern gesellte, doch auch Zeugnis davon ab, wie sehr die religiöse Bewegung der Zeit auch die Stadtbürgerschaft ergriffen hatte. Aber zu diesen klösterlichen Niederlassungen und zu den als Absteigequartiere ebenso wie als Stapel- und Lagerhäuser seit Beginn des 13. Jahrhunderts im Stadtbereich zahlreich errichteten Stadthöfen auswärtiger Klöster aus dem Umkreis des Sees [153], allen voran der neben anderem auch für die Wirtschaft, vor allem für die Getreide-, Salz- und Weinversorgung der Stadt wichtige Stadthof der Zisterze Salem [154], tritt schließlich – gegen Ende der staufischen Epoche – noch ein zweites Chorherrenstift hinzu. Es wird im Jahre 1266 an der Pfarrkirche St. Johann mit aktiver Unterstützung durch Bischof Eberhard II. und unter enger Bindung an Bischofskirche und Domkapitel errichtet [155].

Von der Topographie und den kirchlichen Institutionen ist der Blick aber schließlich noch auf die Menschen zu lenken, die die Stadt bewohnten, die sie mit Leben erfüllten, ist der Blick zu lenken nicht so sehr auf Bischof und Geistlichkeit, auf Ordensleute, Beghinen und Brüder, die freilich – alle zusammen – ein nicht nur der Zahl, sondern auch ihrer Rolle nach höchst bedeutsames Element innerhalb der Bischofsstadt darstellen. Es sind vielmehr vor allem noch die Laien, es

151 Zum Folgenden noch immer die Übersicht bei LUDWIG BAUR, Die Ausbreitung der Bettelorden in der Diözese Konstanz. In: FreibDiözArch NF 1 (1900), S. 1–101, hier S. 29 ff. und FreibDiözArch NF 2 (1901), S. 1–107, hier S. 30 ff., S. 49 ff., S. 90 ff. u. S. 183 ff. sowie ergänzend M. BRIGITTA HILBERLING, 700 Jahre Kloster Zoffingen 1257–1957. 1957; DIES., Das Dominikanerkloster St. Nikolaus auf der Insel von Konstanz. 1969; und MARKUS BÜRGI, Die Frühzeit der Dominikaner in Konstanz (Seminararbeit Univ. Zürich 1969, Ms. im Stadtarchiv Konstanz). Vgl. auch den Überblick bei KONRAD BEYERLE, Die Geschichte des Chorstifts und der Pfarrei St. Johann zu Konstanz, 1908, S. 13 ff.

152 Vgl. dazu die Beobachtungen bei BÜRGI, wie Anm. 151, S. 16 und bei B. HILBERLING, Zoffingen, wie Anm. 151, S. 10.

153 Dazu HELMUT MAURER, Herbergen auswärtiger Klöster in Konstanz. In: Die Kulturgemeinde, 14. Jgg., Heft 2 (1972), S. 2–3.

154 Hierzu jüngst MARTIN R. SABROW, Der Stadthof des Zisterzienserklosters Salem in Konstanz von seiner Gründung bis in das 15. Jahrhundert. In: SchrrVGBodensee 94 (1976), S. 93–124.

155 Vgl. noch immer KONRAD BEYERLE, St. Johann, wie Anm. 151, und jetzt ROBERT J. BOCK, St. Johann in Konstanz. In: Helvetia Sacra II/2, 1977, S. 308 ff.

sind die Bürger ins Auge zu fassen, die Bürger, die die politische und rechtliche Gestalt ihrer Stadt in der staufischen Epoche so sehr verändert haben.

Ihre gegen das Ende des 12. Jahrhunderts immer mehr aufkommenden Zunamen verraten nicht nur häufig, wo sie innerhalb der Stadt wohnen; die Namen geben auch einen Hinweis darauf, daß sie oder ihre Vorfahren in die Stadt zugewandert sind. Und sie lassen zugleich erkennen, woher sie kamen, aus welchem geographischem Bereich die Zuwanderung nach Konstanz während des 12. und 13. Jahrhunderts erfolgt ist. Es nennen sich Konstanzer Bürger etwa nach Zürich [156], nach St. Gallen [157], nach dem thurgauischen Sulgen [158], nach Winterthur [159], nach Allensbach [160], nach Kempten [161], nach Radolfzell [162], nach Ulm [163], kurzum nach Orten des näheren und weiteren Bodenseegebietes.

Was sie rechtlich zu Bürgern in der Stadt machte, haben wir aus dem Schiedsspruch des Jahres 1255 vernommen [164]. Spätestens seit der Wende vom 12. zum 13. Jahrhundert aber tragen Angehörige der führenden Gruppe des Bürgertums, tragen gerade Mitglieder jener Familien, die auch im Rat vertreten sind, häufig neben der und zusammen mit der Bezeichnung civis auch noch die Bezeichnung miles, die Bezeichnung Ritter also [165]; nennt sich etwa im Jahre 1210 Hugo in der Bünd, der an Kaiser Friedrich Barbarossas Kreuzzug teilgenommen hatte, miles civis, Ritter und Bürger zugleich, und bezeichnet er sich überdies als Ministeriale des Grafen von Toggenburg [166]. Wir sehen: Die Idee des Rittertums hat in staufischer Zeit in Konstanz – wie anderenorts im übrigen ebenso [167] – das Stadtbürgertum ergriffen. Fortan treffen wir immer wieder – vor allem den ratsfähigen Familien entstammende – Bürger an, die zugleich Ritter sind, unter ihnen nicht zuletzt auch den Ammann, den Schultheißen der Stadt [168].

156 1175 (TUB II, Nr. 51): *Hainricus de Turego;* 1192 XII 4 (Dümgé, Regesten Badensia, Nr. 106): *Hiltebaldus de Turego.*
157 1192 XII 4 (ebenda): *Waltherus de Sancto Gallo.*
158 1222 X 30: *Olricus filius Heinrici quondam de Sulgen* (TUB II, Nr. 112).
159 1220 X 27 (TUB II, Nr. 106): *Bertholdus de Winterthur.*
160 1252 VIV 2 (Beyerle, Grundeigentumsurkunden, Nr. 27): *H. de Alospaco.*
161 1254 XII 23 (Cod. Dipl. Salem. I, Nr. 305): *H. de Kempton.*
162 1261 X 11 (Beyerle, Grundeigentumsurkunden, Nr. 41): *Ulricus de Cella Ratolfi.*
163 Ebenda. *C. de Ulma.*
164 Vgl. oben S. 88.
165 Vgl. etwa die Urk. von 1220 VII 29 (Beyerle, Grundeigentumsurkunden, Nr. 8): *per manus quorundam civium Constantiensium scilicet Otenonis et Conradi de Matewiler et Uolrici de Sancto Gallo militum,* oder die Urk. von 1248 (Beyerle, Grundeigentumsurkunde Nr. 24): *H. minister Otheno miles, Otto Johelarius, C. sub Scopa cives Constantienses,* oder die Urk. von 1258 IV 1 (TUB III, Nr. 389): *presentibus U. milite de Sancto Gallo . . . civibus Constantiensibus.*
166 TUB II, Nr. 90 zu 1210 IV 8.
167 Vgl. etwa die Beobachtungen bei Josef Fleckenstein, Bürgertum und Rittertum in der Geschichte des mittelalterlichen Freiburg. In: Freiburg im Mittelalter. Hg. Wolfgang Müller, 1970, S. 77–95, und Ders., Zum Problem der Abschließung des Ritterstandes. In: Historische Forschungen für Walter Schlesinger. 1974, S. 252–271, insbes. S. 268 ff.
168 Vgl. die Urkunde von 1225 VIII 2 (REC I, Nr. 1372): *militibus . . . Marquardo ministro . . . .*

Und sie, die »Ritterbürger«, aber nicht nur sie, haben vielfach Eigengut draußen auf dem flachen Lande, vorab im Thurgau [169], inne; sie besitzen jedoch auch echte Ritter-Lehen, sei es vom Bischof [170] sei es vom Abt der Reichenau, wie etwa jener Heinrich Swigger, Bürger von Konstanz, der im Jahre 1261 *in feodatione homagiali* vom Abt mit einem Zinslehen auf der Insel Reichenau belehnt worden ist [171].

Aber wir hören auch schon von den verschiedensten Berufen, die in der Stadt vertreten sind, wir hören vom *carpentarius* (1243) [172], vom *institor* (1248) [173], vom *aurifex* (1261) [174], vom *pellifex* (1261) [175] und *clipeator* (1261) [176], von einem *medicus* (1261) [177] und vom *apothecarius* (1264) [178]. Andere Schichten, vor allem die unteren, kennenzulernen, erlauben uns die Quellen freilich nicht. Und nur summarisch werden in der Reichssteuerliste des Jahres 1241 [179] und im Schiedsspruch von 1255 [180] erstmals auch Juden im staufischen Konstanz genannt.

Wir wissen auch nicht die Namen derjenigen zu benennen, die an der im 12. und 13. Jahrhundert immer offensichtlicher werdenden wirtschaftlichen Blüte der Stadt aktiv beteiligt sind, die beteiligt sind am Aufstieg von Konstanz zum führenden Handelsplatz im Einzugsgebiet des Seeweines und im Gebiet der spätestens zu Anfang des 12. Jahrhunderts greifbar werdenden sogenannten Leinwandindustrie des Bodenseegebietes [181].

Aber das Konstanz der Stauferzeit ist nicht nur Mittelpunkt ländlicher Hausindustrie und – erstmals 1252 und 1257 belegt [182] – selbst Erzeugungsort von

169 Vgl. die Urk. von 1210 IV 8 (TUB II, Nr. 90) und von 1250 X 15 (TUB II, Nr. 246).
170 Vgl. die Urk. von 1236 IV 24 (TUB II Nr. 139) und von 1243 III 8 (TUB II, Nr. 160).
171 Vgl. die Urk. 1261 Oktober (7GO 27/1875, S. 461–464): *Hainrico Swiggero cive Constanciensi, qui a nostro monasterio infeodatus eadem curti infeodatione homagiali exstitit . . . .*
172 TUB II, Nr. 157 zu 1243 III 8.
173 TUB II, Nr. 226 zu 1248 nach Sept. 24.
174 Wie Anm. 171.
175 Beyerle, Grundeigentumsurkunden, Nr. 41 zu 1261 XI 11.
176 Ebd.
177 Beyerle, Grundeigentumsurkunden, Nr. 42 zu 1261 XII 15.
178 Ebd., Nr. 45 zu 1264 I 21.
179 Wie Anm. 112.
180 Wie Anm. 115.
181 Vgl. dazu noch immer Hektor Ammann, Die Anfänge der Leinwandindustrie des Bodenseegebietes. In: AlemannJb 1953, S. 251–313, insbes. S. 269 ff. u. S. 278 f., und Ders., Vom Lebensraum der mittelalterlichen Stadt. In: Studien zur Südwestdeutschen Landeskunde. Festschrift für Friedrich Huttenlocher, 1963, S. 284–316, hier S. 296 ff.
182 S. Friedrich Wielandt, Das Konstanzer Leinwandgewerbe. Tl. I. Konstanzer Stadtrechtsquellen II, 1950, und Hektor Ammann, Leinwandindustrie, wie Anm. 181, S. 269.

Leinwandprodukten. Konstanz ist – seit Beginn des 13. Jahrhunderts wird es besonders deutlich – immer noch zugleich auch Fernhandelsplatz [183]. Konstanzer Kaufleute treten im Jahre 1205 in Genua auf, ja die *tele de Costancia* wird im Jahre 1216 auf dem Weg über Genua gar nach Cëuta in Marocco gehandelt.

Wer aber die Träger dieses Handels, vor allem des Konstanzer Fernhandels im 12. und 13. Jahrhundert, waren, wissen wir nicht; die Quellen versagen uns – wie gesagt – weitgehend ihre Namen.

Aber die wenigen Nachrichten, die wir über das Konstanzer Wirtschaftsleben besitzen, fügen sich dennoch vortrefflich ein in das Bild, das uns schon der Blick auf die innere, auf die rechtliche Entwicklung der Bischofsstadt Konstanz während des 13. Jahrhunderts vermittelt hatte: Aus der Bischofsstadt war in staufischer Zeit – unter dem Schutz, unter der Vogtei des Reiches – zugleich eine Bürgerstadt, eine Stadt mit einer selbstbewußten, über die Stadt-Mauern weit hinausstrebenden Bürgerschaft geworden. Das Ende der staufischen Zeit – für Konstanz gekennzeichnet durch die letzten Aufenthalte Konradins und den Besuch des Pseudo-Konradin in der Stadt – korrespondiert zwar in etwa mit einem auf Jahrhunderte hinaus gültigen Abschluß der baulichen Entwicklung und korrespondiert in etwa auch mit der gleichfalls auf Jahrhunderte hinaus verbindlichen Abgrenzung der Rechte der Bürgerschaft gegenüber denjenigen ihres Stadtherrn, des Bischofs. Ansonsten aber stehen am Ende der staufischen Zeit für die Bürgerschaft, stehen für die Entwicklung von Verfassung, Wirtschaft und Kultur der Stadt noch alle Wege offen.

183 Hierzu und zum Folgenden zuletzt KIRCHGÄSSNER, Strukturfragen, wie Anm. 13, insbes. S. 47 ff.

Die Problematik von Begriffen wie Stauferstädte, Zähringerstädte und ähnlichen Bezeichnungen*

VON BERENT SCHWINEKÖPER

Hans Patze in freundschaftlicher Verbundenheit zum 60. Geburtstag

Seit der eindrucksvollen Ausstellung in Stuttgart beschäftigt sich die Mittelalterforschung in erhöhtem Maße mit den Staufern und ihrer Zeit. Dabei fließen nicht nur dem interessierten Laien, sondern auch dem Fachmann Begriffe wie »Stauferstadt«, »Zähringerstadt« oder ähnliche Bildungen leicht in die Feder, ohne daß erkennbar wird, was darunter eigentlich verstanden werden soll oder muß. Man legt sich kaum Rechnung darüber ab, ob und in welcher Weise solche schon vor mehr als 50 Jahren aufgekommenen Wortprägungen bei dem heutigen Stand der Forschung noch Berechtigung haben. Ein inzwischen sehr populär gewordener Begriffsapparat geht nämlich oft von der mit Hilfe der schriftlichen

* Der hier zum Abdruck gebrachte Vortrag wurde am 23. 4. 1977 aus Anlaß der Stauferausstellung in Stuttgart gehalten, um damit eine wissenschaftliche Diskussion über das angegebene Thema einzuleiten. Zu den Unsitten unserer Zeit gehört es, auch Vorträge von ganz begrenzter Zielsetzung abzudrucken. (Vgl. H. PATZE, Probleme der Landesgeschichte, Gegenwart und Zukunft in: VeröffSchwäbForschGemeinschaft Bd. 7, 1979, S. 23: »Kaum ist der letzte Satz dem Redner über die Lippen gegangen, so wird ihm vom Tagungsleiter das Manuskript für den Druck abverlangt«.) Wenn auch ich mich derartigem nicht habe entziehen können, so bin ich mir doch noch immer dessen bewußt, daß zu einer einigermaßen befriedigenden Behandlung eines solchen Themas eigentlich ein Buch von nicht geringem Umfange erforderlich wäre. Da ich mich aber wegen anderer Arbeiten zum Schreiben eines derartigen Werkes nicht in der Lage sehe, kann ich mich hier nur darauf beschränken, dem im übrigen erheblich umgearbeiteten Text ausführlichere Anmerkungen hinzuzufügen. Manches, was mir in Stuttgart zu breit geraten war, konnte ich weglassen, da die betreffenden Probleme inzwischen zu meiner Freude von anderer Seite eindeutig gelöst worden sind. Ich kann beispielsweise in diesem Zusammenhang auf das für Rottweil besonders wichtige Buch meines Freundes H. MAURER, Der Herzog von Schwaben, Grundlagen, Wirkungen und Wesen seiner Herrschaft, 1978, sowie auf eine Reihe weiterer zumeist in meinen Anmerkungen genannter Werke verweisen. Die mir in Stuttgart noch notwendig erscheinenden patroziniengeschichtlichen Erörterungen für die Städtegründungen der Staufer in Südwestdeutschland konnte ich ebenfalls eliminieren, da ich dieses Thema inzwischen in einem selbständigen Vortrag vor dem Konstanzer Arbeitskreis für mittelalterliche Geschichte behandelt habe. Dieser Vortrag liegt in einer ersten, stark gekürzten Fassung unter dem Titel »Zur religiösen Haltung der Staufer, Christusreliquienkult und Politik« als Protokoll des genannten Arbeiskreises Nr. 215 vom 27. 10. 1977, vor. Ich brauche daher nur noch auf dieses Protokoll zu verweisen, dem hoffentlich baldmöglichst eine ausgearbeitete Fassung mit allen dazugehörigen Belegen folgen kann.

Überlieferung nicht zu beweisenden Behauptung aus, daß die einzelnen Fürsten- und Herrenfamilien des 12. und 13. Jahrhunderts bei der Anlage von Städten ihre eigenen, allein für sie typischen technischen Methoden angewandt hätten. Infolgedessen könne man aus der im Stadtplan erkennbaren Art der Anlage einer Stadt auch dann auf deren Gründer zurückschließen, wenn darüber keinerlei schriftliche Nachrichten vorliegen und auch keine zwingenden indirekten Indizien für eine solche Annahme zu erbringen sind. Daß auf solche Weise Zirkelschlüße entstehen, wurde bisher nicht in Rechnung gestellt.

Die Gefahr von Fehldeutungen wird bei derartigem Vorgehen nämlich bereits dadurch hervorgerufen, daß einzelne, vermutlich zusammengehörige Städtegruppen isoliert und ohne Berücksichtigung des gesamten Städtewesens des Mittelalters betrachtet werden. Weiterer Anlaß zu Fehleinschätzungen ist dadurch gegeben, daß diese Betrachtungsweise, die von Architekten und Kunsthistorikern zuerst angewandt worden ist, sich zu ausschließlich auf die bauliche Gestaltung der Stadtpläne und vor allem die Art der Straßenführung beschränkt. Selbstverständlich kann in einem zeitlich begrenzten Vortrag nicht alles ausführlich behandelt werden, was bei der Neuerrichtung einer mittelalterlichen Stadt erforderlich wurde. Wir müssen uns daher auf einige wenige, aber – wie es uns scheint – entscheidende Probleme und Beispiele beschränken. Diese sollen in Erinnerung rufen, daß es sich bei der Neuerrichtung von Städten insgesamt um einen sehr vielschichtigen Vorgang handelte, bei dem die Festlegung des Stadtgrundrisses nur einen, häufig in einem längeren Zeitraum vor sich gehenden Akt darstellt. Daneben gab es, wie noch zu zeigen sein wird, weitere technische Erfordernisse, die für eine neu anzulegende Stadt unbedingt notwendig waren und die bisher in die wissenschaftlichen Überlegungen nicht intensiver einbezogen worden sind. Es seien in dieser Hinsicht zunächst nur die Einrichtung der Märkte und die Herstellung von Befestigungen als Punkte erwähnt, auf die später zurückzukommen sein wird. Auch die Schaffung der rechtlichen Voraussetzungen für die Gründung einer Stadt, die für die ältere, vorwiegend rechtshistorisch orientierte Stadtgeschichtsforschung bestimmend war, wird von der baugeschichtlichen Betrachtungsweise u. E. nicht in der Weise eingeschätzt, wie es ihr eigentlich zukäme. Und daß eine mittelalterliche Stadt in erster Linie wirtschaftliche und soziale Bedeutung hat, mithin nicht allein als »Kunstwerk« aufzufassen ist, wurde bisher von den Kunsthistorikern allzusehr aus den Augen verloren. Allerdings scheint sich in dieser Hinsicht ein Wandel anzubahnen. Erst nachdem ich mein Referat zu Papier gebracht hatte, wurde mir durch die Güte unseres Herrn Präsidenten die sonst schwer zu beschaffende, aus unverständlichen Gründen ungedruckt gebliebene Dissertation und Habilitationsschrift des Baugeschichtlers Cord Meckseper über Rottweil zugänglich, in der historische Forschungsmethoden erfreulich stark herangezogen werden [1]. Es zeigte sich, daß

1 C. Meckseper, Rottweil, Untersuchungen zur Stadtgeschichte im Hochmittelalter, Diss. u. Habilschr. Stuttgart 1970 (Masch.); Ders., Städtebau, in: Die Zeit der Staufer, Katalog der Ausstellung 1977, Bd. 3 S. 75–86. Herrn Prof. Dr. E. Maschke habe ich nicht nur für die liebenswürdige Zurverfügungstellung der zuerst genannten Arbeit, sondern auch dafür zu danken, daß er mir seinen Beitrag »Die deutschen Städte der Stauferzeit« zu

die Ergebnisse meiner bereits vor 15 Jahren begonnenen Überlegungen über den hier zu behandelnden Problemkreis sich in vieler Hinsicht mit dem von Meckseper Ausgeführten decken. Ob dies auch darauf zurückzuführen ist, daß dieser Autor – ohne es immer deutlich zu sagen – manche meiner schon vor langer Zeit dargelegten Ansichten übernimmt, lasse ich dahingestellt. – Im übrigen muß ich

dem genannten Katalog (Bd. 3, S. 59–73) bereits in den Druckfahnen zugänglich gemacht hat. – Erst nach Beendigung der Ausarbeitung des hier vorgelegten Vortrages wurde mir die in Deutschland bisher kaum beachtete Arbeit von H. Beresford, New towns of the Middle Ages, Town plantation in England, Wales and Gascony, 1967, bekannt, die von M. Biddle (wie unten, S. 99), einem hervorragenden Kenner der Materie, als »pioneering work« bezeichnet worden ist. Diesem Urteil kann ich mich nur anschließen, denn hier konnte aufgrund der in diesem Land einzigartigen Quellenlage für England, Wales und die damals zu England gehörige Gascogne ein großer Teil der uns hier beschäftigenden Probleme so gelöst werden, wie dies für Deutschland wegen des Versagens der Überlieferung und wegen des Fehlens weiträumiger archäologischer Untersuchungen bisher kaum möglich gewesen ist. Natürlich erklären sich aus den speziellen Verhältnissen der von Beresford untersuchten Gebiete manche Besonderheiten, die wegen der angedeuteten andersartigen Quellenlage und Voraussetzungen in Deutschland nicht angetroffen werden. Dennoch sollte es erlaubt sein, zwar nicht alle, aber doch viele der erzielten Forschungsergebnisse auf Deutschland zu übertragen. – Beresford läßt die Frühzeit des englischen Städtewesens vor der normannischen Eroberung nicht aus, er legt aber das Schwergewicht seiner Forschungen auf das 13. und 14. Jahrhundert. Daher empfiehlt es sich, auch den gleichfalls ausgezeichneten Beitrag von M. Biddle, The towns, zu dem von D. M. Wilson herausgegebenen Werk The archaeology of Anglo-Saxon England, 1976, S. 99–150, ebenfalls heranzuziehen. – Wegen des vielversprechenden Titels sei ferner auf den mir nicht zugänglichen Aufsatz von M. Biddle, Planned towns before 1066, in: The evolution of towns, hg. M. W. Barley, 1974, verwiesen. – Im Vergleich zu den zuletzt genannten, weitgehend mit historischen Methoden arbeitenden Forschern, vermögen die in Deutschland angebotenen Geschichten der »Stadtbaukunst« nur zu enttäuschen. Das doppelbändige Werk von E. Egli, Geschichte des Städtebaus, 1959, imponiert noch durch die Fülle des dargebotenen Stoffes. Trotz der den einzelnen Abschnitten vorangestellten, meist kaum im direkten Zusammenhang mit dem Stoff stehenden historischen Daten versagt es hinsichtlich der geschichtlichen Einordnung fast vollständig. Für verfehlt muß ferner das Werk des Kunsthistorikers W. Braunfels, Abendländische Stadtbaukunst, Herrschaftsform und Baugestalt, Du Mont Dokumente, 1976, gelten. Hier werden die Ergebnisse langjähriger historischer Forschungen nicht einmal einigermaßen vollständig erfaßt, so daß manchmal nicht nur schiefe sonder häufig sogar direkt falsche Urteile gefällt werden. Vgl. demnächst die Besprechung von J. Sydow, BllDtLdG. Nachträglich wurde mir auch die Arbeit von T. Hall, Mittelalterliche Stadtgrundrisse, Versuch einer Übersicht der Entwicklung in Deutschland und Frankreich, Kungl. Vitterhets Historie och Antikvitets Akademien, Antikvarisk arkiv 66, Stockholm 1978, bekannt. Es handelt sich um einen von Schweden aus unternommenen Versuch, Grundlinien der Stadtgrundrißbildung ohne vorhergehende Einzeluntersuchungen herauszuarbeiten. H. stützt sich also allein auf die keinesfalls vollständig erfaßte Literatur. Dadurch ist eine reine Kompilation entstanden, die vorwiegend nach kunsthistorischen Fragestellungen die Formen der Stadtgrundrisse zu ordnen versucht, ohne das Funktionale genügend herauszuarbeiten. Ich stelle dagegen nur das von K. Blaschke (Altstadt – Neustadt – Vorstadt, Zur Typologie genetischer und topographischer Stadtgeschichtsforschung, in: ZSWG 37, 1970, S. 354) Dargelegte: »die Städte [sind] bei nicht zu verkennender herrschaftlicher Einwirkung doch in der Hauptsache organisch gewachsene Gebilde ..., für deren Entstehen, Wachsen und Zusammenwachsen in erster Linie wirtschaftliche Notwendigkeiten maßgeblich gewesen sind«.

vielleicht den einen oder anderen meiner Leser enttäuschen. Ein umfassendes Bild vom gesamten Städtewesen der Staufer, Zähringer oder anderer Familien des Hochmittelalters zu geben, kann schon aus rein zeitlichen und räumlichen Gründen nicht meine Absicht sein. Wer darüber näheres zu erfahren wünscht, sei auf den schönen Überblick, den E. Maschke zu dem großen Katalogwerk der Stuttgarter Stauferausstellung beigesteuert hat, oder das von H. Schwarzmaier an anderer Stelle in sehr sachlicher Form zum Thema Ausgeführte bzw. auf die umfanreiche ältere Literatur verwiesen [2].

I.

Wenn in der heutigen Forschung von der Gründung einer Stadt gesprochen wird, bleibt es häufig offen, was damit eigentlich gemeint ist. Muß darunter etwa die rechtliche und wirtschaftliche Ingangsetzung des städtischen Marktes und die dazu erforderliche Förderung von Handel und Gewerbe an einem bereits seit längerem bestehenden älteren Ort verstanden werden? Oder soll die rechtliche Ausgliederung der betreffenden Ortschaft aus der bisherigen gräflichen Gerichtsbarkeit und die Einrichtung eines eigenen Friedens- und Gerichtsbezirkes für die kaufmännische und gewerbetreibende Bewohnerschaft sowie die dafür erforderliche räumliche Abgrenzung damit ausgedrückt werden? Muß vielleicht darunter die sogenannte Verleihung oft bereits an anderer Stelle fertig ausgebildeter Stadtrechte und Privilegien oder gar die ad hoc vorgenommene Festlegung ganz neu formulierter Rechtsbestimmungen verstanden werden? Oder hat man diese Formulierung auf die Beschaffung von Grund und Boden und die darauf erfolgende bauliche Ausgestaltung der neuen Stadt und ihrer Befestigungen zu beziehen? Wer sich etwas näher mit der gesamten Materie befaßt hat, wird sich sicher darüber im klaren sein, daß die hier nur sehr unsystematisch und unvollständig angedeuteten, für die Erbauung einer Stadt erforderlichen Maßnahmen durchaus nicht alle am Anfang und zur gleichen Zeit vorgenommen worden sein dürften, obwohl es ausnahmsweise auch derartige Fälle gegeben haben mag. Die von den Bauhistorikern und Kunstwissenschaftern häufig vertretene Ansicht, daß mindestens seit dem 12. Jahrhundert auch bei der Gründung einer Stadt alle erforderlichen Vorkehrungen auf einmal und endgültig getroffen worden seien, kann heute von historischer Seite kaum noch geteilt werden [2a]. Es mag – wie gesagt – Ausnahmefälle gegeben haben, in denen diese Ansicht als zutreffend erwiesen werden kann. In der weitaus größten Zahl aller Fälle dürfte es sich aber bei der Gründung von Städten sowohl in organisatorischer wie in technischer Hinsicht um einen langgestreckten, oft auf mehrere Jahrzehnte verteilten Vorgang gehandelt haben, was beispielsweise bei der Erbauung von Befestigungsanlagen deutlich gemacht werden

2 Maschke, wie Anm. 1; H. Schwarzmaier, Die Heimat der Staufer, 1978 [2]; Ders., Staufisches Land und staufische Welt im Übergang, 1978, Die ältere Literatur, soweit sie heute noch verwendbar ist, vgl. bei Maschke, wie Anm. 1, S. 70 ff.

2a Vgl. Anm. 144.

kann. Nach der zunächst vorgenommenen Erstellung von Zäunen und Palisaden folgte erst in zeitlichem Abstand die Errichtung von Wällen und Gräben. Die schwierige und kostspielige Erbauung einer Stadtmauer bildete häufig erst nach einem Jahrhundert den Abschluß der Stadtwerdung in dieser Beziehung. – Vollends unentschieden bleibt es, welche von den hier nur angedeuteten Maßnahmen bei der Stadterrichtung die entscheidende konstitutive Bedeutung besitzt, zumal wir heute wissen, daß der schriftlichen Erteilung von entsprechenden Privilegien und Rechten oft dabei nicht die bisher von der Forschung angenommene Rolle zukommt [3].

Doch sollen uns hier nicht die zuletzt genannten Probleme an erster Stelle beschäftigen. Wie bereits angedeutet, soll es vielmehr primär um die Frage gehen, ob es möglich ist, aus der Art der Gestaltung des Stadtplanes auch dann Rückschlüsse auf die Gründungszeit und vor allem auf den eventuellen Stadtgründer zu ziehen, wenn schriftliche Nachrichten nicht vorliegen. Als Voraussetzung dafür scheint es uns in erster Linie erforderlich, diejenigen für die Einrichtung von Märkten und aus diesen hervorgehenden Städten notwendigen Maßnahmen in der durch den Rahmen eines Vortrages bedingten Komprimierung an uns vorüberziehen zu lassen, die über die Festlegung von Fluchtlinien vorgesehener Straßen und die Austeilung von Hofstätten an Niederlassungswillige hinausgehen.

Im Mittelalter gab es wohl kaum einen Kaiser oder König, geistlichen oder weltlichen Fürsten und Herrn, der nicht – oft in scharfer Konkurrenz mit gleichartigen Rivalen – auf dem Wege der Errichtung von Städten sein Ansehen, seine Einnahmen und seine militärische Stärke zu erhöhen versucht hätte. Wenn die darüber vorliegenden Nachrichten eindeutige Aussagen ermöglichen, ist es daher in einem solchen Falle selbstverständlich erforderlich, von einer Staufergründung, Zähringergründung usw. zu sprechen. Offen bliebe lediglich die Frage, ob und auf welche Weise die verschiedenen Gründer von Städten sich zu diesem Zweck etwa unterschiedlicher Methoden bedient hätten. Die uns erhaltenen, sicher nur einen Teil der ehemals vorhandenen Privilegien darstellenden Stadtrechtsurkunden lassen zweifellos Unterschiede in Bezug auf die den Bewohnern solcher neu gegründeten Städte eingeräumten Rechte erkennen. So wurde bereits herausgestellt, daß offenbar die Staufer ihren neu angelegten Städten einen geringeren Grad von Autonomie eingeräumt hätten als die Zähringer. In diesem Zusammenhang wurde etwa auf die negativen Erfahrungen verwiesen, die Friedrich Barbarossa im Umgang mit den italienischen Städten habe sammeln können. Im Vergleich dazu muß angenommen werden, daß die zähringischen Rivalen der Staufer mehr daran interessiert gewesen sein dürften, Auswärtige durch günstigere Vorbedingungen für ihre städtischen Neugründungen anzuwerben. Denn die Staufer hätten sich mehr auf ältere Vorsiedlungen bei ihren Städten stützen können als die Zähringer, die ihre Neuanlagen mehr aus dem Nichts hätten schaffen müssen. Ferner ist wegen der familiären Bindungen der Zähringer zum niederländischen Raum zu vermuten,

3 H. Patze, Stadtgründung und Stadtrecht, in: Recht und Schrift im Mittelalter, hg. P. Classen, VortrrForsch 23, 1977, S. 311–318.

daß dortige Vorbilder stärker von ihnen beachtet worden sein könnten. Schließlich darf nicht übergangen werden, daß Neuankömmlinge in werdenden Städten ihre Niederlassung von der Erteilung bestimmter Rechte und Vorrechte abhängig gemacht haben könnten, die sie bereits an anderen Orten innegehabt oder wenigstens kennengelernt haben könnten. Anlaß zu solchen Vermutungen gibt die städtische und bäuerliche Siedlung östlich von Elbe und Saale, wohin das häufiger erwähnte, auch auf Städte angewandte *jus Flandrensium* doch sicherlich nicht ohne Rücksicht auf die vorwiegend aus niederländischen Gegenden kommenden Neusiedler übertragen worden sein dürfte. Es ist auch noch immer nicht hinreichend untersucht, ob und in welcher Weise die Verhältnisse in anderen Ländern – wir denken hier vorzugsweise an Italien, aber auch westliche Länder, wie Frankreich und England, wären ins Auge zu fassen – Vorbilder für die deutsche Entwicklung haben abgeben können. Beispielsweise gibt das Erscheinen der Bezeichnung *Potestas* (= podestà) für den städtischen Richter im Reutlinger Stadtsiegel aus der ersten Hälfte des 13. Jahrhunderts ebenso zu denken, wie die schnelle Ausbreitung des Wortes *consules* diesseits der Alpen [4]. Es ist überhaupt mehr damit zu rechnen, daß rein aus praktischen Gründen fertig ausgebildete und bewährte Stadtrechte selbst dann über weitere Entfernungen übertragen worden sind, wenn keine direkten Beziehungen zwischen den Gründern der verschiedenen Städte erkennbar werden. Es zeigt sich also, daß trotz der weiträumigen und schon seit langem betriebenen Stadtrechtsforschung noch manches zu klären bleibt. Die daraus an dieser Stelle zunächst allein zu ziehende Konsequenz besteht m. E. darin, daß aus Gleichheit oder Verwandtschaft bestimmter Stadtrechte noch längst kein Rückschluß bezüglich eines gemeinsamen Stadtgründers gezogen werden darf.

Da von der Stadtgeschichtsforschung der letzten 50 Jahre vorab die technisch-baulichen Ausgestaltungen von neuen Städten in den Vordergrund gestellt worden sind, um auf diese Weise beim Versagen der schriftlichen Überlieferung den Stadtgründer ermitteln zu können, muß unser Hauptinteresse wieder auf dieses Problem zurückgelenkt werden. Zu diesem Zweck tun wir gut, uns daran zu erinnern, daß man aus der wirklichen oder scheinbaren Regellosigkeit oder Regelmäßigkeit von Stadtplänen ganz allgemein zwei zeitlich aufeinander folgende Phasen der Stadtentstehung glaubte folgern zu können, nämlich die der sogenannten »gewachsenen« Städte, auf die später eine weitere Phase der sogenannten »gegründeten«, nach einem mehr oder weniger einheitlichen Plan angelegten Städte gefolgt sein soll. Auf dieser Unterscheidung hat beispielsweise Hans Planitz seine große Monographie über »Die deutsche Stadt im Mittelalter« weitgehend aufgebaut. Besonders pointiert glaubte noch 1960 Otto Feger, Mitbegründer dieses Arbeitskreises, feststellen zu können: »Mit dem Beginn des 12. Jahrhunderts setzt nun die gegründete Stadt ein. Und der Paukenschlag, mit dem dieser neue Abschnitt im

4 WirtembUB 4, S. 45 Nr. 994: 1243; vgl. K. Pfaff, Die Siegel und Wappen der württembergischen Städte, in: WürttJb, 1854, 2, S. 109–111. Zum Aufkommen des Begriffs *consules* vgl H. Stoob, in: WestfForsch 17, 1964, S. 220; Ders., Formen und Wandel staufischen Verhaltens zum Städtewesen, in: wie Anm. 59, S. 60 f.

Städtewesen Südwestdeutschlands beginnt, ist die berühmte Freiburger Stadtgründungsurkunde angeblich vom Jahre 1120« [5]. Ganz abgesehen davon, daß man aus hier nicht näher zu erörternden Gründen diese oder ähnliche Formulierungen anderer Autoren sowieso nicht mehr verwenden würde, hatte die grundsätzliche Kritik an dieser Art von Betrachtung schon früher eingesetzt. Am trefflichsten wurde sie von dem Kunsthistoriker Erich Herzog im Jahre 1964 ausgesprochen: »Immer deutlicher stellte sich heraus, wie wenig etwa die Unterscheidung von gegründeter und gewachsener Stadt den geschichtlichen Verhältnissen gerecht wird. Gründung und Wachsen reichen sich in ein und derselben Stadtbaugeschichte fortwährend die Hand. Die Anlage einer Burg, einer Kaufmannssiedlung war bei den gebundenen mittelalterlichen Grundbesitzverhältnissen stets architektonische Planung, ihr konnte eine Zeit freieren und planloseren Wachsens folgen, bis wiederum geplante Teilanlagen dem allmählichen Werden Einhalt geboten, oder es in vorbestimmte Form lenkten« [6].

II.

Um die Richtigkeit solcher Feststellungen zu erhärten, braucht man nur darauf zu verweisen, daß dem früheren Mittelalter ganz allgemein genaue architektonische Planungen keinesfalls fremd waren. Dies wird nicht nur durch die auf uns gekommenen Kirchenbauten, sondern vor allem durch wohldurchdachte Plananlagen von Pfalzen, wie Aachen, Ingelheim oder Frankfurt in der Zeit der Karolinger und durch den häufig abgebildeten sogenannten St. Galler Klosterplan – um bei diesen wenigen Beispielen zu bleiben – erwiesen [7]. Auch außerhalb des ehemaligen römischen Kulturkreises, dessen Nachwirkungen man für derartige Erscheinungen noch als Begründung anführen könnte, haben die Vorgeschichtler längst ganz planmäßig ausgestaltete Anlagen nachgewiesen. Als besonders eindrucksvolles und überzeugendes Beispiel aus der Zeit der Lausitzer Kultur sei die von polnischen Archäologen in letzten Jahrzehnten ausgegrabene Burgstadt Biskupin ge-

5 H. Planitz, Die deutsche Stadt im Mittelalter, 1954, S. 130 f. – O. Feger, Das älteste Freiburger Stadtrecht im Rahmen der südwestdeutschen Stadtentwicklung, in: Schau-ins-Land 81, 1963, S. 21.

6 E. Herzog, Die ottonische Stadt, FrankfForschAchitekturG 2, 1964, S. 9. – Dazu vgl auch P. Hofer, in: H. Boesch, P. Hofer, Flugbild der Schweizer Stadt, 1963, S. 92: »In der deutschen Literatur über historischen Städtebau hatte das Begriffspaar der »gegründeten« und der »gewachsenen« Stadt jahrzehntelang kanonische Gültigkeit. Heute ist es im Begriff, endgültig in den Schrank der als zu eng erkannten Bekleidungsstücke der Geschichte zu verschwinden«.

7 E. Hugot, Die Pfalz Karls des Großen in Aachen, in: Karl der Große, Lebenswerk und Nachwirken, hg. W. Braunfels u. a., 1963, Bd. 3, S. 534–592; J. Autenrieth (Hrsg.), Ingelheim am Rhein, 1964; W. Sage, Die Ausgrabugnen in der Pfalz Ingelheim, 1960–70, in: Francia 4, 1977, S. 141–160; M. Schalles-Fischer, Pfalz und Fiskus Frankfurt, Eine Untersuchung zur Verfassungsgeschichte des fränkisch-deutschen Königtums, VeröffMPlanck-InstG 20, 1969; H. Reinhardt, Der St. Galler Klosterplan, Faksimileausgabe, 1952.

nannt [8]. Näher an das eigentliche Mittelalter führen die nach mathematisch genauem Plan angelegten sogenannten Wikingerburgen heran, die bereits in den letzten Jahrzehnten von dänischen Forschern freigelegt worden sind [9]. Gleich vier solcher Anlagen, nämlich Fyrkat, Nonnebakken, Trelleborg und Aggersborg konnten in Seeland, Fünen und Jütland nachgewiesen werden. Neuerdings sind ähnliche Befestigungen auch im südholländischen Gebiet und im nordfranzösischen Raum freigelegt bzw. wahrscheinlich gemacht worden, wo sie Spuren einer vorübergehenden, aufgrund der schriftlichen Überlieferung kaum erkennbar werdenden Wikingerherrschaft bilden. Es handelt sich bei diesen zwar nicht eigentlich um Herrenburgen und schon gar nicht um Handelsniederlassungen oder frühe Städte. Vielmehr sind sie – modern ausgedrückt – eher als Marinestützpunkte mit Kasernen anzusehen, die an strategisch günstig gelegenen Plätzen vermutlich der Landesverteidigung oder der Vorbereitung zur Eroberung Englands

8 P. GRENZ, Z. RAJEWSKI, Biscupin, in: Hoops Reallexikon, Bd. 3, 1978², S. 46–50.

9 P. NØRLUND, Trelleborg, Nationalmuseet (Kopenhagen) Blå Bøger, 1966; O. OLSEN, Fyrkat, Ein Wikingerlager in Jütland, Nationalmuseet (Kopenhagen) 1970; hinzu kommen Nonnenbakken bei Odense auf Fünen und Aggersborg in Jütland, vgl. OLSEN, wie vorstehend, S. 19. Nachträglich bin ich darauf gestoßen, daß die Wikinger offenbar auch an der niederländischen Küste derartige »Burgen« zur Stützung ihrer dort nur undeutlich erkennbar werdenden mehr oder weniger lange dauernden Herrschaft angelegt zu haben scheinen. Eine derartige Anlage wurde in jüngster Zeit in Oost-Souburg südlich von Middelburg auf Walcheren (Prov. Zeeland) zu Tage gefördert. Vgl. Atlas van Nederland, 1963–67, Taf. VIII: Prehistorie II, Nr. 2 m. Plan. Deshalb dürfte es so gut wie sicher sein, daß die kreisrund angelegten Zentren der Städte Middelburg auf Walcheren (Prov. Zeeland) und Bergues bei Dünkirchen (Dép. Nord) nicht, wie man früher immer annahm, auf die dort ursprünglich liegenden großen Abteien, sondern auf ähnliche burgartige Vorgänger zurückgehen, in die erst später die bedeutenden Klöster hineinverlegt worden sind. Vgl. Atlas, wie oben, Karte IX: Stedelyke Nederzettingen Nr. 3 m. Plan: »Middelburg ... grew up around a Carolingian circular stronghold the extent of which can be traced in some of the streets in the centre of the town. The stronghold, occupied twelth century by a powerful abbey ...« – Bergues: Histoire des Pays Bas Français, Univers de la Françe, Histoire des provinces, Bd. 2: Documents, 1974, vor S. 49 m. Plan. Im Norden könnte bereits eine ältere Tradition für derartige kreisförmige Anlagen vorhanden gewesen sein, wie die kreisrunden Befestigungen von Eketorp belegen. Vgl. M. STENBERGER, Eketorp, Entwicklung und wirtschaftliche Bedeutung, in: Vor- und Frühformen, wie Anm. 10, Bd. 2, 1975, S. 7–18 mit Abb. S. 97. Ein völlig regelmäßig angelegtes Dorf mit rechteckiger Befestigung, das der römischen Eisenzeit angehört, hat van Giffen bei Zeijen in Drente (Niederlande) ausgegraben. Vgl. H. JANKUHN, Einführung in die Siedlungsarchäologie, 1977, S. 132 mit Abb. 49. Über regelmäßig angelegte dörfliche »sauvetés« [»salvitates«] im südwestlichen Frankreich vgl. HIGOUNET, wie Anm. 73c, S. 675: »Während in zahlreichen Fällen die Gründer die Dörfer nach Gutdünken der Siedler sich haben entwickeln lassen, bemerkt man anderswo das Auftreten einer gewissen Sorgfalt in Organisation und Planung: die casales [= areae] sind in kleinen rechteckigen oder quadratischen Häuserblöcken angelegt, die ein System geometrischer Straßen zur Folge haben. Wir führen drei gute Beispiele für diese Entwicklung in Richtung auf regelmäßige Grundrisse an: Sainte Foi de Peyrolières (vor 1087) ist in ein Quadrat einbeschrieben und besitzt zwei Parallelstraßen. Fronton (1122) war ursprünglich ebenfalls ein Quadrat mit Häuserblocks und bildete einen umfassenden Grundriß; Saint Nicolas-de-la-Grave (um 1135) kündigt dagegen in seinem großen Rechteck die schachbrettartigen Grundrisse an.«

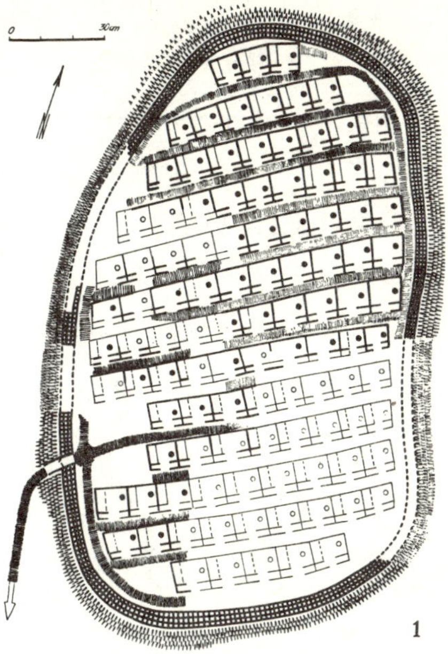

1

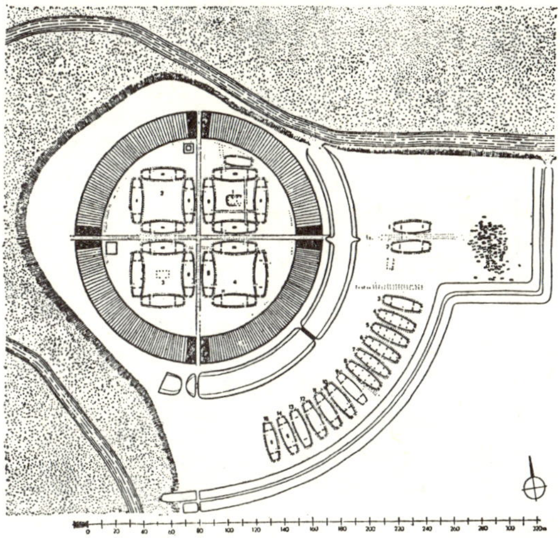

2

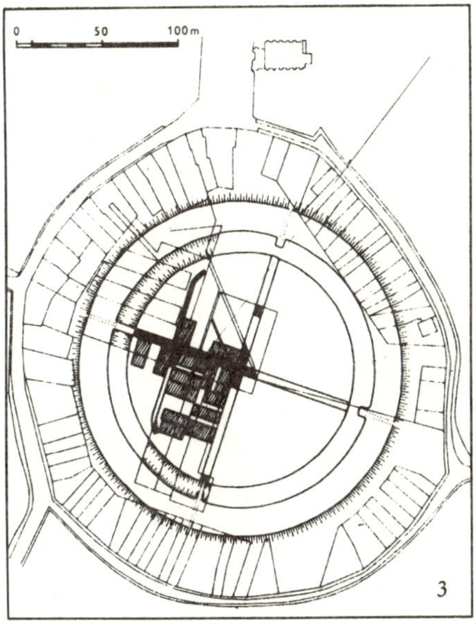

3

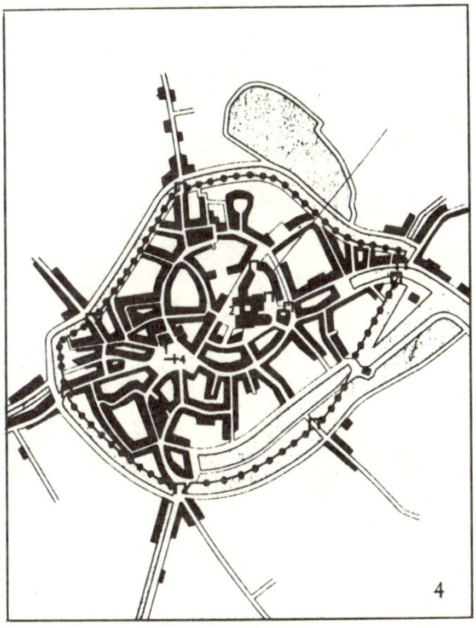

4

Abb. 1 Biskupin. Planmäßig angelegte befestigte Siedlung, wohl landwirtschaftlichen Charakters, aus der Zeit der Lausitzer Kultur (nach Z. Rajewski). Zu S. 101

Abb. 2 Trelleborg (Insel Seeland, Dänemark). Wikingerzeitliche Befestigung (ca. 980), wohl militärisches Lager (aus: Paul Nørlund, Trelleborg, 1966). Zu S. 102

Abb. 3 Oost Souburg (Walcheren, Prov. Zeeland, Niederlande). Planmäßige Befestigung der Wikinger (?) aus der Karolingerzeit (?) in der gleichen Art wie Abb. 2 (aus: Atlas van Nederland). Zu S. 102

Abb. 4 Middelburg (Walcheren, Prov. Zeeland, Niederlande). Die Stadt ist offensichtlich aus einer Anlage ähnlich der von Abb. 3 dadurch erwachsen, daß zunächst eine Abtei hineinverlegt wurde, aus der die Stadt hervorging (aus: Atlas van Nederland). Zu S. 102

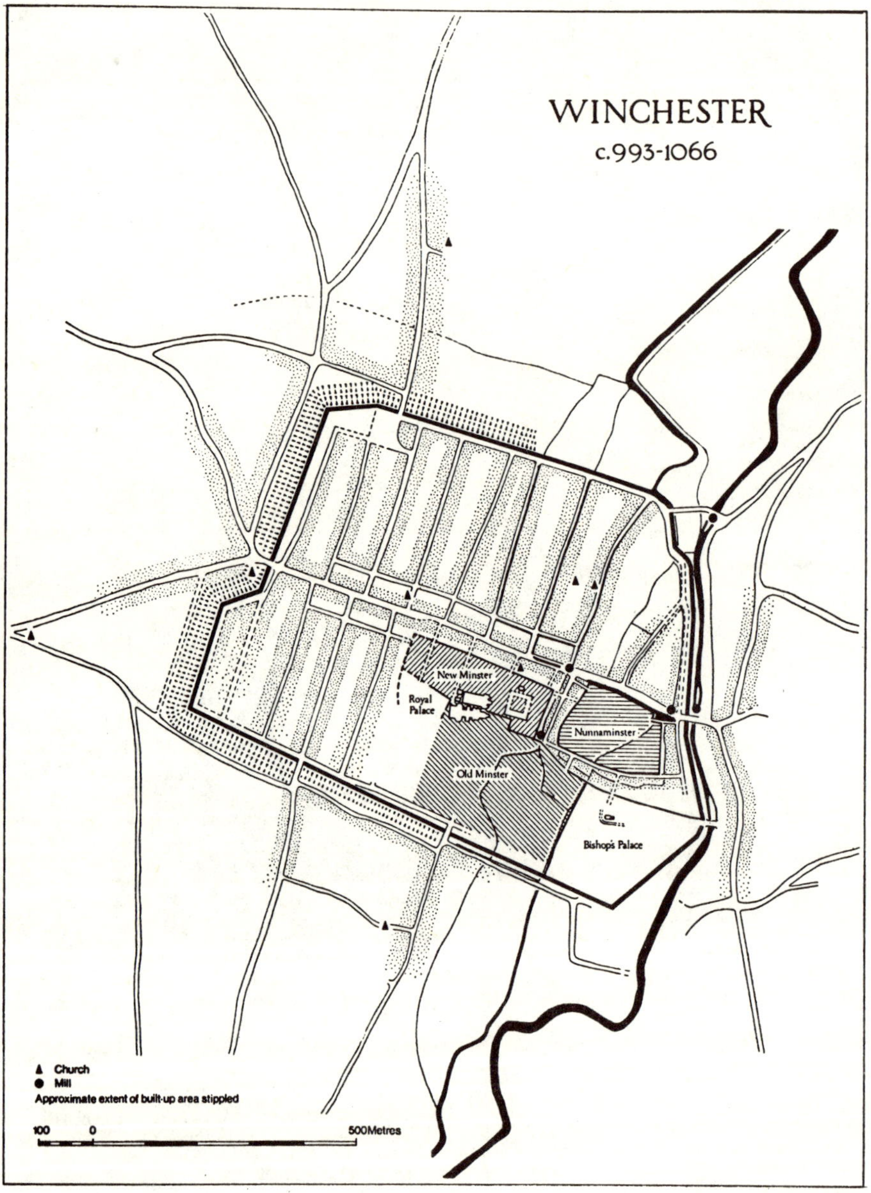

Abb. 5 Winchester (Grafschaft Hampshire, England). Römische städtische Siedlung, die im 10/11. Jh. nach abweichendem Plan (mit Straßenmarkt und nach neuen Grundsätzen angelegten Nebenstraßen sowie Wassergräben zur Be- oder Entwässerung) umgestaltet wurde (aus: Vor- und Frühformen der europäischen Stadt im Mittelalter I, hg. H. Jankuhn, W. Schlesinger, H. Steuer, 1975). Zu S. 105 f.

dienen sollten. Sie hinterlassen einen besonderen Eindruck durch die große Genauigkeit ihrer exakt vermessenen Kreisgräben und Wälle, durch die ebenso genau errichteten, je zu vier um einen Innenhof stehenden kasernenartigen Hallen und vor allem – was hier doch besonders bemerkt werden muß – durch ihre sich genau im rechten Winkel kreuzenden, auf die vier Tore zuführenden Straßenachsen. Hier war also das in den wirklichen oder vermeintlichen Städtegründungen der Zähringer erkannte oder häufig erst später hineininterpretierte Straßenkreuz schon 150 bis 200 Jahre früher vorweggenommen.

Aber nicht nur militärische Anlagen wurden bereits um das Jahr 1000 ganz systematisch ausgestaltet, sondern auch Stadtanlagen. Dem englischen Archäologen M. Biddle gelang es nämlich, ein bedeutendes angelsächsisches Zentrum der Zeit zwischen 1000 und 1100 unter dem nördlich von Portsmouth gelegenen Königs- und Bischofssitz Winchester wieder zu Tage zu fördern [10]. Diese angelsächsische Residenz deckte sich zwar in mancher Hinsicht mit der an der gleichen Stelle ge-

10 M. Biddle, Winchester in the early Middle Ages, Winchester Studies, 1976; Ders., Winchester, The develoment of an early capital, in: Vor- und Frühformen der europäischen Stadt im Mittelalter, hg. H. Jankuhn, W. Schlesinger, H. Steuer, Abhh. Göttingen 3. Folge, Nr. 83, Bd. 1, 1975, S. 229 ff.; z. flgd. vgl. ferner die in Anm. 1 genannte englische Literatur. Nach Wilson (wie Anm. 1, S. 107) wurde das römische Straßennetz in einer Reihe von englischen Städten im Mittelalter weiterverwendet. – Eine Zusammenstellung von im Mittelalter in England gegründeten Städten vom Jahre 950 an bei Beresford (wie Anm. 1, S. 637 f.). – In diesem Zusammenhang wäre auf die vor allem von W. Schlesinger vertretene Ansicht zu verweisen, nach der Naumburg an der Saale die älteste in Deutschland »gegründete« Stadt gewesen sei. 1033 siedelte der dortige Bischof Kadeloh die bisher in dem an der Einmündung der Unstrut in die Saale gelegenen Kleinjena ansässigen Kaufleute nach dem neu errichteten Bischofssitz um und übergab ihnen durch Zäune abgegrenzte Hofstellen zu erblichem, zinsfreien Besitz (MGH D K II 194). Vgl. W. Schlesinger, Kirchengeschichte Sachsens im Mittelalter, MitteldtForsch 27, 1962, Bd. 1, S. 96: »So trat der Ort Naumburg durchaus als geplante Neugründung ins Leben, der erste derartige Vorgang, den wir in der Geschichte des deutschen Städtewesens nachweisen können.« Ähnlich äußert sich Schlesinger in dem von ihm beigesteuerten Artikel Naumburg in: HdbHistStätt, Bd. XI (Prov. Sachsen/Anhalt), S. 341, vgl. ferner Ders., Vorstufen des Städtewesens im ottonischen Sachsen, FS E. Ennen, 1972, S. 252 f.; danach H. Stoob, Die hochmittelalterliche Städtebildung im Okzident, in: Ders., Die Stadt, Gestalt und Wandel bis zum industriellen Zeitalter, Städtewesen 1, 1979, S. 136 f. Nicht nur aufgrund des von uns oben Dargelegten, sondern auch aus sachlichen Gründen anderer Art kann man geteilter Meinung sein, ob man gerade dieses »Privileg als älteste deutsche Stadtgründungsurkunde« bezeichnen kann (Schlesinger, HdbHistStätt, wie oben, S. 341). Einmal handelte es sich um eine klar erkennbare Siedlungs- bzw. Marktverlegung. Die darüber ausgestellte Urkunde unterscheidet sich von anderen allerdings vor allem dadurch, daß sie erstmals eingehendere Angaben über die Form der Ansiedlung am neuen Platz bietet. Doch liegt das Hauptproblem darin, daß es leider bis heute nicht möglich war, die neue Stelle der Kaufmannsniederlassung eindeutig zu lokalisieren. Sie dürfte u. E. kaum mit der späteren Bürgerstadt um St. Wenzel identisch sein, welche einen relativ rechteckigen Marktplatz und vor allem im Süden und Osten verhältnismäßig regelmäßige Straßenzüge aufweist. Vielmehr hat man sie entweder in der Domburg selbst oder in deren unmittelbarer Umgebung zu suchen, beispielsweise bei dem verschwundenen St. Georgskloster oder bei dem auf Magdeburg verweisenden St. Moritzstift.

legenen römischen Vorgängerin. So blieben die Befestigungen und die Hauptachse der römischen Stadt im Prinzip gleich. Doch folgte die angelsächsische Straßenführung nicht genau dem römischen *insulae*-System, sondern einem zwar ähnlichen, aber ebenfalls durch große Regelmäßigkeit ausgezeichneten Schema. Jetzt bildeten nämlich an Stelle der römischen Hauptstraße zwei parallele Straßen die Achse der jüngeren Siedlung, zwischen denen wahrscheinlich Platz für den Markt freigelassen war. Von den beiden Hauptstraßen zweigen die Nebenstraßen in regelmäßigen Abständen im rechten Winkel ab. Eine wirkliche Überraschung für den Kenner der deutschen Verhältnisse bilden bei dieser Anlage die auf einer Reihe von Straßen bereits vorhandenen Be- oder Entwässerungsgräben, die den früher besonders für Freiburg als charakteristisch angesehenen Bächle weitgehend entsprochen haben dürften. Wir werden darauf noch einmal in Kürze zurückkommen müssen. In England gab es in der Zeit zwischen 900 und 1100 außer Winchester noch mehrere nach völlig regelmäßigem Plan angelegte städtische Neuanlagen. Über diese hat die dortige Forschung ausführlich berichtet, so daß es sich schon aus diesem Grunde hier erübrigt, sie noch einmal aufzuführen. Erwähnt sei nur noch, daß sich unter diesen neu errichteten Planstädten ferner solche befinden sollen, welche bereits ein Gittersystem aufweisen, das dem der späteren ostdeutschen Städte etwa entsprochen haben soll. Da sich in England neben den selbstverständlich ebenfalls vorhandenen weitgehend regellosen älteren Anlagen auch solche befinden sollen, welche das römische *insulae*-Prinzip aus der spätrömischen Zeit noch recht gut bewahrt haben, ist die dortige Forschung geneigt, in dieser Hinsicht direkte Zusammenhänge zwischen der spätrömischen Tradition und dem späteren Städtewesen herzustellen. Regelmäßig angelegte Wohnviertel sind ferner in den letzten Jahrzehnten in Haithabu und Emden freigelegt worden [11].

Aber nicht nur das westliche Europa konnte zu Beginn des Mittelalters bereits in gewissen Einzelfällen so etwas wie planmäßigen »Städtebau« aufweisen, son-

11 H. Jankuhn, Haithabu, Ein Handelsplatz der Wikingerzeit, 1963⁴; K. Schietzel, Zur Frage einer wirtschaftlichen und sozialen Gliederung Haithabus, in: Studien zur europäischen Vor- und Frühgeschichte, hg. M. Claus, W. Haarnagel, K. Raddatz, 1968; Ders., Bemerkungen zur Erforschung der Topographie von Haithabu, in Vor- und Frühformen, wie Anm. 10, Bd. 2, 1975, S. 30–39; Biddle bei Wilson, wie Anm. 1, S. 123. W. Haarnagel, Die frühgeschichtliche Handelsniederlassung Emden und ihre Entwicklung bis ins Mittelalter, in: FriesJb 1955, S. 9–79; Jankuhn, in: Vor- und Frühformen, wie Anm. 10, ebd. Vgl. ferner V. Vogel, Archäologische Untersuchungen in der Altstadt von Schleswig, in: Vor- und Frühformen, wie Anm. 1, Bd. 2, 1975, S. 111 f.: »Die durch Zäune markierten Grundstücksgrenzen waren ohne Unterbrechung vom 20. Jahrhundert bis in die Schichten des 12./13. Jahrhunderts zurückzuverfolgen. ... Ganz anders stellte sich die unterste Bebauung dar. Sie war nicht, wie die der jüngeren Phasen, auf die noch heute bestehenden beiden Straßen bezogen, wich vielmehr um 15° von dieser Orientierung ab.« Die genannte früheste Bebauung wird mindestens in das 12. Jahrhundert gesetzt.

dern auch der Orient, der früher häufig als ein Gebiet völlig unregelmäßig angelegter Siedlungen angesehen wurde. Eine kreisrunde, von Mauern, Wällen und Gräben umgebene Großsiedlung ließ nämlich im Jahre 763 der abbassidische Kalif al Mansur in Bagdad errichten. In ihr vereinigten sich religiöses Zentrum, Residenz, militärisches Lager und wahrscheinlich Handelsniederlassung mit einer Großsiedlung [12]. Im Mittelpunkt hatte der Herrscherpalast seinen Platz. Von hier nahmen die sich wieder im rechten Winkel kreuzenden beiden Hauptachsen ihren Ausgang und führten auf die vier Stadttore zu. Es sollen und können hier keine Überlegungen darüber angestellt werden, ob und auf welchen Wegen etwa solche

12 The Encyclopedia of Islam, Bd. 1, 1960², S. 895 ff., Plan ebd. S. 909; G. Barraclough, The Times Atlas of World History, 1977, S. 102. Anscheinend können die Verhältnisse in Bagdad nur aus den vorhandenen Beschreibungen rekonstruiert werden. Erhalten ist dagegen – wie Luftaufnahmen erkennen lassen – ein in seinen Grundzügen vorhandenes ganz ähnliches Beispiel aus sassanidischer Zeit: die Reste der ebenfalls in vollständiger Kreisform angelegten Stadt Gur. Vgl. Egli, wie Anm. 1, Bd. 1, S. 264 Abb. 205. – Es ist natürlich sehr schwer zu beweisen, daß solche Vorbilder im Westen nachgeahmt wurden. Doch ist dies nicht vollständig auszuschließen. Durch eigene oder fremde Kaufleute, deren Handel sich manchmal auf sehr weite Entfernungen erstreckt zu haben scheint, kann man im Westen davon ebenso erfahren haben, wie etwa durch Berichte von Pilgern und Kreuzfahrern. Nachdenklich stimmt jedenfalls, daß nach Ansicht der englischen Forschung der 1185 neu gegründete Marktort Baldock in Hertfordshire seinen ursprünglichen Namen Baudoc von dem französischen Namen Bagdads, nämlich Baldac, italienisch Baldacco, erhalten haben soll. Vgl. Beresford, wie Anm. 1, S. 384, 452 f. Danach entstand dieser bereits vor 1148 im Besitz des Templerordens befindliche Markt an einer Straßenkreuzung, deren Lage Beresford (wie oben, S. 452 f.) folgendermaßen beschreibt: »The Templars providet a church for the new town ... The alinement of roads shows, that the London–road has been diverted from its original course to bring it into the market place and past the church. The Icknield way may also have been diverted, for it also leads straight to the church. There was thus a broad market on both the east and south of the church which formed the focal point of the towns streets.« Daß Bagdad im Westen während des hohen Mittelalters nicht unbekannt war, beweist die Beschreibung des Benjamin Tudelensis. Vgl. The itinerary of R. Benjamin of Tudela, hg. u. übers. A. Asher, London, Berlin 1840, Bd. 2. Vgl. ferner William fitz Stephen, Description of the city of London (1170–1183) bei: D. C. Douglas, G. W. Greenaway (Hrsgg.), English Historical Documents, Bd. 2, 1953, S. 959 Nr. 281: »To this city from every nation under heaven merchants delight to bring their trade by sea. The Arabian sends gold, the Sabaean spice and incense. The Scythian brings arms and from the rich, fat lands of Babylon [damit war in dieser Zeit meist Bagdad gemeint] comes oil of palms. The Nile sends precious stones, the men of Norway and Russia, furs and sables, nor is China absent with purple silk. The Gauls come with their wines« (Übersetzung). – F. J. Himly, Y a-t-il Emprise Muselmane sur L'Économie des États Européens du VIIIe aus Xe siècle, zuerst SchweizZG 5, 1953, S. 31–81, auch: Wege der Forschung Bd. 202, 1968, S. 314 f.: »Au premier rang naturellement brille le fameux mancus d'or du roi de Mercie Offa (757–769). Cette pièce présente a l'avers le nom du calife abasside El Mançour, au revers la légende »Offa rex«. – S. Runciman, Byzanz von der Gründung bis zum Fall Konstantinopels, Kindlers Kulturgeschichte des Abendlandes, Bd. 8, 1976, S. 355, nimmt an, daß Bagdad noch zum Teil von griechischen Architekten und Maurern erbaut worden ist.

orientalischen Vorbilder auf das westliche Europa hätten einwirken können. Völlig ausgeschlossen erscheint dies jedoch nicht. Wurden doch auf dem Wege über Sizilien, Venedig oder andere italienische Handelsplätze viele arabische Kenntnisse und Fertigkeiten nach dem Westen vermittelt. Westliche Kaufleute, welche weite Handelsreisen unternahmen, und vor allem Pilger und Kreuzfahrer berichteten sicher in ihrer Heimat über diese ferne Welt [12a].

III.

Lassen sich also nach dem hier nur Angedeuteten schon lange vor dem 12. Jahrhundert, in dem nach der bisherigen, weit verbreiteten Ansicht in Deutschland erstmalig planmäßig gegründete Städte vorkommen, im westlichen Europa und sogar noch weit darüber hinaus derartige Anlagen nachweisen, so fragt es sich doch, ob diese nach relativ kurzer Zeit bereits der von vornherein abgeschlossenen Planung entsprechend mit Menschen und Häusern gefüllt werden konnten. Schon aus dem von Herzog Ausgeführten ergab sich, daß nach seiner Ansicht die Erbauung einer Stadt einen sehr langfristigen, oft über Jahrzehnte, ja über Jahrhunderte sich erstreckenden Vorgang darstellte [13]. Andere Forscher haben ähnliche Ansichten vertreten. Genannt sei etwa H. Stoob, der dies in einer Untersuchung der Goslarer Stadttopographie unterstrichen hat [14]. Es wäre auch für jeden, der sich in der Demographie des hohen Mittelalters einigermaßen aus-

12a Beresford, wie Anm. 1, S. 384, Anm. 9: »A Lord of Puisaye between Yonne and Loire was in the same spirit in naming his colonist' villages Jerusalem, Jericho, Nazareth and Bethphage.« Vgl. M. Bloch, Les caractères originaux de l'Histoire Rurale Française, 1955, S. 11. Vielleicht gehört in Deutschland das 1144 erstmalig genannte Prämonstratenserstift Jerichow östlich der Elbe in ähnliche Zusammenhänge hinein. Vgl. HdbHistStätt, Bd. 11: Prov. Sachsen/Anhalt, 1975, S. 228 (C. Römer). Bisher war man z. T. der Meinung, daß es sich in diesem Falle auch um einen Ortsnamen slawischer Herkunft handeln könne. – Erwähnt sei noch, daß auch in Ostflandern im 13. Jahrhundert ein Ort namens Nazareth vorkommt, der noch jetzt besteht. Vgl. E. de Seyn, Dictionnaire historique et géographique des communes Belges, Bd. 1, 1950, S. 956 f. Nach dem im Kreuzzug von 1217 hart umkämpften Berg Tabor, der als Ort der Verklärung Christi galt, benannte Erzbischof Dietrich von Trier seine Burg Humbach, das heutige Montabaur. Vgl. HdbHistStätt, Bd. 5: Rheinland-Pfalz und Saarland, S. 239 (H. Gensicke).

13 Herzog, wie Anm. 6. Urkundlich sind solche Ausbauphasen in einer älteren Stadt nur sehr ausnahmsweise zu fassen. Die Parzellierung bisheriger Obstgärten und die hier erfolgende Bebauung der Neugasse in Konstanz im Jahre 1270 behandelt H. Maurer, Stadterweiterung und Vorstadtbildung im mittelalterlichen Konstanz, in: Stadterweiterung und Vorstadt, hg. E. Maschke u. J. Sydow, VeröffKomGLdKde Bad-Württ Reihe B, 51, 1969, S. 26.

14 H. Stoob, Wachstumsphasen der Stadt Goslar bis zur Mitte des 13. Jahrhunderts, in: HarzZ 22/23, 1970/71, S. 59–77. Vgl. ferner Blaschke, wie Anm. 1, S. 352: »Quer durch alle Beiträge [des Anm. 13 genannten Werkes über Stadterweiterung und Vorstadt] geht die Feststellung, daß keine Stadt aus einem Guß entstanden, durch einen Willensakt ›gegründet‹ worden ist und damit ›fertig‹ war.«

kennt, eine absurde Vorstellung, daß etwa das auf rund 30 ha zu berechnende Areal der eigentlichen Freiburger Gründungsstadt auch nur innerhalb eines Jahrzehnts einigermaßen vollständig hätte bebaut werden können. Wir dürfen uns nämlich die Bewohnerzahlen und Bebauungsflächen städtischer Siedlungen des 11. und 12. Jahrhunderts in der Regel gar nicht klein genug vorstellen. Es gibt zwar nur wenige direkte Quellen für eine solche Behauptung, aber es gibt sie in einigen wenigen Ausnahmefällen. Im südwestdeutschen Raum haben wir beispielsweise an Schaffhausen zu denken, das nach H. Ammann im späten Mittelalter mit 4500 bis 5000 Einwohnern bereits zu den kleineren Mittelstädten zählte. Hier liegt in dem Güterbeschrieb des Allerheiligenklosters eine entsprechende Nachricht für die Zeit um 1150 vor. Danach umfaßte die damals noch im Zustand eines Marktes befindliche Siedlung in der genannten Zeit 112 Hofstellen *(areae)*, 1 Münze, etwa 9 Bäkkereien, 9 Bierschänken *(tabernae cerevisiae)*, 2 Weinschenken *(tabernae vinearii)*, Verkaufsbänke hauptsächlich für den Fleischverkauf *(scamnae)*, zwei Mühlen, Schiffsanlegeplatz für die wegen des Rheinfalls erst hier beginnende Bodenseeschiffahrt, und einiges andere, was – wie die genannte Quelle ausdrücklich sagt – nicht alles einzeln aufgeführt werden kann [15]. Rechnet man dieses alles jedenfalls zusammen, so kommt man für die Zeit um 1150 also auf rund 600 bürgerliche Bewohner dieser Marktsiedlung. Dazu wären die Mönche und Dienstleute des Allerheiligenklosters zu zählen. Dieser Ort war also mit rund 1000 Einwohnern nicht viel größer, als heute ein Dorf mittleren Umfanges. Annähernd zur gleichen Zeit lassen sich aufgrund des Güterverzeichnisses des Abtes Erkenbert von Corvey und weiterer etwa gleichzeitiger Quellen ähnliche Größenverhältnisse für die südost-westfälische Doppelsiedlung Obermarsberg–Horhusen(= Niedermarsberg) feststellen, die als »ungewöhnlich« für diese Zeit bezeichnet worden sind [15a]. Dieser aus der zerstörten Eresburg der Sachsen hervorgegangene Handelsplatz lag an der Kreuzung einer wichtigen Straße von Frankfurt nach Paderborn mit einer aus dem Raum Kassel nach dem Westen führenden Straße an einer Stelle, die auch nicht unbedeutende Eisenerzvorkommen aufwies. Infolgedessen entstand hier ein wichtiger Handelsplatz, dessen Markt- und Münzrecht schon im Jahre 900 an den Abt des Klosters Corvey an der Weser übergingen. Anfänge einer städtischen Verfassung sind hier in ersten Spuren schon früh nachzuweisen. H. Stoob konnte nun aufgrund der angedeuteten Quellen folgende Angaben für diesen Doppelort ermitteln: 5 Kirchen, 3 Mühlen, 3 Haupthöfe, 26½ Mansen und etwa 92 Hofstellen. Infolgedessen muß hier die Einwohnerzahl nach Stoobs Schätzung zwischen 750 und 1000 Personen gelegen haben, eine Zahl, die sich erstaunlicherweise mit der von uns für Schaffhausen angenommenen ziemlich deckt.

15 Das Kloster Allerheiligen in Schaffhausen, hg. F. L. Baumann, QuSchweizG III, 1, 1883, S. 126.

15a Deutscher Städteatlas, hg. H. Stoob, Lieferung 2, Nr. 9: Marsberg, bearb. H. Stoob, 1979, Text Sp. 2.

Eine weitere Größenangabe, diesmal jedoch räumlicher Art, bietet für das damalige westliche Deutschland das zwar schon im heutigen östlichen Belgien gelegene, später wieder zum Dorf gewordene Logne (Vieuxville, Kanton Ferrières) in den Ardennen. Hier versuchte der bekannte Abt Wibald von Stablo (Stavelot) aus unbekannten Gründen, vielleicht wegen dort geplanten Bergbaus, im Jahre 1140 einen Markt einzurichten. Die darüber vorliegende Urkunde ist ausnahmsweise etwas redseliger als ähnliche Privilegien [16]. Infolgedessen erfahren wir, daß es sich offenbar um einen Straßenmarkt handelte, der etwa 300 Fuß Länge und etwa 60 Fuß Breite, das wären also 100 m Länge und 20 m Breite, aufweisen sollte. Auf die weiteren höchst interessanten Angaben dieses Diploms kommen wir an anderer Stelle noch einmal zurück. – Die wenigen Beispiele, die wir wegen der Quellenlage hier nur ausbreiten konnten, sollten davor warnen, weiterhin der Vorstellung nachzuhängen, daß in der damaligen Zeit die zentralen Bereiche von Städten wie Freiburg oder Villingen in relativ kurzer Zeit hätten besiedelt werden können.

Gegen solche Vorstellungen hat übrigens auch die polnische Forschung der jüngsten Zeit hinsichtlich der dort anzutreffenden sogenannten Lokationsstädte des späteren Mittelalters wichtige Argumente beibringen können. Auf einer Tagung des Instituts für vergleichende Stadtgeschichtsforschung in Münster hat 1977 Wojciech Kalinowski, Warschau, in einem noch ungedruckten Vortrag berichtet, daß nach den Ergebnissen seiner Untersuchungen in den polnischen Gründungs-

16 MGH D Konr III 40: 1138 April 11; Recueil des chartes de l'abbaye de Stavelot-Malmédy, Bd. 1, 1909, S. 338 ff., Nr. 165: 1138 Juni 5. Dazu jüngst F. J. JAKOBI, Wibald von Stablo und Corvey (1098–1158), AhhCorveyerGschreibung 5, 1979, S. 199 f., 272, dessen Interpretation der genannten Urkunde ich freilich nicht in allen Teilen zuzustimmen vermag. So kann m. E. ein 100 m langer und 20 m breiter Markt nicht als »groß« (ebd. S. 272) bezeichnet werden. Die Bestimmungen der Urkunde über die »libertas« der bereits in Logne Wohnenden und der künftig dort Zuziehenden sind gründlich mißverstanden. Übersehen wird ferner das dazu von W. SCHLESINGER (Der Markt als Frühform der Stadt, in: Vor- und Frühformen, wie Anm. 10, Bd. 1, S. 282 f.) Ausgeführte, wodurch ich auf das schon in meiner Dissertation von 1937 behandelte Logne erneut aufmerksam wurde. Vgl. ebd. S. 283: »Altarhörige der Stabloer Kirche und sonstige Hintersassen des Abts sollen, falls sie zuziehen wollen, frei sein, d. h. sie sollen keinerlei Abgaben mehr zahlen, wie erläuternd gesagt und breit ausgeführt wird. Unfreie anderer Herren, die erst in Zukunft zuziehen wollen, sind im Gegensatz zu den bereits Zugezogenen, für die Befreiung erreicht worden ist, ihren Herrn weiterhin zu den gewohnten Leistungen verpflichtet.« – Vgl. unten S. 116 f. Zahlreiche weitere Angaben über die Zahlen von Hofstätten, Steuerzahlern und Einkünften des englischen Königs, der Geistlichen und des Adels aus englischen, walisischen und gascognischen Städten bei BERESFORD, wie Anm. 1, S. 251–289 u. ö., insbes. Table IX, 2 u. 4, 8, 9. Vgl. ferner W. HENSEL, Untersuchungen über die Anfänge der Städte in Polen, in: Vor- und Frühformen, wie Anm. 10, Bd. 2, 1975, S. 180. H. schätzt die Einwohnerzahl von Biskupin (s. oben Anm. 8) auf etwa 500, Oppeln auf etwa 1000 und die Residenz Herzog Boleslaw Chrobrys von Polen auf etwa 5000 Einwohner. BOESCH, HOFER, wie Anm. 5, S. 92: »Zwischen 963 und 973 wurde das Kloster St. Gallen mit Mauern und Türmen umgeben. Mit 13 ha lag der Umfang dieser Anlage weit über dem Normalumfang einer damaligen Schweizer Stadt.« – Vgl. B. AMBROSIANI, Neue Ausgrabungen in Birka, in: Vor- und Frühformen, wie Anm. 10, Bd. 2, 1975, S. 62. Danach hat man für diesen Handelsplatz mit etwa 700–1000 Einwohnern zu rechnen.

städten zunächst nur die Hauptachsen des Stadtgeländes und vor allem der Markt (Rynek) sowie der Platz für die Kirche vermessen wurden [17]. So erklärt es sich, daß hier häufig noch kleinere Städte vorhanden sind, die sich über den meist – vermutlich wegen des Viehhandels – außerordentlich geräumigen Marktplatz hinaus kaum ausgedehnt haben. In Deutschland bietet die Stadt Heide in Holstein ein vergleichbares Beispiel. Sie ist über den offenbar ebenfalls für den Viehhandel so groß ausgestalteten zentralen Platz während des Mittelalters nur wenig hinausgewachsen und hatte auch keine Befestigung aufzuweisen [17a]. – Selbstverständlich wird – wie im Mittelalter fast alles – so auch die hier aufgestellte Regel durch Ausnahmefälle durchbrochen worden sein. Es ist also damit zu rechnen, daß vor allem seit dem 13. Jahrhundert gelegentlich auch ganze spätere Städte auf einmal vermessen und weitgehend topographisch festgelegt wurden. Manchmal wird – was noch wichtiger ist – der so festgestellte Plan auch eingehalten und – was am wichtigsten ist – auch im Mittelalter bebaut und besiedelt worden sein. Wir denken hier z. B. an Rottweil, wo es offenbar gelungen zu sein scheint, vermutlich aufgrund der Umsiedelung der bisherigen sogenannten Mittelstadt an die neue Stelle, die relativ wenig umfangreiche neue Stadt bis auf ein Stadtviertel und einige Außenstraßen verhältnismäßig schnell mit Bewohnern und Häusern zu füllen [17b]. In der weitaus größten Zahl aller Fälle wird man aber auch in Deutschland und anderen Ländern im Mittelalter in ähnlicher Weise bei der Neuanlage von Städten vorgegangen sein, wie es die polnische Forschung jetzt für die sogenannten Lokationsstädte annimmt.

17 J. Sydow, Stadtgeschichtliche Beobachtungen am ältesten Bruderschaftsbuch von Sankt Matthias in Trier, in: Geschichtsschreibung und geistliches Leben im Mittelalter, FS für H. Löwe, 1978, S. 459. Ähnliches läßt sich dank der Arbeit von Beresford auch in England erkennen. Ein Plan der Ortschaft Newtown (Francheville, Isle of Wight) aus dem 18. Jahrhundert läßt z. B. deutlich werden, daß dieser im 13. Jahrhundert von den Bischöfen von Winchester neu angelegte Ort zunächst nur an den beiden parallel zu einander angelegten Hauptstraßen vermessene Hofstätten aufgeweisen haben muß. Vgl. Beresford, wie Anm. 1, S. 290 ff. mit fig. 53. Ähnliche Beispiele in größerer Zahl ebd. Vgl. ferner Anm. 141 und Abb. 25.

17a Heide i. Holstein: vgl. H. Stoob, Forschungen zum Städtewesen in Europa, Bd. 1, 1970, Abb. 4 nach S. 38.

17b Einen ähnlichen Fall zeigt das später zu den sogenannten Cinque Ports, den wichtigsten Kanalhäfen, gerechnete New Winchelsea, das von Beresford, wie Anm. 1, S. 14 ff., ausführlich und in jeder Hinsicht lehrreich behandelt worden ist. Hier wurde die Errichtung einer neuen Stadt erforderlich, weil das bisher als Kanalhafen sehr bedeutende Old-Winchelsea in der Zeit König Edwards I. von England buchstäblich vom Meer verschlungen wurde. Infolgedessen wurde nach dem in England offenbar schon auf eine alte Tradition zurückgehenden sogenannten Gitterschema in hochwasserfreier Lage eine neue Stadt erbaut (vgl. Beresford, wie oben, S. 151, Table V,1). Die in diesem Fall sehr gute Quellenlage läßt deutlich werden, daß die Vollendung und Umsiedlung der bisherigen Bewohner innerhalb weniger Jahrzehnte erfolgte. Es ergibt sich auch, daß die verteilten Hofstellen gemäß den Wünschen der Umsiedelnden und entsprechend ihren finanziellen Voraussetzungen in sehr verschiedener Größe verteilt wurden.

IV.

Ein bisher nur wenig beachteter kritischer Punkt für die hauptsächlich von den Stadtplänen ihren Ausgang nehmenden Forschungen ist die Frage, ob und wie weit man von den uns erhaltenen älteren Plänen oder dem heutigen Stadtbild aus Rückschlüsse auf den Urzustand ziehen kann. Es gehört zwar seit langem zu den unumstößlichen Annahmen der neueren Stadtgeschichtsforschung, daß die genannten Quellen bei richtiger Auslegung den ältesten Zustand einer Siedlung durchaus erkennen lassen, weil die Straßenführung, die Parzellierung der Grundstücke und die Lage der hauptsächlichen städtischen Gebäude und Kirchen im allgemeinen konstant geblieben seien. Der sonst sehr verdienstvolle Deutsche Städteatlas geht daher sogar so weit, vorwiegend aufgrund der Parzellierung den Grundbestand älterer Städte linear festzulegen [18]. Es gibt Fälle, in denen etwa ältere Abgrenzungen von Immunitätsbezirken geistlicher Art, die Lokalisierung einer Mauer oder von Wall und Graben als gesichert erscheinen lassen. Die andere Methode, bei der bald eine Vordermauer eines Hauses, bald dessen Rückwand, bald eine Scheune oder ein Gartenzaun stark linear hervorgehoben werden, halten wir für unzulässig. Bei der bereits erwähnten, dem Mittelalter eigentümlichen häufigen Irregularität recht vieler Verhältnisse mag es nun sicher eine Reihe von älteren Orten geben, in denen die heutigen Fluchtlinien oder die Parzellierungen noch viel vom ältesten Zustand widerspiegeln. Ob damit auch der allerälteste Zustand erkennbar gemacht werden kann, muß füglich bezweifelt werden. Schon immer sind nämlich Fälle, vorwiegend aus der früheren Neuzeit, bekannt gewesen, in denen meist durch Flächenbrände eine weitgehende Veränderung von Fluchtlinien und auch eine Regulierung der Stadtpläne vor allem auf Veranlassung der jeweiligen Stadtherrschaft stattgefunden hat. Aus dem südwestdeutschen Bereich sei als Beispiel Göppingen genannt, das 1782 fast vollständig durch Feuer vernichtet und dann auf Befehl Herzog Karl Eugens nach einem klassizistischen Idealplan neu erbaut wurde [19]. Doch hielt man bisher gegenüber dem Mittelalter im allgemeinen die Meinung weiter aufrecht, daß damals die Verhältnisse in den Städten auch nach großen Bränden weitgehend konstant geblieben seien. Die ein für alle Mal feststehenden Grundstücksgrenzen hätten es erforderlich gemacht, auf jeden Fall den vorher vorhandenen und damit also den ältesten Stand der Bebauung wieder herzustellen. Die vor allem nach dem letzten Krieg in verschiedenen älteren Städten in Gang gekommenen Ausgrabungen haben aber zu der im übrigen auch aus der schriftlichen Überlieferung bei genauerem Hinsehen zu gewinnenden Erkenntnis geführt, daß diese vor dem 12. Jahrhundert so gut wie ausschließlich aus Holz-

18 DtStädteatlas, wie Anm. 15a, 1973 ff., mehrfach.

19 HdbHistStätt, Bd. 6: Baden-Württemberg, 1965, S. 219; W. Lipp, Die Gestalt der Stadt Göppingen, VeröffStadtAGöppingen 2, 1962. – Es ließen sich mühelos noch viele Beispiele dafür beibringen, daß Städte mit einem heute regelmäßig angelegt wirkendem Stadtplan, diesen Eindruck erst regulierenden Maßnahmen nach dem Ende des Mittelalters verdanken. Vgl. z. B. den ganz regelmäßig gestalteten Wiederaufbauplan der Stadt Elzach nördlich von Freiburg i. Br. bei J. Weber, Zur Geschichte der Stadt Elzach, 1978, S. 54.

bauten bestanden [20]. Und wenn diese der dadurch gegebenen Feuersgefahr weitflächig zum Opfer fielen, wurde durchaus nicht immer der ursprüngliche Zustand wiederhergestellt. Beispielsweise ist in vielen Fällen damit zu rechnen, daß erst bei solchen Gelegenheiten die vorwiegend seit dem 12. Jahrhundert erscheinenden rechteckigen oder quadratischen Marktplätze älterer Marktsiedlungen ausgebildet worden sind. Es sei in dieser Beziehung an den nahezu quadratischen Hauptmarkt von Nürnberg erinnert. Er entstand 1349 durch ein großes Judenprogrom, bei dem das zuvor an dieser Stelle gelegene Ghetto zerstört und an seiner Stelle ein Platz für die Abhaltung von Märkten freigelassen wurde [21]. Auf recht frühe Zeiten scheint der rechteckige Markt von Heilbronn zurückzugehen. Ausgrabungen haben aber auch hier ergeben, daß an seiner Stelle ursprünglich Häuser lagen, die einer anderen Fluchtlinienführung folgten [22].

Aber im Mittelalter entstanden nicht nur gelegentlich Plätze an Stelle einer älteren Bebauung. Durch weitere Ausgrabungen der letzten Zeit lassen sich sogar Beispiele beibringen, in denen Veränderungen der Fluchtlinien von Straßen und von Grundstücksparzellierungen wohl vor allem bei der als Folge von Bränden notwendig gewordenen Ersetzung bisher hölzerner Gebäude durch Steinbauten vorgenommen worden zu sein scheinen. Vermutlich noch ins 11. Jahrhundert gehört die am Petersberg in Basel aufgedeckte Siedlung, die schon vor dem letzten Kriege ausgegraben wurde, von der die Grabungsergebnisse aber erst vor einem Jahrzehnt publiziert worden sind [23]. Mit Ausnahme eines nicht genau zu datierenden und daher von den Ausgräbern als römisch angesehenen Turmes aus Stein bestanden die freigelegten Häuser ausnahmslos aus Holz, das hier durch feuchten Boden sehr gut konserviert worden war. Grundstückseinteilung und Straßenführung decken sich mit den späteren Zuständen nicht. Ähnliche Beobachtungen konnten

20 L. Berger, Die Ausgrabungen am Petersberg in Basel, 1963. – Vgl. ferner Fehring, wie Anm. 24. – Bei den Ausgrabungen im Bereich des Franziskanerklosters in Villingen wurden an der Ecke Rietstraße-Rietgasse hölzerne Bauten als älteste Bebauung zutage gefördert. Vgl. Meckseper, wie Anm. 1, S. 264, nach P. Revellio, Beiträge zur Geschichte der Stadt Villingen, Schriftenr. Stadt Villingen, 1964, S. 52 f. – Noch das feste Schloß der Grafen von Flandern in der Stadt Gent war vor dem 11. Jahrhundert aus Holz und wurde dann erst durch einen Steinbau ersetzt. Vgl. A. Verhulst, Die gräfliche Burgenverfassung in Flandern im Hochmittelalter, VortrrForsch 19,1, 1974, S. 272. – Als Arnoldus von Ardres (Dép. Pas de Calais) seine Residenz in die von ihm errichtete Stadt verlegte, erbaute er zwar einen Donjon. Die übrigen, demnach hölzernen Gebäude seiner bisherigen Burg ließ er abbrechen und an die neue Stelle übertragen. Vgl. unten S. 156, Anm. 125.

21 HdbHistStätt, Bd. 7: Bayern, 1961, S. 505 (G. Pfeiffer). Ein erheblich älteres Beispiel bietet MGH D Lothar III 16 von 1129 Februar 10 für Kloster St. Pantaleon in Köln, in dem von dem um 1050 von Heinrich IV. errichteten Markt Boppard festgestellt wird: *predecessor noster Heinricus IIIus imperator forum apud* [= in!] *Bobard instituit, in quo ampliando domum et curtem cuiusdam Asonis ministerialis sui complanavit et ei pro hoc ... vineam ... donavit.*

22 A. H. Nuber, Die Grabung auf dem Marktplatz in Heilbronn, in: Château Gaillard, Studien zum mittelalterlichen Wehrbau und Siedlungsforschung 2: Kolloquium Büderich bei Düsseldorf, 1967, S. 73–78.

23 Berger, wie Anm. 20.

nach freundlicher Mitteilung von Herrn Dr. Fehring auch bei Ausgrabungen in bestimmten Teilen Lübecks und vor allem in Schleswig gemacht werden [24]. Wer hätte im übrigen aus der Einteilung der Grundstücke in Frankfurt am Main die Spuren der hier vor wenigen Jahrzehnten ausgegrabenen karolingischen Pfalzanlage herausinterpretieren wollen [25]? Einige wenige Funde aus früherer Zeit und vor allem die Lage des Bartholomäusdomes gaben Anlaß zur Nachsuche. Ähnlich liegen die Dinge in Magdeburg, wo aus dem heutigen Stadtplan so gut wie keine direkten Hinweise auf die Lage der ergrabenen großartigen Pfalz Ottos I. und der ihr vorausgehenden karolingischen Kastellanlage zu entnehmen waren [26]. Hier hat nur die richtige Interpretation der zwar zahlreich fließenden, aber nicht leicht zu deutenden schriftlichen Überlieferung zum endgültigen Erfolg geführt.

Es soll freilich nicht verschwiegen werden, daß die Verhältnisse mancher Städte von sachkundiger Seite anders beurteilt werden. Beispielsweise ist man in Konstanz geneigt, die Zustände im Bereich der Altstadt noch in die früheste Zeit zu setzen. Doch sollte nach dem hier wiederum nur Angedeuteten doch die Konsequenz gezogen werden, bei der Interpretation und mehr noch bei der Datierung der in heutigen Stadtgrundrissen allein erkennbaren Zustände größte Vorsicht walten zu lassen. Dies gilt im übrigen auch noch für die seit dem 12. Jahrhundert entstandenen planmäßigen Stadtanlagen. Es ist z. B. bekannt, daß Villingen im Jahre 1271 durch einen Flächenbrand total zerstört werden konnte, doch sicher weil die Häuser noch weitgehend aus Holz errichtet waren [27]. Große Brände sind etwa in der gleichen Zeit auch in Rottweil nachweisbar, während in Freiburg weder die urkundliche noch die chronikalische Überlieferung ähnliches hervortreten läßt [28]. Doch haben sich auch in der zuletzt genannten Stadt, in der systematische Ausgrabungen nach ihrer weitgehenden Zerstörung im Zweiten Weltkrieg leider nicht durchgeführt worden sind, bei dem Aushub zum Teil sehr tiefreichender Baugruben für den Wiederaufbau erhebliche Brandspuren feststellen lassen.

24 G. P. Fehring, Lübeck, Archäologie einer Großstadt des Mittelalters, in: Lübeck 1226, Reichsfreiheit und frühere Stadt, 1976, S. 287 u. ö.; Ders., Der Beitrag der Archäologie zum Leben in der Stadt des späten Mittelalters, in: Das Leben in der Stadt des Spätmittelalters, SBWien, Bd. 325, 1977, S. 12 ff. Herrn Dr. Fehring gilt für mannigfache Hinweise mein besonderer Dank.

25 Schalles-Fischer, wie Anm. 7.

26 HdbHistStätt, Bd. 11: Provinz Sachsen/Anhalt, 1975, S. 299 mit Abb. (nach E. Nickel). Ein abschließender wissenschaftlicher Grabungsbericht liegt leider noch nicht vor. Vgl. daher den Vorbericht von E. Nickel, Magdeburg in karolingisch-ottonischer Zeit, in Vor- und Frühformen, wie Anm. 10, Bd. 1, S. 294–331, mit zahlreichen sehr wichtigen Abb.

27 J. Fuchs, Villingen im 12. und 13. Jahrhundert, in: Villingen und die Westbaar, VeröffAlemInst 32, 1972, S. 92. Vgl. auch oben Anm. 20.

28 Meckseper, wie Anm. 1, S. 102 f., 120 ff. – In Freiburg konnten Brandschichten beim Bau des Magazins des Stadtarchivs in der Grünwälder Straße und auf dem westlich an das Archiv grenzenden Grundstück gelegentlich des Aushubs der Baugrube für den Neubau an der Salzstraße beobachtet werden.

V.

Im übrigen hat die bisherige Art der Stadtplananalyse, die ihren Ausgang von Überlegungen der Architekten und Kunsthistoriker genommen hat, vorwiegend die Art der Straßenführung und die Grundstückseinteilungen ins Auge gefaßt, wobei allenfalls die kirchlichen und einige wenige weltliche Gebäude berücksichtigt wurden [29]. Doch gehört zur baulich-technischen Einrichtung von mittelalterlichen Markt- und Stadtsiedlungen – wie wir bereits angedeutet haben – weiteres, was bisher von der Forschung u. E. nicht genügend beachtet worden ist. So

29 Dies gilt bereits für die an sich sehr verdienstvollen Arbeiten von J. Fritz, Deutsche Stadtanlagen, 1894, und von P. J. Meier, Der Grundriß der deutschen Stadt des Mittelalters in seiner Bedeutung als geschichtliche Quelle, in: KorrespblGesamtVDtGAlterstumsV 57, 1909, Sp. 105–121. Es kann selbstverständlich nicht unsere Aufgabe sein, alle beim Bau von Märkten und Städten im Laufe der Zeit erforderlichen baulich-technischen Maßnahmen hier vollständig abzuhandeln. Bereits früh kam es beispielsweise darauf an, die allgemeine Verkehrssituation von Märkten und werdenden Städten so zu verbessern, daß diese sich günstig entwickelten. Ein gutes Beispiel aus England bietet Beresford, wie Anm. 1, S. 176, 511 f. Demnach stellte König Edward I. nach 1293 aus Anlaß der Umwandlung des bisherigen Wyke in die Stadt Kingston upon Hull fest: »no roads have yet been made to our new town by which merchants may bring their goods and merchandise or the man of the town lead away their goods; which is well known to turn to our loss and the hurt of the town and to men dwelling there and to merchants wishing to come there« (nach: Yorkshire Inquisitions, Yorkshire Archaeological Society Record Service, Bd. XXXXVII = IV, 1906, S. 47–48). In diesem Zusammenhang sei auf die Rolle des Baues von Brücken über Flüsse und andere Hindernisse des Verkehrs für manchmal weitab gelegene Städte erinnert. Die Brücke über die Schöllenen-Schlucht eröffnete bekanntlich nicht nur die Gotthardtstraße, sondern hatte auch für die Entwicklung vieler Städte in größerer Entfernung erhebliche Folgen. Die Erbauung der Basler Rheinbrücke zu Anfang des 13. Jahrhunderts ließ den rechtsrheinischen Verkehr erst in Gang kommen. In den Städten selbst galt es häufig nicht nur die Straßen zu verbessern, sondern auch für eine verbesserte Abwicklung des Schiffsverkehrs zu sorgen, was häufig die Anlage von Kais, Hafenanlagen, Kränen und sogar Docks zur Folge hatte. Die Erbauung von Mühlen, Backöfen, Tavernen und Waagen lag in früher Zeit meist in der Hand der Stadtherren, welche auch Brunnen anlegen oder Gebrauchswasser zu- und ableiten ließen. Damit wurden nicht nur die notwendigen Voraussetzungen für die Ansiedlung von Neuankömmlingen geschaffen, sondern auch den Herren – sofern sie die ihnen ursprünglich zustehenden Bannrechte über diese Einrichtungen zu wahren wußten – erhebliche Einkünfte gesichert. Andere technische Voraussetzungen, wie Schmieden, Hämmer, Gerbereien, Walk- und Lohmühlen, wurden offenbar von den Bürgern oder ihren Genossenschaften im Laufe des Mittelalters selbst errichtet. Eine sich stetig stärker differenzierende Verwaltung machte die Einrichtung von Gerichtshäusern und Richtplätzen ebenso erforderlich wie später die Erbauung von Rathäusern, Kornhäusern, Zeughäusern, Bauhöfen und Zunftstuben. Ebenso wurden die Vorkehrungen zum Schutz der Einwohner immer umfangreicher und kostspieliger, so daß hier oft Stadtherr und Bewohner gemeinsam vorgehen mußten. Es sei auf die aufwendigen Toranlagen, Türme, Wehrgänge und schließlich Bastionen verwiesen. – Unter den Verhältnissen des Mittelalters darf ferner nicht vergessen werden, daß die Regelung der Pfarrverhältnisse, die Anlage von Stiften und Klöstern sowie Spitälern für die damaligen Stadtbewohner von erheblicher Bedeutung waren. All dies, wofür hier nur einige Gesichtspunkte angeführt werden konnten, muß hier übergangen werden, da es vorwiegend erst im hohen und späten Mittelalter hervortritt.

wurde beispielsweise bisher wenig in Rechnung gestellt, daß die für die Entwicklung der städtischen Verfassung so überaus wichtige Ausgliederung der Märkte aus der bisherigen Gerichtsbarkeit und die damit verbundene Festsetzung eines eigenen Friedens- und Rechtsbezirkes für das nun hier allein gültige Markt- und später Stadtrecht voraussetzte, daß dessen Grenzen auch technisch abgegrenzt werden mußten [30]. Die Urkunden sagen darüber freilich nur in Ausnahmefällen einiges aus. So ließ Heinrich III. in einer Urkunde vom Jahre 1040 für das Kloster Ghislain im Hennegau den Geltungsbereich des Marktrechtes in dem zum Kloster gehörenden Orte Basècles in folgender Weise ankündigen: *comitatus villae a Croha usque ad aliam crucem, quae est in finem allodii eiusdem villae cum districtu et mercatu et cum omni publica functione et utiliate.* Dazu mußte der bis dahin allein zuständige Graf Balduin seine Zustimmung erteilen [31]. Bezeichnend ist es, daß schon hier die später auch in Deutschland gebräuchlichen Kreuze als Kenn- und Grenzzeichen für den Geltungsbereich des neu erteilten Marktrechtes verwendet wurden. Doch können wir hier die Verbreitung dieser Marktkreuze, die allein schon durch ihre Gestalt auf den Friedensbezirk hinweisen, nicht weiter verfolgen [31a]. Ähnlich verfuhr man übrigens auch bei der Errichtung des bereits kurz gestreiften Marktes Logne durch König Konrad III. und Abt Wibald von Stablo im Jahre 1138, wozu der Herrscher durch Übersendung seines Handschuhs symbolisch den Königsbann erteilte [32]. Der Abt, in dessen Interesse die Gründung erfolgte, erklärte darauf in einer eigenen Urkunde, daß er den im Tal der Ourthe gelegenen Ort unterhalb einer wieder aufgebauten Burg des Klosters übernehme

30 T. ENDEMANN, Markturkunde und Markt in Frankreich und Burgund vom 9.–11. Jahrhundert, VeröffKonstanzArbeitskrG, 1964, S. 39, Anm. 99: St. Philibert de Grandlieu südlich Nantes 836/840; ferner S. 136, Anm. 60: Beaulieu les Loches südöstlich Tours 1007; ferner ebd. S. 93, 164: Clarac (Dép. Haute Garonne), 1061/65.

31 MGH D H III 48: 1040 Mai.

31a Zu den Marktkreuzen ausführlich MÜLLER, wie Anm. 112, S. 202–227, ebd. Abb. 15a–20d; ferner ENDEMANN, wie Anm. 30, S. 93, 162, Anm. 3, 164. Zahlreiche meist wenig beachtete Belege mit Abb. bei DE SEYN, wie Anm. 12a, Bd. 1, S. 45: Wilmarsdonc (Prov. Antwerpen); S. 489: Geeraardsbergen–Grammont (Prov. Ostflandern); S. 467: Gestel (Prov. Antwerpen); S. 741, 748: Lüttich (Prov. Lüttich). Bd. 2, S. 890: Mespelare (Prov. Ostflandern); S. 943: Munsterbilzen (Prov. Limburg); S. 952: Namur (Prov. Namur); S. 1064: Petit Rechain (Prov. Lüttich); S. 1189: Sint Truiden = St. Trond (Prov. Limburg); S. 1193: Saive (Prov. Lüttich); S. 1196: Sart les Spa (Prov. Lüttich); S. 1263 Stavelot (Prov. Lüttich); S. 1299: Theux (Prov. Lüttich); . 1378; Viersel (Prov. Antwerpen); S. 1433: Wakken (Prov. Westflandern); S. 1434: Walcourt (Prov. Namur); S. 1486 Wervik (Prov. Westflandern); S. 1451: Zaventem (Prov. Brabant) – Die Verbreitung der Marktkreuze reicht von Schottland bis nach Südfrankreich. Auch in Deutschland müssen sie ursprünglich sehr verbreitet gewesen sein. Vgl. dazu B. SCHWINEKÖPER, Zur Deutung der Magdeburger Reitersäule, in: FS P. E. Schramm, 1964, Bd. 1, S. 134 f., Taf. I–III; R. BLOMQUIST, Die älteste Geschichte der Stadt Lund, in: Vor- und Frühformen, wie Anm. 10, Bd. 2, 1975, S. 132 m. Abb. vermutet auch in dieser Stadt das Vorhandensein eines Marktkreuzes, da eine Münze des König Niels (1103–1134) die Inschrift »PAX POR[-TUS] trägt und da bei Ausgrabungen in Lund auf dem dortigen Marktplatz ein kräftiger Eichenpfosten gefunden wurde.

32 Vgl. Anm. 16.

sicque dimensa fori platea, quae trecenti fere pedes habet in longitudine et plusquam sexaginta pedes latitudine, positis quatuor limitibus [33]. Wieder wurde also der Geltungsbereich des erteilten Marktrechtes abgesteckt und mit Grenzzeichen, vermutlich ebenfalls Kreuzen, versehen. Nicht die Anlage der Marktstraße und auch nicht die Austeilung von Parzellen an die künftigen Marktbewohner waren also für die Marktgründer das primär Entscheidende. Die künftigen Einwohner von Logne, die offenbar mit Zustimmung ihrer Leibherren hierher übersiedeln durften, bekamen natürlich dann auch entsprechende Grundstücke zugewiesen [33a]. Damit die *frequentia loci* gesteigert werde, erhielten sie diese zu freiem Eigentum und wurden von der Zahlung von Zinsen und Abgaben befreit [34]. Dies galt vorwiegend für die Eigenleute fremder Herren, ohne daß deren Rechte über ihre Leute aufgehoben wurden. Mit der Niederlassung »freier« Kaufleute scheint man in nennenswertem Umfange in diesem Falle erst gar nicht gerechnet zu haben. Alles dies hat freilich wenig genützt, denn – wie das spätere Kartenbild ausweist – ist der geplante Markt offenbar bald wieder zum bedeutungslosen Dorf herabgesunken. Nur der später erscheinende Name Vieuxville verdrängte den älteren Namen Logne und hielt damit die Erinnerung an das erfolglose Unternehmen aufrecht. Trotzdem verdient der ganze Vorgang unser Interesse, weil er ausnahmsweise einmal erkennen läßt, in welchen Phasen eine Marktgründung im 12. Jahrhundert ablief, und worauf es dabei für die Leute jener Zeit in erster Linie entscheidend ankam. Am wichtigsten war nämlich für den Marktgründer – nicht so sehr für die Kaufleute – die technische Abgrenzung des ihm übertragenen neuen

33 Ebd.

33a Vgl. die Schilderung der Verlegung des Marktes von Zudkerque (Dép. Pas de Calais) nach Audricq (ebd.) bei Lambert von Ardres MGH SS 24, S. 597, vgl. unten S. 131 Anm. 77.

34 Zu der Einsicht, daß der neu angelegte Markt Grammont = Geerartsbergen in Ostflandern nur dann genügend Leute anlocken könne, wenn er mit erheblichen Freiheiten für die Bewohner ausgestattet werde, war bereits Graf Baudouin VI. von Flandern und Hennegau im Jahre 1067/70 gelangt. Vgl. PATZE, wie Anm. 3, S. 178, nach: Elenchus fontium historiae urbanae 1, hg. M. MARTEN, 1967, S. 300 f., Nr. 12. – Ähnliches ist auch für die deutschen Verhältnisse anzunehmen. Da beispielsweise die Zähringer neue Märkte und Städte an Stellen einzurichten bemüht waren, die bis dahin noch nicht allzusehr floriert hatten, waren sie gezwungen, günstigere Angebote zu machen als etwa die Staufer, die in mehreren Fällen auf bereits in wirtschaftlichem Wachstum begriffene Städte zurückgreifen konnten. Vgl. ferner S. 131. SYDOW, wie Anm. 17, S. 458 »bezweifelt, ob nun wirklich solche Scharen von Kaufleuten auf die Anwerbungsaktion des Zähringerherzogs nach Freiburg gezogen sind«. In MGH D O I 145 von 952 Februar 15 für St. Ambrogio in Mailand werden nicht nur mehrfach *stationes* der Händler erwähnt, sondern der Herrscher überließ dem Kloster *salam unam cum area in qua extat similiter iuris nostri regni infra prelibatam civitatem in pretaxato mercato situm, cum stationibus inibi banculas ante se habentibus.* Vgl. ferner MGH D Lothar III 43: 1132 September 28 für Kloster St. Vinzenz in Bergamo; ebd. 61: 1134 April 25 für die Kaufleute von Quedlinburg. Der Begriff *macellum* bezog sich gewiß anfänglich auf die Fleischverkaufsstände, manchmal auch auf das Schlachthaus selbst (MGH D Lothar III 102: 1136 für Kloster Monticelli in Ripa d'Oglio), er hat sich aber bald auf Verkaufsstände für andere Waren ebenfalls ausgeweitet.

Friedens- und Rechtsbereiches. Das hier gültige Marktrecht wurde ferner besonders günstig für die künftigen Bewohner ausgestaltet, um diese zur Niederlassung zu veranlassen. Wenn der Abt die erwünschte Einnahmequelle trotzdem nicht erschließen konnte, so weil die uns unbekannten wirtschaftlichen Voraussetzungen in diesem abgelegenen Tal in den Ardennen entweder von Anfang an fehlten, oder weil sich diese später nicht mehr als wirksam erwiesen.

VI.

Die Urkunden für Logne lassen über das hier Mitgeteilte hinaus nur wenig über die bauliche Ausgestaltung des geplanten Marktes erkennen. Ganz sicher gehörte dazu natürlich auch die Schaffung der Voraussetzungen für einen einwandfreien Ablauf der Handelsgeschäfte. In diesem Sinne berichtet der zu Beginn des 13. Jahrhunderts schreibende Lambert von Ardres, daß Arnoldus von Ardres, der Marktgründer, etwa 150 Jahre früher diesen Ort *duplici cinxit fossato et aggerem in medio domibus et necessariis edificiis edificabit* [34a]. Auf einem Markt mußten nämlich die heimischen und vor allem die von auswärts kommenden Kaufleute und Handwerker ihre Waren so aufbewahren und auslegen können, daß sie möglichst keinen Schaden nahmen. Es ist daher anzunehmen, daß sie für solche Zwekke Tische, Zelte und auch leicht zu errichtende Bauten mitbrachten, wie dies auch heute noch bei Jahrmärkten der Fall zu sein pflegt. Wenn der Handel sich aber in regelmäßigen Abständen wiederholte, war es zweckmäßig, dauernde Vorrichtungen für den Verkauf einzurichten. Diese dürften mit den von Lambert aufgeführten *necessaria edificia* gemeint sein. Solche *macellae, lobia, stationes, scamna* und andere Krambuden werden daher in den einschlägigen Urkunden häufiger erwähnt [35]. Heinrich IV. bestimmte beispielsweise 1101 für den Markt des Lütticher Bischofs in Lobbes, *ut amodo sicut antiquitus nocturna seu diurna diverticula commeantium negotiatorum cum depositione et impositione sarcinarum eorundem laubeis habeatis* [36]. Anfänglich erscheinen solche Zelte, Lauben und andere Marktstände in den entsprechenden Urkunden meist im Plural. Daraus muß man wohl folgern, daß es sich um eine Reihe von Einzelbauten von geringem Umfang han-

34a Vgl. Anm. 33a.

35 Dem Schutze der mitgebrachten Waren vor Diebstahl und Wetter dienten anfangs auch die jetzt so viel zitierten Kaufmannskirchen. Vgl. P. Johannsen, Die Kaufmannskirchen im Ostseegebiet, VortrrForsch 4, 1958, S. 499. Ihr Ausgangspunkt lag aber im Altsiedelland, wo Magdeburg und Erfurt die frühesten Nennungen liefern. Im Westen ist bereits 840 in Alise Sainte Reine (Dép Côte d'Or) erwähnt *forum venalium rerum, quod est in Alesia et in ecclesia Sanctae Justae, tam anniversarium quamque hebdomadarium.* Vgl. Endemann, wie Anm. 30, S. 17 f. – Noch das 2. Lyoner Konzil mußte den Handel mit Waren in Kirchen verbieten. Vgl. Mansi, Bd. 24, 1780, Sp. 98 f. Vgl. ferner das Krameramtsprivileg von 1339 für Bremen (BremischesUB, Bd. 2, 1878, Nr. 450, S. 449): *volumus, quod nullus institor exponat res suas venales ... in foro vel in ecclesiis et cimeteriis ad vendendum.*

36 MGH D H IV 469: 1101.

delte, welche die Händler selbst herstellten. Bald wird aber der Begriff in den Urkunden häufiger im Singular gebraucht. Es dürfte sich jetzt also um ein einziges von den Kaufleuten und Handwerkern gemeinsam zu benutzendes Gebäude gehandelt haben. So spricht eine Urkunde Ottos II. für das Kloster St. Vanne in Verdun vom Jahre 980 von einem *mansum in Mettis civitate quod vocatur altum macellum* [37]. Daher liegt die Vermutung nahe, daß auch das *macellum publicum*, das in einer weiteren Urkunde des gleichen Herrschers für den Bischof von Minden schon im Jahre 977 erwähnt wurde, nicht einen anderen Begriff für das sonst weitgehend übliche *mercatus* bedeutet, sondern daß darunter ein von den Händlern gemeinsam benutztes größeres Marktgebäude verstanden werden muß [38]. Es ist sehr wahrscheinlich, daß die in sehr kleine Parzellen aufgeteilte Häuserzeile zwischen Obermarktstraße und Scharnstraße in dieser Stadt an die Stelle des älteren *macellum* getreten sein dürfte. Da wir derartige Anlagen demnächst an anderer Stelle eingehender zu behandeln beabsichtigen, begnügen wir uns hier mit dem weiteren Hinweis auf die in Urkunden Ottos I. vorkommenden *macella* in Meschede, Diedenhofen und Urbach [39]. Auch aus Italien, Frankreich und England liegen entsprechende Nachrichten bereits aus dem 10. und 11. Jahrhundert vor [40]. In Frankreich und den Niederlanden sind sogar gelegentlich solche schlichten Marktgebäude bis heute erhalten und manchmal noch in Gebrauch. Selbstverständlich stammen die heutigen Anlagen aus jüngerer Zeit. Es spricht aber manches dafür, daß sie in ihrem oft sehr schlichten Typus die Erinnerung an ältere Vorgänger weitgehend bewahrt haben [41]. Sie ermöglichen daher ein einigermaßen zutreffendes Bild davon, wie die mittelalterlichen Marktanlagen in vielen Orten etwa ausgesehen haben dürften. Deshalb sei in unserem Zusammenhang darauf verwiesen, daß die oft sehr langgestreckten und breiten Marktstraßen der sogenannten Gründungsstädte des 12. und 13. Jahrhunderts in Süddeutschland gerade deshalb so weiträumig ausgestaltet waren, weil sie ursprünglich fast überall für die Aufnahme solcher zunächst vorübergehend, später jedoch dauernd benutzten Lauben und Kaufhallen vorgesehen waren [42].

37 MGH D O II 280: 980 Juni 3.

38 MGH D O II 147: 977 März 17. Vgl. dazu den Stadtplan von Minden bei Herzog, wie Anm. 6, S. 121. Vieles spricht dafür, daß man in dem schmalen, langgestreckten Block kleiner Häuser nördlich des Marktplatzes diese Anlage zu suchen hat, zumal eine der beiden begrenzenden Straßen den Namen Scharnstraße trägt. Daß unter *macellum* oder *maceria* bzw. ähnlichen Begriffen nicht andere Bezeichnungen für *mercatus* verstanden werden müssen, ergibt sich aus MGH D H III 52: 1040 für Kloster Nivelles: *Reddimus ... ipsam burgum vel villam Nivellam cum omnibus utensilibus, cum mercato et theloneo, cum moneta ac maceria.* Zu »maceria« vgl. auch DUCANGE, Bd. V, S. 160.

39 MGH D O I 145: 952 Februar 15 (Mailand); ebd. 190: 958 Januar 12 (Meschede; ebd. 313: 966 Januar 7 (Diedenhofen); ebd. 424: 972 Dezember 1 (Urbach).

40 Libri censuales dicti Domesdaybook, 1783 ff., Bd. 1, S. 1 (Dover), S. 179 (York); Bd. 4, S. 531 (Liber Wintoniae: Winchester); vgl. ferner Codex diplomaticus aevi Saxonici, hg. J. M. KEMBLE, Publications of the English Society, 1839–1848, Bd. 4, S. 277.

41 G. NAGEL, Das mittelalterliche Kaufhaus und seine Stellung in der Stadt, 1971.

42 B. SCHWINEKÖPER, Gerichtslaube und Rathaus zu Freiburg, in: Schau-ins-Land 83, 1965, S. 27 ff.

Neben dem Kauf oder Verkauf von Dingen des täglichen Bedarfs gab es aber im Mittelalter auch bereits Handel mit besonderen Gütern, die umfangreichere Plätze benötigten. So erforderte schon der Getreidemarkt mehr Raum als der gewöhnliche Lebensmittel- und Gewerbemarkt. Ferner waren die Wagen und Karren der auswärtigen Händler ebenso unterzubringen wie ihre Pferde und Saumtiere. T. Endemann hat aus dem westlichen Frankreich einen etwa um das Jahr 1000 entstandenen Beleg für die sich so entwickelnden Verhältnisse beibringen können. In dem vor allem dem Fernhandel mit Salz dienenden Ort Baziège (Dép. Haute Garonne) weideten demnach die Esel der auswärtigen Salzhändler *foris stratam* und richteten allerhand *malum* an, worauf der Marktherr sie pfänden ließ [43]. Besonders viel Platz war natürlich für den Viehhandel notwendig, der sich seit dem hohen Mittelalter zunehmend auf bestimmte Länder und Gegenden und dort wieder auf bestimmte Orte konzentrierte. Dies gilt besonders für den Osten, wie etwa Polen oder Ungarn. Aber auch in den deutschen Küstengebieten mit ihrer umfangreichen Viehzucht entstanden im späteren Mittelalter gelegentlich sehr ausgedehnte Plätze für die Viehmärkte. In Südwestdeutschland weisen Bezeichnungen wie Roßmarkt oder Rindermarkt darauf hin, daß natürlich auch hier Vieh – wenn auch in geringerem Umfange – gehandelt wurde. Als Beispiel sei etwa auf Straßburg verwiesen [43a]. In Freiburg wurde der nördliche Teil der zentralen Marktstraße Rindermarkt genannt, während in Rottweil der nördliche Arm des hier in Kreuzform ausgebildeten Marktes die gleiche Benennung erhalten hatte [44].

Endlich gehört zu den Erfordernissen eines mittelalterlichen Marktes auch das Vorhandensein von Wasser in reichlichem Maße. Die Ableitung des dabei entstehenden Abwassers war ebenfalls dringend erforderlich. Vor allem der Handel mit den als Fastenspeise so sehr begehrten Fischen war ohne ausreichende Wasserzufuhr und Ableitung nicht zu bewerkstelligen. Schon 1067 sind in Orleans nach T. Endemann *stationes carnis et piscium* bezeugt [45]. Zunächst mochten für solche Zwecke vorhandene oder neue angelegte Tiefbrunnen ausreichen. Wo es die natürlichen Voraussetzungen gestatteten, leitete man schon verhältnismäßig früh fließendes Wasser über die Marktstraßen und Plätze. Zahlreiche ältere Abbildungen lassen daher erkennen, daß die heute nur noch in Freiburg erhaltenen und daher für diese Stadt als besonders charakteristisch angesehenen sogenannten Stadtbächle in der Vergangenheit auch in einer großen Zahl von anderen deutschen Städten, manchmal sogar erheblich früher, vorhanden gewesen sind. Aus der großen Zahl möglicher Beispiele sei hier nur auf Erfurt, Goslar, Quedlinburg, Horhusen-Nie-

43 Endemann, wie Anm. 30, S. 86 Anm. 62.

43a Der alte Name des Broglie-Platzes in Straßburg war Roßmarkt. Den gleichen Namen hatte in Frankfurt a. M. ehemals der große Platz am Beginn der Zeil, der sich heute aus den Plätzen An der Hauptwache und Goetheplatz zusammensetzt.

44 Meckseper, wie Anm. 1, S. 145; FreibUB hg. F. Hefele, Bd. 1, S. 148, Nr. 175: 1260/79 Juli 16 u. ö. vgl. ebd. Register.

45 Endemann, wie Anm. 30, S. 77.

dermarsberg und vor allem Speyer verwiesen [46]. Diese reichen alle in die Zeit zurück, in der sich die Ausbildung dieser Orte zu städtischen Formen vollzog. Auch die seit dem 12. Jahrhundert entstehenden Städte besaßen überall dort, wo sich dies ohne allzugroße technische Schwierigkeiten durchführen ließ, derartige Wasserzuführungen. Dies gilt nicht nur für die meisten, nachweislich von den Zähringern angelegten Städte, sondern auch für von den Staufern gegründete Städte, wie z. B. Schwäbisch Gmünd und sogar noch für das erst später in den Besitz dieser Familie gelangte Düren im Rheinland oder für die nach allgemeiner Ansicht in der Mitte des 12. Jahrhunderts entstandene Lorenzerstadt von Nürnberg [47].

Auf die Abwässerableitung dieser Zeit bin ich an anderer Stelle bereits einmal in Kürze eingegangen. Die sogenannten Ehgräben vor allem des Stadtteils Niederburg in Konstanz, die wohl noch in die Zeit um das Jahr 1000 gehören, habe ich dort als ein besonders früh erkennbares Beispiel aus Deutschland aufgeführt [48]. In Italien ist durch eine Urkunde Ottos I. vom Jahre 952 für St. Ambrogio in Mailand das Vorhandensein einer *cloaca* ebenfalls gesichert [49].

VII.

Zur baulichen Ausgestaltung der mittelalterlichen Städte gehörte mindestens seit dem 12. oder 13. Jahrhundert mit wenigen Ausnahmen eine wie auch immer gestaltete Befestigung [50]. Diese hatte in erster Linie den Schutz der Stadtbewoh-

46 Zum Problem insgesamt B. SCHWINEKÖPER, Beobachtungen zum Problem der Zähringerstädte, in: Schau-ins-Land, 84/85, 1966/67, S. 74 ff. – Erfurt: Atlas des Saale- und mittleren Elbegebietes, hg. O. SCHLÜTER und O. AUGUST, Erläuterungen Teil 2, o. J. (1961), S. 122 f. hat in den dort wiedergegebenen Stadtplan von 1869 leider die früheren Bachläufe nicht mehr aufgenommen, wohl weil sie damals schon verschwunden waren. Dafür sind diese auf dem häufiger abgebildeten Bild Erfurts aus der Vogelperspektive, das Merian abgedruckt hat, gut zu erkennen. Vgl. K. BEYER, J. BIEREYE, Geschichte der Stadt Erfurt von der ältesten bis auf die neueste Zeit, 1935, Anhang. – Speyer: vgl. Der Dom zu Speyer, bearb. von H. E. KUBACH und W. HAAS, Die Kunstdenkmäler von Rheinland-Pfalz o. Nr., 1972, S. 112 Fig. 3: Rekonstruktion des Stadtplans um ca. 1100 in Anlehnung an A. DOLL. – Goslar: K. FRÖHLICH, Die Goslarer Straßennamen, Ein Beitrag zur städtischen Verfassungstopographie des Mittelalters und zur vergleichenden Straßennamenforschung, 1949; H. STOOB, wie Anm. 14. – Quedlinburg: Vgl. Atlas wie oben, Erläuterungen Teil 2, S. 151 f. Hier gilt das gleiche wie für Erfurt. – Horhusen-Niedermarsberg: Vgl. Kreis Brilon, Bau- und Kunstdenkmäler von Westfalen 45, 1945, S. 338, Text S. 326 f.; H. STOOB, wie Anm. 15a. – Zur Anlage von Wasserleitungen in dieser Zeit vgl. z. B. ReggBffStraßb 1, S. 338, Nr. 559: 1158 März 3. Kaiser Friedrich I. für Kloster Sindelberg; ZGORh 4, 1853, S. 234 f.: 1266 Basel: *cum fontis ductio super castrum penes ecclesiam majorem . . . necessaria videretur.*

47 Nürnberg vgl. F. BACHMANN, Die alte deutsche Stadt, Bd. 2,1: Bayern, 1942, Abb. 119 (Merian); Schwäbisch Gmünd vgl. unten S. 140, Anm. 99. – Düren: BACHMANN, ebd. Bd. 1,2: Nordwesten, Die Rheinlande, 1941, Taf. 78 Abb. 148 nach W. Hollar 1634.

48 SCHWINEKÖPER, wie Anm. 46, S. 60 f.

49 MGH D O I 145: 952.

50 W. GERLACH, Die Entstehung der Stadtbefestigungen in Deutschland, Diss. Leipzig 1913. – Bei näherem Zusehen enthalten die vorliegenden Quellen noch manche wichtige Nachricht. Vgl. z. B. MGH D O I 287: 965 Mai 23 für Kloster Weißenburg i. E. Danach

ner zu gewährleisten. Die so entstandene befestigte Stadt besaß aber für den Stadtherrn somit gleichzeitig die Bedeutung einer Festung [50a]. Die Bürgerschaft vermochte erheblich mehr Verteidiger zu stellen als die Besatzung einer Burg. Außerdem bildete eine Stadt in jeder Beziehung eine vorzügliche Nachschubbasis. Endlich – und das wird häufig nicht genügend beachtet – stellten Palisaden, Wälle und Gräben und in besonderem Maße Stadtmauern eine eindeutige Abgrenzung für den Geltungsbereich des städtischen Friedens und Rechts dar. In solchen Fäl-

dürfen die Bewohner dieses Ortes *ad nullum aliam civitatem vel castellum muniendum ab aliquo cogantur vel distrigantur, nisi tantum ad idem praescriptum monasterium.* In den ehemaligen Römerstädten wurde die oft noch weitgehend erhaltene ältere Römermauer wiederhergestellt, wie die jetzt Bischof Theodelach von Worms zugeschriebene Mauerbauordnung aus dem 10. Jahrhundert beweist. Vgl. Elenchus, wie Anm. 34, hg. B. DIESTELKAMP, S. 43 f. – Eine der ersten mit einer steinernen Mauer umgebenen werdenden Städte östlich des Rheins scheint nach freilich nicht ganz sicheren Nachrichten Erfurt gewesen zu sein. Vgl. W. SCHLESINGER, Städtische Frühformen zwischen Rhein und Elbe VortrrForsch 4, 1958, S. 153 Anm. 112. Bei weniger bedeutenden städtischen Siedlungen wird man noch lange damit zu rechnen haben, daß diese nur mit Wällen, Gräben oder Palisaden geschützt waren. Der Bau steinerner Mauern setzt in größerem Maßstab erst im beginnenden 13. Jahrhundert ein. Vor allem die späteren Staufer scheinen in dieser Beziehung besondere Aktivitäten entfaltet zu haben. Beispielsweise wurde das strategisch sehr wichtige Zabern 1193 nur erst von Wällen und Gräben umgeben. (Vgl. ReggBffStraßb Bd. 1, S. 356, Nr. 676). Heinrich (VII.) ließ sich nicht ohne Anwendung von Druck vom Abt von Murbach mit Dattenried = Delle belehnen, weil er daraus an dieser ebenfalls strategisch wichtigen Stelle eine Festung machen wollte. Vgl. S. 126 f. König Konrad IV. wies 1242 die Städte Colmar und Kaysersberg an, das in den Hochvogesen gelegene Kloster Pairis mit Ungeld und anderen Abgaben zu verschonen, da dieses sich verpflichtet habe, jährlich 40 Wagen mit Steinen zur Befestigung der königlichen Städte zu liefern. Vgl. RI V,1, Nr. 4462 = HB Bd. 6, S. 838. Im November 1237 überließ der gleiche König der Stadt Murten seine dortigen Einkünfte unter der Bedingung, daß diese sich mit einer steinernen Mauer umgebe. Diese Mauer sollte 6 Fuß in die Erde gehen, sich 12 Fuß über die Erde erheben und 4 Fuß dick sein. Vgl. RI V,1, Nr. 4393. Dementsprechend waren in der Mitte des 13. Jahrhunderts nach dem Reichssteuerverzeichnis von 1241 zahlreiche Städte des Reiches wegen *edificio* von der Zahlung befreit, was sicher zu Recht auf die Anlage von Stadtmauern bezogen wird. Vgl. MGH Const Bd. 3, S. 2 ff. Daneben gab es aber noch immer zahlreiche kleinere und unbedeutende Städte, welche sich mit dem Schutz von Gräben und Wällen begnügten. Vgl. z. B. ReggBffStraßb 2, S. 377, Nr. 2370: 1295 April 5: »Die Ritter Peter und Bernhard von Bollweiler tragen dem Bischof von Staßburg das gleichnamige Städtchen mitsamt den Gräben als Lehen auf.«

50a Durch ihre größere Einwohnerzahl und ihre wirtschaftliche Kraft stellte eine Stadt im allgemeinen eine erheblich höhere militärische Macht dar als eine Burg, deren Fassungsvermögen in der Regel nicht allzugroß war. Die Burg Kaysersberg im Elsaß faßte z. B. mitsamt der Vorburg 40 Ritter. Vgl. RI V,2 Nr. 4061 = HB Bd. 3, S. 333 f.: 1227 Mai 18: König Heinrich (VII.) kauft die Burg von den v. Horburg und v. Rappoltstein. – Der enge militärische Zusammenhang zwischen Burg und Stadt wird im Falle des bereits behandelten Logne ebenfalls deutlich (vgl. oben Anm. 16). Die neu errichtete Burg sollte demnach *ad tuitionem totius terrae* der Abtei Stablo dienen. Da aber *sollitudo quedam erat circa castellum et edifitia, hec ad necessarium ornatum et munitionem et comeatum victualium non suffitiebant... eandem villam [Longia] sub castello in valle orientem versus collocare, sicque nundinis et foro instituto, castellum decore, munitione, custodia, necessariis comeatibus adjuvare.* Ähnlich lagen etwa die Verhältnisse in Villeneuve am östlichen Genfersee, das an Stelle des älteren Compegie unter dem Namen *Vil-*

len war also eine Abgrenzung des Marktbezirkes durch besondere Rechtszeichen, wie sie noch in dem erwähnten Fall von Logne vorgenommen werden mußte, nicht mehr erforderlich. Das Fehlen oder Vorhandensein einer Stadtbefestigung hatte also für die betreffende Stadt erhebliche Folgen. Vor allem die Errichtung einer Mauer stellte außerdem für die Bürgerschaft eine starke finanzielle Belastung dar, die diese sich häufig von dem in dieser Hinsicht besonders interessierten Stadtherrn durch die Gewährung bestimmter Privilegien und Rechte oder durch Steuernachlaß entgelten ließ. Infolgedessen bedeutete die Erbauung einer Stadtbefestigung nicht nur eine klare Grenzziehung gegenüber anderen Gewalten, sondern sie hatte auch häufig starke verfassungsrechtliche Konsequenzen für den betreffenden Ort.

Merkwürdigerweise hat die ältere Stadtgeschichtsforschung den hier nur kurz gestreiften Problemen nicht die Aufmerksamkeit gewidmet, die sie eigentlich verdienen. Erst in jüngerer Zeit hat Carl Haase die »mittelalterliche Stadt als Festung« in den Mittelpunkt eines Essais gestellt [51]. Hier hat er gezeigt, daß die von uns nur angedeuteten Probleme durchaus noch der intensiveren Einzeluntersuchung bedürfen. Beispielsweise ist es noch immer nicht geklärt, ob die sogenannten Emporien oder Wieke tatsächlich – wie die ältere Forschung annahm – unbefestigt waren oder nicht. Für den karolingischen Händlertreffpunkt Dorestad im Rheindelta haben die dortigen Grabungen der jüngsten Zeit in dieser Hinsicht noch keine volle Klarheit schaffen können [52]. Ebensowenig ist meines Wissens die Rolle des großen Halbkreiswalles um den Handelsplatz Haithabu bei Schleswig endgültig geklärt [53]. Daß die noch vorhandenen Mauern ehemaliger Römerstädte, soweit möglich, von den nunmehrigen Bewohnern dieser Orte weiterverwendet oder sogar – besonders nach den ersten Einfällen der Normannen – weiter ausgebaut wurden, wird heute allgemein angenommen. Daher verzichten wir hier darauf, diese Probleme ausführlicher zu behandeln. Es sei nur an die bekannte Wormser Mauerbauordnung erinnert, die heute noch in das

la nova Chillonis im Jahre 1215 von dem Grafen von Savoyen gegründet wurde. Vgl. Dictionnaire Historique et Biographique de la Suisse, Bd. 7, 1933, S. 135: »A ce moment la localité de Compegie se transforme. Le comte de Savoie a besoin d'hommes pour la garde du château de Chillon. Il y attire les gens de la région par l'attrait du commerce à un passage très important, par des franchises très liberales et leur assure à eux mêmes la sécurité en entournant l'agglomeration de remparts«.

51 C. Haase, Die mittelalterliche Stadt als Festung, in: Ders., Die Stadt des Mittelalters, Wege der Forschung 243, 1969, Bd. 1, S. 384–414. Vgl. ferner W. Schlesinger, Burg und Stadt, in: Aus Verfassungs- und Landesgeschichte, FS Th. Mayer, 1954, Bd. 2, S. 97–147, jetzt auch Ders., Beiträge zur deutschen Verfassungsgeschichte des Mittelalters, Bd. 2, 1963, S. 92–147.

52 H. Jankuhn, Typen und Funktionen vor- und frühwikingerzeitlicher Handelsplätze im Ostseegebiet, SBBWien, Bd. 273,5, 1971, 12 f. Danach ist der Haithabu umschließende Halbkreiswall im 10. Jahrhundert angelegt worden. Er überdeckt ältere Siedlungsschichten einer offenbar unbefestigten Kaufmannssiedlung; W. A. van Ess, Die neuen Dorestadgrabungen 1967–1977, in: Vor- und Frühformen, wie Anm. 10, Bd. 1, S. 202–217.

53 Jankuhn, wie Anm. 52, S. 6 ff.

10. Jahrhundert gesetzt wird [54]. Für neu angelegte Siedlungen frühstädtischen Charakters aus diesem Zeitraum kann man wohl im allgemeinen das Vorhandensein von Palisaden aus Holz, Planken, Zäunen und – wenn es hoch kommt – Wällen und Gräben voraussetzen [55]. Mauern bilden noch im 11. Jahrhundert eine Ausnahme. In den meisten Fällen, in denen sie erwähnt werden, stellten sie – wie in Magdeburg, Hildesheim oder Merseburg – wohl nur Ummauerungen der Domburg dar. Lampert von Hersfeld weiß daher von dem in salischer Zeit sicher bereits zu den bedeutenden Städten Norddeutschlands zählenden Goslar zu berichten, daß es unter Heinrich IV. nur von Wällen und Gräben umgeben gewesen sei [56]. In ähnlicher Weise glaubt man für Hildesheim beweisen zu können, daß die zwischen Domburg und dem Michaeliskloster sich entwickelnde älteste Marktsiedlung mindestens seit dem 11. Jahrhundert von Palisaden umgeben gewesen sei [57]. Erfurt, das damals freilich zu den bedeutendsten Handelsplätzen im mittleren Deutschland gehört haben dürfte, soll dagegen um diese Zeit freilich nach nicht einfach zu deutenden Nachrichten von einer Mauer geschützt worden sein [58].

Wegen der geringen Zahl verläßlicher Nachrichten hat die Forschung versucht, aus den fast ausschließlich lateinischen Bezeichnungen für die Städte dieser Zeit, welche in Urkunden oder Chroniken verwendet werden, Rückschlüsse auf die Art und Verfassung und vor allem auf eine eventuell vorhandene Befestigung zu ziehen. Leider ist dies wenig erfolgreich verlaufen, da – wie so vieles im Mittelalter – auch die Bezeichnungen für Siedlungen städtischer Art recht inkonsequent gehandhabt worden sind [59]. Beispielsweise wird das damals bestimmt in jeder Hin-

54 Selbst Dörfer waren im Hohen Mittelalter im allgemeinen wenigstens mit Gräben, Wällen und Zäunen umgeben. Vgl. Sachsenspiegel, Landrecht II, 26, 1. E. Ennen spricht von »Wikummauerung«. Vgl. Dies., Frühgeschichte der europäischen Stadt, 1953, S. 152 ff.; Dies., Die europäische Stadt des Mittelalters, 1972, S. 98 meint, daß die meisten Städte ihre Mauer bereits im 12. Jahrhundert erhalten hätten. Dies mag für die großen und wichtigen Orte dieser Zeit gelten. Für die Mehrzahl der Mittel- und Kleinstädte scheint mir dieser Zeitansatz jedoch zu früh. Diese wurden nämlich in der Mehrzahl erst in der ersten Hälfte des 13. Jahrhunderts mit Mauern umgeben.

55 Mehrere anschauliche Schilderungen über die Entstehung der heute völlig bedeutungslosen Stadt Ardres (Dép. Pas de Calais) bei Lambert von Ardres, Historia comitum Ghisnensium (Guines, Dép. Pas de Calais), MGH SS 24, S. 589, 597 f., 614, 640. Auf diese von der deutschen Forschung nur wenig beachtete Quelle hat wieder aufmerksam gemacht: H. Patze, Adel und Stifterchronik, in: BllDtLdG 101, 1965, S. 83 f.; vgl. Ders., Stadtgründung und Stadtrecht, wie Anm. 3, S. 176 Anm. 50.

56 MGH SSrerGerm S. 187.

57 J. Gebauer, Geschichte der Stadt Hildesheim, Bd. 1, 1922, S. 36.

58 Vgl. Schlesinger, wie Anm. 50.

59 Zu dieser Problematik u. a. G. Köbler, Frühmittelalterliche Ortsbegriffe, in: BllDtLdG 108, 1972, S. 1–27; vgl. ferner Ders., Civitas und vicus, burg, stat, dorf und wik, in: Vor- und Frühformen, wie Anm. 10, Bd. 1, S. 61–91; H. Stoob, Kartographische Möglichkeiten zur Darstellung der Stadtentstehung in Mitteleuropa, in: Ders., wie Anm. 17 a, Bd. 1, 1970, S. 22 f.; H. Hundsbichler, Stadtbegriff, Stadtbild und Stadtleben nach ausländischen Berichterstattern über Österreich, in: Das Leben in der Stadt des späten Mittelalters, wie Anm. 24, S. 113 ff.

sicht als Stadt anzusprechende Freiburg in der Mitte des 13. Jahrhunderts – vermutlich im Sinne des französischen Wortes »ville« – als *villa* bezeichnet, obwohl Urkunden und die Bauformen der Stadttore aus dieser Zeit deutlich zeigen, daß die Stadtbefestigung schon zu Beginn des 13. Jahrhunderts bestanden haben muß [60]. Besonders mit dem schillernden Begriff *civitas* ist im allgemeinen für die hier angeschnittene Frage kaum etwas anzufangen. Doch scheint *oppidum* in dieser Zeit überwiegend eine Bezeichnung für eine befestigte Anlage, also im allgemeinen für eine Stadt, gewesen zu sein. Auch *castrum*, das meist mit Burg übersetzt wird, kann im 12. und 13. Jahrhundert gelegentlich als Bezeichnung für eine befestigte Stadt gebraucht werden [61].

Im übrigen scheint es, daß manche Stadtherrn das militärische Potential von Städten höher einzuschätzen geneigt waren als andere [61a]. Dies dürfte beispielsweise besonders für die Staufer zutreffen. Von Friedrich Barbarossa liegen Nachrichten vor, nach denen er sich von Bistümern oder Klöstern wichtige in deren Besitz befindliche Orte nicht ohne Zwang zu Lehen geben ließ, um an diesen nicht nur Burgen, sondern auch befestigte Städte anlegen zu können [62]. Dem Bistum Straßburg wurden so neben anderen die Orte Mülhausen, Molsheim, Rosheim und sicher auch Offenburg entfremdet, was später zu lang andauernden Streitigkeiten zwischen Friedrich II. bzw. Heinrich (VII.) und den Straßburger Bischöfen führen sollte. Mit Hilfe der gleichen Methoden wurde ganz offensichtlich den Mainzer Erzbischöfen der wichtige Ort Gelnhausen abgenommen und zu einem staufischen Stützpunkt ausgebaut [63]. Nicht anders wurden die Bischöfe von Worms veran-

60 FreibUB, hg. F. Hefele, Bd. 1, S. 160, Nr. 188: 1262 März 30: *in foro ville Vriburgensis.* Das durch seine Buckelquader als stauferzeitlich erwiesene noch heute vorhandene Martinstor im Süden der Altstadt wird urkundlich 1238 erstmalig erwähnt: FreibUB, wie vor, Bd. 1, S. 50, Nr. 63: 1238 August 30.

61 FreibUB, hg. F. Hefele, Bd. 1, S. 163, Nr. 192 Anm. 1: 1263 Mai 10. Vgl. ferner die bei Anm. 59 angegebene Literatur.

61a Aufgrund der starken Stellung der englischen Könige im Lande, hält Beresford (wie Anm. 1, S. 179 ff.) die militärische Bedeutung der dortigen Städte nicht für besonders ausschlaggebend. Dies scheint mir für die kontinentalen Städte nicht zuzutreffen.

62 H. Heuermann, Die Hausmachtpolitik der Staufer von Herzog Friedrich I. bis König Konrad III., Diss. Berlin 1939; A. Meister, Die Hohenstaufen im Elsaß 1079–1255, 1890; F. X. Vollmer, Reichs- und Territorialpolitik Kaiser Friedrichs I., Diss. Freiburg (Masch.) 1951; vgl. auch Ders., wie Anm. 64; K. Weller, Die staufische Städtegründung in Schwaben, in: WürttVjhLdG 36, 1930, bes. S. 152 ff.; H. Werle, Staufische Hausmachtpolitik am Rhein im 12. Jahrhundert, in: ZGORh 110, 1962, S. 241–371; H. Fein, Die staufischen Städtegründungen im Elsaß, SchrrInstElsLoth NF. 23, 1939; W. Maier, Stadt und Reichsfreiheit, Entstehung und Aufstieg der elsässischen Hohenstaufenstädte (Mit besonderer Berücksichtigung des Wirkens Kaiser Friedrichs II.), Diss. Freiburg/Schweiz, 1972.

63 HdbHistStätt Bd. 4: Hessen, 1960, S. 154 (C. Cramer).

laßt, Wimpfen und vermutlich auch Heidelberg den Staufern zu übergeben [64]. Die Art des staufischen Vorgehens läßt eine Urkunde Friedrichs I. vom Jahre 1185 besonders deutlich erkennen, nach der sich der Kaiser und der in diesem Falle betroffene Bischof von Basel zu einer Regelung der gegenseitigen Verhältnisse in dem strategisch sehr wichtigen Breisach und bezüglich der nicht weniger bedeutenden Burg Istein zusammenfanden [65]. Sie trafen eine Abmachung, nach der der jugendliche Heinrich VI. mit beiden Orten vom Bischof mitbelehnt werden sollte. Gemeinsam sollten vor allem Breisach von den Vertragspartnern ausgebaut und befestigt werden. Die Verwaltung der Stadt und deren Einkünfte sollten dann zwischen ihnen geteilt werden. Da der Bischof vorher hier unangefochtener Herr gewesen war, ist es deutlich, daß der Vertrag eindeutig zugunsten Barbarossas geschlossen wurde. Auch in der dritten Bischofsstadt Südwestdeutschlands, nämlich in Konstanz, waren nach einer späteren Nachricht vom Jahre 1241 die Steuern zur Hälfte an den Kaiser und zur anderen Hälfte an den dortigen Bischof zu zahlen, was auf ähnliche Verhältnisse hindeutet [66].

Natürlich haben sich sicher auch andere Fürsten bei der Anlage von Städten im 12. und 13. Jahrhundert neben wirtschaftlichen vor allem von militärischen Gesichtspunkten leiten lassen, ohne daß dies wegen mangelnder Nachrichten völlig deutlich gemacht werden könnte. Es ist aber ganz sicher, daß vor allen anderen die Staufer in ihrer durch zahlreiche Gegner gefährdeten Spätzeit in dem Erwerb und der Befestigung strategisch günstig gelegener Orte ein besonders effektives Mittel für die Sicherung ihrer Positionen sehen mußten. So ließ sich Heinrich (VII.) nicht ohne die in der betreffenden Urkunde ausdrücklich hervorgehobene Anwendung von Druck im Jahre 1235 vom Abt des Klosters Murbach das inmitten der Burgundischen Pforte gelegene und daher militärisch wichtige Dattenried/Delle wiederum unter Teilung der dortigen Einkünfte abtreten, *ut in eodem loco*

64 F. X. Vollmer, Besitz der Staufer, in: HistAtlasBadWürtt. Karte V,4, dazu Erläuterungen S. 6. – R. Jülich, Die Entwicklung des Wirtschaftsplatzes Wimpfen bis zum Ausgang des Mittelalters, VeröffKomGLdKd Bad-Württ, Reihe B, 14, 1961, S. 16 f.; K. P. Schröder, Wimpfen, Verfassungsgeschichte einer Stadt, wie vor Reihe B, 78, 1973. – Heidelberg: Atlas, wie vorstehend, Karte IV,6, Nr. 3 (A. Scheuernbrand) mit Erläuterungen, S. 12, wonach Pfalzgraf Konrad als Gründer der Stadt anzusehen sein dürfte. Er dürfte Heidelberg als Lehen der Wormser Kirche erhalten haben.

65 Monuments de l'histoire de l'ancien évêché de Bâle, hg. J. Trouillat, Bd. 1, 1852, S. 399. Vgl. dazu zuletzt B. Schwineköper, Eine neue Geschichte Breisachs, ZBreisgauGV (Schau-ins-Land) 94/95, 1976/77, S. 367 f. Das in Breisach aber auch andernorts von den Staufern in Anwendung gebrachte Verfahren weist eine gewisse Ähnlichkeit zu den späteren(?) Kondominatsverträgen (paréages) in Südwestfrankreich und gelegentlich auch in England auf. Vgl. Beresford, wie Anm. 1, S. 99: »The instrument was the partnership or paréage. A local landowner was taken into partnership: he provided a site, and the royal patron endowed the town with liberties and promised it his protection. The revenues from the town were divided among the partners, usually in equal shares.« Vgl. ferner Higounet, wie Anm. 73c, S. 672 f., 685 u. ö.

66 MGH Const, Bd. 3, S. 4. – H. Büttner, Zum Städtewesen der Zähringer und Staufer am Oberrhein während des 12. Jahrhunderts, in: ZGORh 105, 1957, S. 87 f.

munitum oppidum construamus [67]. Ferner ist es belegt, daß der bekannte Reichsschultheiß Wölfflin von Hagenau zur gleichen Zeit elsässische Städte, wie Schlettstadt, Colmar und Hagenau, befestigen ließ [68]. Im Reichssteuerverzeichnis von 1241 werden mehreren Reichsstädten die Steuern *pro edificatione urbis* erlassen, darunter in unserem Bereich beispielsweise Rottweil und Offenburg [69]. Sicher mit Recht hat man diese Angabe auf die damals erfolgende Erbauung von Stadtmauern bezogen. Konrad IV. befahl 1242 den Reichsstädten Colmar und Kaysersberg, das Zisterzienserkloster Pairis in den Hochvogesen mit der Erhebung von Abgaben zu verschonen, da dieses sich verpflichtet habe, jährlich 40 Wagen mit Steinen für die Befestigung der königlichen Städte im Elsaß zu liefern [70]. Es ergibt sich also, daß die Staufer bemüht waren, sogar die Klöster für die Befestigung der benachbarten Städte ebenso heranzuziehen, wie dies früher – etwa nach der Wormser Mauerbauordnung – mit den Bewohnern der benachbarten Dörfer geschehen war [71]. Aber nicht nur im Elsaß und am Oberrhein gingen die Staufer in dieser Zeit in der hier gekennzeichneten Weise vor. Auch im inneren Schwaben wurden königliche Städte, wie etwa Esslingen, Reutlingen und Heilbronn, jetzt mit Mauern umgeben [71a]. Welche schon angedeuteten Folgen dies etwa für die Fortentwicklung der städtischen Verfassung haben konnte, vermögen wir hier nicht weiter zu verfolgen. Erinnert sei nochmals an die Funktion der Stadtbefestigung für den Geltungsbereich des städtischen Friedens und Rechts. Aber während es später einem Teil dieser Städte gelang, ihr Recht auch über ihre Gemarkung geltend zu machen, haben dies andere – wie z. B. Offenburg – nie vollständig erreicht [72].

VIII.

Wir müssen uns nun der wichtigen Frage zuwenden, wer eigentlich die technische Anlage von Städten durchgeführt haben könnte. Jedoch fehlen Nachrichten darüber so gut wie vollständig. Eine Ausnahme bildet die Schilderung, die der bereits erwähnte Chronist Lambert von Ardres als mit dem Stadtgründer verwand-

67 HB Bd. IV,2, S. 559 f. In der genannten Urkunde sagt der König ausdrücklich, daß diese Belehnung erfolgt sei *ad nostram instantem petitionem.*

68 ReggBffStraßb Bd. 2, S. 20, Nr. 838. – Richer, Gesta Senoniensis ecclesie, MGH SS 25, S. 302: *Scelestat quoque, que antea parvissima villa erat, francam fecit et eam muris latissimis et burgensibus pluribus ampliavit et ditavit. Oppidum quoque Keseperch* (Kaysersberg) *cum castello suo de novo edificavit. Columbariam etiam in episcopatu Basiliensi sicut Scelextat* (!) *fecerat, construxit. Circa Retnum* (!) *igitur oppidum quod Nuenborch dicitur similiter munivit et libertavit.*

69 MGH Const Bd. 3, S. 1 ff.

70 Vgl. Anm. 50.

71 Ebd. – Die Mitwirkung der Bewohner sämtlicher zum Burgward Magdeburg gehörenden Dörfer bei der Befestigung der zentralen Burganlage setzt bereits 965 das ihnen auferlegte *opus construendi urbis* voraus. Vgl. MGH D O I 300: 965 Juli 9.

71a G. Domes, Die Befestigungsanlagen der freien Reichsstadt Reutlingen, 1966, S. 10 nach Hugo von Reutlingen (1285–1360).

72 O. Kähni, Offenburg und die Ortenau, Geschichte einer Stadt und ihrer Landschaft, 1976, S. 42.

ter dortiger Ortspfarrer von der technischen Anlage dieses heute gänzlich unbedeutenden Städtchens gleichen Namens zwischen St. Omer und Calais (Dép. Pas de Calais) Anfang des 13. Jahrhunderts gegeben hat [73]. Hier wird sicher aufgrund guter familiärer Informationen berichtet, wie bereits zu Beginn des 11. Jahrhunderts beim Hause eines *cerevisiae brasiatoris* durch die dort zu einer Art von Kegel- oder Boulespiel zusammenkommenden Bauern der Umgebung sozusagen auf grüner Wiese ein *forum rerum venalium* entsteht. Dies wird, wohl wegen eines den Zugang zum Meer ermöglichenden Wasserlaufes, bald auch von italienischen Englandfahrern anscheinend als Hafenplatz aufgesucht. Der Herr der sich schnell entwickelnden Siedlung, ein apanagiertes Mitglied der Grafenfamilie von Guines namens Arnoldus, verlegt alsbald seinen Wohnsitz nach hier und beauftragt einen *doctum geometricalis operis magistrum* namens Simon damit, einen Wall um die entstehende Siedlung anzulegen und zu vermessen, was Scharen von Neugierigen und Müßiggängern anlockt. Offenbar werden dabei auch die Fluchtlinien der künftigen Straßen ohne Rücksicht auf bereits vorhandene Wege, Häuser, Gärten und Äcker festgelegt. Die an sich recht amüsante Schilderung sagt aber leider über die hier interessierenden Fragen keine deutlicheren Einzelheiten aus [73a]. Hervorhebenswert scheint uns nur, daß der Stadtgründer auch ein *forum causarum et mercatorum gilleolam*, letztere sogar mit einem bleigedeckten Dach, erbauen läßt. Es dürfte sich also um ein Gebäude für das stadtherrliche Gericht und um eine Kaufhalle für die Abwicklung der Geschäfte der Kaufleute gehandelt haben, wie sie uns schon beschäftigt haben. Endlich verdient noch festgehalten zu werden, daß auch hier noch in der zweiten Hälfte des 12. Jahrhunderts Einwohner der benachbarten Dörfer, sicher als Fronarbeiter, zur Erbauung der neuen Stadt herangezogen werden, wie dies schon früher kurz gestreift wurde.

Leider liegen sonst fast keine weiteren Schilderungen der soeben behandelten Art vor [73b]. Daher muß es unentschieden bleiben, ob sich die fürstlichen Gründer

73 Vgl. Anm. 55

73a Vgl. MGH SS 24, S. 640: *tam doctum geometricalis operis magistrum Symonem fossarium cum virga sua magistrali more procedentem et hic illic iam in mente conceptum rei opus non tam in virga quam in oculorum pertica geometricantem domosque et grangias convellentem, pomeria et arbores florentes et fructificantes concidentem, plateas non tam festis quam profestis diebus ad omne omnium transeuntium asiamentum summo studio et labore paratos conspicantem, curtilos cum oleribus et linis fodientem, sata ad restituendas vias diruentem et conculcantem.*

73b Kaum beachtet wurde bisher die ausführliche Beschreibung der Errichtung des Marktes von St. Mihiel bei Verdun, die der dortige Abt angeblich 957 vornahm. Vgl. E. SACKUR, Die Cluniazenser in ihrer kirchlichen und allgemeingeschichtlichen Wirksamkeit bis zur Mitte des 11. Jahrhunderts, Bd. 1, 1892, S. 381 f. nach Cartulaire de l'abbaye de St. Mihiel aufgrund von Bibliothèque Nationale Paris, Nouveaux acquisitions Nr. 1283: *praefatum monasterium in suo ambitu habet et de sua dote tenet tres croverias ... terciam vero incipientem ab una latere iuxta furnum nostrum Brouville et praetendentem per viam Virduni usque ad fontem, qui dicitur Mardosus fons, recte usque ad ripam Moze sinistra parte et a dextra usque ad montem nostri prioratus sancti Blasii. Haec vero croveria dimissa fuit hominibus praefati monasterii ad habitandum et domos edificandum per venerabilem abbatem Stephanum ..., quilibet pes latitudinis continens centum pedes in*

von Städten über deren rechtliche und wirtschaftliche Privilegierung hinaus, tatsächlich auch mit den Einzelheiten von deren technischer Ausgestaltung abgegeben haben sollten. Es ist wohl auch eine anachronistische Vorstellung, Männer wie Herzog Konrad III. von Zähringen, König Konrad III. oder Friedrich Barbarossa über Planzeichnungen von Freiburg, Hagenau oder Gelnhausen gebeugt zu sehen, wenn sie auch einige grundsätzliche Richtlinien gegeben haben mögen [73c]. Auf der anderen Seite wird wohl heute niemand mehr das sogenannte Gründerkonsortium der Kaufleute, eine ebenso geniale und die Forschung zunächst vorantreibende, wie andererseits unbewiesene und unbeweisbare Vorstellung Fritz Rörigs, in der älteren Form erneut ins Spiel bringen wollen [74]. So bleibt denn wohl keine ande-

longitudine pro uno denario Proveniensi. Unde dicti homines ipsam croveriam amodiantes, de ea sic ordinaverunt, quod primam partem versus Virdunum dimiserunt, terciam ordinaverunt ad colendum, mediam vero partem ad edificandum et in ea habitandum, in qua media parte dictus venerabilis abbas Stephanus retinuit pro se et suo monasterio recte in medio duo iornalia terre ad domipolam edificandum, forum commune tenendum. Hec autem admodatio fuit facta per venerabilem abbatem Stephanum praedictum et suum conventum propriis hominibus sui monasterii anno ... [957 Oktober 4] Media pars huius croverie in circuitu duorum iornarium terre, que dictus venerabilis Stephanus retinuit pro foro tenendo, continet quatuor vicos in circuitu, et pro amodiatione primus vicus in saltibus nobis tenetur in decem novem solidis Provencium cum octo denariis, secundus vicus incipiens in angulo, ubi fluvius Moze undas suas revolvit, superius ascendens debet viginti duos solidos, tercius ascendens ad meridiam decem octo, quartus rediens ad Circusfranciam decem et novem solidos cum decem denariis et semipede. Es scheint, als ob die hier beschriebene Anlage im heutigen Stadtplan von St. Mihiel mit der Place des Halles noch gut erkennbar ist. Zu *domipola* vgl. Ducange, Bd. 3, 1882, S. 175: »Domipola idem quod Hala, aula major et publica, ubi mercatores merces suas venum exponunt«. Zu *croveria* vgl. ebd., Bd. 2, S. 623: crouda = crovée [= Acker]. – Leider weist die hier behandelte sicher erst später aufgezeichnete Beschreibung vor allem hinsichtlich der vorkommenden Personen eine Reihe von sachlichen Irrtümern und Verwechselungen auf. Da der Text zudem in späten Abschriften vorliegt, ist er nur sehr schwer auf seinen historischen Wahrheitsgehalt zu beurteilen. Trotzdem halte ich es durchaus für möglich, daß die beschriebenen Vorgänge sich im 11. oder 12. Jahrhundert in dieser Form abgespielt haben könnten. Hervorhebenswert an dem mitgeteilten Bericht scheinen mir einmal das Zusammenwirken zwischen dem Marktherren und den künftigen Bewohnern, die Austeilung von Hofstätten verschiedener Größe je nach dem zu zahlenden Preis und endlich die Anlage einer Markthalle durch den Abt.

73c Angaben über vorher aufgestellte Pläne für die Erbauung von mittelalterlichen Städten sind mir in Deutschland bisher nicht begegnet. Überall, wo in der Forschung von »planmäßigen« Stadtanlagen gesprochen wird, beruht dies auf der Interpretation der mehr oder weniger regelmäßigen Straßenführung und Grundstückseinteilung, die aus neuzeitlichen Stadtgrundrissen erkennbar werden. Doch teilt aus Südwestfrankreich C. Higounet mit, daß der hl. Austindus, Erzbischof von Auch, das Allod Nogaro erworben habe. »Dann ließ er den Plan des Dorfes aufzeichnen und weihte dessen Kirche im Jahre 1061 – letzteres läßt eine Bauzeit zwischen 1050 und 1060 annehmen.« Vgl. C. Higounet, Zur Siedlungsgeschichte Südwestfrankreichs vom 11. bis zum 14. Jahrhundert, VortrrForsch 18, 1975, S. 671, nach A. Breuils, S. Austinde et la Gascogne au XI siècle, Auch 1895, mir nicht zugänglich.

74 F. Rörig, Der Markt von Lübeck, in: HansBeitrrWirtschaftsG, = VeröffSchlesHolstUnivGes 12, 1928, jetzt Ders., Wirtschaftskräfte im Mittelalter, AbhhStadtHanseG, hg. P. Kaegbein, 1971².

re Möglichkeit, als auch in dieser Hinsicht in erster Linie an jene tatkräftigen Gehilfen und beinahe schon »Beamten« zu denken, mit deren Unterstützung Salier und Staufer, aber auch geistliche und weltliche Fürsten ihre Herrschaften aufgebaut und beherrscht haben, nämlich ihre Ministerialen. Ihre schon früher erkannte große Bedeutung hat Karl Bosl nochmals umfassend klargestellt [75]. Reichsministeriale, Reichsvögte und Reichsschultheißen ministerialischer Herkunft bei den Staufern, Stadtvögte und *homines de domo ducis* bei den Zähringern dürften also die Leitung solcher Unternehmen, wie der Gründung des Marktes Hagenau oder Freiburgs, im 12. Jahrhundert in der Hand gehabt haben. Hundert Jahre später werden uns auch Namen genannt: Männer, wie der später undurchsichtig handelnde Wölfflin von Hagenau oder Konrad von Winterstetten, standen nunmehr, wie man aus einigen Nachrichten schließen kann, bei den Staufern an erster Stelle [76]. Es sei in diesem Zusammenhang daran erinnert, daß der staufische Machtbereich im Vergleich zu anderen Fürstenhäusern, wie etwa den Zähringern, eine erheblich größere Ausdehnung besaß. Er befand sich daher oft nicht allein in der Hand des Familienältesten. Vielmehr hatten dessen Brüder und andere jüngere Mitglieder des Hauses eigene Anteile, in denen sie anscheinend eigene Methoden der Herrschaftsausübung anwandten. Schon aus diesen Gründen ist also zu vermuten, daß das Gesamtbild der staufischen Städte nicht jene Einheitlichkeit zu bieten vermag, welche die bisherige Forschung bei den zähringischen Städten in zu konsequenter Form erkennen zu können glaubte. Gänzlich im Dunkel tappt man schließlich, wenn man nach den Gehilfen der ministerialischen Beauftragten fragt, welche die technischen Grundlagen lieferten. Die Erwähnung des Landmessers bei Lambert von Ardres wiederholt sich nämlich in deutschen Quellen nicht. Doch dürfte es solche und andere Fachleute auch dort gegeben haben, wie man auch manchen landmesserischen und baulichen Indizien folgern zu können glaubt.

Natürlich konnten aber die mit dem Aufbau einer größeren städtischen Siedlung beauftragten ministerialischen »Beamten« ihre Aufgabe, selbst wenn sich dieser über Jahre und Jahrzehnte hinwegzog, nur dann erfolgreich durchführen, wenn entweder die bereits in einer älteren Vorsiedlung ansässigen Leute oder die mit Hilfe von günstigen Angeboten angelockten künftigen Stadtbewohner dabei mitwirkten. Insofern hat F. Rörig mit seinen Vorstellungen sicher nicht unrecht. Unbewiesen ist nur seine Ansicht, nach der vor allem die Neuankömmlinge eine Form von Genossenschaft bzw. Konsortium gebildet hätten, das dann zur Wurzel

75 K. Bosl, Die Reichsministerialität der Salier und Staufer, SchrrMGH 10, 1950. – Vgl. dazu die Nachricht über den Wiederaufbau des seit 40 Jahren wüst liegenden (Neu-)Haldensleben zu 1224 im zeitgenössischen Chronicon montis Sereni, MGH SS Bd. 23, S. 156: *Haldisleve civitas ab hominibus Alberti archiepiscopi* [von Magdeburg] *reaedificatur, ipso* [i. e. archiepiscopo] *in partibus Lombardiae ... per triennium occupato*. Die mehr als 100 Jahre jüngere Magdeburger Schöppenchronik schildert, vielleicht aufgrund anderer Quellen, den Vorgang folgendermaßen (ChronDtStädte 7, 1869, Bd. 1, S. 146): *In den sulven jare* [1223] *buwede Gerard, droste unses godeshuses, Nien Haldensleven wedder und leide de muren dar umme, dat biscop Wichmann tostort hadde* [1181].

76 Vgl. Anm. 88. – 1225 verwaltet Konrad von Winterstetten die Stadt Villingen *auctoritate regis*. Vgl. Atlas wie Anm. 64, Karte IV, 7, Erläuterungen S. 15 (F. Sepaintner).

des städtischen Rates geworden sei. Die Zusammenarbeit aller Bewohner war sicherlich erforderlich. Aber sie dürfte sich weitgehend unter herrschaftlichen Zeichen vollzogen haben. Wenn nicht gerade besonders günstige Bedingungen vorlagen, war es sicher nicht so ganz einfach, die für den erfolgreichen Aufbau notwendige Zahl von Menschen anzulocken. Die anscheinend in den einschlägigen Urkunden etwas formelhaft erscheinende Phrase des *convocare mercatum* deckt daher wohl doch einen recht wichtigen Tatbestand ab. Deshalb kommt diese Formulierung in den Urkunden schon relativ früh auf. Das bestimmt nicht gefälschte, von W. Schlesinger rekonstruierte älteste Freiburger Stadtrecht wendet sich daher an die *mercatores personati circumquaque convocati* [77]. Unter diesen befanden sich neben entlaufen Hörigen, mit denen man beispielsweise in Logne recht stark gerechnet zu haben scheint, auch weitgereiste Fernkaufleute, auf deren Erfahrungen es entscheidend ankommen mußte. Sie besaßen sicher eine Vorstellung davon, wie ein gut und praktisch angelegter Marktort etwa auszusehen habe. Jede Markt- und Stadtgründung ohne diese Leute war zur Erfolglosigkeit verurteilt. Doch konnte man auch auf die lokalen Erfahrungen der eventuell in einer älteren Vorsiedlung bereits Ansässigen ebenfalls kaum verzichten. Auf die Fron- und Schanzarbeiten der Bauern in den benachbarten Dörfern wurde sicher nicht nur ausnahmsweise zurückgegriffen. In vielen Fällen gingen infolgedessen die der Neuanlage benachbarten Dörfer bald in dieser auf. Wieweit etwa die im Umkreis einer neugegründeten Stadt gelegenen Klöster sich an dem Aufbau beteiligten, hing von deren jeweiligen Sonderinteressen ab. Doch muß auch stärker mit der Möglichkeit gerechnet werden, daß sie von der betreffenden Herrschaft einfach zur Beteiligung gedrängt wurden.

Insgesamt wird man also mit recht verschiedenartigen Situationen und Vorgängen zu rechnen haben. Deutlicher werden solche einmal ausnahmsweise in einer Schilderung des im 1. Viertel des 13. Jahrhunderts entstandenen »Cronicon montis Sereni«, in dem die Geschichte des auf einem für die dortige Gegend recht hohen Basaltkegel gelegenen Augustiner-Chorherrenstifts Petersberg bei Halle (Saale) dargestellt ist. Zum Jahre 1224 wird dort mitgeteilt, der aus einer markgräflichen Ministerialenfamilie stammende Propst Dietrich von Landsberg habe die Absicht gehabt, westlich des Stiftes auf steiler Höhe eine *civitas* anzulegen [78]. Er habe

77 W. Schlesinger, Das älteste Freiburger Stadtrecht, in: ZSRG Germ 63, 1966, S. 96 ff. – Vgl. Endemann, wie Anm. 30, S. 19, 44 f. mit Anm. 117: 848 bittet der Erzbischof von Vienne Kaiser Lothar um Erlaubnis *quod ... quoddam forum publicum construere et convocare vellet mercatum.* Ferner Endemann S. 183. – Daß Neuanlage oder Verlegung eines Marktes nicht so ganz reibungslos vor sich zu gehen pflegten, beweisen die von Lambert von Ardres geschilderten Vorgänge bei der Verlegung des Marktes von Zudkerque (Dép. Pas de Calais) nach Audricq (Dép. Pas de Calais), MGH SS 24, S. 597: *Forum autem, quod apud Sutkercas in die dominica ... ab antecessoribus suis institutum ... apud Alderwicum transtulit ubi et adiacentium parcium villanos ad communem quasi civium habitationem invitavit, coegit et adunavit ... juramento confirmavit. Villam quoque duplici cinxit fossato et aggerem in medio domibus et necessariis edificiis edificavit.*

78 MGH SS 23, S. 215.

deshalb gebeten, *omnes suos consanguineos et plures prudentes viros illud consilium approbasse.* Daß der Abt die ihm verwandten Ministerialen befragte, entspricht den Vorstellungen, die im Vorhergehenden angedeutet wurden. Leider erfahren wir aber nichts weiter über die *prudentes viri,* die ebenfalls zur Begutachtung beigezogen wurden. Es liegt aber die Vermutung nahe, daß es sich um erfahrene Stadtbewohner oder Techniker gehandelt habe, am ehesten aus der benachbarten größeren Stadt, nämlich Halle (Saale), welche vielleicht auch als potentielle Bewohner der Neugründung vermutet werden konnten.

Während also in Deutschland einschlägige Nachrichten bisher kaum ermittelt werden konnten, liegen die Verhältnisse dank der guten Quellenlage für England erheblich günstiger. Durch H. Beresford erfahren wir, wie König Edward I., *rex et bastidor* d. h. Erbauer von planmäßig angelegten Städten vor allem in der ihm damals ebenfalls gehörenden Gascogne, bei solchen Unternehmungen vorzugehen pflegte [79]. Während des englischen Parlaments von 1296 wurden nämlich mehrere Städte zur Mithilfe bei der Erreichung dieses Zieles aufgefordert *to elect men from among your wisest and ablest who know best how to devise, order and array a new town to the greatest profit of Ourselves* [d. h. also des Königs] *and of merchants.* Über den Ausgang dieser ersten Maßnahme ist nichts bekannt. Daher wird angenommen, daß ihr zunächst der Erfolg versagt blieb. Im folgenden Jahr wandte sich nämlich der gleiche König nun nicht mehr an bestimmte bereits bestehende Städte, sondern an namentlich bekannte sachkundige Männer aus London und zwanzig anderen Städten. Diese sollten zu ihm kommen, um mit ihm über einen zweckmäßigen Wiederaufbau der im Krieg mit Schottland damals zerstörten Stadt Berwick on Tweed zu beraten. Die Liste der Namen und Wohnorte der Zusammengerufenen ergibt ein sehr interessantes Bild. Es befanden sich darunter vier Londoner, zwei aus der ehemaligen angelsächsischen Hauptstadt Winchester und drei aus dem gleichfalls sehr alten York. Daneben gab es aber auch Sachkundige aus mehr oder weniger jungen Städten. Zwei der zusammengerufenen Ratgeber sind aufgrund einer in diesen Fällen besonders günstigen Quellenlage genauer zu fassen. Es handelt sich um Henry le Waleys und Thomas Alard. Alard und Mitglieder seiner Familie hatten bereits bei der Anlage des nach dem schon sehr gebräuchlichen Gittersystem erbauten New Winchelsea entscheidend mitgewirkt. Umfangreicher Grundbesitz in dieser Stadt zeigt, wie man offenbar Sachkunde und Geschäft miteinander in Einklang zu bringen in der Lage war. Noch angesehener war die Stellung des Sir Henry le Waleys. Er war nicht nur Mitglied der Kaufhändler-Genossenschaft des Königreichs, sondern auch mehrfach Alderman und Lord Mayor von London. Auch er hatte, obwohl er also aus einer sehr alten Stadt kam, bei der Gründung von New Winchelsea als Sachverständiger mitgewirkt. 1297 war er im Auftrage seines Königs bei der Erbauung von Bastiden in der Gascogne tätig. Gleichzeitig hatte er im Handel mit französischen Weinen ein beträchtliches Vermögen erworben.

79 Beresford, wie Anm. 1, S. 3 ff.

Diese sehr aufschlußreichen Nachrichten stammen zwar bereits aus relativ später Zeit, in der die Errichtung von Städten schon zu technischer Vollkommenheit gelangt war. Außerdem betreffen sie nicht die deutschen Städte. Trotzdem bin ich geneigt, manches, was hier vor sich ging, in primitiverer Form auf die früher liegenden Zeiten zurückzuprojizieren und cum grano salis in verwandter Form auch für Deutschland anzunehmen. Die Kenntnis der andernorts gewonnenen Erfahrungen bei der Neuanlage von Städten dürfte also in erster Linie besonderen Sachverständigen oder denjenigen zu verdanken gewesen sein, die der Aufforderung zur Niederlassung oder wenigstens der Beteiligung an den abzuhaltenden Märkten nachzukommen bereit waren. Im Vergleich dazu dürfte es weniger hoch zu veranschlagen sein, daß selbstverständlich auch der stadtgründende Herr häufig in Deutschland und anderen Ländern weiter herumgekommen war und daher über gewisse Vorstellungen von der Bedeutung und dem Aussehen einer solchen Neugründung verfügt haben dürfte. Es sei nur daran erinnert, daß die Zähringer die Zustände in Köln zu Beginn des 12. Jahrhunderts aus eigener Anschauung gekannt haben und daß sie später mit dem mächtigen, ebenfalls Märkte und Städte anlegenden Grafen von Namur in verwandtschaftliche Beziehungen getreten sind [80]. Unter solchen Voraussetzungen muß daher schon jetzt vermutet werden, daß die technische Ausgestaltung neu angelegter Städte im 12. und 13. Jahrhundert viel eher aus der Entwicklung des Städtebaus in ganz Deutschland und gelegentlich im westlichen Europa hergeleitet werden muß, als allein aus der individuellen Erfahrung eines mehr oder weniger auf sich angewiesenen deutschen Städtegründergeschlechts.

IX.

Nachdem wir – wie es in einem Vortrag gar nicht anders sein kann – vorwiegend anhand von einigen wenigen geeignet erscheinenden Beispielen für diesen Zusammenhang wichtige Gesichtspunkte allgemeinerer Art erörtert haben, die zum Teil in der bisherigen Forschung etwas zu kurz gekommen sind, müssen wir nun auf das eigentliche Kernproblem unserer Überlegungen zurückkommen. Es sollte bekanntlich in erster Linie darum gehen, ob sich das Vorgehen einzelner Städtegründer oder ganzer Familien von hochadliger Herkunft wirklich technisch so stark von einander unterscheidet, daß eine einzelne Stadt, über deren Entstehung weder schriftliche Nachrichten noch sonstige eindeutige Indizien vorliegen, gegebenenfalls nur aufgrund ihres baulichen Befundes diesen Gründerfamilien zugewiesen werden kann, wie dies in den letzten Jahrzehnten vor allem von kunsthistorischer Seite geschehen ist. Um dieses Ziel zu erreichen, läßt es sich nicht um-

80 E. Heyck, Geschichte der Herzoge von Zähringen, 1891, S. 212; B. Schwineköper, Bonn, Köln und Freiburg im Breisgau, in: Die Stadt in der europäischen Geschichte, FS E. Ennen, 1972, S. 482. – Herzog Konrad von Zähringen, der nach Schlesinger, wie Anm. 77, als eigentlicher Gründer der Stadt Freiburg im Breisgau anzusehen ist, war bekanntlich mit Clementia, einer Tochter des Grafen Gotfried von Namur und einer Gräfin von Luxemburg, verheiratet, die 1158 gestorben ist. Heyck, wie oben S. 326.

gehen, noch einmal einige wenige in dieser Hinsicht ergiebige Stadtgrundrisse in aller gebotenen Kürze zu betrachten. Dabei sollen die in den bisherigen Ausführungen gewonnenen Gesichtspunkte genügend berücksichtigt werden. Deshalb sei nochmals ins Gedächtnis zurückgerufen, daß die Errichtung eines Marktes oder einer Stadt zu allen Zeiten und ganz besonders im Mittelalter ein sehr komplexer Vorgang gewesen ist. Neben rechtliche Grundlegungen traten mehr oder weniger gleichzeitig wirtschaftliche, militärische und nicht zuletzt baulich-technische Vorkehrungen. All dies meinen offensichtlich die Urkunden dieser Zeit, wenn sie schon verhältnismäßig früh in solchen Zusammenhängen von dem *jus construendi mercatus* sprechen [81]. Darunter dürfte nämlich, wenn es auch nicht immer ganz deutlich wird, nicht nur das Recht zur institutionellen und wirtschaftlichen Ingangsetzung des Marktes verbunden mit der Einforderung der notwendigen Abgaben verstanden worden sein, sondern zugleich auch die Schaffung der erforderlichen baulich-technischen Vorbedingungen für die praktische Durchführung des Handels. Es braucht eigentlich nicht noch einmal hervorgehoben zu werden, daß diese nicht in jedem Einzelfalle als erforderlich angesehen wurden, denn zum Wesen des Mittelalters gehört eben jene schon mehrfach hervorgehobene Irregularität der Verhältnisse, die dem Erforscher dieser Zeit das Verständnis häufig so sehr erschwert. Aber im Prinzip gehörten in der damaligen Zeit alle diese Maßnahmen zusammen. Deutlich wird dies beispielsweise in einem Diplom Heinrichs (VII.), in dem dieser dem Bischof von Konstanz im Jahre 1233 die Abhaltung von Märkten in Meersburg zugesteht. Darin wird klar unterschieden zwischen der *libertas habendi forum septimanale in suburbio castri sui Merspurg* von der *libertas construendi mercatus* [82]. Was darunter alles zu verstehen war, brauchen wir nach dem bereits Dargelegten nicht noch einmal zu wiederholen. Die Festsetzung von Straßenführungen und die Austeilung von Hofstellen war nur ein Teil dieser Maßnahmen [83].

Ohne in vollem Umfange zu der älteren Marktrechtstheorie zurückzukehren, ist sich die heutige Stadtgeschichtsforschung doch darin völlig einig, daß entscheidende Voraussetzung für die Ausbildung des europäischen Städtewesens das Vorhandensein von Jahr- oder Wochenmärkten an dem betreffenden Ort gewesen sein dürfte. Weder die ehemaligen Römerstädte, wenn sie überhaupt weiterbewohnt wurden, noch die zunächst wohl nur vorübergehend von umherziehenden Händlern aufgesuchten Emporien oder Wieke konnten sich zu mittelalterlichen Städten weiterentwickeln, wenn dort kein dauernd oder in regelmäßigen Abständen stattfindender Markt ins Leben gerufen wurde. Deshalb ist bei der Analysierung von Stadtanlagen auch das Augenmerk neben der Straßenführung und Parzelleneintei-

81 Für diese Formulierung gibt es in den einschlägigen Urkunden zahlreiche Beispiele. Vgl. z. B. ENDEMANN, wie Anm. 30, S. 19: 833 erhält die Abtei St. Denis das Recht *in loco Haenohem* (im Veltlin) *super lacum Cumensem suis ministris auctoritate quoddam liceret construere mercatum.* Weitere ähnliche Belege bei ENDEMANN, wie vor, S. 19, 29, 37 f.

82 ZGORh 27, 1875, S. 32.

83 S. o. S. 115, Anm. 29.

lung in besonderem Maße auf die Ausgestaltung des eigentlichen Marktes zu richten. Leider wird dies heute schon sehr erschwert, weil der in späterer Zeit erkennbar werdende Markt sich durchaus nicht von Anfang an mit dem ursprünglichen Platz gedeckt haben muß [84]. Die von uns bereits behandelten Beispiele erweisen die Notwendigkeit, bei Rückschlüssen von den später erkennbar werdenden Zuständen auf die ursprünglichen Verhältnisse allergrößte Vorsicht walten zu lassen.

Es fehlt im übrigen nicht an Belegen dafür, daß die von Auswärts kommenden Händler sich gelegentlich auf zufällig vorhandenen Freiräumen versammelten, wenn etwa in oder bei einem Ort ein Markt errichtet werden sollte. Erinnert sei an die schon besprochenen, von Lambert von Ardres geschilderten Vorgänge bei der Entstehung der gleichnamigen Stadt. Demnach wurden in der Mitte des 12. Jahrhunderts die Wiesenflächen bei einem allein gelegenen Gasthaus zum Sammelplatz von Kaufleuten, nachdem dort zuvor die Bauern ihren harmlosen sonntäglichen Vergnügungen nachgegangen waren. Selbst nach England fahrende Italiener gesellten sich zu den Einheimischen [85]. In frühere Zeiten reicht ein Beleg zurück, den T. Endemann mitgeteilt hat [86]. Nach dieser Urkunde wurde 877 der Jahrmarkt des Ortes Venette bei Compiègne auf einer Art von Festwiese abgehalten. Aus solchen Versammlungsplätzen mögen unregelmäßig begrenzte, vielleicht sogar auch viereckige Märkte hervorgegangen sein. Es ist auch nicht ausgeschlossen, daß besonders in Nordwestdeutschland Vierecksmärkte von Anfang an verhältnismäßig zahlreich waren [87]. In dem uns hier vorrangig interessierenden Raum, nämlich im deutschen Südwesten, herrschte dagegen ursprünglich der Straßenmarkt bei weitem vor, vorausgesetzt man zählt auch langgestreckte Rechtecksmärkte und die doch wohl meist aus Straßengabelungen hervorgegangenen Dreiecksmärkte zu dieser Gruppe [87a]. Wenn nicht bereits vorhandene Bebauung dies verhinderte, dann bot sich der Raum zu beiden Seiten einer sich dadurch bald verbreiternden Straße für die Aufstellung fliegender Händler oder bald auch Marktstände besonders an. Schon 830 trägt daher der Marktort des Klosters St. Genou de l'Estrée den Namen *Strada* [88]. Um 1000 wird der Handel mit dem lebensnotwendigen Salz auf eine Straße zwischen dem Vorort Stap und Toulouse

84 S. o. S. 113.

85 Vgl. Anm. 73.

86 Endemann, wie Anm. 30, S. 194 Anm. 12.

87 H. Stoob, Über Zeitstufen der Marktsiedlung im 10. und 11. Jahrhundert auf sächsischem Boden, in: WestfForsch 15, 1962, S. 73–78; jetzt Ders., Forschungen, wie Anm. 17a, S. 43–50.

87a Vgl. ferner Blaschke, wie Anm. 1, S. 356: »Die zweite topographische Voraussetzung für die Stadtentstehung war die Straße. Für die Städte im mittleren und östlichen Deutschland muß die Feststellung gelten, daß die Straße früher dagewesen ist als die Stadt ... Der entscheidende Anstoß zur Stadtwerdung ist von denjenigen Siedlungenteilen ausgegangen, die ihre Existenz der Straße verdanken«. Ebd., S. 258: »Unmittelbar an den Fernstraßen und damit in bester Verkehrslage finden wir seit der ersten Hälfte des 12. Jahrhunderts Kaufmannsiedlungen an vielen Punkten des Landes, an denen später Städte heranwuchsen«.

88 Endemann, wie Anm. 30, S. 23.

gelegt. Eine darüber ausgestellte Urkunde trifft Anordnungen über den Handel *in hac quidem strata et mercato*[89]. Auch in manchen Emporien oder Wieken gab es solche Straßenanlagen, die sich zum Zwecke des Handels vor den eigentlichen Hafenvorrichtungen entlangzogen. Ein Beispiel haben die Ausgrabungen in Dorestad erbracht[90]. Ähnlich dürfte ursprünglich die Situation im Rheinviertel von Köln gewesen sein[91]. Auch in Magdeburg ist die älteste Kaufmannsniederlassung aufgrund der chronikalischen Überlieferung wohl auf dem langgestreckten Ufersaum zwischen dem Abfall der Niederterrasse und dem Lauf der Elbe zu suchen[92]. Besonders günstige Möglichkeiten boten offenbar diejenigen Straßen für die Anlage von Märkten, welche auf Kirchen, Klöster oder auch Burgen zuführten. Anstelle vieler hier möglicher anderer Beispiele sei der noch heute imponierende Straßenmarkt vor dem Speyerer Dom in Erinnerung gebracht, der von kunsthistorischer Seite allein als Prozessionsstraße gedeutet wurde, ohne daß sein Marktcharakter genügend erkannt wurde[93].

Auch der deutsche Südwesten hat in den Bischofsstädten Straßburg, Basel, Konstanz und Augsburg zum Teil sehr eindrucksvolle frühe, heute allerdings zum Teil überbaute Straßenmärkte aufzuweisen[94]. Deshalb ist es weder auffällig noch neu, wenn etwa die Zähringer den im 12. Jahrhundert durchaus zeitgemäßen Straßenmarkt auch zur technischen Grundlage ihrer Stadtanlagen gemacht haben, zumal sich diese in einer Zeit zu entwickeln begannen, in der der rechtlich-verfassungsmäßige Übergang vom Markt zur voll ausgebildeten Stadt gerade erst seinen Abschluß zu erreichen begann. Die weitere Ausbildung des sogenannten zähringischen Stadtgrundrisses dürfte man sich nach dem Vorausgeschickten so vorzustellen haben, daß von der als Markt dienenden Hauptstraße aus verschiedenen, im einzelnen nicht genauer erkennbar werdenden Gründen Seitenstraßen abgezweigt werden mußten. Wuchs die langsam steigende Zahl der Bewohner so, daß die Hauptstraße keinen Platz mehr bot, dann wurden zuerst diese Seitenstraßen be-

89 Ebd., S. 59; vgl. ebd., S. 198 f.: 1070 Marmoutier en Montoire (Dép. Loir et Cher): *actum in platea mercati super stallos.*

90 Van Ess, wie Anm. 52.

91 Altmarkt bzw. Heumarkt.

92 B. Schwineköper, Die Anfänge Magdeburgs, in: VortrrForsch 4, 1958, S. 402 f.

93 Vgl. Friedberg i. Hessen: Straßenmarkt vor der Burg (Abb. 8).

94 Straßburg: K. Gruber, Das alte Straßburg, in: ORh(=Bad)Heimat 27, 1940, S. 309–320. – Basel: Der Markt zog sich entlang des Birsig bis zu dessen Einmündung in den Rhein hin. – Konstanz: Hier gab es außer dem ältesten Bereich zwischen Münster und St. Stephan anscheinend mehrere in West-Ost-Richtung parallel zu einander verlaufende Marktstraßen wie Fischmarkt und wahrscheinlich aus staufischer Zeit Obermarkt-Marktstätte. – Augsburg: Als Ort des ältesten Marktes gilt im allgemeinen der Platz Perlach. Später verschwundene Einbauten beweisen aber, daß die heutige Maximilianstraße zwar wohl auch als Prozessionsstraße zwischen dem Dom und St. Ulrich und Afra benutzt worden sein könnte, daß sie aber in erster Linie als Straßenmarkt für die zu den Festen der Heiligen Zusammenströmenden gedient haben dürfte.

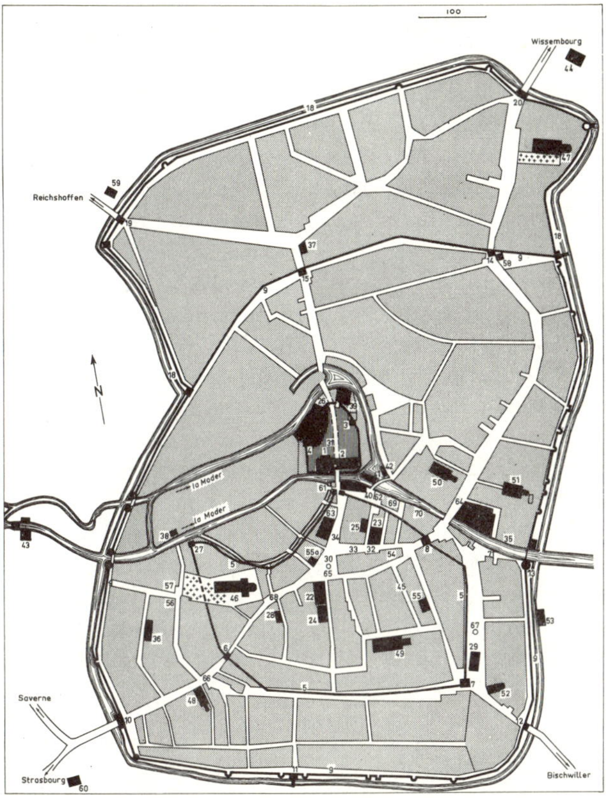

Abb. 6 Hagenau (Anf. 12. Jh.). Älteste staufische Stadtanlage mit geschwungenem, später bebautem Straßenmarkt südlich der Pfalz (aus: François J. Himly, Atlas des Villes médiévales d'Alsace, 1970). Zu S. 138

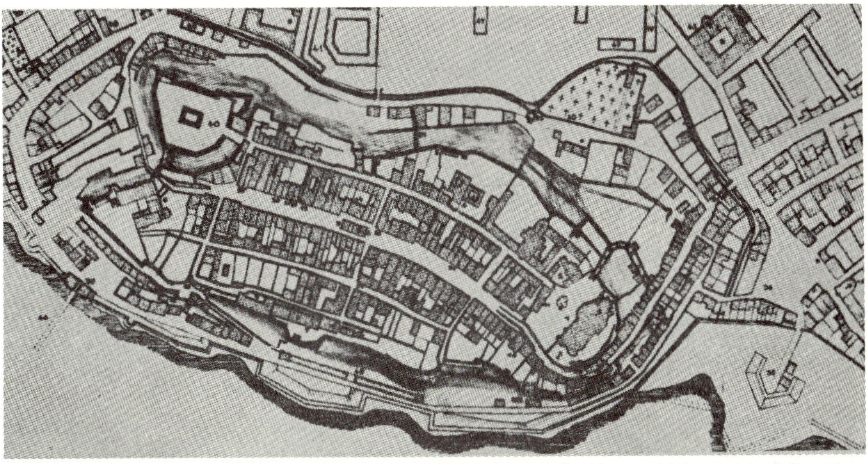

Abb. 7 Breisach. Staufische Stadtanlage mit Straßenmarkt (um 1185), (aus: Schau-ins-Land 1967). Zu S. 140

baut. Später dürften mehr oder weniger parallel zur Marktstraße verlaufende Straßen entstanden sein, so daß es nun zur Ausbildung einer Stadt auch im rein topographischen Sinne kam [94a].

Als frühestes Beispiel der Zähringerstadt gilt bekanntlich Freiburg, das durch seine von W. Schlesinger rekonstruierte Gründungsurkunde auch als Anlage dieser Fürstenfamilie erneut eindeutig erwiesen ist [95]. Die Urkunde Herzog Konrads spricht aber nicht von einer Stadt- sondern von einer Marktgründung. Als ältester Markt muß, nach allem was wir wissen, die heutige Kaiser-Joseph-Straße angesehen werden. So wird u. E. für diese Stadt die Richtigkeit der oben dargelegten Annahmen bewiesen. Von einem Straßenkreuz kann in diesem Falle aus verschiedenen Gründen nicht gesprochen werden [96]. Zu diesen zählt vor allem die Tatsache, daß die die Hauptmarktstraße tatsächlich kreuzende vermutliche ehemalige Landstraße Schwaben–Dreisamtal–Breisach zu keiner Zeit als Marktstraße verwendet worden ist. Außerdem verläuft diese ziemlich unregelmäßig und kreuzt die Marktstraße gar nicht in ihrem Mittelpunkt, sondern im oberen Drittel. Ein »zähringisches« Achsenkreuz, unter dem man wie in Villingen zwei sich im Zentrum der Stadt rechtwinklig kreuzende gleichwertige Marktstraßen zu verstehen hätte, ist also in Freiburg nicht nachweisbar. Straßenkreuze in dieser Form gehören im übrigen erst in die Spätzeit der Zähringer. Die Frage, ob alle dieses Kennzeichen aufweisenden Städte tatsächlich der Initiative dieser Herrscherfamilie zu verdanken sind, wird uns deshalb noch ausführlicher zu beschäftigen haben [97].

X.

Der langgestreckte Straßenmarkt war im 12. Jahrhundert in Süddeutschland so weit verbreitet, daß es keineswegs verwundert, wenn er auch in Städten angetroffen wird, die nach der schriftlichen Überlieferung als staufisch angesprochen werden müssen. Nur dort, wo bereits ältere, aus ganz unregelmäßigen Formen entstandene Vorläufer vorhanden waren – wie etwa in dem staufischen Schlettstadt –, entstand kein Straßenmarkt [98]. Anscheinend älteren Straßen folgen jedoch die platzartigen, ursprünglich mit Marktbauten bestellten Straßenmärkte von Schwäbisch Gmünd und – zwar im weiten Bogen geschwungen und mit einer Straßenabzweigung zur Stauferpfalz versehen – in Hagenau, vielleicht auch schon in

94a Ein gutes Beispiel für das Dargelegte bietet das bereits gestreifte Villeneuve am Genfersee. Es besteht aus einem langen Straßenmarkt mit Parallelstraßen, die aber nicht zu Ende ausgebaut worden sind. Vgl. Boesch-Hofer, wie Anm. 6, Abb. 48. Einen ähnlichen Fall bietet das um 1310 entstandene Bala in Merionethshire (Wales). Vgl. dazu Beresford, wie Anm. 1, S. 174 (m. Plan), 557.

95 Schlesinger, wie Anm. 77.

96 Schwineköper, wie Anm. 46, S. 63. Vgl. Meckseper, wie Anm. 1, S. 34.

97 S. u. S. 165 f.

98 Atlas des villes médiévales d'Alsace, hg. F. J. Himly, 1970, S. 113.

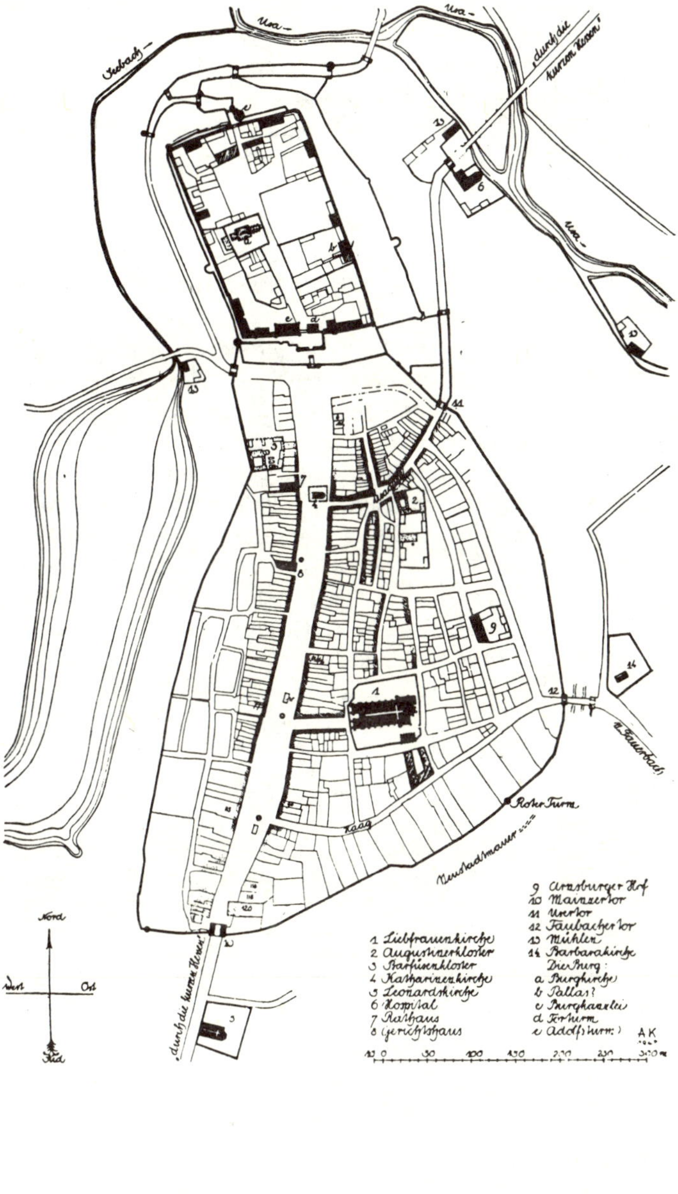

Abb. 8 Friedberg. Staufische Stadtanlage (Ende 12. Jh.) mit planmäßig angelegtem Straßenmarkt im Anschluß an ältere Burg (aus: Schau-ins-Land 1967). Zu S. 140

Colmar [99]. Im Laufe des 12. Jahrhunderts weitet sich der Herrschaftsbereich der Staufer. Jüngere Glieder der Familie erhalten Sonderbereiche mit eigenen Verwaltungen. Infolgedessen sind auch die beim Städtebau verwendeten Systeme nicht mehr sehr einheitlich. Wir müssen darauf verzichten, diese hier im einzelnen zu behandeln. Festgehalten sei nur, daß nunmehr beinahe alles angewandt wird, was in dieser Zeit auch anderswo in Gebrauch war.

Wie bei den zähringischen Rivalen geht man im staufischen Herrschaftsbereich seit der Mitte des 12. Jahrhunderts vielfach zu regelmäßigeren Formen über. Dies beweisen u. a. Friedberg, Donauwörth und vor allem Breisach, dessen Übergang an die Staufer im Jahre 1185 bereits gestreift wurde [100]. Letztere Stadt wurde früher allgemein als zähringische Anlage angesehen. Dagegen glaube ich an anderer Stelle gezeigt zu haben, daß es sich um eine staufische Gründung gehandelt haben muß [101]. Treffen wir bei den zuletzt genannten Beispielen noch auf regelmäßigere Ausgestaltungen, die sich um die große Marktstraße gruppieren, so taucht an anderen Orten der Staufer bereits jene spindelartige Gestaltung des Stadtgrundrisses auf, die auch bei anderen Fürstenfamilien, wie den Welfen, gleichzeitig in Gebrauch waren. Als staufisches Beispiel seien die nach allgemeiner Ansicht auf Konrad III. zurückzuführende Lorenzerstadt in Nürnberg und Gelnhausen genannt [102]. In letzterem Fall ist allerdings die Spindelform, bedingt durch die Geländeverhältnisse, nicht so klar erkennbar [103]. Außerdem tritt hier mit gleich zwei langgestreckten Vierecksmärkten ein neues Element hervor, das freilich auch in anderen Fällen, wie Goslar oder dem welfischen Braunschweig (Altstadt und Hagen), fast gleichzeitig Verwendung fand. In sehr viel regulierterer Form ist die Spindelform in Heidelberg Grundprinzip der doch wohl unter

99 Schwäbisch Gmünd: Die Kunst und Altertumsdenkmale im Königreich Württemberg, Bd. 3,1: Jagstkreis, 1900, S. 338 (Plan). – Hagenau: Atlas, wie Anm. 98, S. 77; W. Schlesinger, Bischofssitze, Pfalzen und Städte im Itinerar Friedrich Barbarossas, in: Aus Stadt- und Wirtschaftsgeschichte Südwestdeutschlands, FS E. Maschke, VeröffKomGLdKde BadWürtt Reihe B 85, 1975, S. 27, Lit. ebd., Anm. 258. – Zu ergänzen wären noch: A. Gromer, Über die Entwicklung des engeren Stadtgebietes der ehemaligen Reichsstadt Hagenau, in: ORhKunst 10, 1942, S. 86–96 (m. Plan); A. M. Burg, Haguenau et la dynastie des Hohenstaufen, in: Études Haguenoviennes, NS Bd. 5, 1965/70, S. 35 (Plan von ca. 1675). – Colmar: W. Noack, Die Stadtanlage von Kolmar, in: AlemJb 1953, S. 193 (m. Plan), aufgrund von »Annales oder Jahrgeschichten der Barfüsern zu Thann«, hg. M. Tschamser, Bd. 1, Colmar 1864, S. 60; Richer, Gesta Senoniensis ecclesie, MGH SS 25, S. 302.

100 Friedberg i. Hessen: W. Görich, Der Stadtgrundriß als Geschichtsquelle, in: ZVHessGLdKde 63, 1952, S. 64; Ders., Neues aus der hessischen Stadtplanforschung, in: ebd., 74, 1963, S. 34–37 (mit Plan); HdbHistStätt Bd. 4: Hessen, 1960, S. 137 (Stadtplan, vereinfacht) (H. Roth); Schwineköper, wie Anm. 46, S. 72 (Stadtplan nach K. Gruber). – Donauwörth: M. Zelzer, Geschichte der Stadt Donauwörth, Bd. 1, 1958, S. 1 (Stadtplan). – Breisach: Vgl. Anm. 65; Schwineköper, wie Anm. 46, S. 72 (Stadtplan nach GLA Karlsruhe H Nr. 7: 1798).

101 Schwineköper, wie Anm. 65, S. 367 f.

102 Schlesinger, wie Anm. 99, S. 13.

103 Ebd., S. 29 f.; DtStädteatlas, wie Anm. 15a, Lieferung 1 Nr. 4.

Abb. 9 Nürnberg, Lorenzerstadt, südlich der Pegnitz gelegen. Staufische planmäßige Erweiterung (Mitte 12. Jh.) in spindelartiger Form (aus: Merian, 1656). Zu S. 140

dem staufischen Pfalzgrafen Konrad entstandenen Plananlage geworden [104]. Hier bildeten nicht eine einzelne Marktstraße, sondern zwei parallel zu einander verlaufende Längsstraßen die Achse der Stadt. Ob diese den dazwischen liegenden Raum für den dann freilich sehr weiträumigen Markt freiließen, ist kaum zu entscheiden. Doch kommen in dörflichen Neuanlagen der Zeit solche breiten Freiräume zwischen zwei einseitig bebauten Straßen vor [105]. Wenn also Heidelberg ähnlich angelegt worden wäre, dann wäre damit zu rechnen, daß der ursprüngliche Markt später die Heiliggeistkirche und Häuser aufgenommen hätte. Der heutige Marktplatz wäre dann ein bescheidener Rest der ehemaligen Gestaltung. – Es ist ferner nicht ausgeschlossen, daß die manchmal besonders ins Auge fallenden Marktplätze erst nach der eigentlichen Einrichtung einer Stadt entstanden sein könnten. Vermutet wird dies beispielsweise bei dem staufischen Reutlingen sowie

104 Vgl. oben Anm. 64; ferner Atlas wie ebd., Karte IV, 6, Nr. 3. – Eine Parallele bietet in gewisser Weise Winchester mit seinen beiden parallel verlaufenden Hauptstraßen, zwischen denen wohl ursprünglich der Markt zu denken ist. Vgl. oben S. 104, Abb. 5.

105 EGLI, wie Anm. 1, Bd. 2, S. 139 Abb. 95: Schöngrabern (Niederösterreich). In der Mitte des überbreiten Angers floß ein Bach entlang. Ansätze zu offenbar späterer Bebauung dieses Angers sind in einzelnen Fällen erkennbar. – Wie das damalige Jerusalem auf die Besucher jener Zeit wirkte, ergibt sich aus der Beschreibung dieser Stadt, welche der freilich in Palästina geborene Wilhelm von Tyrus gegeben hat. Vgl. W. GIESE, Stadt- und Herrscherbeschreibungen bei Wilhelm von Tyrus, DA 34, 1978, S. 390 ff.

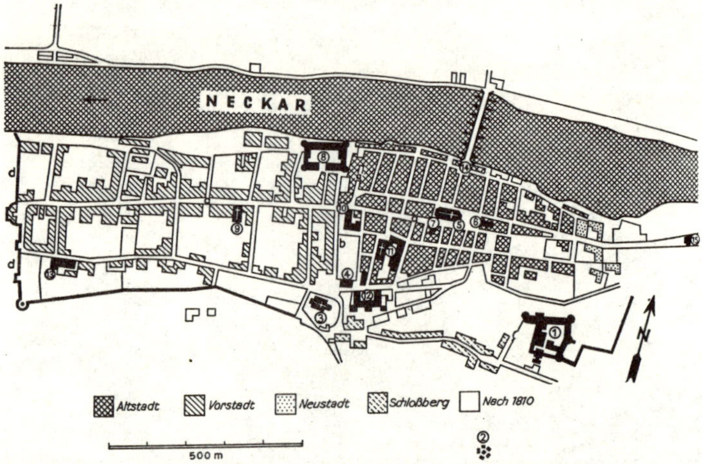

Abb. 10 Heidelberg. Staufische Stadtanlage des Pfalzgrafen Konrad (Mitte 12. Jh.). Ursprünglicher angerartiger Markt, der später größtenteils überbaut wurde (aus: Hdb. Hist. Stätt. Bd. 6, 1965). Zu S. 141

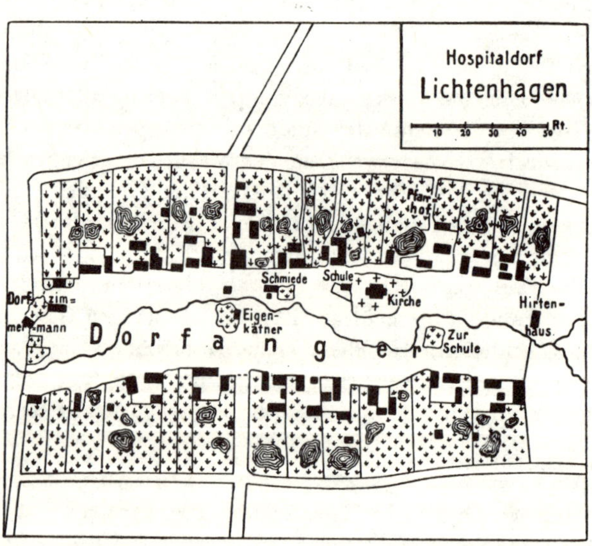

Ab. 11 Lichtenhagen (Ostpreußen) (13. Jh.). Beispiel eines Angerdorfes nach ähnlichem Prinzip wie Heidelberg angelegt (aus: E. A. Gutkind, Urban Development in Central Europe, London 1964). Zu S. 141

bei Lübeck, wo ähnliche Verhältnisse vorliegen könnten [106]. Freilich wird für die Entstehung des zuletzt genannten Marktes im allgemeinen Heinrich der Löwe verantwortlich gemacht, ein Problem, das hier nicht gelöst werden kann. Verwandte Erscheinungen gibt es auch in Goslar oder Quedlinburg [107]. In beiden Fällen hat das Vorhandensein älterer Bestandteile zu einigen Verschiebungen im Stadtgrundriß geführt. Wie hier die Initiativen verteilt waren, lassen wir dahingestellt.

XI.

Sehr mannigfaltige Formen von Anlagen weisen auch die den Welfen gehörigen Städte auf. Dies gilt schon für ihren residenzartigen Hauptsitz Braunschweig [108]. Hier liegt bekanntlich eine der kompliziertesten Städte Deutschlands vor, in der nahezu alle Möglichkeiten der Zeit vom 9. bis zum 12. Jahrhundert vertreten sind. Erst im Laufe des Mittelalters sind hier nicht weniger als fünf ganz verschiedenartige Einzelstädte zu einer Gesamtstadt zusammengewachsen. Ausgangspunkte waren die Burg der Brunonen und Welfen sowie der Übergang der großen West-Ost-Straße über die sumpfige Okerniederung. An die Burg mit dem als Hauskloster gedachten St. Blasiusstift lehnte sich eine Ministerialen- und Hörigensiedlung in Gestalt des sogenannten Sacks an, die anscheinend ursprünglich keinen kaufmännischen Charakter aufwies. Es scheint sich um eine unregelmäßige dörfliche Einstraßensiedlung gehandelt zu haben. Die Kaufleute scheinen sich dagegen zuerst westlich und östlich des abseits der Burg gelegenen Flußübergangs angesiedelt zu haben. Die östlich davon gelegene Alte Wiek läßt ihr hohes Alter schon im Namen erkennen, der freilich das einzige Zeugnis für die frühe Entwicklung dieses Teils der Stadt darstellt. Es handelte sich um eine noch ziemlich unregelmäßig angelegte Siedlung, die im Zentrum einen später verbauten langgestreckten Straßenmarkt (Langedamm, Ölschlägern) enthielt. Bei dem 1115 im gleichen Stadtteil gegründeten Aegidienkloster entstand ferner ein weiterer, wohl als Klostermarkt aufzufassender unregelmäßiger Platz. Westlich der Dämme und Brücken, welche

106 Die Entstehungszeit des Vierecksmarktes in Reutlingen wird verschieden angesetzt. Vgl. Domes, wie Anm. 71, Abb. 5. – Anders A. Schahl, Die Baugeschichte der Marienkirche in Reutlingen, in: ReutlGBll NF 4, 1967, S. 44, der im Anschluß an Kopp die Meinung vertritt, der Marktplatz sei zusammen mit einer Stadterweiterung zwischen 1220 und 1240 entstanden. – Auf das äußerst schwierige Problem Lübeck kann an dieser Stelle natürlich nicht näher eingegangen werden. Vgl. dazu Anm. 24, vgl. ferner: G. P. Fehring, Neue archäologische Erkenntnisse und Zielsetzungen zur frühen Geschichte der Hansestadt Lübeck, in: Der Wagen, Ein lübeckisches Jahrbuch, 1978, S. 165–186. Ich habe auch hier Herrn Kollegen Dr. Fehring für die freundliche Zusendung dieser Arbeit zu danken.

107 Goslar: Stoob, wie Anm. 14, S. 46. – Quedlinburg: vgl. Anm. 46 und die dort angegebene weitere Literatur.

108 Die braunschweigischen Städte, Niedersächsischer Städteatlas Teil 1, hg. P. I. Meier, 1927, S. 13; E. Keyser, Städtegründungen und Städtebau in Nordwestdeutschland im Mittelalter, ForschDtLdKde 111, 1958, S. 191–204 (mit Plan); B. Schwineköper, Königtum und Städte bis zum Ende des Investiturstreites, Die Politik der Ottonen und Salier gegenüber den werdenden Städten im östlichen Sachsen und in Nordthüringen, VortrrForsch, Sonderbd. 11, 1977, S. 131 (m. vereinfachtem Plan).

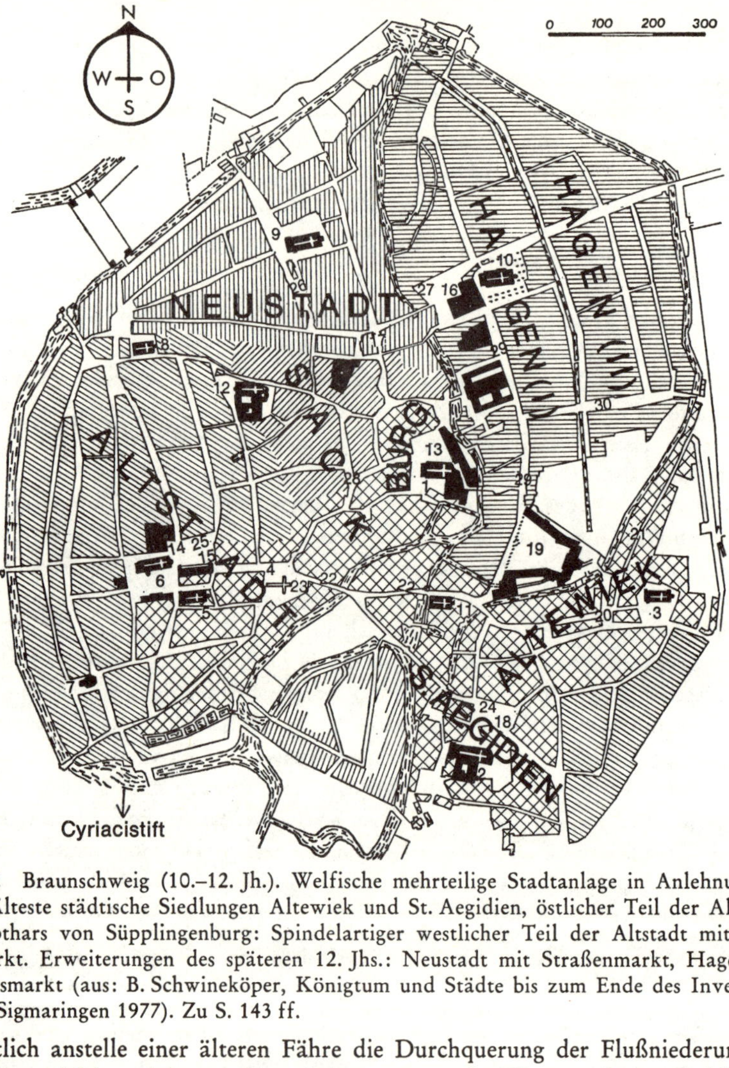

Abb. 12 Braunschweig (10.–12. Jh.). Welfische mehrteilige Stadtanlage in Anlehnung an Burg. Älteste städtische Siedlungen Altewiek und St. Aegidien, östlicher Teil der Altstadt. Zeit Lothars von Süpplingenburg: Spindelartiger westlicher Teil der Altstadt mit Viereckssmarkt. Erweiterungen des späteren 12. Jhs.: Neustadt mit Straßenmarkt, Hagen mit Viereckssmarkt (aus: B. Schwineköper, Königtum und Städte bis zum Ende des Investiturstreits, Sigmaringen 1977). Zu S. 143 ff.

vermutlich anstelle einer älteren Fähre die Durchquerung der Flußniederung ermöglichten, bildete sich um den wiederum unregelmäßig gestalteten Kohlmarkt mit der als *ecclesia forensis* bezeichneten einstigen St. Ulrichskirche sowie der noch weiter westlich davon gelegenen Jakobikapelle ein dritter dauernd besuchter Rastplatz der durchreisenden Kaufleute. Im Anschluß daran entwickelte sich dann nach Westen hin die eigentliche Altstadt, die nach allgemeiner Ansicht in der Zeit Lothars von Süpplingenburg entstanden sein dürfte. Diese Siedlung weist den um eine Nord-Südachse gelegten spindelartigen Charakter auf, wie er etwa in Nürnberg-St. Lorenz, Lübeck und Dortmund begegnet. Allerdings ist diese Achse wohl nie zu einer Marktstraße ausgeformt worden. Denn merkwürdigerweise wurde hier in Ost-West-Richtung und im mittelbaren Anschluß an den älteren Kohlmarkt ein großer rechteckiger Viereckssmarkt nach der Art des Lübecker Marktes eingeschoben. Dieser Altstadtmarkt mit der Martinikirche ist dann zum eigentlichen Zentrum der Gesamtstadt geworden. Braunschweig entwickelte sich im 12. Jahrhundert zur Verarbeitungsstätte und zum Hafen für die Produkte des Goslarer Bergbaus. Deshalb wurde um 1170 nördlich von Altstadt und Sack eine Neustadt erbaut, die in der Andreaskirche eine eigene Pfarrei erhielt. Überraschenderweise weist diese nun einen langgestreckten Straßenmarkt mit darauf stehenden Marktbauten auf, eine im Vergleich zu dem Vierecksmarkt der Altstadt mit seinen ganz systematisch errichteten Marktbuden und Kaufhäusern antiquiert wirkende Lösung. Man kann sie eigentlich nur erklären, wenn man annimmt, daß hier schon ältere Grundlagen vielleicht in Gestalt eines Angerdorfes vorhanden gewesen sein müssen. In der Spätzeit Heinrichs des Löwen wurde dann sehr planmäßig der fünfte Stadtteil Hagen angelegt, dessen Ausbau sich freilich in mehreren Phasen vollzogen und noch in das 13. Jahrhundert hinein erstreckt haben dürfte. Es scheint, als ob hier sich niederländische Einflüsse bemerkbar machen, die vor allem in den sich rechtwinklig kreuzenden Straßen mit den fast quadratischen Häuserblöcken zum Ausdruck kommen. Zentrum dieses Stadtteils ist ein weiterer Vierecksmarkt. Mit der Katharinenkirche und einem Kaufhaus sowie Marktbuden folgt dieser Hagenmarkt dem Vorbild des Altstadtmarktes. Nur ist er näher an die Oker herangeschoben; denn dort entwickelte sich ein Schiffsanlegeplatz für die damals hier beginnende Schiffahrt nach Bremen. Leider müssen weitere welfische Stadtanlagen, wie beispielsweise das hart umstrittene Hannoversch-Münden, hier übergangen werden. Es genügt, an dem eindrucksvollen Beispiel Braunschweig gezeigt zu haben, daß in dieser mehrteiligen Siedlung unter der Herrschaft ein und derselben Fürstenfamilie, ja sogar unter einem Fürsten, nämlich dem Löwen, ganz verschiedene Gestaltungsprinzipien hochmittelalterlicher Städte in die Praxis umgesetzt worden sind [109].

109 Ähnlich kompliziert ist die städtische Entwicklung in Hildesheim verlaufen. Neben der ursprünglichen, dann durch die Altstadt erweiterten Marktsiedlung, blieb hier bis zum Ausgang des Mittelalters die um 1220 nach strengem Gitterschema mit viereckigem Marktplatz in der Mitte und Raum für die Stadtkirche vom Dompropst angelegte Neustadt verfassungsrechtlich selbständig. In diese waren die Bewohner eines benachbarten, dann aufgegebenen Dorfes Losebeck übergesiedelt worden, was wohl eine schnelle Aufsiedlung des offenbar von Anfang an insgesamt vermessenen Stadtgebietes dieser Nebenstadt zur Folge hatte. – Außerdem hatte aber 1196 das außerhalb der Stadt auf dem Moritzberge gelegene Moritzstift auf dem aus der Altstadt durch die sumpfigen Innersteniederungen führendem Damm die vorwiegend von niederländischen Tuchmachern besiedelte Dammstadt anlegen lassen. Bereits 140 Jahre später zerstörten die Altstädter diese lästige Konkurrenzstadt wieder, so daß man ihre Grundzüge in dem bis zum 19. Jahrhundert unbesiedelt gebliebenen Gelände noch erkennen konnte. Demnach handelte es sich, vermutlich von dem als Ausgangspunkt der Neuanlage dienenden Damm bestimmt, um eine auf einem Straßenmarkt basierende Stadt, die der kurze Zeit zuvor entstandenen Braunschweiger Neustadt oder den gleichzeitigen Stadtanlagen der Askanier ähnlich gewesen sein dürfte. Vgl. dazu W. Schlesinger, Stadt und Vorstadt, in: Stadterweiterung und Vorstadt, wie Anm. 13, S. 3 ff. (Nur hier ein für die behandelte Problematik nützlicher Stadtplan mit Parzelleneinteilung nach NiedersächsJbLdG 8, 1931, S. 116 ff.). Vgl. H. Stoob, Westfälische (!) Beiträge zum Verhältnis von Landesherrschaft und Städtewesen, in: WestfForsch 21, 1968, S. 74 ff., jetzt auch, wie Anm. 87, S. 193 ff.

Im Rahmen eines Vortrages verbietet es sich auch, das Vorgehen aller bedeutenderen Fürstenfamilien des Reiches bei der Errichtung von Städten Revue passieren zu lassen. Wir streifen daher nur noch kurz die Askanier, die durch ihre Politik östlich der Elbe vielfach zur Gründung von Städten veranlaßt worden sind. Sie scheinen, wie das freilich recht komplizierte Ascherleben, Bernburg und vor allem Dessau beweisen, in ihren Ursprungsgebieten zunächst Straßenmärkte bevorzugt zu haben [110]. Östlich der Elbe wären etwa Brandenburg-Altstadt und (Berlin-)Cölln zu diesen Beispielen aus dem 12. Jahrhundert zu zählen [110a] Zu Beginn des 13. Jahrhunderts wurde ein derartiger Straßenmarkt in Wittenberg (»Lutherstadt«) von den dortigen Askaniern zu sehr regelmäßigen Formen weiterentwickelt [111]. Erst dann setzte sich das vermutlich von den Niederländern mitgebrachte Gittersystem auch bei den märkischen Städten weitgehend durch, das vielleicht im Anschluß an antike Vorbilder nördlich der Alpen zuerst in England, dann in der damals zu England gehörenden Gascogne und schließlich in Flandern erneut wieder aufgenommen worden zu sein scheint. Darauf näher einzugehen, ist an dieser Stelle nicht unsere Aufgabe [111a]. Nur werden wir noch einmal darauf zurückkommen müssen, daß es in der noch dem 12. Jahrhundert angehörenden askanischen Neustadt von Brandenburg den Typus einer Stadt mit zwei sich im rechten Winkel kreuzenden Hauptstraßen gegeben hat, der freilich u. E. hier einfach aus der topographischen Situation heraus entstanden sein dürfte [111b].

110 Aschersleben: Die komplizierte Entwicklung dieser Stadt ist skizziert in: HdbHistStätt, Bd. 11; Provinz Sachsen/Anhalt, 1975, S. 24–27 (B. SCHWINEKÖPER), dort auch weiterführende Literatur; vgl. ferner Atlas, wie Anm. 46, Karte 35, Textbd. 2, S. 148. In diesem sehr alten Ort besaßen neben den Askaniern, die ihren Namen wenigstens zum Teil auf A. zurückführen, offenbar auch die Halberstädter Bischöfe erhebliche Rechte. Beide scheinen an der baulichen Ausgestaltung mitgewirkt zu haben. Deshalb ist es nicht leicht zu entscheiden, ob die einen langen Straßenmarkt aufweisende sogenannte Tiestadt eine bischöfliche oder eine askanische Stadterweiterung darstellt. – Bernburg: HdbHistStätt, wie vorstehend, S. 37–40 (E. NEUSS); Atlas, wie Anm. 46, Karte 35, Textbd. 2, S. 151. – Dessau: HdbHistStätt, wie vorstehend, S. 77–88 (mit Plan) (B. SCHWINEKÖPER). Diese Stadt bietet ein vorzügliches Beispiel für einen von den Askaniern Ende des 12. Jahrhunderts angelegten Straßenmarkt, der dann später durch Marktbauten, Stadtkirche und Rathaus weitgehend überbaut worden ist. – Der Kenner wird sicher Zerbst in dieser Zusammenstellung vermissen, das in der östlich an die ehemalige Burg anschließenden Breite mit der Bartholomäuskirche ein weiteres sehr eindrucksvolles Beispiel eines Straßenmarktes aus dem späteren 12. Jahrhundert zu bieten vermöchte. Doch dürfte dieser noch in die voraskanische Zeit der Stadt hineingehören. Er beweist, daß vor der Durchsetzung des Gittersystems auch noch andere Möglichkeiten in den neubesiedelten Gebieten östlich der Elbe bestanden. – Vgl. HdbHistStätt, wie vorstehend, S. 523–528 (B. SCHWINEKÖPER); Atlas, wie Anm. 46, Karte 35, Textbd. 2, S. 149 f.

110a Brandenburg: vgl. Anm. 122. – (Berlin–)Cölln: HdbHistStätt, Bd. 10: Berlin und Brandenburg, 1973, S. 29 (mit Plan) (G. HEINRICH).

111 HdbHistStätt, wie Anm. 110, S. 504–511 (mit Plan) (K. BLASCHKE). W. bietet ein gutes Beispiel dafür, wie der Straßenmarkt hätte weitergebildet werden können, wenn das Gittersystem sich nicht bald danach durchgesetzt hätte.

111a Vgl. S. 170 f.

111b Vgl. S. 154, Abb. 20.

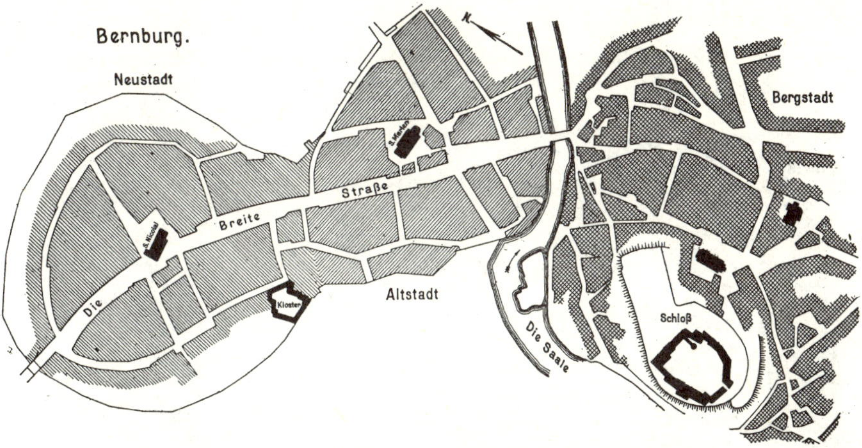

Abb. 13 Bernburg/Saale. Unregelmäßige askanische Stadtanlage (Ende 12. Jh.) mit Straßenmärkten. Die Saale floß ursprünglich westlich um Alt- und Neustadt herum (aus: Franz Meurer, Der mittelalterliche Stadtgrundriß im nördlichen Deutschland, Oldenburg 1914). Zu S. 146

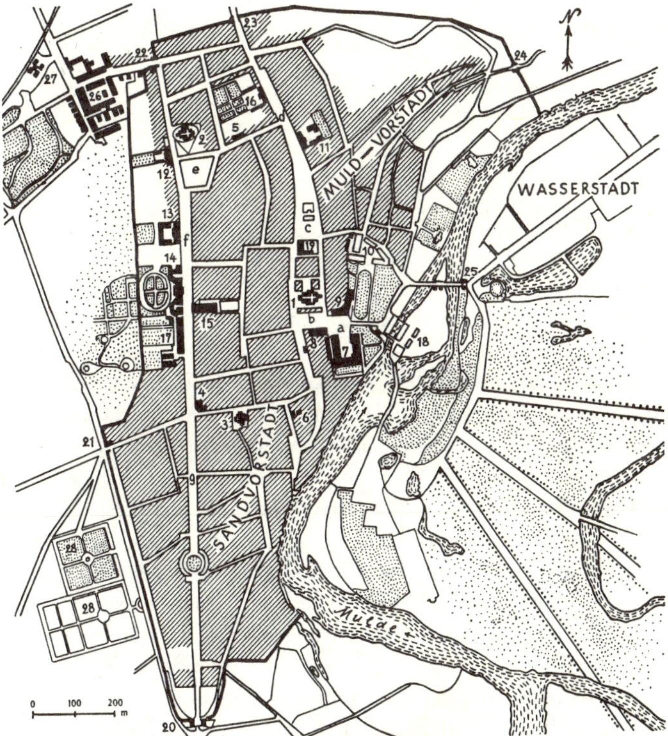

Abb. 14 Dessau. Askanische Stadtanlage (Ende 12. Jh.) mit großem Straßenmarkt, trotz späterer teilweiser Überbauung und neuzeitlicher Erweiterungen gut erkennbar (aus: Hdb. Hist. Stätt. Bd. 11). Zu S. 146

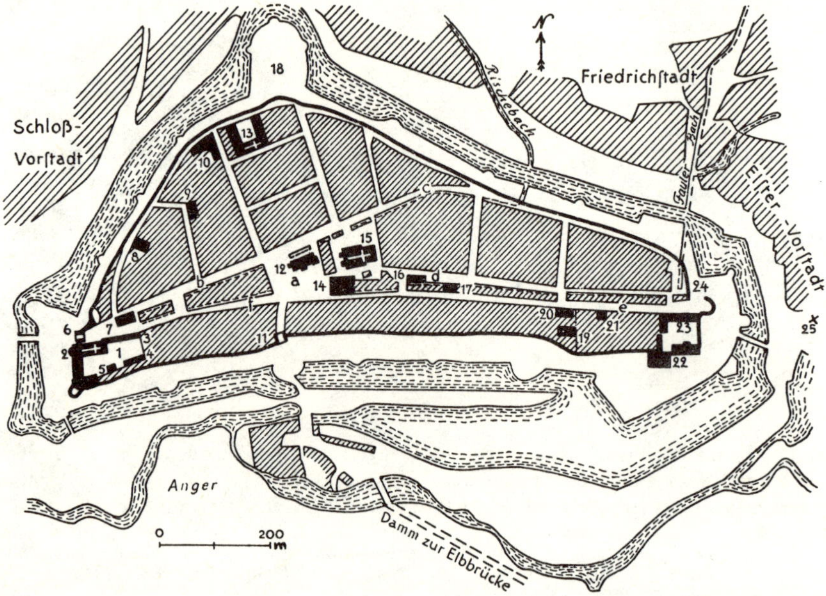

Abb. 15 Wittenberg. Askanische Stadtanlage (Anf. 13. Jh.) mit ehem. Straßenmarkt in regelmäßiger Form (aus: Hdb. Hist. Stätt. Bd. 11). Zu S. 146

XII.

Es mußte ein langer Umweg von uns beschritten werden, um die Vorbedingungen für eine sachgemäße Beurteilung unseres Hauptproblems zu schaffen. Doch müssen wir zuvor abermals zu den sogenannten Zähringerstädten zurückkehren. Denn an ihnen hat die bisherige Forschung bekanntlich geglaubt, nicht nur die frühesten systematisch gegründeten Städte, sondern auch ein einheitliches Schema ihrer Gesamtanlage erstmals in Deutschland feststellen zu können [144]. Das zentrale Achsenkreuz zweier sich im Zentrum dieser Orte rechtwinklig schneidender Hauptstraßen wurde als das Grundprinzip aller dieser Anlagen angesehen. Wenn dieses bei manchen Orten – wie Rottweil – vorhanden war, mußten diese ebenfalls von den Zähringern erbaut worden sein, auch wenn keine eindeutigen schriftlichen Nachweise für solche Behauptungen erbracht werden konnten. In anderen Fällen – wie etwa Offenburg – wurde das Achsenkreuz ziemlich willkürlich in den mehrschichtigen Plan der Stadt hineininterpretiert, um wiederum auf diesem Wege die sonst nicht beweisbare Errichtung dieser Stadt durch die Zähringer folgern zu können.

Vorbild für derartige Ausgestaltungen soll nach dem Vorschlag von Kunsthistorikern die dem Mittelalter eigentümliche Vorstellung eines himmlischen Jerusa-

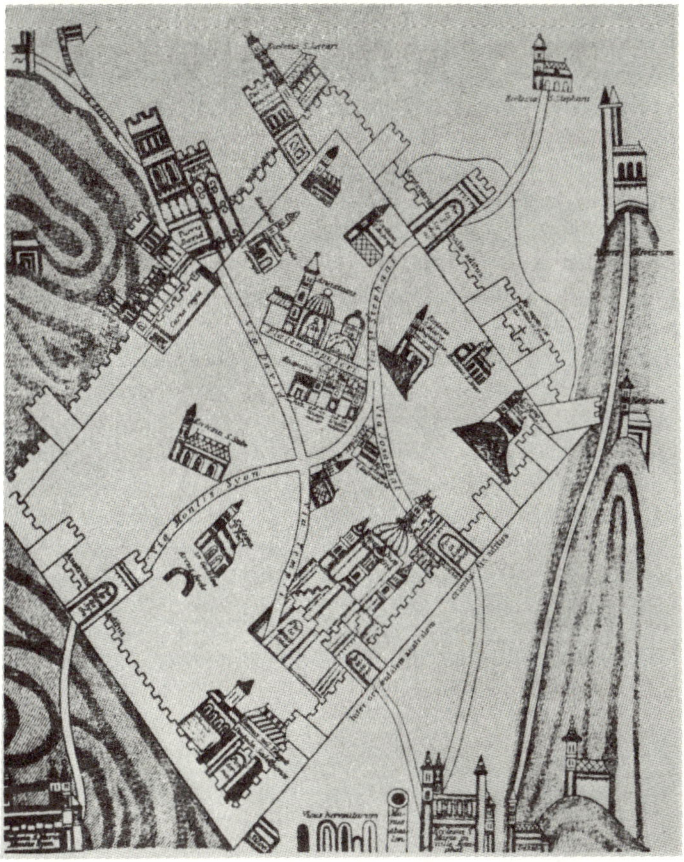

Abb. 16 Plan von Jerusalem (12. Jh.), nach R. Roehricht, aus der Stadtbibliothek Cambrai (Cod. 437). An Stelle der sonst auf ähnlichen Plänen dieser Zeit üblichen regelmäßig dargestellten Straßenführung unregelmäßige Straßenzüge. Zu S. 150

lem gewesen sein [112]. Es kann nun nicht bestritten werden, daß solche Idealvorstellungen nicht nur bestanden, sondern in der Zeit der Kreuzzüge auch noch gesteigert worden sind. Andererseits hatten nun aber auch viele Geistliche und Laien die Möglichkeit, das reale irdische Jerusalem kennen zu lernen. So vermischten sich Kenntnis der Realitäten mit Wunschbildern. Infolgedessen gehören Pläne der Heiligen Stadt im 12. und 13. Jahrhundert – neben solchen von Rom – zu den ältesten mittelalterlichen Stadtplänen. Manche von ihnen zeigen tatsächlich eine kreisrunde Mauer, innerhalb der sich zwei Hauptstraßen kreuzen. Es gibt aber

112 W. Müller, Die heilige Stadt, Roma quadrata, himmlisches Jerusalem und die Mythe vom Weltnabel, 1961, insbes. S. 53–68; R. Konrad, Das himmlische und das irdische Jerusalem im mittelalterlichen Denken, in: Speculum historiale, FS J. Spörl, 1963, S. 523–540.

auch Darstellungen von Jerusalem, welche neben gradlinigen Straßen auch unregelmäßig verlaufende Wegezüge enthalten [113]. Nun sind Fälle bekannt, in denen nicht nur Klöster und andere Ordensniederlassungen des westlichen Europa, sondern auch zivile Siedlungen in der Kreuzzugszeit Namen nach Orten des Heiligen Landes erhalten haben [114]. Daher könnte man geneigt sein, hier tatsächlich Einwirkungen anzunehmen. Allerdings bleiben dies Vermutungen, solange keine konkreten Nachweise erbracht werden können. Es sei ferner vorweg darauf verwiesen, daß das Achsenkreuz bei den frühen Zähringer Gründungen gar nicht die Rolle gespielt haben dürfte, wie bei den späteren, deren Gründung durch die Zähringer allerdings gar nicht einmal überall nachgewiesen werden kann.

Verlockend ist auch die Vorstellung, daß Theorien oder Vorbilder aus der Antike hier hätten wirksam werden können. So hat man gemeint, daß die Anweisungen antiker Bautheoretiker, wie etwa des Vitruv, hier befolgt worden sein könnten [115]. Tatsächlich läßt sich zeigen, daß Vitruv dem Mittelalter nicht völlig unbekannt gewesen ist [116]. Aber wieder fehlt ein direkter Beweis dafür, daß er im Falle der genannten Städtegruppe tatsächlich als Vorbild herangezogen worden wäre. Eher könnte man – wie dies jetzt in England geschieht – die Meinung vertreten, daß hier mit der direkten Einwirkung noch erkennbarer antiker Vorbilder zu rechnen sei [116a]. Man braucht dabei in Deutschland nicht einmal an italieni-

113 MÜLLER, wie Anm. 112, S. 55 f., ferner Abb. 6a–8a. Eine ummauerte rechteckige Stadtanlage mit sehr unregelmäßig verlaufenden Straßen im Innern zeigt der Jerusalemplan der Stadtbibliothek in Cambrai von ca. 1140/50. Vgl. N. GUSSONE, Darstellungen mittelalterlicher Pfalzen, in: Francia 4, 1976, S. 117 Abb. 21. Vgl. unsere Abb. 16.

114 S. oben Anm. 12a.

115 Nicht völlig ablehnend MECKSEPER, wie Anm. 1, S. 304.

116 H. KOCH, Vom Nachleben des Vitruv, DtBeitrrAltertumsWiss 1, 1951,

116a Das als treffender Beweis für das Ausgeführte anzusehende Winchester wurde bereits kurz behandelt (vgl. Anm. 10). Unter Beihaltung der römischen Befestigung und Anlehnung an die Fluchten der Straßen jener Epoche wurde die Gesamtanlage in diesem Fall doch den Bedürfnissen einer anders gearteten Zeit bestens angepaßt. – Ein noch viel frappierenderes Beispiel wurde mir erst nachträglich bekannt durch das vorzügliche, im Erscheinen begriffene neue englische Atlaswerk: Historical towns, Maps and Plans of towns and cities in the British Isles with Historical commentaries from earliest times to 1180, hg. M. D. LOBEL, Lfg. 1, o. J. Hier ist das zu den wichtigeren Regionalstädten der angelsächsischen Frühzeit zu rechnende Gloucester von M. D. Lobel und J. Tann ausführlich und, in der hier üblichen Weise mit hervorragenden Plänen versehen, behandelt worden. Wiederum beruhen die Befestigungen und die Fluchten der Hauptstraßen – abgesehen von einer Störung durch die nachträglich eingeschobene spätere St. Peters-Cathedral – ganz auf den Grundlagen der römischen Veteranensiedlung Glevium. Geringfügige weitere Störungen und Abweichungen kommen vor. Wichtiger scheint mir, daß die archäologisch nachgewiesenen antiken Straßen nur etwa halb so breit waren wie die späteren Straßen. Diese Verbreiterung auf fast das Doppelte des älteren Zustandes war erforderlich, weil das im Zentrum der Stadt gelegene Forum offenbar aufgegeben worden war. Die für den Marktverkehr benötigten Bauten wurden deshalb auf die verbreiterten Hauptstraßen gelegt, wo sogar noch zwei Kirchen errichtet wurden. Besonders überraschend ist die dominierende Stellung des aus dem römischen Grundriß übernommenen Hauptachsenkreuzes zweier sich relativ zentral kreuzender Marktstraßen. Zwar ist die Besetzung mit Marktbauten auf dem westlichen Kreuzarm, der zum Hafen am Severn führt, stärker, aber auch die

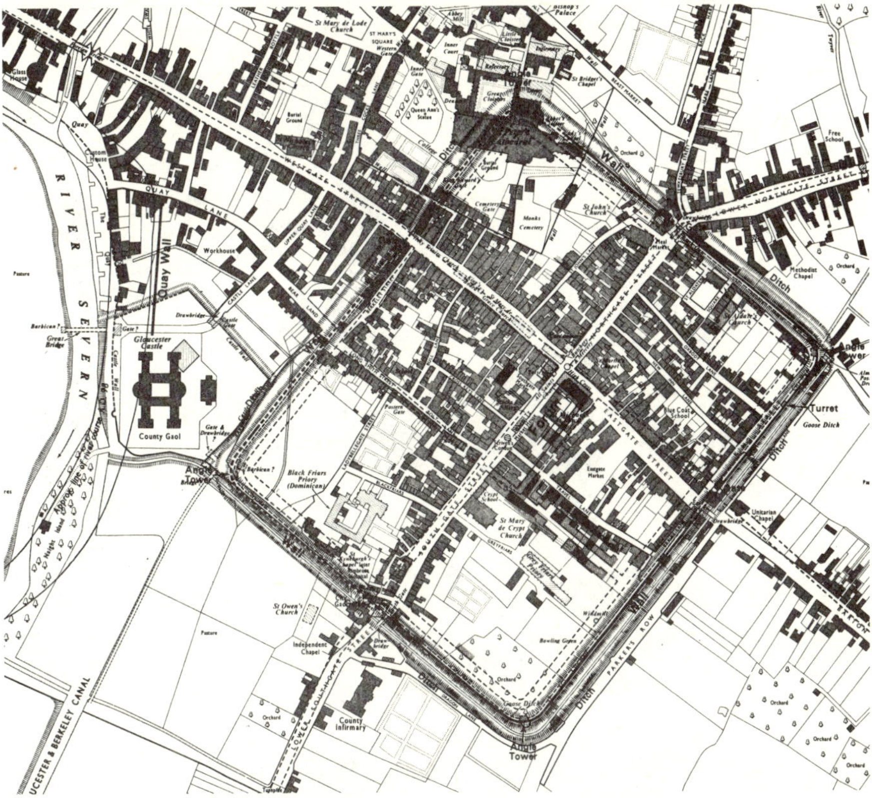

Abb. 17 Gloucester (England). Weiterverwendete römische Stadtanlage. Beide Hauptstraßen verbreitert und nach Aufgabe des antiken Forums durch Bebauung mit Marktbauten und Kirchen zu Märkten ausgestaltet. Die römische Umwallung diente im Südwesten, Südosten und zum Teil im Nordosten als Grundlage der mittelalterlichen Befestigung (nach M. D. Lobel, Historic towns Vol. 1). Zu S. 150, Anm. 116a

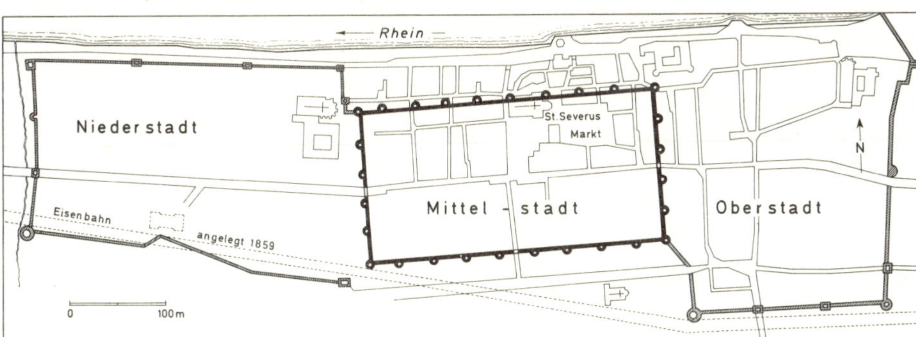

Abb. 18 Boppard. Weiterverwendete römische Anlage. Straßenzüge beibehalten, jedoch nicht verbreitert oder zu Märkten ausgestaltet. Platzartiger Markt eingefügt (aus: J. Werner/E. Ewig [Hrsg.], Von der Spätantike zum frühen Mittelalter, Sigmaringen 1979). Zu S. 153

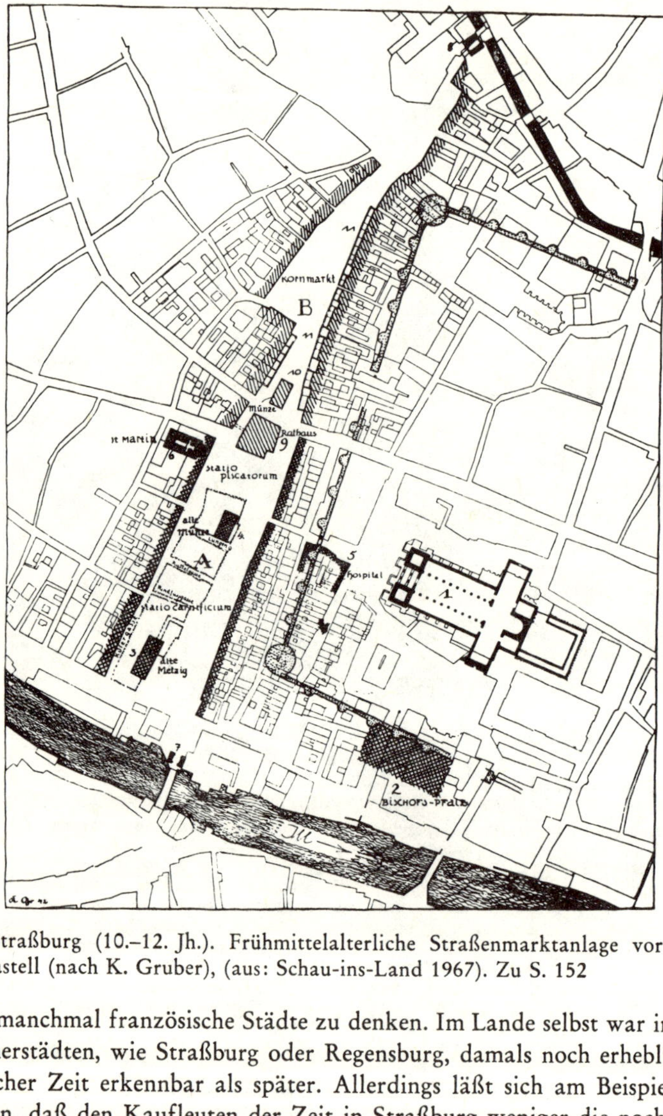

Abb. 19 Straßburg (10.–12. Jh.). Frühmittelalterliche Straßenmarktanlage vor dem römischen Kastell (nach K. Gruber), (aus: Schau-ins-Land 1967). Zu S. 152

sche oder manchmal französische Städte zu denken. Im Lande selbst war in ehemaligen Römerstädten, wie Straßburg oder Regensburg, damals noch erheblich mehr aus römischer Zeit erkennbar als später. Allerdings läßt sich am Beispiel Offenburg zeigen, daß den Kaufleuten der Zeit in Straßburg weniger die noch erkennbaren *via pretoria* und *via decumana* als nachahmenswert erschienen, als vielmehr der umfangreiche heute meist überbaute straßenartige Markt zwischen Ill und

anderen drei Arme dienten ganz offensichtlich dem Marktverkehr, wie auch hier Kaufhallen und Judenniederlassung beweisen. Auf der Kreuzung hat das Marktkreuz seinen Platz. Insgesamt ist also hier eine Anlage anzutreffen, die mit den sogenannten Zähringerstädten, insbesondere Rottweil, überraschende Parallelen aufweist. Offen bleibt, ob dies auf Zufall beruht, oder ob vielleicht irgendwelche Beziehungen zu den Staufern bestanden haben könnten.

heutigem Kleberplatz, der sich vor der alten Römerstadt im früheren Mittelalter entwickelt hatte[117]. Es gab allerdings auch Fälle, in denen die spätere Siedlung die antiken Grundlagen fast vollständig beibehielt, wodurch etwa auch die noch vorhandenen Straßenachsen bewahrt wurden. Im südlichen und westlichen Europa sind solche Orte, wie etwa Florenz oder Turin, häufiger anzutreffen. In Deutschland sei Boppard genannt[118]. Dies ist insofern nicht bedeutungslos für unseren Zusammenhang, weil es sich im 12. Jahrhundert in staufischer Hand befunden hat. Hier haben sich die rechtwinklig sich kreuzenden Straßen aus der späten Römerzeit bis heute erhalten. Wegen ihrer geringen Breite konnten sie aber unmöglich Buden oder Marktanlagen aufnehmen. Infolgedessen besteht eben doch ein Unterschied zu den ähnlichen Stadtgründungen des ausgehenden 12. Jahrhunderts.

Wenn man aber eine mehr oder weniger direkte Einwirkung antiker Vorbilder auf die Stadtgründungen des 12. und 13. Jahrhunderts nicht anzuerkennen vermag, dann ist daran zu erinnern, daß dieser Zeit der Gedanke planmäßig ausgestalteter Stadtanlagen im Prinzip nicht völlig fremd war. Der Gedanke regulierter Grundrisse war vorhanden, er brauchte nur erneut realisiert zu werden[119]. Erinnert man sich ferner, daß die Stadtherren – wie am Beispiel der Staufer gezeigt werden konnte – besonderes Interesse am Festungscharakter ihrer Neugründungen hatten, dann ergibt sich daraus die Folgerung, daß diese auch auf militärische Zweckmäßigkeiten Rücksicht zu nehmen hatten[120]. Trotz ihrer für die damalige Zeit großen Zahl von Verteidigern war eine Stadtmauer nicht dauernd und an allen Stellen gleichstark zu besetzen. Im Falle von Überraschungsangriffen mußte deshalb eine an zentraler Stelle versammelte Eingreifreserve die Möglichkeit haben, die Gefahrenpunkte, an denen der Feind überraschend angriff, möglichst schnell zu erreichen. Ein klar angelegtes Straßensystem erleichterte diese Aufgabe.

Endlich darf nicht übergangen werden, daß städtische Siedlungen häufig an Straßen entstanden. Kreuzten sich hier nun zwei bereits vorhandene Wege, so ist es natürlich, daß diese von sich aus die Grundlage für die sich entwickelnde Stadt abgaben. Solche Fälle scheinen nicht nur in Freiburg, sondern auch in freilich noch sehr unregelmäßiger Form in Ravensburg und schon systematischer ausgestaltet in Isny vorzuliegen[121]. Im Norden scheint mir das bereits erwähnte askanische Brandenburg in seiner südwestlich der Havel gelegenen Neustadt, die um 1170 entstanden sein dürfte, ein weiteres Beispiel dafür zu bieten, wie durch ältere topographische Verhältnisse ein Achsenkreuz zweier Hauptstraßen entstehen

117 Gruber, wie Anm. 94. Seine Rekonstruktion abgebildet auch bei Schwineköper, wie Anm. 46, S. 67 Abb. 14.

118 H. Eiden, Die Ergebnisse der Ausgrabungen im spätrömischen Kastell Bodobrica (Boppard) und im Vicus Cardena (Karden), in: ProtokKonstanzArbeitskrMaG Nr. 213, 1977, S. 15 ff. = VortrrForsch Bd. 25, 1979, S. 317–345.

119 S. oben S. 101 ff.

120 Biddle, Towns bei Wilson (Hrsg.), wie Anm. 1, S. 125.

121 DtStädteatlas, wie Anm. 15a, Lieferung 1, Nr. 5.

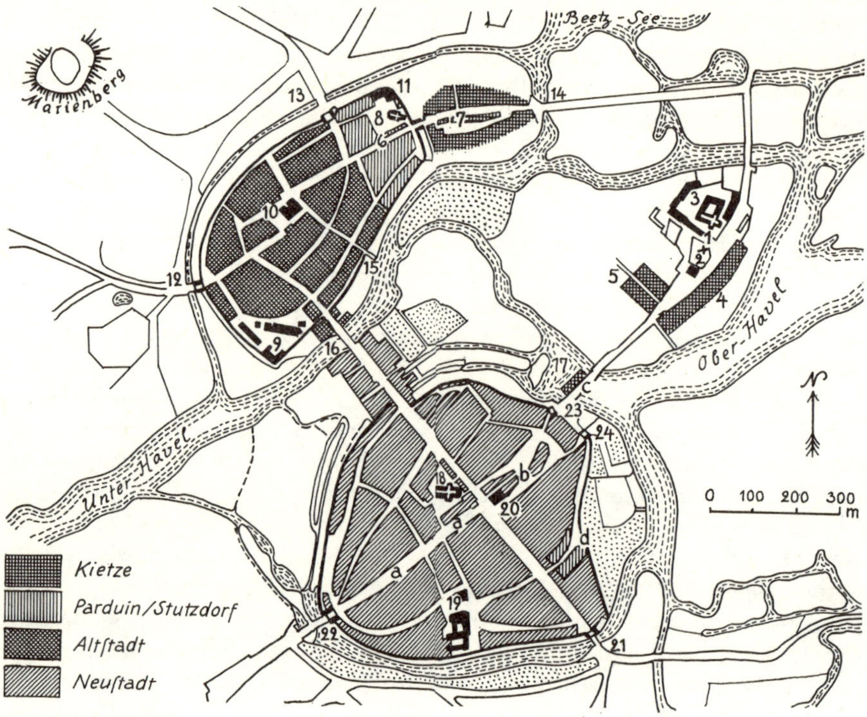

Abb. 20 Brandenburg (Havel). Gruppenstadt des 11./12. Jhs. Hier zu beachten die askanische Neustadt (Ende 12. Jh.) im Süden mit Straßenkreuz, das durch die Kreuzung der aus der Burg kommenden mit aus der Altstadt herausführenden Fernstraßen nach Magdeburg bzw. nach der Lausitz entstanden ist (aus: Hdb. Hist. Stätt. Bd. 10). Zu S. 154 f.

kann [122]. In einem Gewirr von Sumpf und Wasserarmen bildete hier die alte Landesburg der slawischen Heveller auf einer Havelinsel den Ausgangspunkt der städtischen Entwicklung unter den Askaniern. In dieser fand auch der Bischof mit der Kathedralkirche seinen Platz. Außerdem entwickelte sich auf dieser Insel im unmittelbaren Anschluß an die Burg eine Kietz genannte, offenbar noch slawische Frühform eines Marktes. Einen zweiten Kietz gab es gegenüber der genannten Insel auf dem Nordufer des Flusses. Wie auch der Domkietz weist dieser die Form eines angerartig erweiterten Straßenmarktes auf. Unmittelbar westlich davon entstand dann in Gestalt des Parduin und der Altstadt der älteste überwiegend von deutschen Einwanderern bewohnte Stadtteil. Die aus der Domburg führende

122 HdbHistStätt Bd. 10: Berlin und Brandenburg, 1973, S. 139 (mit Plan) (W. Vogel/G. Heinrich); ferner Wachsmuths Lexikon der Baukunst, Bd. 1, 1929, S. 601 (mit Plan); E. J. Siedler, Märkischer Städtebau, 1914. In diesem Zusammenhang sei auf Rothenburg a. d. T. verwiesen. Hier könnte man meinen, daß der Plan der inneren Stadt auf einem Straßenkreuz mit zentralem rechteckigen Marktplatz aufbaue. Doch dürfte der älteste Teil aus dem in Gestalt der heutigen Herrengasse an die Burg anknüpfenden Straßenmarkt bestanden haben. Vgl. Braunfels, wie Anm. 1, S. 121 Abb. 68 (Stadtplan).

Fernstraße nach dem Westen schlug ziemlich konsequent die Südwestrichtung ein und führte zunächst über eine weitere Insel. Hier wird sie von der aus der Altstadt kommenden, in südöstlicher Richtung verlaufenden Fernstraße nach dem Fläming und nach der Lausitz genau im rechten Winkel gekreuzt. Im nordwestlichen Winkel dieser Straßen wurde die Pfarrkirche St. Katharinen errichtet, die von Marktbauten eingeschlossen wurde. Am nordöstlichen Winkel der Kreuzung wurde, allerdings wohl erst später, das Rathaus der Neustadt erbaut. Der sich um dieses auf natürliche Weise entstandene Straßenkreuz entwickelnde neue Stadtteil weist im übrigen nicht die Regelmäßigkeit der Straßenführung auf, die man für diese Zeit eigentlich erwartet. Dies ist aber nicht so wichtig, denn anscheinend haben bereits bestehende ältere Anfänge von Siedlungen an dieser Stelle dazu ebenso beigetragen wie eine sich über einen längeren Zeitraum erstreckende Bebauung.

XIII.

Die hier kurz behandelten Beispiele müssen genügen. Sie beweisen m. E. hinlänglich, daß ein Straßenkreuz tatsächlich zur Grundlage eines Stadtplanes hat werden können, wenn entsprechende ältere Voraussetzungen vorhanden waren. Deshalb ist zu fragen, wie die sogenannten Zähringerstädte in dieser Hinsicht zu interpretieren sind. Denn gerade an ihnen glaubte man bekanntlich zum ersten Mal ein für alle zutreffendes Schema entdeckt zu haben, das auf dem viel zitierten Straßenkreuz basierte. Demgegenüber haben wir bereits im Jahre 1964 in einem aus dem Stegreif gehaltenen Vortrag bei einem von der Stadt Thun aus Anlaß der Austellung »700 Jahre Thuner Handfeste« einberufenen Kolloquium über die Zähringerstädte Einwände geltend gemacht. Wir haben schon damals darauf aufmerksam gemacht, daß die nachweislich von den Zähringern gegründeten Städte von Freiburg i. Br. bis Bern im Grunde um den entscheidenden Hauptstraßenmarkt herum gruppiert worden sind. Dieser kann zwar von mehr oder weniger wichtigen Querstraßen gekreuzt werden, die manchmal nicht einmal auf entsprechende Stadttore hinführen. Auf alle Fälle kommt diesen Querstraßen keinesfalls der gleiche Rang zu wie dem Straßenmarkt [123]. Erst in der zweiten Hälfte des 12. Jahrhunderts, vielleicht sogar zu Beginn des 13. Jahrhunderts kommt dann der Gedanke auf, solche Querachsen durch entsprechende Verbreiterung und Bebauung mit Marktanlagen gleichfalls zu Marktstraßen zu machen. Sie übernahmen also erst damals rangmäßig die gleiche Rolle wie der bisher allein vorhandene eine Straßenmarkt. Es war daher zu fragen, ob dieser zweifellos neuartige Gedanke, der sich außerhalb von Südwestdeutschland kaum hat durchsetzen können, eine allein den Zähringern eigentümliche Lösung war, oder ob er dem Geist der Zeit entsprach.

123 Zusammengefaßt in einem Vortrag vor dem Konstanzer Arbeitskreis für mittelalterliche Geschichte unter dem Titel »Neue Beobachtungen zum Problem der Zähringerstädte« am 16. Juli 1966. Vgl. ProtokKonstanzArbeitskrMaG Nr. 137 vom 19. 10. 1966.

Wenn von dem erst Mitte des 13. Jahrhunderts von den Edelherren von Üsenberg gegründeten Städtchen Kenzingen im Breisgau als späterer Anlage einmal abgesehen wird, entscheidet sich das hier berührte Problem eigentlich an der Interpretation der beiden meist als zähringisch angesehenen Städte Villingen und Rottweil. In dem von Heinrich dem Löwen Mitte des 12. Jahrhunderts gegründeten München könnte man vielleicht schon eine Vorstufe des Achsenkreuzes zweier Marktstraßen sehen, wenn hier nicht ein Rechteckmarkt an die Kreuzung unmittelbar herangeschoben worden wäre. Immerhin scheinen hier die Welfen und später ihre Wittelsbachischen Nachfolger sich auf ähnlichen Wegen befunden zu haben wie die anderen Fürsten der Zeit. In dieser Tradition steht etwa das zu Anfang des 13. Jahrhunderts nach sehr regelmäßigem Plan ins Leben gerufene Straubing [124]. Aber trotz großer Ähnlichkeiten mit den späten sogenannten Zähringerstädten unterscheidet sich diese Neugründung doch insofern von ihnen, als die Querachse wiederum nicht für Marktzwecke ausgestaltet worden ist. Deshalb muß sich unser Interesse jetzt den beiden Städten Villingen und Rottweil zuwenden. Damit kommen wir freilich zu einem der schwierigsten und umstrittensten Probleme der deutschen Stadtgeschichtsforschung überhaupt. Eine Lösung dürfte nur teilweise möglich sein. Auf alle Fälle ist festzuhalten, daß es sich in beiden Fällen nicht um Neuanlagen auf völlig jungfräulichem Boden handelte. Vielmehr gingen beiden ältere Siedlungen voraus, die zeitlich und räumlich weitgehend festlegbar sind. Es waren also demnach nicht Neugründungen im strengen Sinne, sondern Siedlungsverlegungen, wie sie im Mittelalter sehr häufig vorkamen [125].

124 München: Plan der Innenstadt häufig abgebildet, z. B. bei BRAUNFELS, wie Anm. 1, S. 181 Abb. 111. – Straubing: K. GRUBER, Die Gestalt der deutschen Stadt, 1976², S. 56 Abb. 40, danach SCHWINEKÖPER, wie Anm. 46, S. 70 Abb. 18. Weitere wittelsbachische Plananlagen aufgrund eines Straßenkreuzes sieht MECKSEPER, wie Anm. 1, S. 297 ff. in Kelheim a. d. Donau und Neustadt a. d. Donau die sich »als ausgesprochene Sonderfälle in einer sonst meist rein durch den einfachen Straßenmarkt bestimmten Städtelandschaft« darstellen (ebd. S. 299). Es ist mir nicht möglich, mich mit diesen beiden Städten ausführlicher auseinanderzusetzen. Doch sei darauf verwiesen, daß beide Städte wahrscheinlich erst in die zweite Hälfte des 13. Jahrhunderts hineingehören dürften. Außerdem scheint es sich eher um zentrale Straßenmärkte zu handeln, die von einer Durchgangsstraße im rechten Winkel gekreuzt werden. Von zwei gleichrangigen Marktstraßen kann jedenfalls kaum die Rede sein. Vgl. DtStädtebuch Bd. V,2: Bayern S. 283 f., 478.

125 H. FISCHER, Die Siedlungsverlegung im Zeitalter der Stadtbildung, 1952. Siedlungsverlegungen erfolgten anscheinend oft nicht ohne Anwendung von Druck. Vgl. die Schilderung Lamberts von Ardres aus Anlaß der Verlegung des Marktes von Zudkerque nach Audricq, Anm. 77. – Übrigens wurden in dieser Zeit die fast allein aus Holz errichteten Häuser abgebrochen und an die neue Stelle transportiert, um dort wiedererrichtet zu werden. Vgl. Lampert von Ardres, MGH SS 24, S. 613: Arnoldus (von Ardres) *omnia sua transtulit edificia . . . convulsis et dirutis omnibus apud Selnessam edificiis, Ardensem dunionem pontibus, portibus et necessariis communivit edificiis.* Aus Stein war also nur der Donjon der in dem werdenden Städtchen Ardres errichteten Burg, während die übrigen aus Holz bestehenden Bauten der bisherigen Residenz Selnesse vom Burgherren abgebrochen und in die neue Anlage übertragen wurden.

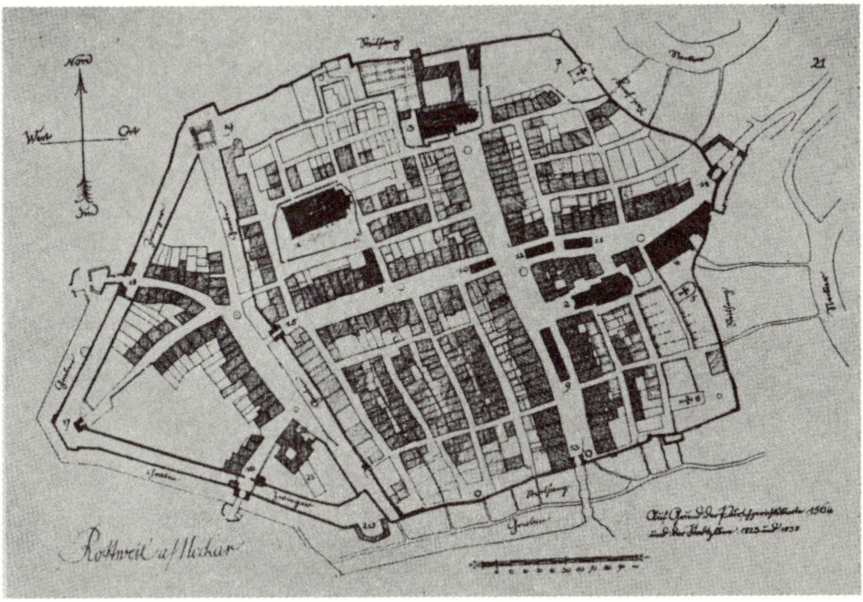

Abb. 21 Rottweil (Ende 12./Anf. 13. Jh.). Staufische Plananlage mit 2 sich kreuzenden Marktstraßen (nach K. Gruber), (aus: Schau-ins-Land 1967). Zu S. 157 f.

Nach den sehr ausführlichen Untersuchungen von C. Meckseper und nach der grundlegenden Neubehandlung der Stellung des schwäbischen Herzogs durch H. Maurer ist das bisher um Rottweil herrschende Dunkel beträchtlich gelichtet [126]. Wir brauchen daher diesem Problem nicht mehr so umständliche Aufmerksamkeit zu widmen, wie dies noch bei dem Vortrag in Stuttgart erforderlich erschien. Es steht nämlich jetzt fest, daß Rottweil zu den wichtigsten »Vororten« des schwäbischen Herzogs gehörte. Nur in der Zeit, in der die Zähringer als Gegenherzöge über dieses Amt verfügen konnten, durften sie auch die Herrschaft über diese Stadt beanspruchen. Sonst waren aber die Staufer als Herzöge von Schwaben hier dauernd zuständig. Damit ist es auch klar, daß nur sie die Siedlungsverlegung an die heutige Stelle vorgenommen haben können, denn während der relativ kurzen zähringischen Herrschaftszeit kann dies noch nicht geschehen sein. Offen bleiben die Gründe für diese Verlegung und deren Zeitpunkt. Die zahlreichen Probleme, die sich mit der später als Hochmauren bezeichneten römischen Zivilsiedlung Area Flaviae im Südosten des jetzigen Stadtgebiets von Rottweil, mit der im Raum westlich des Neckars um das ehemalige römische *castrum* sich ausbildenden sogenannten Mittelstadt und mit dem dort gesuchten Königshof verbinden, brauchen und können wir uns hier nicht weiter beschäftigen [127]. Be-

126 Meckseper, wie Anm. 1, S. 32 f. u. ö.; H. Maurer, wie Vorbemerkung, S. 104–117.
127 Vgl. den Lageplan bei Meckseper, wie Anm. 1, Abb. 4; desgl. bei Maurer, wie Vorbemerkung, S. 106.

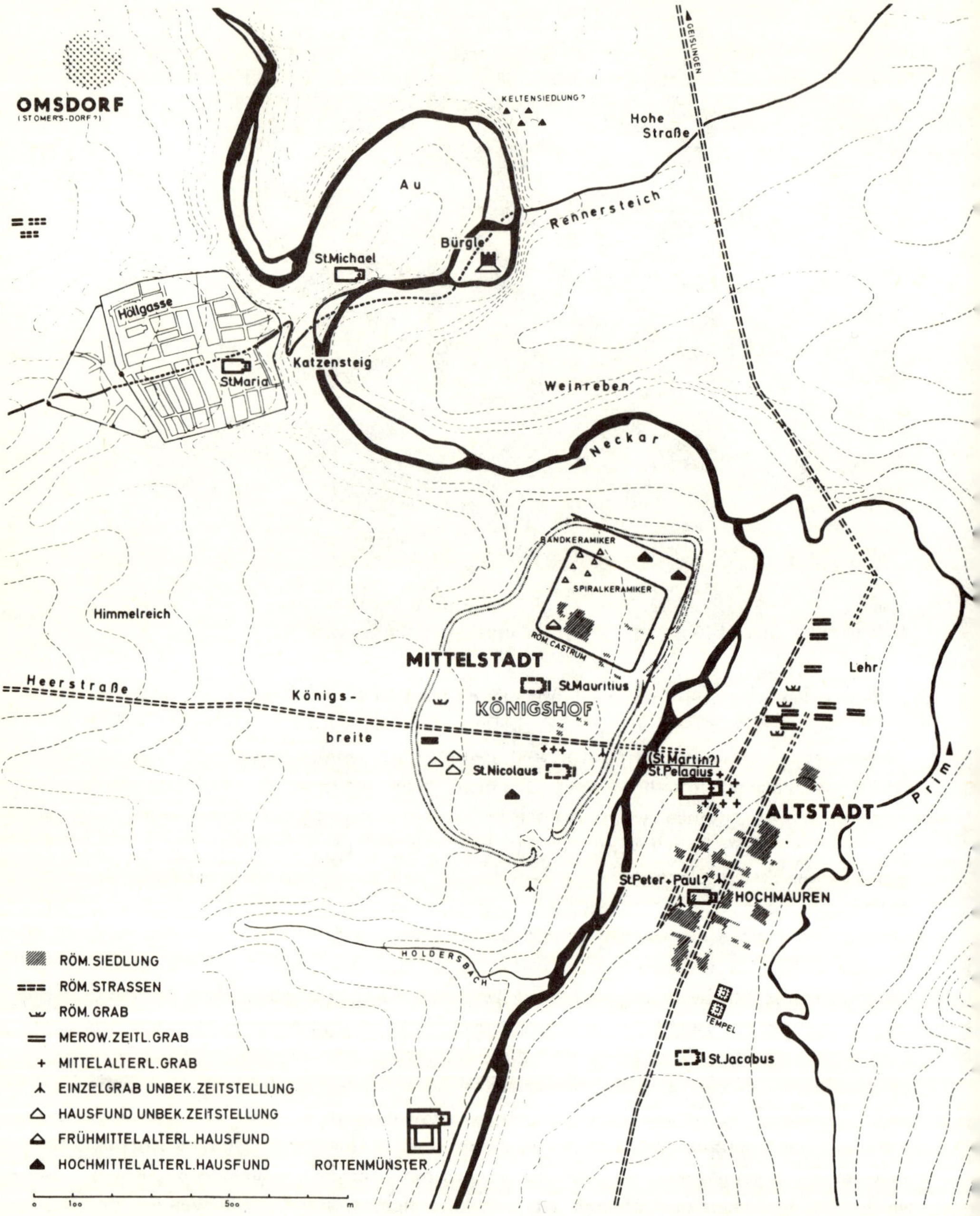

Abb. 22 Rottweil. Römische Stadt (Altstadt), Kastell bzw. frühmittelalterliche Siedlung (»Königshof«), hochmittelalterliche Stadt (aus: H. Maurer, Der Herzog von Schwaben, Sigmaringen 1978, nach C. Meckseper). Zu S. 157 f.

achtenswert scheinen uns nur die Ergebnisse neuerer Grabungen, die zeigen konnten, daß die Besiedlung der Mittelstadt etwa um 1200 abbricht [128]. Offenbar sind die Bewohner dieses Ortes damals an die neue Stelle umgezogen oder umgesiedelt worden. Dadurch wäre die Entstehung der jetzigen Stadt zeitlich einigermaßen gesichert. Auch das Heiligkreuzpatrozinium der neu errichteten Stadtpfarrkirche, dem – wie wir an anderer Stelle zeigen konnten – gerade die Staufer besondere Verehrung gewidmet haben, paßt gut in das ausgehende 12. Jahrhundert [129]. Nimmt man hinzu, daß die jetzige Stadt mit ihren 15 ha gegenüber der 35 ha umfassenden bisherigen Mittelstadt auf über die Hälfte reduziert wurde und daß sie auf einer für die Befestigung und Verteidigung hervorragend geeigneten Stelle erbaut wurde, dann dürfte in diesem Falle auch der Hauptgrund für die Verlegung deutlich werden [130]. Die Bedeutung von Städten lag nämlich für die Staufer – wie wir bereits dargelegt haben – weniger in deren wirtschaftlicher Rolle als, besonders seit dem Doppelkönigtum Philipps von Schwabens und Ottos IV., in deren militärischer Aufgabe [131]. Daß die neue Siedlung auf dem Achsenkreuz zweier gleichrangiger, mit Marktbauten bestellter Marktstraßen aufbaute, war zwar ein neuer Gedanke, der aber offenbar in dieser Zeit in der Luft lag [132]. Auch sollte man nicht übersehen, daß eine derartige Stadtanlage den militärischen Anforderungen bei der Verteidigung zugleich bestens entspricht [133]. Wurde doch so die schnelle Besetzung gefährdeter Mauerabschnitte durch eine im Zentrum der Stadt versammelte Truppe sehr erleichtert. Eine andere Frage ist die, ob in diesem Falle die gesamte Stadtanlage von Anfang an festgelegt und auch alsbald besiedelt wurde. Da ihr ganz offensichtlich auch als Festung eine wichtige Aufgabe zugedacht war, kann man annehmen, daß wenigstens die Fluchtlinien der wichtigsten Straßenzüge und der Verlauf der beabsichtigten Mauer schon zu Beginn festgestellt wurden. Da es sich ferner um eine Siedlungsverlegung handelte, dürfte auch die Bebauung rascher erfolgt sein als in anderen Fällen. Wahrscheinlich hatte man aber auch schon Reserveraum für weitere Zuziehende eingeplant und freigelassen. Anscheinend traten dabei Verzögerungen ein, die zwar keine Spuren in den Fluchtlinien hinterließen. Doch wurde beispielsweise im südwestlichen, als Sprengerort bezeichneten Stadtviertel die Hofstellen verkleinert und infolgedessen anders angeordnet. Nur hier wurde zugleich eine neue Art der Abwässerbeseitigung

128 Maurer, wie Vorbemerkung, S. 107.

129 Schwineköper, wie Vorbemerkung.

130 Daß dies auch in anderen Fällen ein wichtiger Grund für die Verlegung einer Stadt sein konnte, beweist eine chronikalische Nachricht über die Verlegung der Stadt Leoben in der Steiermark: *Anno Domini 1268 Leuben civitas Stirie transplantata est versus aquilonalem propter montem, qui versus meridiem eam tangebat, civitatem ex quo muniri non potest.* Nach Egli, wie Anm. 1, S. 143 (mit Plan).

131 S. o. S. 126.

132 S. o. Abb. 2–4.

133 S. o. S. 153, Anm. 120.

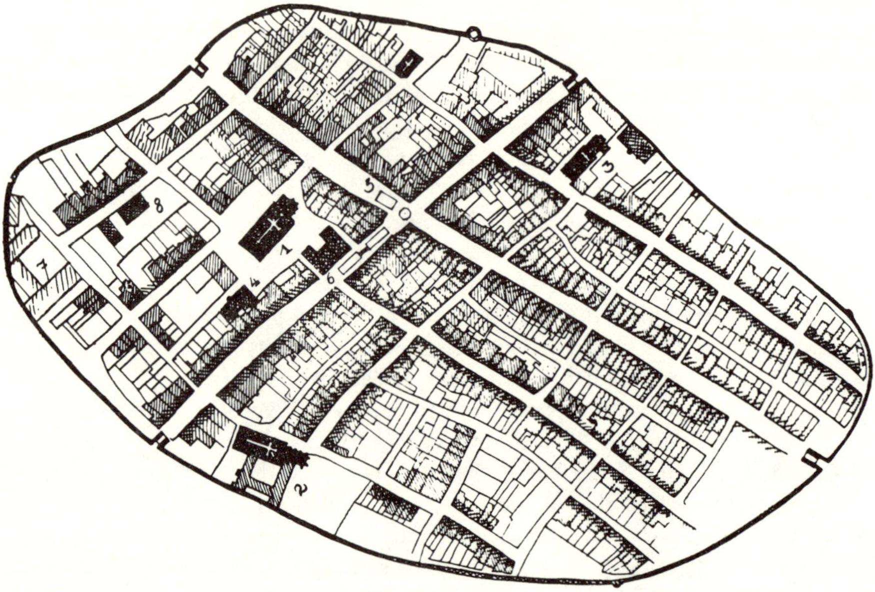

Abb. 23 Villingen. Zähringische Stadtanlage (Ende 12. Jh.) (nach K. Gruber). Zwei sich kreuzende Marktstraßen, die vielleicht nicht gleichaltrig sind. Auf alle Fälle sind mindestens 2 Phasen der Stadtentstehung (im Nordwesten bzw. Südosten) wegen des anderen Systems der Straßenführung zu unterscheiden (aus: Schau-ins-Land 1967). Zu S. 160 f.

in Gestalt der schon in älteren Städten nachweisbaren Ehgräben zwischen den Häuserblocks angewandt [134].

Im Vergleich zu Rottweil ist das Problem Villingen sehr viel schwieriger zu lösen. Denn es fehlen fast alle schriftlichen Nachrichten. Archäologische Untersuchungen liegen auch kaum vor [135]. Aus der topographischen Tatsache, daß hier die beiden, wie in Rottweil zu Marktstraßen ausgebildeten Hauptachsen sich nicht im rechten Winkel, sondern schräg schneiden, hat C. Meckseper die Folgerung gezogen, daß hier nicht nur – wie wir bereits 1964 dargelegt hatten – verschiedene Phasen der Stadtentstehung zu erkennen seien, sondern daß ursprünglich die

134 Schwineköper, wie Anm. 46, S. 59 f. Rottweil unterscheidet sich im übrigen in mancherlei Hinsicht von Villingen, worauf hier nicht in allen Einzelheiten eingegangen werden kann. Besonders hervorhebenswert scheint aber die Art der Befestigung. Während Villingen mit seiner ovalen Stadtbefestigung im Grunde das Prinzip der Stadtanlage mit ihren rechtwinklig angelegten Baublöcken nicht konsequent bis zum Ende führt, ist dies in Rottweil geschehen. Wieweit die viereckige »Kastellform« (Meckseper, wie Anm. 1, S. 101) der Gesamtanlage von Rottweil allerdings durch die Geländeverhältnisse bedingt ist, sei dahingestellt. Jedenfalls steht diese Stadt staufischen Anlagen anderer Art dadurch ebenso nahe, wie italienischen Städten dieser Zeit.

135 Zu Villingen zuletzt Atlas, wie Anm. 64, Karte IV,7 mit Erläuterungen (F. Sepaintner, dem jedoch die sich auch mit Villingen beschäftigende Arbeit von Meckseper, wie Anm. 1, nicht bekannt geworden zu sein scheint).

west-östlich verlaufende Marktstraße allein vorhanden gewesen sein müsse [136]. Bei dieser könnte es sich dann um die früheste zähringische Stadtanlage an dieser Stelle handeln. Denn daß hier eine solche vorliegt, läßt sich wohl nicht bestreiten wenn auch nicht absolut sicher beweisen. Gleichzeitig würde so erklärt, wie es zu dem System zweier sich kreuzender Straßenmärkte gekommen sein könnte. Da es sich aber hier ganz offenbar um Verlegung eines urkundlich viel früher erwähnten Marktes an eine andere Stelle gehandelt haben dürfte, wären die Gründe dafür aufzudecken und vor allem der Zeitpunkt dieses Vorgangs zu ermitteln. Bekanntlich liegt für Villingen eine Marktrechtsverleihungsurkunde Ottos III. vom Jahre 999 vor [136a]. Sie wurde einem Grafen namens Berhtoldus zuteil, in dem man sicher mit Recht einen Ahnen der Zähringer erkennen zu können glaubt. Alle Indizien sprechen dafür, daß dieser Markt östlich der Brigach und nördlich der noch lange als Pfarrei der neuen Stadt verwendeten heutigen Friedhofskirche gelegen hat. Der platzartige, unregelmäßig gestaltete Ort dieses Marktes läßt sich aus einer Flurkarte des 18. Jahrhunderts sogar noch einigermaßen erkennen [137]. Es scheint sich noch um eine ungeschützte Siedlung gehandelt zu haben. Doch war anscheinend genug Raum vorhanden, um Wälle, Gräben oder Mauern um diesen Markt zu errichten. Infolgedessen müssen wohl andere Gründe für die Verlagerung in Rechnung gestellt werden, wie eine etwaige andere Führung der Fernstraßen, ein Stadtbrand oder nicht ausreichende Wasserversorgung. Eine sichere Entscheidung kann aber in diesem Falle nicht gefällt werden. Dies gilt auch für den Zeitpunkt dieses Vorganges. Neben dem Grundriß der Neuanlage reicht nur noch die später an zentrale Stelle verlegte jetzige Stadtpfarrkirche in frühe Zeiten zurück [138]. Leider fehlt es an neueren archäologischen Untersuchungen dieses manche weiteren Rätsel aufgebenden Bauwerks. Abgesehen von der Achsenverschiebung zwischen Chor und Langhaus im Grundriß der Kirche, bieten bisher nur die relativ geringen Ornamente an deren Portalen einige Anhaltspunkte für einen zeitlichen Ansatz. Für das Südportal ist die Abhängigkeit vom Straßburger Südportal sehr deutlich zu erweisen. Zeitlich wäre es somit in das erste Viertel des 13. Jahrhunderts zu setzen. Das westliche Portal weist Ähnlichkeiten etwa mit dem freilich ungleich reichhaltiger ausgestalteten Westportal der Stiftskirche St. Michael in

136 Schwineköper, wie Anm. 46, S. 59 f.

136a MGH D O III, 311: 999 März 29.

137 W. Noack, Die Stadtanlage von Villingen als Baudenkmal, in: BadHeimat 25, 1938, S. 237 Abb. 3: Gemarkungsplan der Stadt Villingen, Ende 18. Jahrhundert.

138 K. Gruber, Zur Baugeschichte des Villinger Münsters, in: Mein Heimatland, 29, 1942, S. 6–16. Gegenüber der bisherigen Literatur führt zwar der genannte Aufsatz erheblich weiter, scheint mir aber in der Argumentation nicht voll zuzutreffen. Es wäre nämlich auch möglich, daß nicht der ursprüngliche Chor der Kirche, sondern das Kirchenschiff in seiner Urform den ältesten Bestand der heutigen Kirche bildete. Vgl. im übrigen Meckseper, wie Anm. 1, S. 265 ff. – Da der Vergleich einzelner Bauformen allenfalls eine relative, aber keinesfalls absolute Chronologie zuließe, können wir auf diese Probleme nicht weiter eingehen. Es ist zu hoffen, daß vielleicht Grabungen vor allem in den östlichen Teilen des Münsters mehr Klarheit verschaffen könnten.

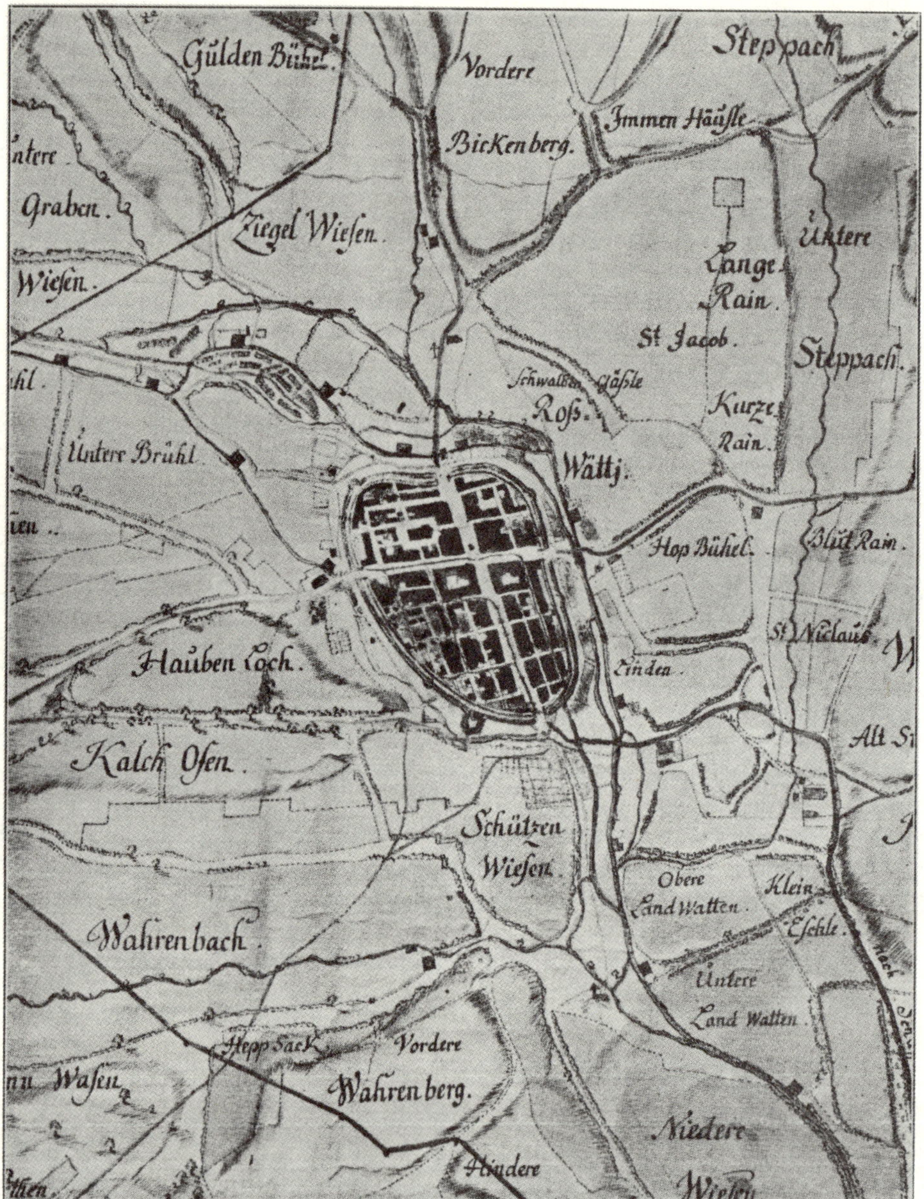

Abb. 24 Villingen, nach Flurkarte des 18. Jhs. Die Lage der älteren Marktsiedlung des 10. Jhs. östlich der Brigach noch gut erkennbar (Zwischen den Flurnamen *Kurze Rain, Hop Bühel, Blut Rain* und *St. Niclaus.* Die heutige Friedhofskirche ist zwischen *St. Niclaus* und *Klein Eschle* erkennbar) (aus: Bad. Heimat 1938). Zu S. 160 f.

Pforzheim auf, das jetzt auf etwa 1220 angesetzt wird [139]. Man kommt also zu dem Schluß, daß der Kirchenbau spätestens zu Beginn des 13. Jahrhunderts im Gange gewesen sein muß. Allerdings hat K. Gruber aufgrund des Befundes des Grundrisses nicht ausgeschlossen, daß die Kirche einen älteren Vorgänger gehabt haben könnte. Keine dieser Überlegungen vermag indessen voll zu befriedigen. Eher könnten Ausgrabungen weiterführen, die in allerjüngster Zeit kirchliche Vorgängerbauten erwiesen haben, aber noch einer weiteren Deutung harren. So muß das Problem Villingen ungelöst bleiben. Es ist nur sehr wahrscheinlich, daß hier die Zähringer die Initiatoren der Neuanlage gewesen sein dürften, absolut sicher ist aber auch dies nicht.

XIV.

In dem bisher Ausgeführten haben wir versucht, anhand von geeignet erscheinenden Beispielen einige grundlegende Überlegungen über die Entwicklung des deutschen Städtewesens vornehmlich im 12. und frühen 13. Jahrhundert anzustellen. Die Lösung der meist nur angedeuteten Probleme wäre auch hier nur mit Hilfe einer umfassenden Monographie zu erreichen, die mindestens den gesamten deutschen Raum umfassen müßte. Da dies im Rahmen eines erweiterten Vortrages nicht geschehen konnte, versteht sich daher von selbst. Einzelfragen der Datierung, Interpretation von Stadtgrundrißen und so weiter werden sicher durch Spezialuntersuchungen noch genauer ermittelt werden. Trotzdem wollen wir versuchen, die Ergebnisse unserer Überlegungen noch einmal zusammenzufassen.

Der sicher von den hochadligen Fürstenhäusern sehr geförderte, aber wohl kaum bis in die Einzelheiten festgelegte Stadtentstehungsprozeß des hohen Mittelalters beruhte im allgemeinen nicht auf einem einzigen Gründungsvorgang. Vielmehr setzte sich dieser aus einer ganzen Reihe von rechtlichen, wirtschaftlichen, militärischen und baulich-technischen Maßnahmen zusammen. Worauf es den mittelalterlichen Menschen bei der Anlage einer Stadt ankam, hat am eingehendsten Lambert von Ardres geschildert, als er von der Einrichtung dieser Stadt durch seinen Vorfahren Arnold im 11. Jahrhundert erzählt. Dieser förderte den neuen Händlertreffpunkt, an den er sogar seine Burg verlegt, in folgender Weise: *ut scilicet de villa sua Ardea liberum, immo liberrimum facere castillionis, licet exiguum opidulum* [139a]. Dazu traf er folgende Anordnungen: *Duodecim pares vel barones castro Ardee appenditios instituit et, fossato extra vallum in circuitu quasi corona firmissima preparato, rerum venalium forum in medio collocavit et in quinta feria in perpetuum servandum et frequentandum iuravit. Et scabinos eidem loco ordinavit et eorum iudicia secundem iurisdictionem et institutionem Audomariensium* [St. Omer] *scabinorum et burgensium tenenda et in perpetuum servanda, cum*

139 Vgl. E. V. Delcker, St. Michael in Pforzheim im Spannungsfeld zwischen Romanik und Spätgotik, in: BadHeimat 50, 1970, S. 197 ff.
139a MGH SS 24, S. 614.

duodecim Ardensis opidi paribus, vavassoribus, militibus, burgensibus et plebe, tactis sacrosanctis, in ecclesia sancti Audomari iuravit et confirmavit. Nach der Beschaffung von Grund und Boden wurden also die rechtlich-verfassungsmäßigen Grundlagen geschaffen. Ferner waren Maßnahmen zum Schutz ebenso wie zur wirtschaftlichen Ingangsetzung von Handel und Gewerbe erforderlich. Alles dies verband sich ganz natürlich mit baulich-technischen Vorkehrungen. Da alles in einem Gesamtzusammenhang steht, greifen die einzelnen Aktionen ineinander. Auch sind sie von den vorhandenen Verhältnissen abhängig und erfolgen nicht alle zum gleichen Zeitpunkt sondern erstrecken sich häufig über recht lange Zeiträume. Das schwierige und sicher auch sehr kostspielige Unternehmen einer Stadtgründung konnte nur gelingen, wenn man Kaufleute und Gewerbetreibende zur Niederlassung oder wenigstens zum dauernden Besuch der neuen Marktstadt veranlaßen konnte. Werbemaßnahmen, günstige Privilegien und Vorbereitung technischer Voraussetzungen waren erforderlich [140]. Der äußere und innere Friede in der Neugründung mußte durch Befestigungen bzw. ein ordnungsgemäßes Stadtgericht und ein den Verhältnissen entsprechendes Stadtrecht gesichert werden. Dafür konnten dem Stadtherrn bald aus der Neugründung erhebliche Einkünfte erwachsen [141].

140 S. o. S. 131, Anm. 77. Bereits Bischof Kadeloh von Naumburg überließ 1033 den Kaufleuten seiner neu gegründeten Stadt die von Zäunen umgebenen Hofstellen zinslos. Vgl. oben Anm. 10. Wenn in den Privilegien und Chroniken öfter von der Verleihung von *libertates* durch den Stadtherrn oder von *libertare* die Rede ist, so wird man darunter in der Mehrzahl der Fälle die Befreiung von Zins- und Zollabgaben zu verstehen haben. Vgl. z. B. RI V,2 Nr. 4062 = HB Bd. 3, S. 333 f. für Kaysersberg: 1227 Mai 18; ferner BERESFORD, wie Anm. 1, S. 82, nach A. BALLARD, J. TAIT, British Borough charters 1216–1307, 1923, S. 245: 1282 Chester (Ceshire, England): *Item de mercatoribus indigenis et alienigenis quod quamvis eis videtur grave venire ad partes Cestriae propter longum cursum, quod episcopus eis convocatis dicat eis ex parte Regis quod audacter ibidem accedant cum suis mercandisis et Rex refundet eis dampnum quod sustinuerint pro suo cursu ibidem faciendo.* Ein ähnliches Beispiel aus England vgl. bei BERESFORD, wie Anm. 1, S. 164: Nova Villa de Dinevor (Old Dynevor, Carmarthenshire, Wales) 1303/04: *burgenses villae tenent burgagia et terras sine redditu a prima fundatione villae per VII annos.* – Überhaupt mußte man den höchst willkommenen Neusiedlern in jeder Weise entgegenkommen. Bei der Anwerbung von Neusiedlern für neu zu gründende Dörfer des Klosters Pegau ging man so weit, daß es dem Verfasser der Annales Pegavienses sogar *ridiculosum* vorkam. Vgl. MGH SS 16, S. 247: *Post hec domnus Wicpertus* [Abt des Klosters] *novale quoddam in Merseburgensi diocesi fecit exarari, partesque Franconie adiens... plurimos eiusdem provincie colonos inde transtulit... quemlibet illorum cum familiolae suae contubernio villam vel possessionem proprio labore consitam, etiam ex suo nomine nuncupare.«*

141 MGH Const. Bd. 3, S. 2 ff. – Einkünfte der Stadtherren aus ihren Städten sind in Deutschland mit Ausnahme des Reichssteuerverzeichnisses von 1241 so gut wie gar nicht zu ermitteln. Daher sei hier auf eine Nachricht des Chronicon Montis Sereni zu 1223 kurz eingegangen (MGH SS 23, S. 205). Markgraf Dietrich der Bedrängte von Meißen wollte danach gern die Vogtei über das Kloster Pegau in seine Hand bekommen. Als dies mißlang, schädigte er nicht nur die Besitzungen dieses Klosters erheblich, sondern er legte bei seiner 2 km südöstlich Pegau gelegenen Burg Groitzsch einen neuen Markt an: *villam muniens, forum instituit et teloneum et monetam omnibusque provincialibus ab illa parte tam emere quam vendere volentibus ne Pigaviam pergerent, interdixit.* Wegen der auf die-

Alles dies war nicht so einfach zu bewerkstelligen. Schon die Bereitstellung von Grund und Boden erforderte oft schwierige Verhandlungen [142]. Die Erbauung einer Befestigung machte eine gute Organisation notwendig, sie bedurfte erheblicher finanzieller Mittel und besonders vieler Hilfskräfte. Die künftigen Bewohner reichten daher nicht aus. Vielmehr wurden die Hörigen benachbarter Dörfer ebenso herangezogen, wie gelegentlich Klöster der näheren Umgebung. Ein Stadtherr allein konnte ein so umfassendes Werk gar nicht organisieren. Er bedurfte dazu der Helfer, die er in erster Linie in seinen ministerialischen Dienstleuten gefunden haben dürfte [143]. Auch die ankommenden Siedler dürften wegen der oft bei ihnen vorauszusetzenden besonderen Sachkenntnisse und wegen ihrer Eigeninteressen bei der Planung und ihrer technischen Durchführung entsprechend mitgewirkt haben, wie dies aus späteren englischen Nachrichten gefolgert werden kann. Schließlich kam man auch um in der Vermessungskunst und im Bauwesen bewanderte Fachleute nicht herum, wenn von diesen in den Quellen auch kaum die Rede ist.

Das zentrale Problem für unsere Fragestellung stellt natürlich die Planung dar. Waren tatsächlich die Zähringer die ersten, die in dieser Hinsicht klar umrissene Vorstellungen in ihrem Herrschaftsbereich systematisch und stets nach gleichen oder doch nahe verwandten Grundprinzipien durchgeführt haben [144]? Sind die

se Weise seinem Kloster zugefügten Schäden wandte sich der Abt von Pegau darauf klageführend an die Kurie, die zur Entscheidung dieser Streitigkeiten ein geistliches Schiedsgericht einsetzte. Vor diesem gab der Abt als Gesamtschaden den für die damalige Zeit ungeheuren Betrag von 7500 Mark an. Das Gericht entschied, daß ihm 500 Mark, noch immer eine beträchtliche Summe, zu zahlen seien. – Über die großen Einkünfte, welche der englische König, kirchliche Obere und hohe Adlige aus ihren Städten im 13. und 14. Jahrhundert zogen, macht aufgrund der einzigartigen Quellenlage umfangreiche Angaben BERESFORD, wie Anm. 1, z. B. S. 66 f. mit Table III,1–3. Vgl. dazu auch oben Anm. 16.

142 Gelegentlich wurden auch Adlige von den Staufern zur Hergabe von Land für die Erbauung von Burgen und Städten veranlaßt. In der Mehrzahl aller Fälle waren jedoch kirchliche Besitzungen betroffen. Vgl. o. S. 121, Anm. 50: Dattenried/Delle. An dieser Stelle waren sicher keine ursprünglichen königlichen Rechte geltend zu machen. Anders lag wohl die Sache bei Breisach, wo der alleinige Herrschaftsanspruch der Basler Domkirche vermutlich durch ältere königliche Ansprüche eingeschränkt gewesen zu sein scheint. Vgl. o. S. 126, Anm. 65.

143 S. o. S. 132, Anm. 79.

144 Als Beispiel sei W. NOACK, wie Anm. 99, S. 186, zitiert: »Entgegen diesem älteren Städtewesen in Deutschland bedeuteten die Zähringergründungen etwas ganz Neues. Es sind vollkommen planmäßige Neuanlagen, städtebauliche Kunstwerke von hohem Rang.« Vgl. ferner DERS., ebd., S. 187: »Aber wie die Handfesten (der Zähringer) als Ganzes, bedeuten auch die einheitlichen Stadtanlagen der Zähringer vollkommen neue Mittel einer genialen Staatsführung und planmäßigen Landesausbaus. Eine so hervorragende und neuartige Leistung wurde gewiß sogleich in ihrer Bedeutung erkannt und mußte zur Nachahmung reizen. Als erste Reaktion auf die zähringischen Stadtgründungen scheint noch vor 1125 von den Staufern Hagenau angelegt worden zu sein. ... Wenn nun aber auch bei dem ältesten Stadtteil von Hagenau die planmäßige Anlage nicht zu verkennen ist, so bleibt sie doch hinter der Klarheit und architektonischen Schönheit der Zähringerstädte weit zurück. Und zunächst scheint es auch bei dieser ersten staufischen Stadtgründung ge-

Staufer, Welfen, Askanier und viele andere erst diesem Beispiel gefolgt? Diese Fragen konnten grundsätzlich so beantwortet werden, daß es Planungen schon immer gegeben hat. Auch das frühe Mittelalter kannte sie, wie nicht nur die Kirchen, Klöster und Königspfalzen dieser Zeit beweisen, sondern geplante Burgen und frühstädtische Anlagen. Beispielsweise glaubt man bereits in den Formen ottonischer und salischer Königs- und Bischofsstädte planerische Vorgänge erkennen zu können [145]. Bei diesen spielte freilich weniger die Festlegung von Straßenzügen und die Vermessung von Hofstätten eine Rolle. Vielmehr vermutet man, daß man gewissen Vorbildern in ganz groben Zügen nachzueifern versuchte. So war es etwa das kirchliche Rom, das man abzubilden suchte, wie das von H. Maurer in dieser Hinsicht genauer untersuchte Konstanz und die von E. Herzog beigebrachten Beispiele zu beweisen scheinen. Eine ähnliche Wirkung hatte vielleicht das »Himmlische Jerusalem«, dessen Idealvorstellung sich mit den bei der Anschauung des irdischen Jerusalem gewonnenen Kenntnissen vereinigte. Die großartigen Radleuchter der romanischen Kirchen beweisen die allgemeinere Wirkung solcher Vorbilder. Außer der kirchlichen Architektur und der Buchmalerei könnte man sich auch bei der Gründung von Städten in Einzelfällen daran gehalten haben. Allerdings ging man auch dann wohl kaum so weit, daß man solche Idealvorstellungen bis in die letzten Details zu realisieren trachtete. Es blieb wohl meist bei der Berücksichtigung einiger Hauptgrundzüge aus dieser Vorstellungswelt. Daneben sind längst vor den großen Herrscherfamilien des Hochmittelalters genaue technische Planungen von Bauten, Burgen und Siedlungen nachzuweisen. Es sei an die von uns gestreiften Wikingerbauten und an das englische Winchester erinnert, das damals ein entscheidendes angelsächsisches Königszentrum gewesen ist. Es stand nur als ein Beispiel für mehrere weitere aus England, wo nach Ansicht der dortigen Forscher von den noch bestehenden spätantiken Civitates noch lange vorbildliche Wirkungen ausgegangen sein sollen [146].

Allerdings waren, wenigstens in Deutschland, die Märkte und sich bildenden Städte im allgemeinen noch von sehr geringer Größe. Selbst so bedeutende Handels- und Gewerbezentren, wie Gent und Brügge, werden für das 12. Jahrhundert auf erst 80 bzw. 70 ha geschätzt, wobei die schon recht umfangreichen Burgen des Landesherrn mit eingerechnet werden [147]. Für deutsche »Mittelstädte« dieser Zeit konnten wir anhand von Einzelbeispielen Einwohnerzahlen von etwa 1000 Köpfen wahrscheinlich machen. Die Zähringerstädte, wie Freiburg und Villingen, hatten einen Flächeninhalt von etwa 25 bis 35 ha. Sie sind daher aber vermutlich in

blieben zu sein.« Solche Ansichten gehen in erster Linie zurück auf E. HAMM, Die Städtegründungen der Herzöge von Zähringen in Südwestdeutschland, VeröffAlemInst 1, 1932, ein Buch, dem nach MECKSEPER, wie Anm. 1, S. 32, »ein ganz außergewöhnlicher Erfolg beschieden war«.

145 Vgl. HERZOG, wie Anm. 6. – H. MAURER, Konstanz als ottonischer Bischofssitz, VeröffMPlanckInstG 39, 1973.

146 BIDDLE, Towns bei WILSON (Hrsg.), wie Anm. 1

147 F. L. GANSHOFF, La Flandre sous les premiers comtes, Collection Notre Passé 2. Série Nr. 2, 1943, S. 70. Die zweite Aufl. war mir nicht zugänglich.

mehreren Phasen ausgebaut worden [148]. Die Besiedelung zog sich also auch hier über größere Zeiträume hin. Infolgedessen dürfte man im allgemeinen in ähnlicher Weise vorgegangen sein, wie dies jetzt für die sogenannten Lokationsstädte in Polen angenommen wird. In diesen wurde nämlich offenbar zunächst nur der hier eine große Rolle spielende zentrale Marktplatz und seine unmittelbare Umgebung vermessen und in Hofstätten aufgeteilt [149]. Für den übrigen vorgesehenen Raum setzte man allenfalls die Fluchtlinien einiger eventuell zu erbauender Straßen fest. In vielen Fällen kamen diese überhaupt nicht zustande, weil der Neugründung der erwartete Erfolg versagt blieb.

Es liegt daher nahe anzunehmen, daß auch bei den im 12. Jahrhundert in Südwestdeutschland gegründeten Städten die lang gestreckten Straßenmärkte, welche hier vorherrschend waren, vermessen und ausgebaut wurden [150]. Nur an diesen sind daher auch am ehesten die einem Normalmaß entsprechenden Hofstätten zu suchen, die nach dem Recht der zähringischen Städte an die ankommenden Siedlungswilligen vergeben wurden [151]. Sie stellten die Grundlage für die Grundsteuer ebenfalls dar. Daher muß damit gerechnet werden, daß längst nicht alle künftigen Stadtbewohner diese Bürde in gleicher Form auf sich nahmen. Vielmehr begnügten sie sich mit kleineren Parzellen, um so die Grundsteuer zu mindern. Das übrige Stadtgebiet dürfte dagegen erst besiedelt worden sein, wenn sich die Zahl der Interessenten vermehrte.

148 Freiburg i. Br.: 28,3 ha; Villingen: 23,4 ha; Offenburg: 22,4 ha (Angaben nach NOACK, wie Anm. 99, S. 186); Rottweil: 15 ha (Angabe nach DtStädtebuch IV, 2: Württemberg S. 428). Die zuletzt genannte Stadt war also nur fast halb so umfangreich wie Freiburg. Die sogenannte Mittelstadt (»Königshof«) in Rottweil umfaßte nach der gleichen Quelle 35 ha! – Zur Größe früherer Städte vermerkt HOFER, wie Anm. 6, S. 92, daß das zwischen 963 und 973 mit einer Mauer umgebene Kloster St. Gallen 13 ha umfaßt habe, was »weit über dem normalen Umfang einer damaligen Schweizer Stadt« gelegen habe.

149 Vgl. Anm. 17. Gelegentlich ist dies auf Plänen und bildlichen Darstellungen des 16. und 17. Jahrhunderts noch genau zu erkennen. Vgl. z. B. die unter König Kasimir III. von Polen (1333–1370) auf einer Weichselinsel südlich der Altstadt Krakau angelegte selbständige Stadterweiterung Kazimierz. Diese offenbar zu keiner großen Blüte gelangte und daher später überwiegend von Juden bewohnte Stadt war ganz offensichtlich gemäß dem Gitterschema begonnen worden, ist dann aber nicht zu Ende gebaut worden. Vgl. Abb. bei EGLI, wie Anm. 1, Bd. 2, S. 212, Abb. 169.

150 HOFER, wie Anm. 6, S. 95 f. stellt fest, daß um 1220 die Gründungsstadt in allen ihren konstituierenden Elementen fertig durchgebildet gewesen sei. Dominiert von Burg oder Schloß »besteht sie fast durchweg aus einer platzähnlichen Hauptstraße, dem Gassenmarkt«.

151 Zur Frage einer bei der Stadtgründung erfolgenden Verteilung von Hofstätten entsprechend den in den Privilegien genannten Normalmaßen vgl. SCHWINEKÖPER, wie Anm. 46, S. 53 f., 74. – Auch MECKSEPER, wie Anm. 1, S. 325 stellt fest: »Die Hofstätten waren von Anfang an unterschiedlich groß.« – In diesem Zusammenhang sei auf die Bestimmungen über die Hofstätten für die bereits erwähnte Dammstadt vor Hildesheim (vgl. Anm. 109) nochmals aufmerksam gemacht: *pratum ... distribuimus, ut unusquisque habeat aream duodecim virgarum in longum, sex virgarum in latum, si vero situ loci exigente minus habebit latitudinis, supplebitur defectus in longitudine«*. UBStadtHild Bd. 1, Nr. 49. Vgl. auch BERESFORD, wie Anm. 1, S. 147: »There was however, standard size of placea [= areae], and even in the most regular towns such as Monpazier there is more than one size apparent.« Vgl. ferner S. 128 f. Anm. 73b (St. Mihiel bei Verdun).

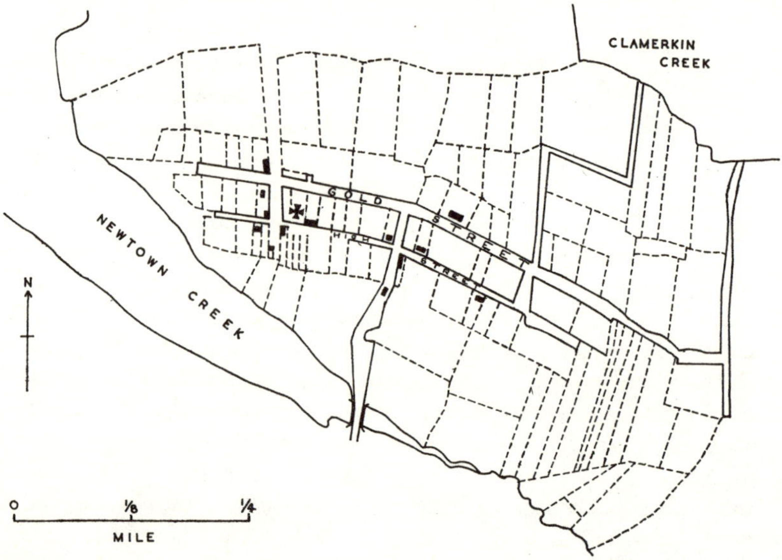

Abb. 25 Newtown (England). Planmäßig angelegte Stadt aus der Mitte des 13. Jhs., die dann stecken geblieben ist. Die Straßen sind erst teilweise angelegt. Die Feldeinteilung der Flurkarte des 18. Jhs. zeigt die sicher von Anfang an verschiedene Größe der Hofstätten (aus: M. Beresford, New towns of the middle Ages, 1967). Zu S. 167

In der zweiten Hälfte des 12. Jahrhunderts werden die Grundrisse der jetzt gegründeten Städte regelmäßiger und systematischer. Gegen Ende des Jahrhunderts sind dann die Formen da, welche man früher als typisch für die gesamten Städte im Besitz der Zähringer ansah. Es handelt sich also jetzt tatsächlich um ein Achsenkreuz, wie man es früher in allen nachweislich oder vermutlich von den Zähringern gegründeten Städten erkennen zu können glaubte. Doch übersah man, daß nicht jede unbedeutende Querstraße eines Straßenmarktes zu deren Querachse wurde. Dazu waren diese zu schmal und führten häufig nicht einmal auf ein Stadttor hin. Erst gegen Ende des 12. Jahrhunderts kam man auf den Gedanken, zwei sich im rechten Winkel kreuzende Straßen durch besondere Breite und Bestellung mit Marktanlagen zu gleichrangigen Marktstraßen und damit zur Grundlage des gesamten Stadtgrundrisses zu machen. Abgesehen von dem späteren Nachzügler Kenzingen folgen eigentlich nur Villingen und Rottweil diesem Prinzip. Von der zuletzt genannten Stadt wissen wir aber heute nach langen Kontroversen, daß sie eine staufische Anlage ist. Damit ist es klar, daß das so viel bemühte Achsenkreuz kaum eine alleinige Erfindung der Zähringer sein kann [151a].

151a Vgl. MECKSEPER, wie Anm. 1, S. 34 f.: »Es zeigt sich, daß von den gesicherten Zähringerstädten, die wirklich eindeutig ein Hauptstraßenkreuz zeigen, nur noch Villingen bleibt, dieses Schema also eher die Ausnahme als die Regel darstellt und so den Befürwortern einer Gründung Rottweils durch die Zähringer aufgrund der Siedlungsform das Hauptargument weitgehend entzogen ist. Die übrigen von Hamm genannten Merkmale sind für alle Städte im Südwesten Deutschlands und der Schweiz typisch, vor allem auch für die frühen Bischofsstädte. Daß sie zuerst bei den Zähringerstädten auftreten, konnte bisher nicht erwiesen werden.«

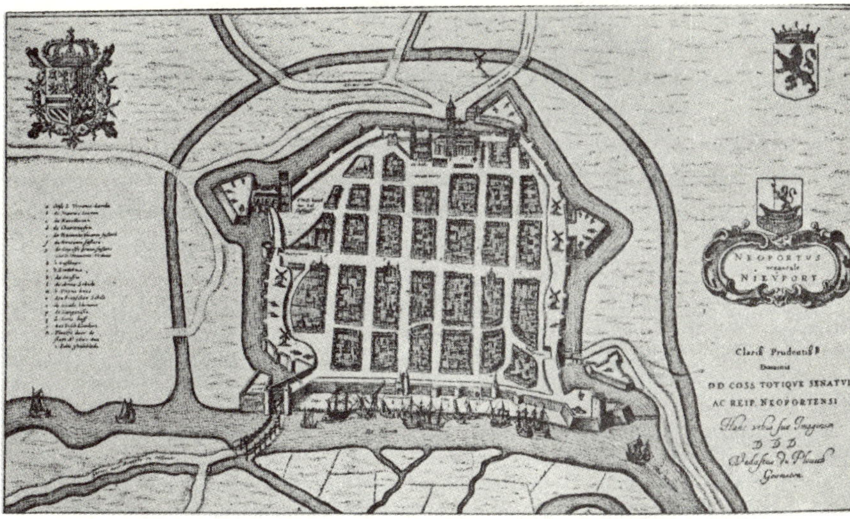

Abb. 26 Nieuwpoort (Prov. Westflandern, Belgien) (Anfang 12. Jh.). Eine der frühesten von den Grafen von Flandern auf dem Kontinent nach dem sogenannten Gitterschema errichteten Stadtanlagen nach Versandung des bisherigen Seehafens Lombardzijde (nach Ant. Sanderus)

Unter solchen Umständen ist die Beantwortung der Frage von Bedeutung, woher denn dann diese Grundrißform zu erklären sei. Dazu ist festzustellen, daß eine solche Form einfach dadurch entstehen kann, daß sich an einem bereits vorhandenem Wegekreuz eine Siedlung städtischen Charakters bildet, wie am Beispiel Brandenburg gezeigt werden konnte. Andererseits könnten auch römische Bauprinzipien nachgewirkt haben, sei es durch die Kenntnis antiker Bautheoretiker und Agrimensoren, sei es aus der Anschauung noch erhaltener, im Prinzip römischer Stadtanlagen, die in Italien, Frankreich, England, aber auch – wie das Beispiel Boppard beweist – in Deutschland noch vorhanden waren [151b]. Schließlich ist es nicht völlig auszuschließen, daß die Idealbilder von einem »Himmlischen Jerusalem«, das man sich in ähnlicher Form vorstellte, hier gelegentlich anregend gewirkt haben. Aber dies wäre doch wohl noch genauer zu beweisen. Vielleicht muß man aber auch einfach damit rechnen, daß die Zweckmäßigkeit einer so gestalteten Anlage für die militärische Verteidigung der Stadtmauern Anlaß für ihre Ausbildung gegeben haben könnte.

151b Das hier berührte Problem behandelt MECKSEPER, wie Anm. 1, S. 304 ausführlicher. Er lehnt die Einwirkung noch vorhandener Vorbilder aus der Spätantike für das europäische Festland ab und stellt dann fest: »Eine weitere Möglichkeit des Anknüpfens an die Antike ergibt sich auf literarischem Weg über die mittelalterliche Kenntnis der römischen Schriftsteller, hier vor allem der Agrimensoren und Vitruvs. Dieser Architekt gibt jedoch nirgends eine plastische Beschreibung einer cardo-decumanus-Anlage, auch nur sehr allgemeine Hinweise auf Vermessungstechniken. Bedeutender sind daher die Texte der antiken Agrimensoren (Feldmesser), die ebenfalls durch das ganze Mittelalter hindurch abgeschrieben wurden. Sie fanden vor allem Eingang und dadurch verbreitete Wirkung in den

Im übrigen scheint es sich bei diesem Prinzip des Achsenkreuzes zweier gleichrangiger Marktstraßen nur um eine sehr kurze Zeit gebrauchte Planungsform gehandelt zu haben [152]. Diese hat nämlich in anderen Räumen so gut wie keine Nachfolger gefunden [152a]. Denn die seit der Mitte des 12. Jahrhunderts sich durchsetzende sogenannte Gitterform der Stadtgrundrisse hat zwar häufiger den Straßenmarkt, nicht aber den Planungsgedanken zweier sich kreuzender Marktstraßen aufgenommen [152b]. Die auf dem Festland am frühesten nach Gittersystem ange-

Schriften Gerberts von Aurillac, des späteren Papstes Silvester II. (gest. 1003). Der von ihm benutzte Text (Palatinus Vaticanus lat. 1564), der im 9. Jahrhundert in Fulda kompiliert worden ist, liegt auch in einer Abschrift des 11. oder 12. Jahrhunderts aus der Abtei Tongerloo vor. Er ist vor allem für uns interessant durch seine anschaulichen Abbildungen, die mehrere Städte mit quadratischen, sechs- und achteckigen, sowie unregelmäßig poligonalen Umrissen zeigen, geteilt durch die Hauptachsen decumanus und cardo mit einem durch diese bestimmten rechteckigen Raster. ... Da die Abhängigkeit der mittelalterlichen Feldmessung in Deutschland von den antiken Agrimensoren gesichert ist, könnten auch unsere Hauptstraßenkreuzanlagen von daher gesehen werden, auch wenn keine Handschrift um 1200 bekannt ist, die mit Sicherheit eine Anwendung im Städtebau fand. Die Stadtgrundrisse einiger unserer Städte wären demnach nicht aus einer baulichen, sondern literarischen Tradition antiken Gedankengutes entstanden, die gegen 1200 erstmals auch eine architektonische Realisierung im Städtebau erfahren hätte.« Anschließend geht Meckseper auch ausführlicher auf Jerusalem als mögliches Vorbild für mittelalterliche Städte ein.

152 Mit Ausnahme des Nachzüglers Kenzingen vermögen die von Meckseper als weitere Beispiele von Städten mit Achsenkreuz in Nachahmung von Rottweil und Villingen schon deshalb nicht recht zu überzeugen, weil durchgängig nur eine dieser Achsen als wirkliche Marktstraße ausgestaltet worden ist. Meckseper, wie Anm. 1, S. 271–300, dazu Abb. 2, 35, 42–49. – Vgl. o. S. 156, Anm. 124.

152a Als eines der wenigen in Frage kommenden Beispiele außerhalb des zähringischen Machtbereichs führt E. Hamm, Die deutsche Stadt im Mittelalter, 1935, S. 59 Ülzen an, dessen »eines eigentlichen Marktplatzes entbehrender Grundriß in Norddeutschland einmalig ist«. (HdbHistStätt Bd. 2: Niedersachsen/Bremen, S. 455 [E. Woehlkens]). Während aber Hamm in dieser Stadt eine Neugründung Heinrichs des Löwen sehen möchte, hat die neuere Forschung deutlich gemacht, daß es sich um die zwischen 1250 und 1266 erfolgte Verlegung der bei dem Kloster Oldenstadt östlich des heutigen Ortes gelegenen Kaufmannsniederlassung an die jetzige Stelle handelte. Initiator war der als Klostervogt zuständige Graf von Schwerin. Hauptachse der Neuanlage wurde die anscheinend hier schon immer verlaufende Handelsstraße von Braunschweig über Lüneburg nach Hamburg. Der Eindruck eines Achsenkreuzes entstand, weil im Zentrum der Stadt die Hudestraße im rechten Winkel zum Hafen an der Ilmenau und nach Osten über den Fluß hinaus zur bisherigen Siedlungsstelle geführt worden ist. Ihre westliche Fortsetzung ist von untergeordneter Bedeutung. Insgesamt handelt es sich hier nicht nur um eine erheblich jüngere Stadtanlage, die allmählich in mehreren Phasen zu einem jetzt ziemlich einheitlich wirkenden Gebilde ausgestaltet worden sein dürfte. Vgl. auch Keyser, wie Anm. 108, S. 128 ff. Achsenkreuze zweier sich rechtwinklig kreuzender, in ihrer Ausgestaltung freilich sehr verschiedenwertiger Straßen kommen im späteren 13. und 14. Jahrhundert mehrfach im österreichischen Raum vor. Auffällig bei ihnen ist es, daß häufig nicht die längere Achse sondern die oft erheblich kürzere Querachse durch starke Verbreiterung zum eigentlichen Markt ausgebildet worden ist. Vgl. Egli, wie Anm. 1, Bd. 2, S. 143.

152b Straßenmärkte kommen in der zweiten Hälfte des 13. Jahrhunderts auch im Machtbereich des Deutschen Ordens vor, z. B. in Elbing, Marienburg, in der Rechtsstadt Danzig und in Königsberg. Im österreichischen Raum war der Straßenmarkt ebenfalls so beliebt,

legte Stadt dürfte das vor 1150 von dem flämischen Grafen Philipp vom Elsaß erbaute Nieuwpoort gewesen sein [153]. Es sollte als Außenhafen von Ypern an die Stelle des versandeten Lombardzijde treten, dessen Name, wie die schon behandelten Nachrichten über das dem gleichen Raum angehörende Ardres, auf die Anwesenheit italienischer Kaufleute hinweist. Doch scheinen in Nieuwpoort weniger italienische als englische Vorbilder wirksam geworden zu sein; denn die englische Forschung hat dort schon frühere Beispiele dieses Typs nachgewiesen. Vom gleichen Grafen wurden, als er daran ging, die Watten der flandrischen Küste trocken legen zu lassen, auch Gravelines, Damme und Biervliet, vielleicht auch Dünkirchen und Mardick, angelegt. Es wird also hier der später auch anderswo nachweisbare Zusammenhang zwischen Landesausbau und Anlegung von Städten schon sehr früh deutlich. Soweit dies heute noch zu erkennen ist, folgten auch die Grundrisse der übrigen genannten Städte dem Gittersystem. Bei diesem kommen keine Straßenmärkte mehr vor. Vielmehr wurde bei ihnen im Zentrum ein Vierecksmarkt einfach dadurch geschaffen, daß man ein Quadrat dafür frei ließ. Diesem Gedanken sollte vor allem im östlichen, aber auch bereits im mittleren Deutschland die Zukunft ge-

wie etwa im südböhmischen und schlesischen Bereich, obwohl die Städte mit Gitternetz und viereckigem Markt vorherrschten. Ob in dieser Hinsicht gewisse slawische Vorformen oder, was wir eher annehmen möchten, süddeutsche Vorbilder wirksam geworden sein könnten, bedarf der Untersuchung. Vgl. K. H. Fuhrmann, Gründung und Grundriß der Stadt des Deutschen Ritterordens in Preußen, Diss. TH Dresden 1932, S. 78 (Elbing), 87 (Osterrode i. Pr.), 87: Lyck; K. H. Clasen, Die ordenspreußische Stadt als Kunstwerk, in: Kunstgeschichtliche Studien, hg. H. Tintelnot, Dagobert Frey zum 23. April 1943, S. 9–44; Egli, wie Anm. 1, Bd. 2, S. 140 ff.

153 De Seyn, Dictionnaire, wie Anm. 12a, Bd. 2, S. 972 (Plan 17. Jh.) – Weitere nach dem gleichen Prinzip angelegte Städte, die auf den genannten Grafen von Flandern zurückgeführt werden können, sind Gravelines (Dép. Nord), Damme (Prov. Westflandern, de Seyn, wie vorstehend, Bd. 1, S. 291: Plan), Biervliet (Prov. Zeeland). A. Verhulst, Initiative comtale et dévelloppement économique en Flandre au XIIe siècle: Le rôle de Thierry et de Philippe d'Alsace (1128–1191), in: Miscellanea Mediaevalia in memoriam J. F. Niermeyer, 1967, S. 227–240. – Es stellt sich hier die Frage nach dem Aufkommen der auf einem reinen Gitternetz aufgebauten Stadtanlagen, die sich dann östlich der Elbe durchgesetzt haben. Da in Italien und Frankreich, ausnahmsweise auch in Westdeutschland, aufgrund antiker Tradition derartig angelegte Städte noch vorhanden waren, könnte man in Flandern ebenfalls an Einwirkungen von dort her denken. Nach Lampert von Ardres erschienen italienische Kaufleute schon im 11. Jahrhundert in diesen Gegenden (vgl. Anm. 55). Nieuwpoort hat die Nachfolge des Anfang des 12. Jahrhunderts zerstörten bisherigen Yserhafens Lombardzijde angetreten, dessen älteste Namensform ebenfalls auf italienische Englandfahrer hinweist. Doch hat die englische Forschung der jüngsten Zeit zeigen können, daß dort bereits seit dem 10. Jahrhundert mehrfach neue stadtähnliche Siedlungen nach Gittersystem angelegt worden sind. Vgl. Beresford, wie Anm. 1, S. 151 ff. Table V,2. Man glaubt dies auf eine Fortdauer römischer Traditionen zurückführen zu können. Es liegt also die Vermutung nahe, daß man in Flandern bei der Anlage neuer Hafenorte für den Verkehr mit England an die englischen Vorbilder angeknüpft habe. Die vor allem aus Flandern nach Mittel- und Ostdeutschland auswandernden Bauern und Handwerker dürften daher nicht nur ihre Sprache, Recht und Gewohnheiten in ihre neuen Wohnbereiche mitgebracht haben sondern auch ihre Technik bei der Anlage neuer Städte weiterverwendet haben. Doch kann ich diesen Problemen hier selbstverständlich nicht weiter im einzelnen nachgehen.

hören. Ganz offensichtlich wurde er nach dort von auswandernden Flamen übertragen. Zwischenstufen vor dem Siegeszug dieses Systems im Osten scheinen in manchen Städten Nord- und Mitteldeutschlands vorzuliegen, wo ein früher erster Zustrom von Niederländern ebenfalls nachweisbar ist. Es sei etwa auf Hannoversch-Münden und Braunschweig-Hagen verwiesen. In Thüringen könnte Naumburg (Wenzelstadt) hierher gehören und in einer späteren Phase Haldensleben, Aken a. d. Elbe, Freyburg a. d. Unstrut und andere [154]. In Süddeutschland fand diese Form des Stadtgrundrisses in Gitterform bezeichnenderweise kaum Eingang. Dies geschah mit Sicherheit nicht deshalb, weil hier schon alle Städte der späteren Zeit vorhanden waren. Vielmehr dürfte der Grund darin liegen, daß hier in diesem Zeitraum keine Einwanderungen von Niederländern in nennenswertem Umfang stattgefunden zu haben scheinen. Im übrigen ist der hier zum Prinzip erhobene Typus auch in den südlicheren Ländern auf antike Tradition zurückzuführen. Ein Beispiel bietet das südfranzösische Montauban, das 1142 von den Grafen von Toulouse ins Leben gerufen worden sein soll [155]. Doch liegt die Behandlung dieser Probleme, so wichtig und interessant sie auch sein mag, nicht mehr in unserer Zielsetzung.

Unsere Fragestellung war vielmehr vorrangig auf die allgemeinen Grundlagen der Stadtentstehung im 12. und früheren 13. Jahrhundert gerichtet. Damit sollte geklärt werden, ob die sich in dieser Hinsicht in erster Linie hervortuenden Fürstenfamilien dieses Zeitraumes bei der Anlage von Städten besonderer, nur ihnen eigentümlichen Methoden bedient hätten. Nach der Annahme der bisherigen Forschung sollen diese nämlich vornehmlich in der Gestaltung der Stadtgrundrisse zum Ausdruck kommen. Vergleicht man nun die Stadtpläne einiger weniger, als Gründer von Städten hervortretender Fürstengeschlechter, wie es hier mit Hilfe einiger charakteristischer Beispiele versucht worden ist, so werden zwar in der Zielsetzung und dem Vorgehen rechtlich organisatorischer Art gewiß Unterschiede erkennbar. Diese erstrecken sich aber nicht auf die Ausgestaltung der Stadtpläne. Unter der Voraussetzung richtiger chronologischer Einordnung und zutreffender Interpretation der einzelnen Beispiele zeigt sich vielmehr, daß angeblich für ein bestimmtes Fürstenhaus charakteristische Grundrißbildungen zu gleicher Zeit auch bei anderen vorkommen können. Das ist nicht besonders verwunderlich, denn diese entsprechen einer Gesamtentwicklung, wie sie für ganz Deutschland und oft sogar noch weit darüber hinaus zu beobachten ist. Daraus kann abschließend nur der Schluß gezogen werden, daß die allein aufgrund des Stadtplanes vorgenommene Zuweisung einer Stadt an eine bestimmte Gründerfamilie nicht möglich ist. Von Zähringerstädten, Stauferstädten, Welfenstädten und ähnlichen darf vielmehr nur dann gesprochen werden, wenn die urkundliche oder die zeitgenössische chronikalische Überlieferung dies ermöglichen bzw. eindeutige indirekte Beweise dafür beigebracht werden können. Ein Stadtgrundriß allein kann jedoch keineswegs zu diesen zwingenden indirekten Indizien gezählt werden.

154 Zu den einzelnen Beispielen vgl. HdbHistStätt Bd. XI, S. 343, 174 f., 2 f., 125 f.
155 Hall, wie Anm. 1, S. 112.

Adelige Stadtgründer in Südwestdeutschland

VON JÜRGEN SYDOW

Das Thema dieses Beitrags kann zweifellos aus mehreren Gründen ein wenig Verwunderung wecken und erfordert wohl einige einleitende Worte der Erläuterung und Klarstellung. Außerdem sind gleich zu Beginn einige Einschränkungen zu machen, damit die Erwartungen nicht zu hoch geschraubt werden; allerdings ist zugleich hinzuzufügen, daß Beschränkungen auch wegen des Umfanges des hier zu behandelnden Stoffgebiets nötig sind.

Es kann offen eingestanden werden, daß der gewählte Titel eine Notlösung ist. Im Rahmen dieser Tagung wurden gewisse Städtegruppen behandelt, wie die Stauferstädte, die Bischofsstädte, die welfischen Gründungen oder auch, wenn auch mit einem gewissen Fragezeichen versehen, die Zähringer-Städte. Was daneben vor allem offenblieb, waren die noch recht zahlreichen Städtegründungen der anderen großen und kleinen Herren im Lande bis hin zu den ersten Stadtgründungen von Ministerialen, also eine recht bunt gemischte Gruppe von Familien eines ganz unterschiedlichen Wirkungsbereiches und von ganz unterschiedlichem Stande, die nur durch den recht weiten Oberbegriff Adel zusammenzufassen ist.

Das Referat steht noch unter weiteren Schwierigkeiten. Wenn man die Städtelandschaft des südwestdeutschen Raumes bis zum Ende der Stauferzeit sich näher ansieht, so wird rasch klar, daß die Zahl der Städte, die in den Rahmen dieses Berichts fällt, doch recht groß ist und vor allem im 13. Jahrhundert schnell zunimmt [1]. Wenn man sich dann die Heterogenität der einzelnen Stadtgründer bzw. der Stadtgründerfamilien vor Augen hält, so erscheint ein Versuch, dies alles in überschaubarer Weise vorzuführen oder gar in bestimmte Kategorien einzufügen, als ein sehr gewagtes Unternehmen. Es wird daher auch nur möglich sein, einige Beispiele herauszugreifen, von denen zu hoffen ist, daß sie tatsächlich exemplarisch sind.

Natürlich kann nicht verschwiegen werden, daß es einige ältere und auch neuere Zusammenfassungen gibt. Genannt seien hier die Arbeiten von Viktor Ernst [2],

1 Kartographische Übersicht: Historischer Atlas von Baden-Württemberg. 1972 ff. Bl. IV, 4.

2 VIKTOR ERNST, Die Entstehung der württembergischen Städte. In: Württembergische Studien. Fs. Eugen Nägele. 1926. S. 121–137.

Karl Weller [3], Günther Haselier [4], Arnoldt Scheuerbrandt [5], zu denen sich in jüngster Zeit der umfangreiche Aufsatz von Wolfgang Eggert, »Städtenetz und Stadtherrenpolitik, ihre Herausbildung im Bereich des späteren Württemberg während des 13. Jahrhunderts«, gesellte [6]. Gerade Eggert zeigte auch, wie schwer es ist, hier exakte Zeitgrenzen einzuhalten; Zeitgrenzen sind ja ohnehin immer recht problematisch. Wenn gerade in den letzten Jahren der Regierung Friedrich II. ein starkes Anwachsen von Stadtgründungen auch durch kleinere Herren beobachtet werden kann, so ist es oftmals schwierig, den genauen Beginn städtischen Lebens festzuhalten, das manchmal erst im Interregnum deutlich faßbar ist, das aber eben ohne weiteres noch in jene Zeit kurz vor 1250 zurückreichen kann.

Hiermit wird noch eine weitere Schwierigkeit deutlich. Gerade bei den Städten, mit denen wir es zu tun haben, ist die Quellenlage vielfach noch wesentlich schlechter als bei den sonst auf dieser Tagung behandelten Städten. Dasselbe gilt in beinahe noch größerem Maße für die Literatur über unsere Städtegruppe, wo nur in einzelnen Fällen Untersuchungen vorliegen, die für eine modernen Ansprüchen genügende Darstellung ausreichen. Es bleibt also auch deshalb nichts anderes übrig, als eine Auswahl zu treffen. Diese Auswahl wird, wie gesagt, versuchen müssen, einige typische Merkmale an einzelnen Städten oder an Städtegruppen herauszuarbeiten, sie wird aber auch sich danach zu richten haben, wo das beim gegenwärtigen Forschungsstand und bei der Quellenlage überhaupt möglich ist, und sie wird daher auf manches verzichten müssen, was an und für sich wünschenswert wäre. Dabei ist es ja so, daß gerade das, was wir hier einmal etwas stark vereinfachend und auch vergröbernd »kleine Stadtgründungen« nennen wollen, ganz wesentlich das Antlitz der südwestdeutschen Städtelandschaft prägt. Es ist m. E. falsch, immer wieder nur die wenigen großen Städte oder gar nur die Reichsstädte zu beachten und an den übrigen mehr oder minder vorbeizugehen oder auch, was oft genug geschieht, Ergebnisse und Schlußfolgerungen aus den Zuständen in jenen größeren Städten abzuleiten, die auf das durchaus eigenständige Gepräge jener kleineren Gründungen, die in der Zwischenzeit sich dennoch ihren Rang erobert haben können, verallgemeinernd übertragen werden, aber hierauf einfach nicht passen. Hier ist zweifellos viel gesündigt worden und wird wohl auch noch heute oft gesündigt.

Schließlich muß noch eine letzte Bemerkung gemacht werden. Noch nie ist mir bei der Vorbereitung eines Referats so deutlich geworden, wie stark die Landes-

3 Karl Weller, Die staufischen Städtegründungen im schwäbischen Württemberg. In: WürttVjhefteLdG N. F. 36 (1930), S. 145–268.

4 Günther Haselier, Die Markgrafen von Baden und ihre Städte. In: ZGORh 107 (1959), S. 263–290.

5 Arnold Scheuerbrandt, Südwestdeutsche Stadttypen und Städtegruppen bis zum frühen 19. Jahrhundert. Ein Beitrag zur Kulturlandschaftsgeschichte und zur kulturräumlichen Gliederung des nördlichen Baden-Württemberg und seiner Nachbargebiete. HeidelbGeogrArbb 32. 1972.

6 Wolfgang Eggert, Städtenetz und Stadtherrenpolitik. Ihre Herausbildung im Bereich des späteren Württemberg während des 13. Jahrhunderts. In: Stadt und Städtebürgertum in der deutschen Geschichte des 13. Jahrhunderts. ForschMAG 24. 1976. S. 108–228.

grenzen und Staatsgrenzen, die seit der napoleonischen Zeit festliegen, die Forschung eingeengt haben, so daß auch die vergleichende und zusammenfassende Stadtgeschichtsforschung davon betroffen ist. Das gilt nicht für die Staufer und nicht mehr für die Zähringer, es gilt schon eher für die Welfen, und es wird völlig offenbar bei jenen Geschlechtern, mit denen wir uns hier zu befassen haben. Die Gründe dafür sind verschiedenartiger Natur und können hier nicht im einzelnen angeführt werden, sondern wir haben uns hier mit dieser kritischen Bemerkung zu begnügen.

Gerade diese letzte Bemerkung vermag wohl gut überzuleiten zu dem ersten Geschlecht, das hier behandelt werden soll. Aus naheliegenden Gründen beginne ich mit den Pfalzgrafen von Tübingen, wobei ich allerdings hinzufügen kann, daß ein solches Vorgehen auch von der Sache her zu rechtfertigen ist. Tübingen [7] wird zuerst 1078 anläßlich einer Belagerung der Burg durch König Heinrich IV. genannt; nur wenige Jahre später nimmt die hier sitzende Grafenfamilie den Namen »von Tübingen« an. Ältere Mitglieder dieses Geschlechtes waren als Grafen im Nagoldgau nachzuweisen, und außer dem Besitz in und um Tübingen hatte es auch Besitzungen an und auf der Alb sowie im Donauraum, ohne daß für die Frühzeit immer völlig geklärt ist, wie diese Besitzkomplexe in seine Hand gekommen sind. In den ersten Regierungsjahren des Staufers Konrad III. erhielten sie dann das Amt der Pfalzgrafen in Schwaben; auch wenn diese Würde nicht mehr die gleiche Bedeutung wie etwa zur Karolingerzeit besaß, so hoben sowohl Stellung als auch Aufgabenkreis dennoch die Pfalzgrafen im jeweiligen Herzogtum heraus [8].

Das Werden der Stadt Tübingen ist im wesentlichen mit dem raschen Aufstieg des Geschlechts der Pfalzgrafen verbunden. In dem Raum, von dem sie ausgegangen sind, also im östlichen Schwarzwald, wurde damals zweifellos bereits der Silberbergbau betrieben. Andererseits lag dieses Bergbaugebiet zu ungünstig für Handel und Verkehr, so daß die Münzen, die aus dem dort gewonnenen Silber geschlagen wurden, nicht an Ort und Stelle in Umlauf gebracht werden konnten.

Wenn nun im Schenkungsbuch des Klosters Reichenbach um die Mitte des 12. Jahrhunderts erstmals Abgaben auftreten, die in »Tübinger Pfennigen« gezahlt werden und sich derartige Belege bald mehren, so haben wir es demnach mit einer Münze zu tun, die in der näheren und weiteren Umgebung von Tübingen als hierhin gehörig bzw. von hier stammend bezeichnet wird. Das setzt aber eigentlich doch voraus, daß wir für Tübingen sicher schon zehn bis zwanzig Jahre früher ein Marktleben annehmen müssen, wo diese Münzen von der in Tübingen herrschenden Familie in Umlauf gebracht wurden. Unabhängig davon ist natürlich die

7 Für das Folgende vgl. im einzelnen JÜRGEN SYDOW, Geschichte der Stadt Tübingen. I. Teil. 1974; L(UDWIG) SCHMID, Geschichte der Pfalzgrafen von Tübingen. 1853.

8 Zum Problem der schwäbischen Pfalzgrafen zuletzt HANS JÄNICHEN, Die Pfalz Bodman und die schwäbische Pfalzgrafschaft im Hochmittelalter. In: HERBERT BERNER (Hrsg.), Bodman. Dorf, Kaiserpfalz, Adel. 1. 1977. S. 309–316; GERHARD BAAKEN, Fränkische Königshöfe und Pfalzen in Südwestdeutschland. In: UlmObSchwab 42/43 (1978), S. 45 f.

Frage, ob diese Münze von Anfang an in Tübingen, wo sich dann im 13. Jahrhundert bis in den Anfang des 14. Jahrhunderts hinein die Münzstätte im ältesten Kern der Stadt lokalisieren läßt, geschlagen wurde oder ob die Bezeichnung »Tübinger Pfennig« zunächst nur den Ort bezeichnet, wo sie auf den Markt kam, bis schließlich eben, wie gesagt, Markt- und Münzstätte sich an ein und demselben Ort befanden.

Kaum zu bezweifeln ist demnach, daß etwa in den dreißiger oder spätestens in den vierziger Jahren des 12. Jahrhunderts ein Marktleben in Tübingen bestanden haben muß, und genau diese Zeit geht zusammen mit dem Aufstieg der Grafenfamilie zur Würde der Pfalzgrafen in Schwaben. Das älteste Marktviertel, zusammen mit dem alten Fronhof und einer schon recht beachtlich großen Kirche, an deren Stelle nach der Mitte des 12. Jahrhunderts ein Neubau trat, ist im Viertel um die Münzgasse im Stadtplan noch deutlich zu sehen, und wir haben begründete Ursache, anzunehmen, daß eine Erweiterung, die den heutigen Markt einschließt, bis zum Ende des 12. Jahrhunderts erfolgt ist; sie erstreckte sich wohl bis zum heutigen Ammerkanal, der sich am Fuße des Bergrückens, auf dem die Oberstadt liegt, entlangzieht. Spätestens gegen Ende des 13. Jahrhunderts schließlich hatte sich die Stadt so ausgedehnt, daß sie nach Norden zur Ammer zu mit einer Mauer umgeben wurde, die dann bis ins 19. Jahrhundert hinein die Grenze des bebauten Stadtgebiets geblieben ist.

Die Annahme, daß Tübingen sich in der 2. Hälfte des 12. Jahrhunderts vom Markt zur Stadt entwickelt hat, basiert auf einer eindringlichen Untersuchung der wenigen schriftlichen Quellen und einer sorgsamen Interpretation des Stadtgrundrisses. Hier steht nicht im Wege die Tatsache, daß Tübingen zufällig erst 1231 ausdrücklich als *civitas* bezeichnet wird; denn das übrige Quellenmaterial zeigt uns eindeutig, daß diese Stadtwerdung wesentlich früher angesetzt werden muß. Die Rolle, die Tübingen im Gesamtgefüge der pfalzgräflichen Herrschaft schon in der 2. Hälfte des 12. Jahrhunderts gespielt hat, wird zudem darin deutlich, was wir über die glänzende Hofhaltung der Pfalzgrafen wissen; daß Tübingen die Herrschaftsmitte war, zeigt sich auch darin, daß die Pfalzgrafen hier ihr Hauskloster Bebenhausen gründeten, das 1190 endgültig von den Zisterziensern übernommen wurde. Um die Mitte des 13. Jahrhunderts sind dann auch Schultheiß und Rat urkundlich nachzuweisen [9].

Es will mir scheinen, daß an der Gründung von Tübingen vor allem der starke Einfluß des hier herrschenden Geschlechtes hervorgehoben werden muß, der sich übrigens noch bis zum Ende des 13. Jahrhunderts in der Siegelumschrift zeigt, die stets nach dem Schema »Siegel der Bürger des Grafen N. N. von Tübingen« gestaltet war. Schon die Verkehrslage ist auffällig. Zwar durchzieht die Stadt von West nach Ost ein Verbindungsweg, doch hat dieser im 12. Jahrhundert anscheinend mehr örtliche als überörtliche Bedeutung gehabt. Wichtiger war die Straße am nördlichen Rand des Ammertals, die aber zunächst den Stadtkern, der sich ja

9 RUDOLF SEIGEL, Gericht und Rat in Tübingen. Von den Anfängen bis zur Einführung der Gemeindeverfassung 1818–1822. VeröffGLdKde BadWürtt B 13. 1960.

auf einem Bergrücken zwischen Ammer- und Neckartal befindet, nicht direkt berührte. Diese Straße traf erst in Lustnau auf die von Speyer nach Ulm führende alte *Via Rheni*, und hier in Lustnau, nicht aber in Tübingen, wurde der Neckar überschritten. Die Frage, warum Tübingen an der eigentlich etwas ungünstigen topographischen Stelle auf dem Bergrücken unterhalb der Burg gegründet wurde und nicht an der Straßengabel im heutigen Vorort Lustnau, kann m. E. nur so beantwortet werden, daß man die Herrschaftsverhältnisse im Tübinger Raum heranzieht. Einerseits waren mit dem älteren Fronhof und der wohl um die Mitte des 11. Jahrhunderts gebauten Burg in Tübingen bereits Ansatzpunkte gegeben, und andererseits ist nicht auszuschließen, daß die Ortsherren von Lustnau zur Zeit der Marktgründung noch zum freien Adel gehörten und sich erst gegen Ende des 12. Jahrhunderts in die pfalzgräfliche Ministerialität gegeben haben, wo sie dann nachzuweisen sind.

Gerade die Ministerialität spielt auch eine beachtliche Rolle in der Führungsspitze der Stadt. Das betrifft nicht nur das Amt des Schultheißen, in dem wir, soweit eine eindeutige Identifizierung möglich ist, überhaupt nur pfalzgräfliche Ministerialen finden, sondern auch noch einen weiteren Kreis jener Familien, die später zur Ehrbarkeit gerechnet wurden, auch wenn in dieser Gruppe seit dem späten 13. Jahrhundert, wo die einzelnen Personen besser zu fassen sind, zugleich andere Familien, sei es aus anderen Städten des Landes, sei es wegen ihres Reichtums in der Stadt oder auch in der Umgebung, aufstiegen.

Schließlich muß natürlich noch die Frage nach der wirtschaftlichen Bedeutung der neuen Stadt gestellt werden. Auch wenn unsere Tübinger Quellen darüber erst in späterer Zeit etwas aussagen, so wissen wir doch aus einer Reihe von Nachrichten, daß der intensive Weinbau im 12. Jahrhundert bereits den Tübinger Raum erreicht hatte, so daß die späteren Quellen über die große Bedeutung des Weinhandels für den Tübinger Markt in diesem Falle auch in die Anfangsepoche der Stadt zurückprojiziert werden können, während das für andere Waren des Tübinger Marktes nicht so sicher ist. Es kann m. E. keinem Zweifel unterliegen, daß Weinbau und Weinhandel, letzterer anscheinend vor allem über Ulm, ihren Anteil an der sich schnell festigenden wirtschaftlichen Bedeutung von Tübingen gehabt haben. Auch von hier aus wird klar, warum den Tübinger Pfalzgrafen daran gelegen sein mußte, in einer Weinbaulandschaft, die ja ein wichtiger Faktor für eine Bevölkerungsverdichtung ist, für einen dort gelegenen zentralen Handelsplatz zu sorgen.

Es mag scheinen, als ob hier aus persönlichen Motiven bisher zuviel von Tübingen die Rede war, aber dieses Beispiel wurde aus sachlichen Gründen bewußt an den Anfang gestellt. Es darf ja nicht vergessen werden, daß die Pfalzgrafen von Tübingen ihren Aufstieg, mit dem das Werden der Stadt eng verbunden ist, der frühen und dann dauerhaften Bindung an das Geschlecht der Staufer verdanken, denen sie erst in der Schlußphase der staufischen Herrschaft den Rücken kehrten. Zudem aber ist wohl Tübingen ein gutes Beispiel dafür, wie erst durch eine sehr mühevolle Forschung ein einigermaßen ausreichendes Licht in die Frühzeit so manchei Stadt, und ganz besonders der Stadtgründung durch Geschlechter, die nicht ganz oben an der Spitze rangierten, gebracht werden kann. Die urkundlichen Ersterwähnungen als *civitas,* die Aufzeichnungen von Stadtrechten, wo Tübingen übrigens besonders spät zum Zuge kommt [10], ja nicht einmal die hier und dort ausgestellten Privilegien helfen uns immer weiter; denn gerade jene Privilegien, an denen sich die lokale Forschung besonders gern festhält, offenbaren bei genauem Studium manchmal wesentlich mehr, manchmal aber auch etwas wesentlich anderes, als die gängige Meinung sagt.

Die Geschichte der Pfalzgrafen von Tübingen als Städtegründer ist aber mit der Erörterung der Entwicklung in Tübingen selbst noch nicht erschöpft, auch wenn dies eigentlich bisher nicht ein Thema der Forschung war und wir diese Vorgänge hier auch nur andeuten können [10a]. Dem ersten Pfalzgrafen von Tübingen, Hugo I., folgte sein Sohn Friedrich und nach dessen frühem Tod sein Bruder Hugo II., der Elisabeth, die einzige Tochter von Rudolf, dem letzten Bregenzer Grafen, geheiratet hatte. Damit fiel dem Geschlecht, wenn auch nicht unangefochten, ein beachtliches Erbe in Vorarlberg und bis nach Rätien hinein zu [11]. Es ist nun schrittweise bis etwa gegen Ende des 12. Jahrhunderts dahin gekommen, daß dieser recht große Herrschaftsbereich unter den Söhnen von Pfalzgraf Hugo II. dergestalt aufgeteilt wurde, daß der ältere Sohn Rudolf I. den alten Kernraum des Geschlechts sowie Teile aus der oberschwäbischen Erbschaft der Bregenzer erhielt und der jüngere Sohn das vorarlbergische Erbe antrat, wobei er dann den späteren Geschlechtsnamen Montfort annahm. Dieser erste selbständige Graf von Bregenz bzw. Montfort aus dem Tübinger Hause gründete wohl um 1200 an einer verkehrspolitisch sehr günstigen Stelle unter der anscheinend von ihm ebenfalls neu erbauten Schattenburg die Stadt Feldkirch, die erstmals 1218 durch ein Privileg für das dort errichtete Spital der Johanniter urkundlich belegt ist [12]. Kennzeichnend dafür, welches Gewicht der Stadtgründer einer Ausweitung des hier bereits wie in Tübingen betriebenen Weinbaus zumaß, ist sicherlich die alte Bestimmung, wonach jeder Bürger verpflichtet war, jährlich ein Fuder Mist für die Weingärten der Grafen von Montfort zu liefern [13].

10 Jürgen Sydow, Untersuchungen zu den älteren Tübinger Stadtrechtsaufzeichnungen. In: ZWürttLdG 26 (1967), S. 202–212; Ders., Bemerkungen zu der Tübinger Marktzollordnung um 1388. In: Aus Stadt- und Wirtschaftsgeschichte Südwestdeutschlands. Fs. Erich Maschke. VeröffKommGLdKdeBadWürtt B 85. 1975. S. 77–88.

10a Hierüber fand am 9.–11. November 1978 in Tübingen ein wissenschaftliches Symposium mit dem Thema »Die Pfalzgrafen von Tübingen und ihre Städte« statt; die Veröffentlichung der Tagungsergebnisse ist vorgesehen.

11 Hierzu und zum Folgenden außer Schmid, wie Anm. 7, auch Benedikt Bilgeri, Geschichte Vorarlbergs. 1. 1971. S. 136–160.

12 Die Städte Vorarlbergs, red. von Franz Baltzarek und Johanne Pradl (Österreichisches Städtebuch 3). 1973. S. 123–137; Erich Somweber, Die Urkunde von 1218. In: Feldkirch 750 Jahre Stadt, Beiträge zur Stadtgeschichte anläßlich der 750-Jahrfeier (= Montfort 20 (1968) H. 3), S. 7–20; Bilgeri, wie Anm. 11, S. 147; Heinrich Koller, Die Privilegien der Stadt Feldkirch in Vorarlberg. In: Aus Stadt- und Wirtschaftsgeschichte Südwestdeutschlands (VeröffKommGeschichtlLdKdeBadWürtt B 85). 1975. S. 89–96.

13 750 Jahre Stadt Feldkirch 1218–1968, Katalog der Ausstellung. 1968. S. 29 f.

Feldkirch lag zweifellos für die Grafen von Montfort günstiger als der alte Sitz der Grafen von Bregenz mit seiner unmittelbaren Nähe zu Lindau. Trotzdem ist Hugo I. oder seinem Sohn Hugo II., auf jeden Fall für die erste Hälfte des 13. Jahrhunderts, die Gründung einer Stadtanlage im Anschluß an die Burg in Bregenz zuzuschreiben [14]. Da auch hier wieder die Abgabe von jährlich einem Fuder Mist für die Weingärten belegt ist [15], zeigt sich ganz deutlich das Bestreben der Grafen, den Weinbau in diesem Teil des Alpenrheintales stark zu fördern. Ob die Ende des 15. Jahrhunderts auch für Tübingen belegte Verpflichtung zur jährlichen Lieferung von Mist an den Stadtherrn [16] hiermit in Zusammenhang zu setzen ist, vermag ich nicht zu sagen, ganz abgesehen davon, daß wir solche Abgaben in »Naturalien« ja auch für andere Weinbauorte kennen.

Einer weiteren Seitenlinie des pfalzgräflichen Geschlechts ist schließlich auch die Gründung der Stadt Horb a. N. zuzuweisen [17]. Pfalzgraf Hugo IV. steht am Beginn einer eigenen Horber Linie und dürfte um oder kurz nach 1240 hier bei seiner Burg, die nach alten Nachrichten den Namen »Herrenberg« geführt haben soll, eine Stadt gegründet haben, deren Schultheiß 1244 urkundlich auftritt. Damit ergibt sich sogleich ein Hinweis auf die anscheinend um 1250 erfolgte Gründung der Stadt Herrenberg [18] durch den weiterhin in Tübingen regierenden Pfalzgrafen Rudolf III., besser bekannt als Graf Rudolf der Scheerer I., der dann auch spätestens zu Beginn der sechziger Jahre Sindelfingen [19] gründen sollte. Zunächst weit entfernt vom Stammgebiet der Tübinger liegt der Ort einer weiteren Stadtgründung, nämlich Gießen [20]; denn Pfalzgraf Rudolf I. von Tübingen war mit der Tochter des Grafen Wilhelm von Gleiberg verheiratet. Sein Sohn Wilhelm gründete noch vor der Jahrhundertmitte nahe der Burg Gleiberg die Stadt Gießen, und ihm oder seinen Söhnen Ulrich und Rudolf ist die wohl nur kurze Zeit später erfolgte Gründung von Böblingen [21] in demjenigen Teil seiner Besitzungen, die ihm in der schwäbischen Heimat geblieben waren, zuzuschreiben. Sindelfingen und Böblingen müssen daher als Konkurrenzgründungen angesehen werden und sind es wohl bis heute geblieben.

14 Die Städte Vorarlbergs, wie Anm. 12, S. 89–109; Bilgeri, wie Anm. 11, S. 158.

15 Bilgeri, a. a. O.

16 Rudolf Rau, Gebote und Verbote der Stadt Tübingen. In: TbgrBll 38 (1951), S. 67.

17 Schmid, wie Anm. 7, S. 163 f. und 173; Eggert, wie Anm. 6, S. 155 ff.; Eugen Stemmler, Horb und Hohenberg, Streiflichter zur Horber Stadtgeschichte und Hohenbergischen Herrschaftsgeschichte. In: Sülchgau 1969, S. 3–11; Württembergisches Städtebuch, Hg. Erich Keyser (Deutsches Städtebuch IV/2). 1962. S. 366–369.

18 Schmid, wie Anm. 7, S. 194; Eggert, wie Anm. 6, S. 181 f.; Württ. Städtebuch, wie Anm. 17, S. 118 ff.

19 Eggert, wie Anm. 6, S. 179 ff.; Württ. Städtebuch, wie Anm. 17, S. 212–215; Helmut Graessle, Sindelfingen Dorf, Stadt und Stift bis zur Mitte des 16. Jahrhunderts. 1954. S. 45–67.

20 Hessisches Städtebuch. Hg. Erich Keyser. 1957. S. 191–199; Schmid, wie Anm. 7, S. 150–163.

21 Württ. Städtebuch, wie Anm. 17, S. 49 ff.; Eggert, wie Anm. 6, S. 178 f.; Böblingen, Beiträge zur Geschichte von Dorf, Burg und Stadt bis zum Beginn der Neuzeit (VeröffHeimatGVSchönbuchGäu 4). 1953. S. 103–129.

Im übrigen aber scheint mir wichtig zu sein, daß Horb und Böblingen, obgleich diese Städte von verschiedenen Linien des pfalzgräflichen Hauses gegründet wurden, gewisse Gemeinsamkeiten im Grundriß des städtischen Kernbereichs aufweisen; auch wenn sehr, sehr vieles bei weitem nicht deckungsgleich ist, so fällt doch auf, daß der Markt bzw. die Marktstraße gegen die Höhenlinien verläuft und dadurch ein starkes Gefälle hat. Mit dieser Bemerkung soll natürlich nicht ein alter Fehler in Neuauflage wieder hervorgeholt werden – selbstverständlich ist hier nicht von dem Modell einer »Tübinger-Stadt« die Rede, nachdem soeben der Begriff der »Zähringer-Stadt« als überholt erkannt wurde. Es ging lediglich um den Hinweis, daß gewisse Modelle der Stadtanlage zu bestimmten Epochen sich einer Vorliebe erfreuten, wobei verwandtschaftliche Verbindungen noch verstärkend gewirkt haben könnten.

Nach dieser recht ausführlichen Behandlung der Stadtgründungen durch das Haus der Pfalzgrafen von Tübingen dürfte es Zeit sein, zu fragen, ob sich daraus schon gewisse Ergebnisse für umfassendere Überlegungen gewinnen lassen. In den bisher behandelten Städten begann das städtische Leben in der ersten Hälfte des 13. Jahrhunderts. Mir will scheinen, daß sich für alle diese Stadtgründungen zunächst einmal die Binsenwahrheit sagen läßt, daß in dieser Zeit der Besitz einer Stadt oder mehrerer Städte ein dringendes Erfordernis war, um den Aufbau und Ausbau eines Territoriums vor allem in wirtschaftlicher Hinsicht zu fördern. Dieses bedurfte zentraler Orte für den Marktverkehr, auch wenn es sich dabei manchmal nur um einen Nahmarktbereich gehandelt hat, während in anderen Fällen, wie etwa in Tübingen oder in Feldkirch, durchaus auch an weiterreichende Handelsverbindungen gedacht werden kann. Die Bedeutung des Weinbaus und Weinhandels wurde in Tübingen, Feldkirch und Bregenz deutlich. In Herrenberg und Böblingen haben wir wohl auch mit Getreidehandel aus den umliegenden Gäulandschaften zu rechnen, wobei allerdings nicht vergessen werden darf, daß Getreide auch zu früh belegten Handelsgütern in Tübingen gehört hat [22]. Mit aller Vorsicht können spätere Quellen auch karge Hinweise auf die gewerbliche Tätigkeit bieten, so in Tübingen für Wolltucherzeugung [23] und vielleicht auch bereits für das später verbreitete Lederhandwerk [24] und in Horb für das noch im 17. Jahrhundert blühende Wolltuchgewerbe [25]. Handel und Gewerbe schufen schließlich auch die Grundlage dafür, daß der Stadtherr aus Marktzoll und Stadtsteuer eine gute und regelmäßige Einnahme in barem Geld erwarten konnte. Dies wird gerade für die bisher behandelten Städte aus dem Privileg für Horb vom Jahre 1270 deutlich, das sich für diese städtischen Abgaben ausdrücklich auf Abmachungen mit der Bürgerschaft beruft, die zur Zeit der Gründung getroffen worden waren [26].

22 Sydow, Tübingen, wie Anm. 7, S. 37, 142, 170.
23 Ebd. S. 171 f.
24 Ebd. S. 171.
25 Stadtrecht von Horb § 41. In: Schmid, wie 7, Urkundenbuch S. 252; vgl. z. B. auch noch Matthaeus Merian, Topographia Sveviae. 1643 (Neudr. 1960). S. 98.
26 WirtUB VII Nr. 2159 S. 102.

Es darf zum Schluß auch nicht übersehen werden, daß alle diese Gründungen in unmittelbarem Zusammenhang mit wichtigen Burgen der Stadtherren stehen, ja daß Burg und Stadt eine Befestigungseinheit bildeten [27]. Ausdrücklich sei hierzu einschränkend gesagt, daß dies nicht auf alle gleichzeitigen Stadtgründungen in Südwestdeutschland zutrifft, aber es zeigt sich bei den Tübinger und Montforter Städten sehr deutlich. Diese Beobachtung läßt natürlich eine Frage nach der Wehr- und Verteidigungsfunktion dieser Stadtgründungen wach werden, und außerdem bereitet die Koppelung von Burg und Stadt wohl ohne Zweifel den Boden für die Ansätze einer Verwaltungsgliederung, die schließlich von den Städten ausgehen sollte, wie sich hier schon zu Beginn des 14. Jahrhunderts abzeichnet [28]. Auch an dieser Stelle aber muß wieder einschränkend gesagt werden, daß diese von den Städten geprägte Verwaltungsorganisation lediglich der eine Typ der frühen Territorialverwaltung ist und es daneben nicht nur Mischformen gibt, sondern auch die ältere Organisation, die sich auf die Burgen stützt, durchaus noch lange weiterbestehen kann [29].

Das Haus der Pfalzgrafen von Tübingen und seine Bedeutung für das Städtewesen der Stauferzeit darf natürlich nicht davon absehen lassen, daß neben ihm eine ganze Reihe von weiteren Familien in ähnlicher Weise behandelt werden könnte. Dies ist an dieser Stelle natürlich unmöglich, obwohl es sehr reizvoll wäre, da m. E. die späteren Reichsstädte zu stark im Mittelpunkt des Interesses der Stadtgeschichtsforschung gestanden sind. Zweifellos dürfen wir hier uns bei den Markgrafen von Baden mit einem Hinweis begnügen; denn für sie legte bereits 1959 Günther Haselier eine zusammenfassende Darstellung vor [30]. Nicht vergessen sollten wir in diesem Zusammenhang, daß Stuttgart, wie Hansmartin Decker-Hauff einleuchtend dargestellt hat, ebenfalls eine badische Gründung ist [31]. Ebenso können wir eine Betrachtung der Verhältnisse in Hohenlohe aussparen, womit sich bekanntlich Heinz Stoob vor einigen Jahren befaßt hat [32].

27 Vgl. Carl Haase, Die mittelalterliche Stadt als Festung. In: Die Stadt des Mittelalters. Hg. Carl Haase. 1. WegeForsch 243. 1969. S. 377–407; Herwig Ebner, Die Burg als Forschungsproblem mittelalterlicher Verfassungsgeschichte. In: Die Burgen im deutschen Sprachraum. Hg. Hans Patze. 1. VortrForsch 19. 1976. S. 70–77; Hans-Martin Maurer, Rechtsverhältnisse der hochmittelalterlichen Adelsburg vornehmlich in Südwestdeutschland. Ebd. 2. 1976. S. 77–190 passim; Helmut Maurer, Die Rolle der Burg in der hochmittelalterlichen Verfassungsgeschichte der Landschaften zwischen Bodensee und Schwarzwald. Ebd. S. 220 f.

28 Walter Grube, Vogteien, Ämter, Landkreise in Baden-Württemberg. 1. 1975. S. 10 ff.; Ders., Stadt und Amt in Altwürttemberg. In: Stadt und Umland. Hg. Erich Maschke und Jürgen Sydow. VeröffKommGLdKdeBadWürtt B. 82. 1974. S. 20–28. Vgl. auch Jürgen Sydow, »unser vesten Tůwingen«, Zum Übergang von Tübingen an die Grafschaft Württemberg im Jahre 1342. In: Westfalen 51 (1973), S. 67–73.

29 Wolfgang Leiser, Zentralorte als Strukturproblem der Markgrafschaft Baden. In: Stadt und Umland, wie Anm. 28, S. 3.

30 Günther Haselier, Die Markgrafen und ihre Städte. In: ZGORh 107 (1959), S. 263–290. Vgl. dazu Scheuerbrandt, wie Anm. 5, passim.

31 Hansmartin Decker-Hauff, Geschichte der Stadt Stuttgart. 1. 1966. S. 153 ff.

32 Heinz Stoob, Zur Städtebildung im Lande Hohenlohe. In: ZBayerLdG 36 (1973), S. 522–562.

Im Gegensatz zu den soeben genannten Arbeiten ist im südwestdeutschen Raum für die anderen Geschlechter eine Zusammenschau noch kaum versucht worden, wenn man von kurzen Zusammenfassungen etwa der Art, wie Arnold Scheuerbrandt [33] sie geliefert hat, absieht. So bleibt uns nur übrig, noch einige Beispiele herauszugreifen, um dann zum Abschluß einen gewissen Querschnitt zu versuchen und zugleich den Bogen zur nachfolgenden Epoche zu schlagen. Während wir die Zähringer bewußt ausklammern, so müssen wir uns doch ein wenig mit ihren Erben befassen. Schon in den letzten Jahren Kaiser Friedrichs I. hatte sich bekanntlich eine schwäbische Linie des Hauses abgespalten; Adalbert von Zähringen tritt erstmals 1187 mit dem Titel eines Herzogs von Teck auf, unter dem er den innerschwäbischen Besitz des Geschlechts zusammenfaßte [34]. Wohl bis etwa gegen 1230 begann der Herzog unterhalb der Burg Teck mit der Anlage der Stadt Kirchheim, deren langsames Wachstum dann in der zweiten Hälfte des Jahrhunderts besser zu fassen ist [35]. Kurz vor der Mitte des 13. Jahrhunderts muß dann auch von den Herzögen von Teck die Stadt Oberndorf [36] gegründet worden sein, die sich durch ihre besonders günstige Verteidigungslage auf einer Felsplatte über dem Neckar auszeichnet. Nur wenige Jahre später dürfte in diesem Bereich des teckischen Besitzes, noch weiter nach Westen vorgeschoben, die Gründung der kleinen Stadt Dornhan [37] erfolgt sein, und etwa zur gleichen Zeit scheinen die Anfänge von Rosenfeld [38] angesetzt werden zu müssen.

Als das Haus der Zähringer 1218 im Mannesstamm ausstarb, kam es bekanntlich zu einem erheblichen Eingriff in die zähringischen Besitzungen seitens Friedrichs II. Ein wichtiger Teil des Eigenbesitzes, nämlich die Eigengüter im Breisgau, auf der Baar und in Schwaben fielen an Bertholds V. Schwester Agnes und ihren Gemahl, den Grafen Egino IV. von Urach, während die zweite Schwester Anna und ihr Gemahl, Graf Ulrich von Kyburg, den Besitz in Burgund und in der Nordschweiz erhielten; mit den Kyburgern werden wir uns noch ein wenig in anderem Zusammenhang zu befassen haben. Eine Marktsiedlung muß in Urach schon um 1190 bestanden haben [39], und bis etwa zur Mitte des 13. Jahrhunderts scheint der Ausbau zur Stadt erfolgt zu sein, ohne daß wir die Stufen dieses Vorgangs im einzelnen verfolgen können. Dieser Ausbau der Stadt Urach [40] scheint zugleich den Versuch anzudeuten, dem etwas abseits vom übrigen Besitz des Geschlechts gelegenen schwäbischen Teil eine Herrschaftsmitte zu geben. Doch das Interesse der Uracher verlagerte sich bald mehr und mehr nach Westen, wie schon

33 Wie Anm. 5.

34 Irene Gründer, Studien zur Geschichte der Herrschaft Teck. SchrrSüdwestdtLdKde 1. 1963.

35 Eggert, wie Anm. 6, S. 133 ff.; Württ. Städtebuch, wie Anm. 17, S. 128–131; Heimatbuch des Kreises Nürtingen. Hg. Hans Schwenkel. 2. 1953. S. 397.

36 Eggert, Wie Anm. 6, S. 157; Württ. Städtebuch, wie Anm. 17, S. 396–399.

37 Eggert, wie Anm. 6, S. 172; Württ. Städtebuch, wie Anm. 17, S. 339 f.

38 Eggert, wie Anm. 6, S. 169; Württ. Städtebuch, wie Anm. 17, S. 420 ff.

39 WirtUB III Nr. 724 S. 208 f.; nach den Zeugenlisten ist die Urkunde auf ca. 1188/1190 zu stellen und im WirtUB zeitlich falsch eingereiht.

40 Eggert, wie Anm. 6, S. 167: Württ. Städtebuch, wie Anm. 17, S. 471 f.

die früh zu erkennende Bevorzugung des Titels als Herren bzw. Grafen von Freiburg zeigt, und 1265 ist Urach ja dann auch bereits in württembergischer Hand.

Im Westteil der urach-freiburgischen Besitzungen stand dem Hause zunächst einmal die voll ausgebildete Stadt Freiburg zur Verfügung, nachdem 1218 das zähringische Villingen an das Reich verlorengegangen war. Karl Siegfried Bader hat sehr deutlich gezeigt, wie die vier Söhne Eginos V., nämlich Konrad, Heinrich, Gebhard und Gottfried, vor der 1245 erfolgten Teilung des Erbes noch im Jahre 1244 ganz bewußt eine Konkurrenzgründung gegenüber Villingen auf ihrem nahegelegenen Eigengut Vöhrenbach in die Wege geleitet haben, und zwar an einem verkehrsgeographisch und politisch-strategisch günstig gelegenen Punkt, wobei auch außerdem durchaus wirtschaftliche Gesichtspunkte mitgesprochen haben können [41]. Als dann wenige Jahre später das aus der Teilung in diesem Raum zum Zuge kommende Haus Fürstenberg, also der Graf Heinrich unserer Stadtgründungsurkunde, wieder die Herrschaft über Villingen erhielt, erlahmte das Interesse an Vöhrenbach, auch wenn die Stadt später nach dem erneuten Verlust von Villingen – diesmal an das Haus Habsburg – nicht ohne Bedeutung blieb.

Es muß m. E. nochmals betont werden, daß es wohl wenig sinnvoll ist, nun sämtliche Geschlechter, denen im fraglichen Zeitraum Stadtgründungen zuzuschreiben sind, gleichsam in einem Katalog aufzuzählen, da dies nur ermüdend sein kann. Die Tendenz ist unverkennbar, daß während der ersten Hälfte des 13. Jahrhunderts in einem immer dichteren Netz entweder am Sitz der Herrschaft bzw. in dessen unmittelbarer Nähe oder an einem wirtschaftlich für aussichtsreich erachteten Punkt Städte angelegt wurden. Das gilt ebenso für die Grafen von Eberstein mit Gernsbach [42] und Kuppenheim [43] wie für die Grafen von Wertheim [44] oder für die Grafen von Vaihingen [45] mit den gleichnamigen Städten und für die Grafen von Hohenberg, die in den dreißiger Jahren des 13. Jahrhunderts anscheinend ihre erste Stadt in Haigerloch [46] gründeten. Neuffen [47] verdankt seine etwa gleichzeitige Entstehung als ummauerte Stadt unterhalb der Burg wohl

41 KARL SIEGFRIED BADER, Villingen und die Städtegründungen der Grafen von Urach–Freiburg–Fürstenberg im südöstlichen Schwarzwaldgebiet. In: Villingen und die Westbaar. Hg. WOLFGANG MÜLLER. VeröffAlemInst 32. 1972, S. 67–78; DERS., Beiträge zur älteren Geschichte der Stadt Vöhrenbach. 1965. S. 17–35.

42 Badisches Städtebuch (Deutsches Städtebuch IV/2). Hg. ERICH KEYSER. 1959. S. 247–250; SCHEUERBRANDT, wie Anm. 5, S. 151 und 294.

43 Badisches Städtebuch, wie Anm. 42, S. 285 ff.; SCHEUERBRANDT, wie Anm. 5, S. 151 und 307.

44 Badisches Städtebuch, wie Anm. 42, S. 171–174; SCHEUERBRANDT, wie Anm. 5, S. 152 f. und 342.

45 EGGERT, wie Anm. 6, S. 147 f.; Württ. Städtebuch, wie Anm. 17, S. 282 ff.; SCHEUERBRANDT, wie Anm. 5, S. 153 und 338.

46 EGGERT, wie Anm. 6, S. 145; Württ. Städtebuch, wie Anm. 17, S. 357 f.; THEO HORNBERGER, Die hohenzollerischen Städte. In: HohenzHeimat 3 (1936), S. 265–351, und 4 (1937), S. 113–167; ELMAR BLESSING, Stadt und Herrschaft Haigerloch im Mittelalter. ArbbLdKdeHohenz 11. 1974.

47 EGGERT, wie Anm. 6, S. 144; Württ. Städtebuch, wie Anm. 17, S. 180 ff.; Heimatbuch Nürtingen, wie Anm. 35, S. 715.

der engen Bindung der Herren von Neuffen an König Heinrich (VII.), und sie könnten auch Winnenden [48] gegründet haben, während die Gründung von Wendlingen [49] durch die Grafen von Aichelberg, ebenfalls etwa um 1230, wohl mehr unter dem Gesichtspunkt der wirtschaftlichen Konkurrenz gegenüber dem Bereich der Herzöge von Teck gesehen werden muß. Etwa in den gleichen Zeitraum gehört auch die Gründung der Stadt Mühlheim [50] durch die Grafen von Zollern, auf einem steilen Hügel in Hanglage über der jungen Donau liegend. Recht dunkel sind schließlich die Anfänge der Stadt Geislingen [51], wo die Grafen von Helfenstein unter ihrer gleichnamigen Burg an der wichtigen Straße zur Geislinger Steige eine Zollstelle hatten und nunmehr wohl in den ersten Jahrzehnten des 13. Jahrhunderts eine Stadt anlegten, auf die sie den Namen der älteren, südlich gelegenen Ortschaft Geislingen, die später die Bezeichnung Altenstadt erhielt, übertrugen.

Einzelne weitere Stadtgründungen wollen wir hier übergehen. Es handelt sich dabei um Städte, die wohl um die Mitte des 13. Jahrhunderts und möglicherweise noch in den letzten Jahren Friedrichs II. gegründet worden sind, die aber dann doch in einem Zusammenhang gesehen werden müssen, der im ganzen eher zu der Folgezeit gehört. Wenn wir den Blick nach dem heutigen bayerischen Regierungsbezirk Schwaben richten, so müssen in diesem Zusammenhang wenigstens erwähnt werden die Städte Dillingen [52], wohl etwa im zweiten Viertel des 13. Jahrhunderts von den dortigen Grafen gegründet, Dettingen [53], das etwa zur gleichen Zeit unter dem hier sitzenden Grafengeschlecht zur Stadt wurde, während für das Elsaß aus eben diesem Zeitraum zwei Gründungen der Grafen von Pfirt im Oberelsaß zu nennen sind, nämlich Altkirch [54] und Pfirt [55] selbst, beide übrigens in unmittelbarem baulichen Zusammenhang mit der jeweiligen Burg.

Bisher war noch nicht von den Grafen von Wirtemberg die Rede. Dies ist sicherlich in der historischen Entwicklung begründet. Man wird wohl sagen müssen, daß dieses Grafengeschlecht erst in der späteren Stauferzeit sich in die vordere Reihe der großen schwäbischen Familien schob, wobei zweifellos die große Zielstrebigkeit der Wirtemberger, nicht zuletzt des Grafen Ulrich I. des Stifters (»mit dem Daumen«), zu beachten ist [56]. Es ist in diesem Zusammenhang sicherlich auch

48 Eggert, wie Anm. 6, S. 209; Württ. Städtebuch, wie Anm. 17, S. 311 ff.

49 Eggert, wie Anm. 6, S. 145 f.; Heimatbuch Nürtingen, wie Anm. 35, S. 1222 f.

50 Eggert, wie Anm. 6, S. 154 f.; Württ. Städtebuch, wie Anm. 17, S. 386 f.; Hornberger, wie Anm. 46.

51 Eggert, wie Anm. 6, S. 139 f.; Württ. Städtebuch, wie Anm. 17, S. 88–92; Georg Burkhardt, Geschichte der Stadt Geislingen an der Steige. 1963. S. 90 ff.

52 Bayerisches Städtebuch (Deutsches Städtebuch V/2). Hg. Erich Keyser und Heinz Stoob. 2. 1974. S. 146–151.

53 Ebd. S. 508–514.

54 François-Joseph Himly, Atlas des villes médiévales d'Alsace. PublFédSocHistArch Alsace 6). 1970. S. 47.

55 Ebd. S. 70.

56 Karl Weller, Die Grafschaft Wirtemberg und das Reich bis zum Ende des 14. Jahrhunderts. In: WürttVjhefteLdG 38 (1932), S. 122 ff.

bezeichnend, daß die Grafen von Wirtemberg sich im Gegensatz zu anderen Geschlechtern nicht als Klostergründer einen Namen gemacht haben, während so viele andere Familien im 11. und 12. Jahrhundert ihre Hausklöster gründeten [57]. Man wird ja kaum die Annahme verteidigen können, daß die Wirtemberger besonders hellsichtig waren und 350 oder 400 Jahre vorher bereits die Reformation vorausgeahnt haben, im Gegensatz zu allen ihren Standesgenossen im Lande. Als sie dann in der späten Stauferzeit in der bekannten Aufzählung, die Albert Beham überliefert [58], mit an der Spitze der schwäbischen Großen erscheinen, war die Welle der großen Klostergründungen abgeebbt, und das geistliche Interesse dieser Herren wandte sich nicht mehr den alten Orden, sondern anderen Institutionen zu.

Es ist m. E. bezeichnend für den raschen Machtgewinn der Grafen von Wirtemberg, daß wir in der Zeit des Zusammenbruchs der staufischen Herrschaft in Schwaben gleich eine ganze Reihe von Stadtgründungen, die von ihnen durchgeführt wurden, annehmen müssen. Allerdings gehört die heutige Landeshauptstadt Stuttgart, wie gesagt, nicht zu dieser Gruppe, da sie bekanntlich eine badische Gründung ist und in den fraglichen Jahren durch die Hochzeit Graf Ulrichs I. mit Mathilde von Baden an das Haus fiel [59]. Auch in Markgröningen, mit dem der aus der Seitenlinie des Hauses Wirtemberg stammende Graf Hartmann von Grüningen für 1252 in Verbindung gebracht wird, sind die städtischen Anfänge wahrscheinlich schon früher anzusetzen und auf Kaiser Friedrich II. zurückzuführen [60].

Dagegen scheinen die altwürttembergischen Städte Leonberg, Schorndorf, Waiblingen und vielleicht Marbach alle recht planmäßig um 1250 gegründet worden zu sein, und man hat diese Gründungswelle wohl nicht zu Unrecht mit dem Parteiwechsel der Grafen von Wirtemberg in Verbindung gebracht, die am 5. August 1246 bei Frankfurt zu den Gegnern des Kaiserhauses übergingen [61]. Daß diesen Stadtgründungen eine Schutzfunktion [62] übertragen war, läßt sich aus der Wahl der Standorte ablesen; denn Leonberg ist auf die königliche Stadt Weil und das damals noch staufische Markgröningen ausgerichtet, Schorndorf schaut eindeutig

57 Vgl. Sydow, Tübingen, wie Anm. 7, S. 139.

58 Constantin Höfler, Albert von Beham und die Regesten Papst Innozenz IV. BiblLitV 16. 1847. S. 149.

59 Decker-Hauff, wie Anm. 31, S. 140 ff., 146 ff., 153 ff., 157–172.

60 Württ. Städtebuch, wie Anm. 17, S. 158 ff.; Eggert, wie Anm. 6, S. 151 f.; Karl Weller, Die staufische Städtegründung in Schwaben. In: WürttVjhefteLdG 36 (1930), S. 242 f.; Wolfgang Burr, Die Reichsturmfahne und der Streit um die hannoversche Kurwürde. In: ZWürttLdG 27 (1968), S. 246 ff.

61 Gottlob Egelhaaf, Die Schlacht bei Frankfurt am 5. August 1246. In: WürttVjhefteLdG 31 (1922–1924), S. 45–53; Karl Weller, Die Grafschaft Wirtemberg und das Reich. In: WürttVjhefteLdG 38 (1932), S. 131 f.; Hansmartin Decker-Hauff, Waiblingen und die wirtembergischen Stadtgründungen um 1250. In: SchwäbHeimat 1 (1950), S. 113 ff.

62 Dazu Decker-Hauff, Ebd. S. 115; vgl. Haase, Die mittelalterliche Stadt als Festung, wie Anm. 27; Ebner, wie Anm. 27, S. 74.

nach Osten gegen den Stauferbesitz im oberen Remstal, und Marbach konnte den Schutz nach Norden, nicht zuletzt gegen die staufertreu gebliebenen Markgrafen von Baden, übernehmen. Wenn diese Neugründungen nicht das Schicksal mancher anderen Stadt, die primär aus strategischen Gründen angelegt wurde und daher über eine bescheidene Bedeutung nie herauskam, geteilt haben, so ist dies vor allem darauf zurückzuführen, daß sie eine gewisse zentrale Funktion für Landwirtschaft und Weinbau sowie für den Handel mit diesen Produkten gewinnen konnten.

Die älteste Gründung dieser wirtembergischen Städtereihe ist wohl Leonberg [63], das nach den Sindelfinger Annalen 1248/49 mit dem neuen Namen »Löwenberg« in die ältere Markung des Dorfes Eltingen und von dessen vermutlichem Ausbauort Dilgshausen an einer Stelle angelegt wurde, welche durch ihre Berglage die Verteidigung sehr stark begünstigte. Während wir für Leonberg wenigstens noch eine, wenn auch etwas unklare, chronikalische Nachricht über die Gründung haben, können wir die etwa gleichzeitig erfolgte Anlage von Schorndorf [64] nur erschließen. Noch größere Probleme bildet die ebenfalls in diese Jahre zu setzende Gründung von Waiblingen [65], wo wir nicht einmal wissen, wie die Grafen von Wirtemberg in den Besitz dieses alten Reichsgutes gekommen sind, und wo die Anfänge der Stadt ebenfalls sehr im Dunkel liegen, auch wenn gerade in Waiblingen das älteste Siegel der Stadt, dessen Typar aus stilistischen Gründen in ihre Frühzeit zurückweist, die Gründung durch die Wirtemberger Grafen ganz besonders gut belegt. Die Waiblingen wohl zunächst zugedachte Rolle der Herrschaftsmitte wurde allerdings bald von Stuttgart übernommen.

Am schwierigsten sind wohl die Verhältnisse in Marbach [66] zu fassen. Hier bestand ein alter, schon 1009 von Kaiser Heinrich II. bestätigter Markt des Bischofs von Speyer, und südöstlich davon wurde in einer günstigen Spornlage die neue Stadt angelegt. Obwohl die gängige Meinung auch diese Stadtgründung Graf Ulrich I. von Wirtemberg zuschreibt, sollten doch die beachtlichen, wenn auch nicht bis ins einzelne zu definierenden Rechte der Herzöge von Teck beachtet werden [67], die Wirtemberg erst 1302 erwerben konnte, und vor allem muß gerade im Hinblick auf Waiblingen darauf verwiesen werden, daß das älteste Stadtsiegel von

63 Württ. Städtebuch, wie Anm. 17, S. 146 ff.; Eggert, wie Anm. 6, S. 158 f.

64 Württ. Städtebuch, wie Anm. 17, S. 200 ff.; Eggert, wie Anm. 6, S. 159; Guntram Palm, Geschichte der Amtsstadt Schorndorf im Mittelalter. SchrrKirchengRechtsg 11/12. 1959, S. 98–102.

65 Württ. Städtebuch, wie Anm. 17, S. 286 ff.; Eggert, wie Anm. 6, S. 159 f.; Karl Stenzel, Waiblingen in der deutschen Geschichte. In: WürttVierteljhLdG 38 (1932), S. 203–207; Decker-Hauff, wie Anm. 61, S. 115 f.; Eberhard Gönner, Siegel und Wappen der Stadt Waiblingen. In: Waiblingen in Vergangenheit und Gegenwart 2 (1967), S. 8 f.

66 Württ. Städtebuch, wie Anm. 17, S. 155–158; Eggert, wie Anm. 6, S. 161 ff.; Eugen Munz und Otto Kleinknecht, Geschichte der Stadt Marbach am Neckar. 1972. S. 32 ff.

67 Irene Gründer, Studien zur Geschichte der Herrschaft Teck. SchrrSüdwestdtLdKde 1. 1963. S. 3 f. und S. 105 Nr. 95.

Marbach vor diesem Verkauf von 1302 neben dem runden Turm und der Weinrebe den Rautenschild der Herzöge von Teck zeigt, der erst danach durch die drei wirtembergischen Hirschstangen ersetzt wurde. Selbst wenn man daran festhalten will, daß Wirtemberg vor 1300 schon eine starke Position in Marbach besaß, kann der Anteil der Herzöge von Teck m. E. nicht einfach übergangen werden.

Noch ein kurzer Blick muß auf das stadtgeschichtlich so bedeutende Gebiet der Nordschweiz geworfen werden, wobei es sich allerdings von selbst versteht, daß wir hierbei nicht etwa auf die Zähringer eingehen. Dagegen haben uns die Grafen von Kyburg [68] zu interessieren, die schon früh einen beachtlichen Güterkomplex zusammengebracht hatten und deren Stellung und Würde durch den Anfall eines beachtlichen Teiles aus der Erbschaft der 1173 ausgestorbenen Grafen von Lenzburg noch stark vergrößert wurde. Im Thurgau gründet Graf Hartmann III. 1178 die Stadt Dießenhofen [69]. Die Vorgänge dieser Stadtgründung sind uns dadurch gut überliefert, daß das ursprüngliche Privileg mit seinen wichtigen Bestimmungen von Graf Hartmann IV., dem Älteren, 1260 in ein neues Privileg für die Stadt übernommen wurden und dadurch erhalten sind. Dieses älteste Stadtrecht von Dießenhofen lehnt sich, z. T. mit wörtlichen Zitaten, an das alte Freiburger Recht an. Es ist bekanntlich eines der wenigen Zeugnisse für das Recht und die Verfassung der nichtköniglichen Städte in der Stauferzeit, doch andererseits dürfte sich hier eine Erörterung der einzelnen Punkte erübrigen, da das Rechtsvorbild, nämlich das Stadtrecht von Freiburg, hinlänglich dargestellt worden ist [70].

Es erhebt sich hierbei, wo wir einmal einen schriftlichen Textzeugen haben, lediglich die Frage, wie es darum in anderen Städten bestellt gewesen ist. Können wir eigentlich wirklich im Ernst annehmen, daß wir über das Stadtrecht so vieler Städte der Stauferzeit nur deshalb so wenig wissen, weil eine große Zahl, ja die überwiegende Mehrzahl, der betreffenden Privilegien, die an werdende Stadtgemeinden gegeben worden sind, verlorengegangen ist? Natürlich muß man mit dem Verlust von Privilegien rechnen, und zwar in größerem Umfange, als das bei Klostergründungen der Fall ist, obwohl sich ja auch bei diesen immer klarer zeigt,

68 Carl Brun, Geschichte der Grafen von Kyburg bis 1264. 1913; Anton Largiadèr, Die Kyburg. 1955.

69 Willi Rüedi, Geschichte der Stadt Dießenhofen im Mittelalter. 1947; Hans Sollberger, Die verfassungsrechtliche Stellung der Stadt Dießenhofen von der Stadtgründung bis zur Eroberung des Thurgaus durch die Eidgenossen. In: ThurgauBeitrrVaterländG 73 (1936), S. 65–208.

70 Walter Schlesinger, Das älteste Freiburger Stadtrecht, Überlieferung und Inhalt. In: ZRG germ. 83 (1966), S. 63–116; Ders., Zur Gründungsgeschichte von Freiburg. In: Freiburg im Mittelalter. Hg. Wolfgang Müller. VeröffAlemannInst 29. 1970. S. 24–49; Bernhard Diestelkamp, Gibt es eine Freiburger Gründungsurkunde aus dem Jahre 1120? 1973; Walter Schlesinger, Der Markt als Frühform der deutschen Stadt. In: Vor- und Frühformen der europäischen Stadt im Mittelalter. Hg. Herbert Jankuhn, Walter Schlesinger, Heiko Steuer. 1 (AbhhAkadGött 3. F. 83). 1973. S. 293; Hans Patze, Stadtgründung und Stadtrecht. In: Recht und Schrift im Mittelalter. Hg. Peter Classen (VortrrForsch 23). S. 169 ff.

daß die bedeutenden Privilegien oft erst am Schluß der Gründungsperiode stehen und nicht diese Gründung einleiten [71].

Es ist m. E. unbefriedigend, einfach nur mit dem Argument des Urkundenverlustes aufzutreten. Sicherlich hat es mehr Stadtprivilegien, die der Neugründung gewisse Rechte übertrugen und damit auch Zuzügler anlocken sollten, gegeben, als uns erhalten sind. Gerade einige Sätze in den ältesten Teilen des Freiburger Stadtrechts aber sollten uns zugleich auch hellhörig machen; denn hier ist ja ganz ohne Zweifel auch von mündlich erfolgten rechtlichen Handlungen die Rede [72]. Es ist unbezweifelbar, daß es solche nicht schriftlich fixierten Rechtsakte bei Stadtgründungen öfters gegeben hat, und dies wird man vielleicht besonders dort annehmen können oder sogar müssen, wo eine Stadt aus Gründen, die wir heute so etwa als Landesplanung bezeichnen würden, angelegt wurde, zumal gerade solche Städte, wie wir wissen und wie wir auch an vielen der hier vorgeführten Beispiele sehen können, auf Jahrzehnte fest in der Hand des Stadtherrn, und sei es der König oder der Kaiser, blieben.

In diesem Zusammenhang darf ich vielleicht doch noch einmal auf Tübingen zurückkommen, dessen Entstehung in der Mitte des 12. Jahrhunderts liegt, das aber bis zum Ende des 13. Jahrhunderts in starker Abhängigkeit von seinen Stadtherren stand. Für Tübingen gibt es auch kein Stadtrechtsprivileg, und ich bin überzeugt, daß ein solches auch sicher nie existiert hat. Es mag sein, daß unverbindliche Aufzeichnungen des Tübinger Rechts, nach dem sich ja eine ganze Reihe von weiteren Orten gerichtet hat, vorgenommen worden sind, doch sind uns, was m. E. bezeichnend ist, nur zwei weistumsähnliche Niederschriften des 14. bzw. 15. Jahrhunderts über das Tübinger Gewohnheitsrecht erhalten, bei denen trotz ihrer textlichen Anspruchslosigkeit sich allerdings eine Schicht herausschälen läßt, die noch Rechtszustände der Pfalzgrafenzeit zeigt [73].

Dießenhofen ist bei weitem nicht die einzige stauferzeitliche Stadtgründung der Grafen von Kyburg gewesen. Schon um 1180 erbaute Graf Hartmann III. die Stadt Winterthur [74], und vielleicht ist auf ihn auf die Anlage der kleinstadtähnlichen Vorburg bei der Stammburg Kyburg [75] zurückzuführen.

Durch die Heirat von Hartmanns Sohn Ulrich III. mit Anna von Zähringen fiel dem Hause bekanntlich ein reiches Erbe links des Rheines zu, obgleich Friedrich II. die Reichslehen der Zähringer und damit wichtige Städte in der Nord-

71 HEINRICH KOLLER, Hochmittelalterliche Siedlungsplanungen und Stadtgründungen im Ostalpenraum. In: Forschungen zur Geschichte der Städte und Märkte Österreichs. Hg. WILHELM RAUSCH. 1. 1978. S. 65 f.; vgl. auch DERS., Die Gründungsurkunden für Seitenstetten. In: ArchDipl 16 (1970), S. 51–141.

72 SCHLESINGER, Freiburger Stadtrecht, wie Anm. 71, S. 96 ff.; BERNHARD DIESTELKAMP, Quellensammlung zur Frühgeschichte der deutschen Stadt. In: Elenchus fontium historiae urbanae. Ed. C. VAN DE KIEFT et J. F. NIERMEIJER. 1. 1967. S. 83–87.

73 SYDOW, Untersuchungen, wie Anm. 10.

74 JOHANN CONRAD TROLL, Geschichte der Stadt Winterthur. 1/2. 1840 f.; HANS KLÄUI, Zwei Dorfsiedlungen in der Eulachebene? Ein Beitrag zur ältesten Stadtgeschichte von Winterthur. 1950.

75 LARGIADÈR, wie Anm. 68.

schweiz an sich zog. Trotzdem ist zu sagen, daß das Geschlecht unter ihm und unter seinem Sohn Hartmann IV., dem Älteren, auf dem Gipfel seiner Bedeutung stand [76]. Damals wurden im Kyburger Bereich die Städte Zug [77], Mellingen [78], Aarau [79] gegründet sowie der Markt in Lenzburg [80] angelegt, und die bereits existierenden Städte Winterthur, Dießenhofen und Frauenfeld [81], dessen Gründung völlig im Dunkel liegt, blühten rasch auf.

Neben den Grafen von Kyburg dürfen andere Geschlechter des Raumes nicht vergessen werden. Wir nennen hier nur die Grafen von Froburg, die gerade im frühen 13. Jahrhundert ihren Machtbereich planmäßig durch die Anlage von Städten ausbauten und sicherten [82]. Daß daneben in dieser ersten Hälfte des 13. Jahrhunderts auch noch andere Herren im Bereich der Nordschweiz als Stadtgründer tätig wurden, zeigt ein Blick etwa auf die Herren von Klingen mit ihrer Stadt Klingnau, 1239 angelegt [83], oder auf die Herren von Krenkingen, deren Gründung Tiengen Helmut Maurer vor einem Jahrzehnt untersucht hat [84].

Schließlich müssen an dieser Stelle auch die Grafen von Habsburg erwähnt werden, die ja unter den Staufern und mit den Staufern einen steilen Aufstieg erlebten, auch wenn der entscheidende Machtzuwachs dann erst 1264 mit dem Anfall des Kyburger Erbes erfolgen sollte. Unter Graf Albrecht IV. und seinem Sohn Rudolf, dem späteren König, ist die Entstehung von Bremgarten [85] und Brugg [86] anzusetzen, die Nebenlinie Habsburg-Laufenburg gründete die Stadt Laufenburg [87].

Wenn aus der Städtelandschaft des deutschen Südwestens unter dem besonderen Gesichtspunkt dieses Referats nur einige Gruppen herausgegriffen werden konnten, so muß zum Schluß doch noch darauf hingewiesen werden, daß wir in der ersten Hälfte des 13. Jahrhunderts auch schon Ansätze zu Stadtgründungen durch mächtige Ministerialen feststellen können, auch wenn diese Städte in keinem Fall

76 Vgl. die Übersicht in: (Hans Dürst), Rittertum, Schweizerische Dokumente, Hochadel im Aargau. Dokumente zur aargauischen Kulturgeschichte 2. 1962. S. 246–257.

77 Robert Hoppeler, Die Anfänge der Stadt Zug. In: AnzSchweizG 11 (1910–1913), S. 21–24.

78 Heinrich Rohr, Die Stadt Mellingen im Mittelalter. In: Argovia 59 (1947), S. 113–307.

79 Walther Merz, Die Stadt Aarau als Beispiel einer landesherrlichen Stadtgründung. 1909; Ders., Geschichte der Stadt Aarau im Mittelalter. 1925.

80 Jean Jacques Siegrist, Lenzburg im Mittelalter und im 16. Jahrhundert. In: Argovia 67 (1955), S. 5–391.

81 Ernst Leisi, Geschichte der Stadt Frauenfeld. 1946.

82 Hektor Ammann, Die Froburger und ihre Städtegründungen. In: Fs. für Hans Nabholz. 1934. S. 89–123; Rittertum, wie Anm. 76, S. 258–267.

83 Otto Mittler, Geschichte der Stadt Klingnau. 1947.

84 Helmut Maurer, Die Anfänge der Stadt Tiengen und das politische Kräftespiel am Hochrhein um die Mitte des 13. Jahrhunderts. In: AlemanJb 1964/65, S. 119–185; Ders., Die Rolle der Burg, wie Anm. 27, S. 222–226.

85 Paul Hausherr, Von der Frühgeschichte und Stadtwerdung Bremgartens. 1959.

86 Samuel Heuberger, Geschichte der Stadt Brugg bis zum Jahre 1415. 1900.

87 Karl Schib, Geschichte der Stadt Laufenburg. In: Argovia 62 (1950), S. 1–314.

große Bedeutung gehabt haben und zum Teil später ihre Stadtfunktion sogar wieder verloren. So legte dort, wo die vom Rhein über Wimpfen und Dinkelsbühl in den bayerischen Donauraum ziehende Straße den Kocher überquerte, wohl noch vor der Mitte des 13. Jahrhunderts Wilhelm von Kochendorf, der auf der nahen Zwingenburg saß und der seit etwa 1240 als Vogt von Wimpfen und Schultheiss von Hagenau belegt ist, die kleine Stadt Kochendorf an [88].

Sehr dunkel ist die Geschichte des *oppidum* Schammach, das nach einer Urkunde von 1237 vor diesem Jahre von dem Ministerialen Friedrich von Baumgarten (= Ravensburg) an Konrad von Winterstetten verkauft worden war und das dieser nunmehr an das Kloster Schussenried schenkte; der Ort ist später wieder zu einer Dorfsiedlung herabgesunken (heute Gemeinde Attenweiler, Krs. Biberach), und *oppidum* kann, muß aber nicht eine stadtähnliche Siedlung bezeichnen [89]. Wohl dem jüngeren Schenken Konrad von Winterstetten dürfte die Gründung von Winterstettenstadt [90] zuzuschreiben sein, während die Anlage des Städtchens Neuravensburg [91] auf den Kämmerer Heinrich von Ravensburg zurückgeführt werden kann. Schließlich wird man wohl auch noch die Anfänge von Meßkirch, die der Seitenlinie Rohrdorf der Truchsessen von Waldburg zuzuschreiben sind, in das letzte Jahrzehnt der Regierungszeit Friedrich II. ansetzen müssen [92], und die Waldburger stehen auch an den wohl schon etwas früher anzusetzenden Anfängen der Stadt Saulgau [93].

Freilich wird man bei allen Stadtgründungen durch Ministerialen, vor allem durch Angehörige der Reichsministerialität, danach zu fragen haben, welche Beweggründe dahinterstehen. Die genannten Namen zeigen deutlich genug, daß es sich zu einem beachtlichen Teil um Persönlichkeiten handelt, die im engsten Kontakt mit Friedrich II. standen, und teilweise handelt es sich bei dem Boden, auf dem die Städte gegründet wurden, ja auch um Land, auf dem die Ministerialen in kaiserlichem Auftrag Vogteirechte ausübten. Die Städtebücher sprechen daher zum Teil auch nicht von diesen Persönlichkeiten, sondern von Friedrich II. als Stadtgründer, so daß diese neuen Städte dort als weitere Stützpunkte der kaiserlichen Macht erscheinen. Auf der anderen Seite scheint mir Günther Bradler am Beispiel der Tanne-Waldburg doch aufgezeigt zu haben, wie auf der Grundlage die-

88 Scheuerbrandt, wie Anm. 5, S. 154; Karl Bosl, Die Reichsministerialität der Salier und Staufer. SchrrMGH 10. 2. 1951. S. 401 f.

89 WirtUB III Nr. 901 S. 404; Günther Bradler, Studien zur Geschichte der Ministerialität im Allgäu und Oberschwaben. GöppAkadBeitrr 50. 1973. S. 468 und 499.

90 Günther Bradler, Die Entstehung von Städten und die Ministerialität in Oberschwaben und im Allgäu. In: Stadt und Ministerialität. Hg. Erich Maschke und Jürgen Sydow. VeröffKommGLdKdeBadWürtt B 76. 1973. S. 90.

91 Ebd.

92 Bradler, Studien, wie Anm. 89, S. 550.

93 Ebd. S. 518, 542 und 550; Franz Herberhold, Die österreichischen Donaustädte. In: Vorderösterreich. Eine geschichtliche Landeskunde. Hg. Friedrich Metz. ²1967, S. 707; Württ. Städtebuch, wie Anm. 17, S. 435 ff.; Eggert, wie Anm. 6, S. 146 f.

ser in der Stauferzeit gelegten Basis der Aufbau einer auch mit Städten durchsetzten Landesherrschaft durch ein Ministerialengeschlecht möglich war [94].

Es ist Zeit, daß wir einen Schlußstrich ziehen. Einige Überlegungen wurden bereits im Anschluß an die Behandlung einzelner Städtegruppen angeschlossen. Es wäre wohl noch einmal darauf zu verweisen, daß die Ausbildung des Städtenetzes im südwestdeutschen Raum ganz überwiegend von den hier herrschenden Macht- und Gebietsverhältnissen her zu erklären ist und daß geographische Ursachen weitgehend nur eine zweite Rolle gespielt haben [95]. Wesentliche Faktoren waren sicherlich wirtschaftlich-fiskalischer Natur, wobei allerdings auch nicht die militärische Komponente außer acht gelassen werden darf, und schließlich war die Anlage von Städten in den Territorien auch ein Ergebnis eines planvolleren Landesausbaus. Viel öfter, als es in unseren Quellen wohl deutlich wird, haben übrigens m. E. die Territorialherren ähnlich wie Kaiser und Könige für ihre Stadtgründungen einen von ihnen bevogteten geistlichen Grund benützt; hier liegt nach meinem Dafürhalten eine Forschungsaufgabe der Stadtgeschichte.

Die enge Abhängigkeit vom Stadtgründer bzw. dann eben vom Stadtherrn hat in vielen Fällen die Ausbildung einer bürgerlichen Freiheit, wie sie als ideal durch unsere Lehrbücher geistert, ganz entscheidend behindert, doch wäre man m. E. schlecht beraten, diese Idealfreiheit für die Stauferzeit schon als allgemein gegeben anzusehen, sondern man wird vielleicht sagen müssen, daß diese Problematik im deutschen Südwesten lediglich besonders deutlich wird [96]. Die territoriale Kleingliederung des südwestdeutschen Raumes, die ja doch wohl bereits unter Friedrich II. deutlich sichtbar eingesetzt und dann noch stärker akzentuiert in den nächsten Jahrzehnten sich fortsetzt, hat eine Fülle von Städten entstehen lassen, die sich natürlich oft gegenseitig in ihrer Lebenskraft behinderten [97], so daß schließlich nur einzelne Städte sich über den Durchschnitt erheben konnten. Kaum zu beantworten ist bei der gegebenen Quellenlage im übrigen für den hier behandelten Zeitraum die Frage, woher der Zustrom der neuen Bevölkerung für die Stadtgründungen, die immer schneller aufeinanderfolgten, kam bzw. wie dieser Bevölkerungsanstieg und Bevölkerungsdruck zu erklären und zu erfassen ist; denn der Hinweis darauf, daß in der Nähe neuer Städte sich oft mehr hochmittelalterliche Wüstungen nachweisen lassen als anderwärts [98], reicht m. E. zur Erklärung

94 BRADLER, Studien, wie Anm. 89, S. 539–542.

95 Vgl. auch ERNST, wie Anm. 2, S. 129.

96 Dazu auch JÜRGEN SYDOW, Zur verfassungsgeschichtlichen Stellung von Reichsstadt, freier Stadt und Territorialstadt im 13. und 14. Jahrhundert. In: Les libertés urbaines et rurales du XIe au XIVe siècle. Pro Civitate, Coll. Histoire 19. Bruxelles 1968. S. 281–309.

97 Vgl. z. B. HANS JÄNICHEN, Der Einflußbereich der Stadt Tübingen im Mittelalter. In: SchwäbHeimat 8 (1957), S. 82–87.

98 Ein gutes südwestdeutsches Beispiel bringt KARL SCHIB, Wandlungen im mittelalterlichen Siedlungsbild rund um Schaffhausen. Beilage zum Jahresbericht der Kantonsschule Schaffhausen 1969/1970. Vgl. auch WILHELM ABEL, Die Wüstungen des ausgehenden Mittelalters. QForschAgrarG 1. ^{3}1976. S. 45 f.

nicht aus. Die Stadtgründungswelle ist, wenn man sie einmal vergleichend betrachtet, gerade in der Stauferzeit eine Bewegung, die in ihrer Intensität durchaus in die Nähe der Ostsiedlung gerückt werden kann, und ist ohne einen auch hier anzurechnenden Bevölkerungsüberschuß überhaupt nicht vorstellbar [99], auch wenn wir wenig Exaktes darüber sagen können.

Eine letzte, zeitlich ansetzende Betrachtung zeigt schließlich, daß es vor allem das zweite Viertel des 13. Jahrhunderts, also jene Zeit, in der Friedrich II. kaum mehr in Schwaben weilte, gewesen ist, wo die Häufigkeit der Stadtgründungen größerer und kleinerer Herren in diesem Raum deutlich zunimmt, um dann gerade in jenen letzten Jahren vor 1250, als der größte Teil Schwabens bereits vom Kaiser abgefallen war, einen ganz deutlichen Höhepunkt zu erreichen. Gerade aus dieser Beobachtung wird man wohl den Schluß ableiten können, daß diese Stadtgründungen auch im Blick auf die allgemeine Geschichte des Reiches und deren Auswirkungen auf Schwaben gesehen werden müssen.

99 Vgl. zusammenfassend KLAUS ZERNACK, Zusammenfassung: Die hochmittelalterliche Kolonisation in Ostmitteleuropa und ihre Stellung in der europäischen Geschichte. In: Die deutsche Ostsiedlung des Mittelalters als Problem der europäischen Geschichte. Hg. WALTER SCHLESINGER. VortrrForsch 18. 1975. S. 792. DERS., Landesausbau und Ostsiedlung. In: Die Zeit der Staufer, Geschichte–Kunst–Kultur, Katalog der Ausstellung. 3. 1977. S. 53.

Beiträge aus der Diskussion

Zum Referat Baaken

Schwind: Die Kritik an der bisherigen Pfalzenforschung, die in den allgemeinen und methodischen Teilen des Vortrages zum Ausdruck kam, scheint mir in dieser Form nicht berechtigt. Es wurde von der quantifizierenden Methode gesprochen und betont, daß eben diese Methode, das Zählen der Königsaufenthalte, nicht ausreiche, um solche Plätze wie Konstanz und Ulm in ihrer Bedeutung zu erfassen. Aber das Zählen von Aufenthalten als heuristisches Prinzip, als erster Schritt, wurde auch in diesem Referat angewandt, und in dieser Weise wurde das Auszählen der Aufenthalte auch vorher schon verstanden, wobei nicht daran zu zweifeln ist, daß auch die Statistik schon gewisse Aufschlüsse bringt. Daneben jedoch wurden die Gewichtung der Königsaufenthalte, die Bedeutung von Hof- und Reichstagen, die Feier kirchlicher Feste u. ä. sehr wohl auch vorher schon bedacht. Pfalzenforschung wurde unter sehr unterschiedlichen Gesichtspunkten getrieben, und dieses breite Spektrum führt über die wirtschaftlichen Aspekte der Pfalzen weit hinaus.
Es wurde weiter gesagt, die Einzeluntersuchung mache blind. Obgleich es Beispiele gibt, die eine solche Feststellung stützen könnten, kann ich ihr in dieser Form nicht zustimmen. Sowohl die Einzeluntersuchung als auch die breite Übersicht und der Vergleich müssen sein und müssen sich gegenseitig ergänzen.
Ich glaube, daß man Ulm mit der Pfalz Werla vergleichen kann, über die ja auch detaillierte Untersuchungen vorliegen. Während Ulm der Vorort des schwäbischen Stammes war, besaß Werla eine ähnliche Funktion in Sachsen; hier fanden in der Ottonenzeit ebenfalls Stammesversammlungen statt, so daß für Werla und Ulm vergleichbare Momente vorhanden sind, während andererseits Frankfurt, das Ulm ja als Pfalzort erheblich überragt, eine solche Funktion nicht hat. Frankfurt ist nicht der Vorort eines Stammes, sondern muß seine Bedeutung durch andere Kriterien gewonnen haben.

Baaken: Nichts liegt mir ferner als eine Kritik an der bisherigen Pfalzenforschung. Ich selbst stehe darauf und baue darauf auf. Der beste Beweis, daß die quantifizierende Methode und deren Ergebnisse unbedingt herangezogen werden müssen, ist ja, daß ich es selbst auch tun mußte. Mir ist selbstverständlich bekannt, daß der besondere Charakter einer Pfalz in dieser oder jener Hinsicht schon lange Aufmerksamkeit gefunden hat. Die beiden ersten Bände des Göttinger Pfalzenwerkes – es gibt eine ganze Reihe von Arbeiten einschlägiger Art – tun das in jeder Hinsicht. Worauf es mir ankam, ist, daß man, nach meiner Überzeugung, einen durch rechtliche Zusammenhänge – das Landrecht – abgegrenzten Bezirk nehmen muß und in diesem Bezirk, also z. B. in einem Teil des Herzogtums, einmal nicht nur die Aufenthalte, sämtliche Rechtshandlungen sammelt, sondern sie auch ganz genau betrachtet. Im einzelnen ist das schon häufiger geschehen. Es sind auch schon Vergleiche zwischen einzelnen Pfalzen gemacht worden. Nur: die systematische Sammlung für einen großen Zeitraum und einen großen Bezirk, das scheint mir das Entscheidende zu sein. Ich glaube auch, daß die Ergebnisse, die auf diese Weise zu erzielen sind, doch etwas Neues darstellen.

Fried: Man kann das, was über die Pfalzen ausgeführt wurde, hundertprozentig unterstreichen mit einer Ausnahme, nämlich Augsburg. Mir liegt einiges daran, daß doch Augsburg irgendwie zum schwäbischen Stammesland und zum schwäbischen Herzogtum in der staufischen Zeit gerechnet wird, zumal ja doch eine Reihe von Quellen vorhanden sind, die das ausführlich bestätigen. Ich erinnere mich an zwei Quellenstellen, wo es ausdrücklich heißt, daß Augsburg ein Hauptort Schwabens ist, und es wird einmal sogar als »metropolis Sueviae« bezeichnet. Das ist nun einmal eine Tatsache, die nicht zu bestreiten ist. Es ist sicherlich die Randlage, die das Verhältnis zum schwäbischen Herzogtum etwas problematisch und undurchsichtig macht. Auf der anderen Seite hat Layer in seinem Handbuchbeitrag zur bayrischen Geschichte darauf hingewiesen, daß dies im Grund noch näher zu erforschen ist, nämlich Augsburg und seine Beziehungen zum schwäbischen Stammesherzogtum. Augsburg war seit der Salierzeit doch der Heeressammelort, wenn die deutschen Könige für ihre Romzüge über die Alpen aufgebrochen sind. Es war zugleich auch Grenzort gegenüber Bayern. Augsburg war natürlich Reichsbistum. Es hatte genau so wie in Konstanz eine Pfalz, die gemeinsam vom Bischof und vom König genutzt worden ist. Wir haben sogar archäologische Hinweise, so daß die Pfalz grundrißmäßig abgesichert werden kann. In der Barbarossazeit gibt es eine Quelle, die sogar auf die Existenz einer eigenen Königspfalz, zumindest eines eigenen Gebäudes im bischöflichen Pfalzbereich hinweist. Wenn man jetzt noch die Augsburger Aufenthalte in ihre Liste einbeziehen würde, vor allem auch hinsichtlich der Rechtsakte, die in Augsburg getätigt worden sind, so würde ich Ihr Ergebnis ein klein wenig differenzieren, vor allem für die Spätstauferzeit. Barbarossa war etwa zehnmal in Augsburg, Friedrich II. noch öfter und Konrad IV. war gleichfalls sehr häufig in diesem Bereich.
Wir dürfen zuletzt die Heeressammelstätte nicht vergessen, den berühmten Gunzenleh, der südlich von Augsburg lag, den der Lech zu Beginn des 15. Jahrhunderts hinweggeschwemmt hat. Er spielt tatsächlich eine große Rolle. Er lag zwar schon auf östlicher Seite des Lechs, aber ganz in der Nähe von Augsburg, und hier wurden auch Rechtsakte vorgenommen, die auch für die schwäbischen Großen bestimmt waren.

Eitel: Weingarten erscheint als Aufenthaltsort immerhin fünfmal. Mich würde interessieren, ob hier als präzisierendes Attribut zu Weingarten das Kloster in Erscheinung tritt. Dann wäre es das einzige Kloster, das unter den Aufenthaltsorten erscheint. Oder gibt es irgendwelche Hinweise, daß hier noch etwas anderes als das Kloster als Aufenthaltsort diente? Ich denke hierbei an die Weingartner Welfenburg, von der wir aber nicht genau wissen, bis wann sie in Weingarten bzw. Altdorf fortbestand, nachdem die Welfen im 11. Jh. ihren Hauptsitz in das südlicher gelegene Ravensburg verlegt hatten.

Ziegler: (Göppingen): Zur vorgelegten Liste über die »Aufenthalte und Rechtshandlungen der Herrscher in Schwaben« lassen sich für den Bereich des Raumes um den Hohenstaufen einige Ergänzungen machen.
König Konrad III. läßt sich in Lorch nicht nur einmal, sondern mit Sicherheit dreimal, ja sehr wahrscheinlich fünfmal, nachweisen. Er urkundet hier 1139, 1140 und 1144. Vermutlich war er auch bei der Beerdigung seiner 1130/31 verstorbenen ersten Gemahlin Gertrud von Comburg sowie der Bestattung seines Sohnes, des Mitkönigs Heinrich, im Jahre 1150 in Lorch anwesend. Von Lorch lassen sich damit mehr Aufenthalte König Konrads nachweisen, als in jedem anderen Ort in Schwaben.
Kaiser Friedrich I. Barbarossa war 1188 zusammen mit seinem Sohn, König Heinrich VI., bei der Altarweihe in Adelberg. Kaiser Friedrich II. urkundete 1237 in Geislingen/Steige und sein Sohn König Konrad IV. läßt sich 1240 und 1246 in Schwäbisch Gmünd nachweisen. 1246 verbrachte er wahrscheinlich das Osterfest in dieser Stadt. Dies ist interessant; denn die Staufer weilten an hohen Festtagen meistens in ihren Pfalzen. Konradin verbrachte 1266 sein letztes Weihnachtsfest auf deutschem Boden in Schwäbisch Gmünd.

Baaken: Zunächst Augsburg: Ich glaube, man muß sehr sorgfältig scheiden zwischen der ja auch von mir unterstrichenen reichsgeschichtlichen Bedeutung des Platzes – das ist es ja als Heeressammelplatz sehr häufig gewesen – und der Bedeutung für das Herzogtum Schwaben. Ich glaube, für das letztere gilt wirklich, daß man sagt, es bedarf noch weiterer Erforschung, was den Tatbestand, daß man darüber so gut wie nichts weiß, nur etwas mühsam verhüllt. Die reichsgeschichtliche Bedeutung Augsburgs steht nicht in Frage. Es drehte sich in diesem Zusammenhang lediglich um die Beziehungen zum Herzogtum Schwaben, die gelegentlich auch vorhanden sind, das will ich einräumen, aber natürlich mit Ulm nicht vergleichbar sind. Außerdem habe ich Augsburg noch aus einem anderen Grunde draußen gelassen. Sämtliche, ja eben durch die Reichsgeschichte bedingten Aufenthalte (der Heeressammelplatz wurde ja eben erst von Herrn Fried erwähnt) wären dann hineingekommen. Das hätte eine Riesenzahl gegeben. Das hätte für das Thema, das hier zu behandeln ist, die Dinge sozusagen auf den Kopf gestellt. Das mögen Sie für einen Trick erachten, aber ich glaube, daß es im Prinzip richtig war und stimmt.
Weingarten: Es gibt keine nähere Bezeichnung. Es heißt nur Weingarten – Wingarten. Was damit gemeint sein kann, weiß ich nicht. Der Aufenthalt dient ja fast immer nur der Urkundenausstellung für das benachbarte Weißenau. Man darf auch nicht vergessen, daß hier auch Altdorf noch als Ausstellungsort auftaucht. Ich bin überfragt, wie und wo hier nun eine Pfalz, wenn überhaupt, zu lokalisieren wäre.
Weitere Aufenthalte: Ich gebe gerne zu, daß man noch viele Aufenthalte, die möglich, wahrscheinlich, vielleicht usw. sind, hier anführen könnte. Aber damit begebe ich mich auf ein Gebiet der nichturkundlich belegten Aufenthalte. Ich darf Sie daran erinnern, daß ich mehrfach in meinem Referat gesagt habe »urkundlich belegt«, und darauf habe ich mich beschränkt. Die Aufenthalte, die es sonst noch gegeben haben kann, sind beiseite geblieben. Darunter sind sehr zweifelhafte, z. B. der 1188 (Friedrich Barbarossa mit seinen Söhnen in Adelberg, darunter Heinrich VI.). Konnte Heinrich VI. 1188 überhaupt in Adelberg sein? Wahrscheinlich nicht. Diese Weihenotiz von Adelberg kann in dieser Form nicht stimmen. So gibt es eine ganze Reihe von anderen, auch Lorcher Aufenthalten, die, wie gesagt, zweifelhaften Charakter haben.
Ich darf noch einmal den Hinweis verbinden auf das Grundsätzliche, worauf es mir ankam, nämlich, daß man einmal für einen Raum alles zusammenträgt und sagt, was dann dabei von den Zahlen her und von der Betrachtung der Rechtshandlungen herauskommt.

Zum Referat Nau

Schwind: Die in dem Vortrag aufgezeigte Beteiligung des Königs an der Münztätigkeit geistlicher Fürsten findet ihre Parallele in der staufischen Territorialpolitik. Es sei daran erinnert, wie Besitz- und Herrschaftsrechte geistlicher Fürsten, z. B. in Gelnhausen, Seligenstadt und Wimpfen für den Ausbau königlicher Territorien und Stützpunkte genutzt wurden. Die Münzpolitik, so scheint mir, fügt sich gut in den größeren Rahmen der staufischen Politik ein. – Die Umschrift Nürnberger Münzen *(Gotfridus castellanus)* läßt an Wetzlar denken, wo der Name der Reichsburg Kalsmunt in einer Münzlegende erscheint. Verbindungen zwischen Reichsburg und Münztätigkeit lassen sich beispielsweise noch in Altenburg und bei Trifels/Annweiler feststellen, so daß es berechtigt erscheint, grundsätzlich nach möglichen Zusammenhängen zwischen Reichsburgen und königlicher Münztätigkeit zu fragen.

Nau: Friedrich II., der Annweiler als erste Stadt überhaupt im *regnum Teutonicum* 1219 gleichzeitig mit der Stadterhebung das Münzrecht gab, bestimmte ausdrücklich, daß der Nutzen und die Einkünfte aus der Münzstätte für den Unterhalt der Burg Trifels benutzt werden sollten. Auf den Münzen von Annweiler ist ja auch eine symbolische Darstellung dieser Burg. Die königlichen Münzstätten hier im schwäbischen Bereich sind eben die königlichen Städte wie Ulm, Überlingen, Ravensburg u. a. Der spezielle Fall, daß nur eine Burg, so wie bei Kalsmunt, namengebender Träger der Münzstätte ist, ist auch bei Friedberg gegeben. Daß die herrschaftlichen Burgen in und bei den Städten Sitz und Träger der Münzstätten sind, kann als sicher angenommen werden.

Rieber: In der Stauferausstellung kann man bei der Betrachtung der Münzen sehen, daß mit dem Einsetzen staufischer Münzprägung das Münzbild gerade in den königlichen Münzstätten plötzlich im Stil ganz anders wird, viel klassischer geprägt. Im Katalog wird darauf hingewiesen, daß Vergleichbares von Byzanz herzuleiten ist. Haben die Staufer, haben Konrad III. und anschließend Friedrich I. stilistische Anregungen aufgenommen, oder haben sie sich Münzmeister von dort besorgt? Das ist deshalb wichtig, weil unter den Ulmer Ministerialen des Königs von 1206 an der Name »Krich« bzw. »Graecus« vorkommt [1]. Den Greck, wie sie später hießen, wird in der Ulmer Überlieferung eine Beteiligung an der Münze zugeschrieben; doch ist dies urkundlich nicht faßbar. Es wäre höchst einleuchtend, wenn wir annehmen dürften, daß die staufischen Herrscher sich tatsächlich Griechen als Münzmeister von den Kreuzzügen mitgebracht hätten. Bei einem andern Ulmer Patriziergeschlecht, Löw, gab es die Familiensage, die Löw bzw. Leo seien aus der Gegend von Aquileia nach Giengen an der Brenz und dann nach Ulm gekommen [2]. Leo war in Schwaben als Vorname nicht üblich. Leo war ein ausgesprochen orientalischer Name in Kleinasien, auch bei den armenischen Königen. Es ist daher zu überlegen, ob nicht von dorther entsprechende Einflüsse denkbar sind.

Nau: Bei Ulm haben wir den merkwürdigen Fall, daß wir da ganz konkrete Vorbilder aus dem Orient nachweisen können. Auf die künstlerischen und stilistischen Bezüge habe ich meinen Vortrag nicht eingestellt, aber es ist ja im Staufer-Katalog nachzulesen, und auch die Abbildungen sind dazu gegeben, daß die Ulmer Münzstätte in der Zeit um 1230–40 ganz konkrete Bezüge zu orientalischen Vorbildern hat, die wir sonst in keiner anderen Münzstätte in dieser Form nachweisen können. Eine Münze des Königs Leon II. von Armenien (1185–1218) aus einer kilikischen Münzstätte ist das nachgewiesene Vorbild von Ulmer Brakteaten, und außerdem gibt es auf Ulmer Pfennigen diese ganz merkwürdige Darstellung, die es auch in keiner anderen deutschen Münzstätte gibt, die es auch sonst in der staufischen Kunst nicht gibt, und zwar die Darstellung des geflügelten Kaisers. Der geflügelte Kaiser ist eine byzantinische Vorstellung. Es gibt aus der Zeit des 13. und 14. Jahrhunderts aus Byzanz Darstellungen des geflügelten Kaisers, allerdings sehen sie äußerlich völlig anders aus als diese Ulmer Brakteaten, nur die Idee ist transponiert, aber nicht die stilistische Darstellung. Nachdem wir, mit Ausnahme von zwei Stempelschneidern im thüringischen Gebiet, Luteger von Altenburg und Erth Velhar in der Münzstätte Hettstedt in Anhalt (Bistum Halberstadt), keine Belege für Münzstempelschneider haben und sie namentlich nicht kennen, läßt sich diese sehr ansprechende Vermutung, daß vielleicht doch aus dem Mittelmeergebiet, also aus Byzanz, Stempelschneider für deutsche Münzstätten tätig waren, nicht nachweisen. Aber die byzantinische Ideenwelt und auch die Vorlage aus den armenischen Münzen sind in der Ulmer Münzstätte tatsächlich nachgewiesen, aber wir können nicht konkret sagen, daß dieser Münzstempelschneider nun aus diesem Gebiet kam oder Kreuzfahrer diese Münzen mitgebracht haben und in Ulm sie ein einheimischer Stempelschneider nachgeahmt hat.

Literatur:

H. Kantorowicz, The »King's Advent«. The Art Bulletin 1944, S. 217 ff.; T. Bertelé, L'imperatore alato nella numismatica bizantina. Collana di Studi Numismatici Bd. 1, Roma 1951.

---

1 1206 in einer Wormser Urkunde (WVjH 1879, S. 89), 1237 (Ulmer UB I,56).

2 Fel. Fabri, Tractatus de civitate Ulmensi, ed. Gustav Veesenmeyer (Bibl. des literar. Vereins in Stuttgart, Bd. 186), Tübingen 1889, S. 90 f.

Thieme: Was ist die Funktion dieser Ausübung des Münzrechts? Kann man darin eine Art indirekte Steuer sehen? Kann man damit rechnen, daß damit ein Erwerb an Geld verbunden gewesen ist? Wir sind in der Rechtsgeschichte ja an den Begriff des Funktionsersatzes von Heinrich Mitteis gewöhnt. Ist hier die sehr intensive Ausnützung der Regalität durch die Staufer, vielleicht, wie wir eben gehört haben, nach orientalischen Vorbildern, ein Übergang zu dem, was später die Landeshoheit ist?

Nau: Die fiskalische Ausbeutung der Münzstätten ist ein für alle Zeiten gültiges Motiv für die Münzprägung und die In-Betrieb-Nahme von Münzstätten. Schon in karolingischen Urkunden wird ja gesagt, die Münzstätte wird deshalb eingerichtet, damit z. B. die Münzstätte Rommersheim der Abtei Prüm dem Kloster zu Nutzen ist und der Ertrag den Bedürfnissen des Klosters zugute kommt. Mit jeglicher Münzprägung ist selbstverständlich der fiskalische Nutzen verbunden. Je größer die Tätigkeit einer Münzstätte ist, je größer der Ausstoß und je größer die Spanne zwischen dem Sollgehalt, dem Sollgewicht und dem effektiven Silbergehalt der Münze ist, desto größer ist selbstverständlich der Nutzen. Der Nutzen besteht nicht nur in dem sogenannten Schlagschatz, der Differenz von Metallwert und Umlaufswert, sondern auch in dem Wechselagio, was eine ganz große Rolle spielt. Da spielen gerade in staufischer Zeit im 12. und 13. Jh. eine große Rolle die Münzverrufungen, d. h. es wurden in Abständen von verschiedener Dauer die Münzen umgewechselt. In Speyer wurden die Münzen jährlich verrufen. Der Erzbischof Wichmann von Magdeburg hat es auf halbjährliche Verrufungen gebracht und in Köln wurde festgelegt, die Münzen sollen nur verrufen werden, wenn ein Stuhlwechsel stattfindet oder wenn der Erzbischof zum Romzug aufbrechen muß. Wir haben eine schriftliche Quelle aus einer westfälischen Münzstätte, wo wir konkret wissen, daß für 191 alte Pfennige 173 neue Pfennige ausgefolgt wurden. Das entspricht einem Wertverlust von 9,5 %. Auch Umwechslungsagien von 16,6 und sogar 35,7 % sind aus dem 13. Jh. überliefert. Die Differenz fließt in die Kasse des Münzherrn. Da ist selbstverständlich immer mehr oder weniger ausgebeutet worden. Im Falle Schwäbisch Hall gab es eine extreme fiskalische Ausbeutung, die eigentlich einer königlichen Institution nicht passieren sollte. Vielleicht ist überhaupt darin der Grund zu sehen, daß lange Zeit – von der Mitte des 11. bis zur Mitte des 12. Jhs. – fast keine königliche Münzstätte tätig war, daß der König sich mit seinen eigenen Institutionen aus diesem fiskalischen Wettbewerb herausgehalten hat. Ich kann das nicht belegen und beweisen, aber ich habe den Verdacht, daß die damals geringe Zahl königlicher Münzstetten nicht allein ein Mangel der königlichen Münzpolitik ist, sondern sogar ein positiver Zug, daß der König die Münzstätten fast alle verliehen hat und nur als oberster Richter über die Ordnung des Währungswesens wachte, ohne selber eigene Münzstätten zu betreiben, weil im Betrieb der Münzstätte bei den Beauftragten, die das für den König tun, sofort die Gefahr des Mißbrauchs besteht. Es könnte sein, daß überhaupt das Prinzip der Verleihung von Münzstätten von diesem Grundsatz ausgegangen ist, der König solle sich da nicht selber engagieren. Das haben die Staufer, als vieles kriegsbedingt war, nicht unter orientalisch-byzantinischem Einfluß, sondern wahrscheinlich unter italienischem Einfluß, aufgegeben. Wir wissen aus dem Anfang des 14. Jhs., daß die Münzstätte Schwäbisch Hall an ein Florentiner Bankierskonsortium verpachtet war. Es liegt nahe anzunehmen, daß das auch schon vorher der Fall ist. Diese ganze neue mit Schwäbisch Hall verbundene leichte Geldpolitik trägt doch in vieler Hinsicht eher italienische Züge, daß eben von Italien her sehr viel neue Praxis in die deutsche altfränkische Währungsstruktur eingegangen ist und sie letzten Endes beseitigt hat.
Literatur:
E. Nau, Münzen und Geld in der Stauferzeit. In: Die Zeit der Staufer. Ausstellungskatalog, Stuttgart 1977, Bd. III, S. 87–102.

de Longueville: Ich möchte in diesem Zusammenhang auf zwei Fakten hinweisen, die insbesondere im Zusammenhang mit der Urkunde von 1196 Heinrichs VI. für den Bischof

von Speyer von Bedeutung ist. Wir haben in dieser Speyrer Urkunde einmal ein recht interessantes Phänomen, nämlich ein Mitwirkungsrecht in der Münzaufsicht, wie es z. B. Heinrich V. 1111 an Speyrer Bürger gegeben hat, und dann hat Heinrich VI. dieses Recht zurückgenommen und dieses Aufsichtsrecht dem Domkapitel zugesprochen. Es hat nicht lange angehalten. Knapp 20 Jahre später wurde diese Entwicklung wieder zurückgeführt. Es wurde die Ermahnung von Barbarossa im Zusammenhang mit den Münzverschlechterungen des Bischofs von Basel genannt. Wir haben in der Urkunde von 1196 Heinrichs VI. eine sehr detaillierte Anweisung hinsichtlich des Münzfußes und ähnliches. Es ist aber nicht so, daß nur die Staufer sich dann – beispielsweise Friedrich II. oder Heinrich (VII.) im Zusammenhang mit dem Heller – nicht an den Feingehalt gehalten haben, sondern wir sehen in Speyer aufgrund des Ergebnisses schon 20 Jahre später, daß das Domkapitel, das ja bei Münzverschlechterungen eingeschaltet werden mußte, sich auch nicht mehr daran gehalten hat.
Ich glaube, daß der Münznutzen nicht so sehr allein in der schlechteren Ausbringung der Münze lag, sondern einfach in der häufigeren Verrufung. Auf Grund dieses Agios, das ja teilweise 25 % ausmachte, teilweise auch etwa ein Drittel, also diese Umwandlung 12:8 oder 9:12, ist sehr häufig. Wenn man das einmal modern ökonomisch ausdrücken würde, wäre das eine Art Kapitalsteuer, z. B. in Speyer mit der jährlichen Münzverrufung eine Kapitalsteuer von 25 oder 33¹/₃ %. Wenn man häufig über Steuersätze redet, dann sollte man sich auch einmal überlegen, ob nicht ein Teil der recht zurückhaltenden Geldlichkeit – beispielsweise im hohen Mittelalter, die ja dann erst aufkommt, und später dann auch wieder das Herausdrängen des direkten Bargelds im 14. Jh.; die größten Summen hat man dann über Briefe gemacht – darin lag, daß einfach die Steuer zu hoch war im Zusammenhang mit den Münzverrufungen.

Zum Referat Maurer

Baaken: Herr Maurer hat mit Recht dem Privileg von 1192 eine gewisse zentrale Rolle zugewiesen in der Entwicklung der Bischofsstadt Konstanz auch zur Bürgerstadt. Nun hat es ja mit diesem Privileg Heinrichs VI. eine eigentümliche Bewandtnis. Dieses Stück ist in zwei Originalen überliefert. Das eine, für die Stadt Konstanz ausgestellt, liegt heute noch, mit einer schönen Goldbulle versehen, im Stadtarchiv Konstanz. Aber es gibt ein zweites Original, das heute in Karlsruhe liegt und für den Bischof ausgestellt war. Nicht nur, daß dieses zweite Originnal für den Bischof ausgestellt ist, es ist sogar von einem bischöflichen Schreiber gefertigt. Es ist also ein vom Bischof höchstpersönlich erwirktes Exemplar, dabei keine Zweitfertigung oder so etwas ähnliches, sondern ein völlig gleichrangiges Original. Wenn man sich aufgrund dieser Überlieferungstatsachen dann den Inhalt ansieht, so möchte ich doch glauben, daß die Privilegierung Heinrichs VI. weniger eine einseitige Spitze gegen den Bischof oder eine einseitige Förderung für die Stadt war, sondern ich habe den Eindruck, daß die Erlangung dieses Privilegs einer gemeinsamen Aktion von Bischof und Bürgerschaft zu danken ist. Anders sind die Überlieferungstatsachen, glaube ich, nicht gerecht zu würdigen. Das korrigiert das Bild, das vor uns in so überzeugender Weise entworfen wurde, kaum; denn gerade aus dem häufig bezeugten Zusammenwirken zwischen Stadtherrn und allmählich sicher werdender Bürgerschaft ergibt sich das eigentümliche Bild von Konstanz in staufischer Zeit.

Koller: Wenn ich richtig verstanden habe, soll das Privileg für Konstanz eine Bestätigung des Kaisers für Rechte gewesen sein, deren Formulierung auf den Bischof zurückgeführt werden soll. Könnten aber nicht auch die entscheidenden Initiativen von den Bürgern ausgegangen sein? Dann hätte der Bischof vielleicht einfach resigniert? Doch habe ich weitere Fragen:
Genügen die Bestimmungen im kaiserlichen Privileg, um deshalb Konstanz schon als Reichsstadt anzusprechen?

Gibt es Beweise, daß der Kaiser unmittelbaren Einfluß auf den zu seiner Regierungszeit erfolgten Ausbau der Stadt genommen hat?
Was weiß man über die Schotten? Sie begegnen jedenfalls oft, wenn sich städtische Gemeinschaften konsolidieren.

Baaken: Wenn man den Inhalt des Privilegs prüft, so glaube ich, ist es nicht aus der Welt, hier eine gewisse Parallele zu sehen zu späteren Schiedssprüchen. Ich stelle mir das so vor, daß sowohl die Stadt wie der Bischof natürlich ihre Rechtsauffassung dem Herrscher zugetragen haben und da zu dem kaiserlichen Privileg ein Schiedsspruch niedergelegt worden ist, der sowohl die Rechte der Bürgerschaft wie die des Bischofs aufzeichnet, und daß aus dieser Tatsache, daß hier nun zwei streitende Parteien mit einem Schiedsspruch beschieden werden, eben die Doppelausfertigung zu erklären ist. D. h., daß hier der Herrscher zwar regulierend in die inzwischen in Konstanz eingetretene Entwicklung eingreift, aber nicht unbedingt zugunsten einer der beiden Parteien. Hier, glaube ich, ist die ausgleichende Hand des Kaisers spürbar, und insofern würde das nach meiner Meinung gut in das Bild passen, das Herr Maurer entworfen hat, daß hier zumindest jahrzehntelang doch ein friedliches Verhältnis zwischen Stadtherrn und Bürgerschaft bestanden hat, was nicht zum wenigsten die rasche Entwicklung der Stadt Konstanz bewirkt hat.

Leiser: Die Rolle von Konstanz und Ulm in der Politik der Staufer wurde eindrucksvoll dargestellt, die Bedeutung dieser Städte im Herzogtum Schwaben betont. Vielleicht hätte man auch Augsburg erwähnen sollen. Ich frage mich, ob das Präsentwerden der Staufer in diesen Bischofsstädten sich nur aus der aktuellen politischen Bedeutung der Städte erklärt, oder ob hier eine Linie der Reichskirchenpolitik erkennbar wird. Wie Herr Maurer geschildert hat, bringt Barbarossa in Konstanz nach der Ottonenzeit das Königtum zu neuer Geltung, so daß sich die Entwicklung zur Reichsstadt bereits abzeichnet. Ähnliches ließe sich für Augsburg zeigen, anhand des ersten Stadtrechts. Ist das etwa eine durchgehende Linie staufischer Politik? Unter Barbarossa taucht die gemeinsame Stadtherrschaft von Bischof und König des öfteren auf, er bringt die alten imperialen Rechte wieder zur Geltung. Vielleicht gehört das in die größere Linie seiner Politik und sollte nicht nur aus den besonderen Gegebenheiten einzelner Städte erklärt werden.

Falck: In Konstanz hat die frühe Zeit Friedrichs II. für die Konstituierung des Stadtrates offenbar eine besondere Rolle gespielt. Ich möchte darauf hinweisen, daß das erste, das zweite und das beginnende dritte Jahrzehnt des 13. Jhs. in der Stadtverfassungsentwicklung einen merkwürdigen Aspekt hat, der, wie mir scheint, noch nicht genügend geklärt ist. 1220 belehnte der Bischof von Worms den König mit seinem bischöflichen Hof in Wimpfen und bat die Bürger von Worms um ihre Zustimmung (Boos, Quellen z. Gesch. d. Stadt Worms, Bd. 1, S. 94 f. Nr. 123). Man fragt sich, was ihn dazu veranlaßte. 1216 verzichtete der Erzbischof von Mainz zu gunsten des Klosters Eberbach auf seine vogteiherrlichen Rechte über den Hof Haßloch bei Rüsselsheim, und die Bürger von Mainz unter Führung des erzbischöflichen Stadtgerichts erkannten diese Rechtshandlung in einer eigenen Urkunde an, in der sie mitteilen, daß der Erzbischof die Schenkung mit dem Rat seiner Prälaten und ihrem, der Bürger, Rat vollzogen habe: *de consilio prelatorum suorum et nostro* (ROSSEL, Ub. d. Abtei Eberbach, Bd. 1, S. 179 Nr. 97). Es scheint mir, als sei in der Zeit des Thronstreites die Bürgerschaft in den aufstrebenden Städten sehr mächtig geworden und habe sich seitdem in die Entscheidungen der Stadtherren auch außerhalb der Städte eingedrängt(Vgl. dazu L. FALCK, Mainz im frühen und hohen Mittelalter [Mitte 5. Jh. bis 1244] [Gesch. d. Stadt Mainz Bd. 2], Düsseldorf 1972, S. 181 f. u. 188 f.). Es kommen dann 1220 die »Confoederatio cum principibus ecclesiasticis« Friedrichs II., 1226 das Verbot eines bereits bestehenden Städtebundes durch Heinrich (VII.) und schließlich die städtefeindlichen Gesetze Heinrichs (VII.) und Friedrichs II. von 1231 und 1232, und von da ab scheint alles wieder in etwas geordneteren Bahnen zu verlaufen. Möglicherweise sind die Einsetzungen und Bestätigungen von Stadträten in fest geschlossenen konstituitionellen Formen durch die bischöflichen Stadtherren in der folgenden Zeit so zu sehen, daß durch sie die Mitbestimmungslust der Bürger auf ihren Stadtbereich beschränkt wurde und daß die Bischöfe ihre Landesherrschaft außerhalb der Städte straffer in die Hand nehmen konnten. Das war für die Bischöfe als Stadtherren allerdings mit Zugeständnissen an die Stadtbürgerschaft verbunden.

Koller: Ich darf hinzufügen, daß Kaiser und Episkopat nach 1220 in Baiern, besonders in Salzburg und Passau eng zusammenarbeiten. Das könnte auch für die Gründung von Marktsiedlungen wichtig gewesen sein.

Maurer: Bei dem Hinweis auf die beiden Originale der Heinrich-Urkunde von 1192 habe ich nur gewisse Bedenken gegenüber der These, daß hier (was aufgrund der beiden Originale ohne weiteres zu vermuten wäre) eine gemeinsame Aktion von Bischof und Bürgern geschehen sein muß, und zwar deswegen, weil dieses Hofgerichtsurteil ausdrücklich auf Verlangen der Bürger erlassen worden ist.
Es wurde mit Recht darauf hingewiesen, daß man die Urkunde von 1192 auf keinen Fall als den Wendepunkt zur Reichsstadt ansehen darf, wie es in der Literatur immer noch zu lesen ist. Ich habe mich aber ausdrücklich befleißigt zu sprechen von der werdenden Reichsstadt, die hier so allmählich zum Vorschein kommt, vom Werden, also nicht von einem ganz bestimmten Augenblick, in dem diese Stadt nun zur Reichsstadt geworden sei.
Eindeutige Belege dafür, daß der Kaiser bei der Anlage der Märkte usw. tätig geworden sei, gibt es nicht in den Quellen.
Herr Schwineköper hat die Meinung geäußert, daß die neuen Märkte in Konstanz von den Staufern angelegt worden seien. Ich persönlich kenne keinen Beleg dafür.
Von den Anfängen des Schottenklosters wissen wir leider nichts. Wir haben nur eine spätmittelalterliche bzw. frühneuzeitliche Überlieferung dahingehend, daß dieses Kloster im Jahre 1142 gegründet worden sein soll.
Herr Leiser hat sehr richtig aufmerksam gemacht auf die Reichskirchenpolitik Friedrich Barbarossas. Ich möchte bemerken, daß ich für Konstanz dieses Schwäbisch-Herzogliche an dieser staufischen Städtepolitik heute nicht so stark herausgestrichen habe und auch an einer Stelle ausdrücklich von der Einbeziehung in die Reichskirchenpolitik Friedrich Barbarossas gesprochen habe, was ich noch stärker hätte betonen können. Ich habe allerdings in dem Aufsatz über das »Palatium Constanciense« ausdrücklich auf eine reaktivierte Reichskirchenpolitik Friedrich Barbarossas hingewiesen, die damals hier in Konstanz zum Zug gekommen sei.
Herr Falck hat auf einige Dinge aufmerksam gemacht, zu denen ich leider von Konstanzer Sicht her eigentlich keine Aussage machen kann. Man müßte diese Frage einmal untersuchen, inwieweit die Bürger auch bei bischöflichen Entscheidungen, die Dinge außerhalb der Stadt betreffen, mitgewirkt haben. Sie haben auf alle Fälle mitgewirkt, aber das ist nicht vergleichbar mit dem, was von Herrn Falck angeführt wurde. Sie haben mitgewirkt einmal in dem bischöflichen Fronhofgericht in Stadelhofen, wo es meistens um die Angelegenheiten der bischöflichen *familia* draußen im Lande ging, und sie haben mitgewirkt in diesem bischöflichen Chor- und Pfalzgericht; aber das war von Herrn Falck wohl nicht gemeint. Man müßte für Konstanz noch einmal dieses Mitwirken der Bürger bei Entscheidungen der Bischöfe für das 13. Jahrhundert genauer untersuchen.
Herr Koller hat noch von der Zusammenarbeit zwischen Bürgern und Bischof in Salzburg gesprochen. Das war ein interessanter Hinweis, der mit dem, was Herr Falck gesagt hat, übereinstimmt. Für Konstanz bedarf es jedoch dafür noch neuer Untersuchungen.

Zum Referat Schwineköper

Vorbemerkung: Der Referent hat in der Zwischenzeit sein Referat ausgebaut und außerdem Gedanken, die er in Stuttgart vorgetragen hat, an anderer Stelle veröffentlicht. Aus der Diskussion waren daher nur die Beiträge zu übernehmen, die auch bei der jetzigen Form des Referats nicht übergangen werden sollten.

Rieber: Der Stadtplan von Jerusalem wird in der ältesten Darstellung und später noch oft als kreuzförmig dargestellt. Das hat natürlich seinen Grund in der Symbolbedeutung. In den Straßen der damaligen Stadt war aber dieses Kreuz tatsächlich ausgebildet. Kreuzfahrer aus ganz Europa kamen dort zusammen und sahen, wie eine Stadt funktioniert. Diese Stadt hatte zwar keine »Bächle«, aber unterirdische Kanäle seit vielen Jahrhunderten. Die Probleme der Wasserversorgung und der Abwasserführung waren dort längst gelöst. An und in dieser Stadt hat ganz Europa gelernt, wie eine Stadt funktionieren kann.

Nau: Die kreuzförmige Anlage von Jerusalem ist, soviel ich weiß, die römische der Aelia Capitolina. Ich möchte fragen und anregen, ob nicht überhaupt die kreuzförmige Stadtanlage, die regelmäßige Straßenführung, die Einteilung der Stadt in Längs- und Querachsen, auf die römische Kastellform oder überhaupt auf die Mittelmeerstädte zurückgeht. Wer in Agrigent war, weiß, daß schon die hellenistische Stadt in dieser regelmäßigen Forma angelegt ist und daß das eine uralte Bauweise des Mittelmeergebiets ist. Wahrscheinlich haben diese antiken Vorläufer für die staufischen Stadtgrundrisse auch Pate gestanden. Die als typisch staufisch angesprochene Buckelquaderbauweise geht ja auch auf hellenistische Vorbilder zurück.

Schwineköper: Leider habe ich das Beispiel Boppard (vgl. oben S. 151) nicht zeigen können. Hier ist das Straßenkreuz offenbar überliefert von der römischen Zeit direkt bis auf die heutige Zeit. Ich habe andeutungsweise nur Straßburg gezeigt, wo immerhin Spuren der römischen Anlage zu finden sind. Wieweit man Jerusalem einbeziehen kann, darüber wäre wohl eine eigene Diskussion nötig.

Zum Referat Kerkhoff

Vorbemerkung: Wie im Vorwort bereits mitgeteilt, hat der Referent trotz den vielfältigen Bemühungen der Geschäftsführung und oftmaligen eigenen Zusagen das Manuskript seines Referats nicht abgeliefert. Daher waren im Protokoll über die Diskussion zu seinem Vortrag alle Äußerungen zu streichen, die sich nur auf seine Ausführungen bezogen haben. Es scheint aber sinnvoll zu sein, diejenigen Voten bzw. Teile von Voten, die sich auch auf Fragen beziehen, die ganz allgemein für das Städtewesen der Stauferzeit von Wichtigkeit sind, an dieser Stelle aufzunehmen.

Layer: Es zeigte sich deutlich in diesem Vortrag, daß es eigentlich drei Schwerpunktbildungen gab, nämlich Ravensburg – Raum Weingarten/Altdorf, dann Memmingen und schließlich der Raum um Schongau. In Landsberg ist jedenfalls die Burg welfisch; an sie hat sich dann, wie so häufig, in staufischer Zeit eine Burgstadt angeschlossen. Der Gesichtspunkt der Burgstädte ist bei dieser Betrachtung eigentlich wenig hervorgehoben worden. Die Burgstadt spielt eine außerordentliche Rolle, ebenso wie die Klosterstadt, die nicht so deutlich in den Vordergrund tritt.

Störmer: Herr Kerkhoff hat den bisher weitverbreiteten Thesen welfischer Städtegründungen in Schwaben die Quellenbasis eindrucksvoll gegenübergestellt, die diese Thesen nicht erhärten kann. Zu diesem Fragenkomplex sollte man m. E. noch zwei Gesichtspunkte herausstellen:

1. Die bisher als welfische Stadtgründungen bezeichneten ostschwäbischen Stauferstädte

liegen an zwei ganz wichtigen Fernstraßentrassen, die beide in West-Ost-Richtung verlaufen. Diese beiden Straßen haben zumindest in spät- und nachstaufischer Zeit für Politik und Handel eine große Rolle gespielt. Bezeichnend ist, daß München, die gewaltsame Gründung Heinrichs des Löwen, an dieser Route liegt. Herr Kerkhoff hat bereits auf die Marktgründungen der Welfen hingewiesen. Ich kann mir vorstellen, daß an beiden Fernstraßen eine sehr aktive Marktpolitik von Welfen betrieben wurde und daß bereits Übergangsformen vom welfischen Markt zur Stadt vorhanden waren.
Man muß sich vor Augen halten, daß eine Stadtgründung unter Umständen ein sehr langer Prozeß ist, der sich über 50 oder noch mehr Jahre erstrecken kann. Im nordostschwäbischen Raum läßt sich dies deutlich zeigen bei mehreren Staufer-»Städten«, die durch das konradinische Erbe an die Wittelsbacher gekommen sind. Hier liegen die Ansätze zur Stadtgründung durchaus noch in der Stauferzeit; der Vorgang wurde aber erst in wittelsbachischer Zeit nach 1268 abgeschlossen.
2. Der welfische Raum in Ostschwaben ist im Hinblick auf Städtegründungen ohnehin ein Sonderfall. Nachdem Welf VI. verhältnismäßig früh sein Testament festgelegt und damit seine Besitzungsmasse (nach seinem Ableben) an Friedrich Barbarossa verkauft hatte, wollte er sicherlich nicht viel in sein Territorium investieren, zumal er einen aufwendigen Lebensstil pflegte. Das hat sich sicherlich auf Urbanisierungstendenzen negativ ausgewirkt.

Nau: Herr Kerkhoff hat auch die numismatische Quellensituation angesprochen, und hier möchte ich noch darauf hinweisen, daß wir, bevor noch die schriftlichen Quellen in größerem Maße einsetzen, also bevor *cives* und *civitates* genannt werden, ja schon Münzen haben aus der Mitte und aus der zweiten Hälfte des 12. Jhs. Wenn das Prinzip, das wir im Rahmen dieser Stauferforschung als das Wahrscheinlichste erkannt haben, daß die Münzprägung in engem Zusammenhang mit Stadtrechten und Stadtbefestigungen steht, und diese frühen Münzen in auffallender Weise Stadtbilder tragen, so ist der Schluß naheliegend, daß schon in dieser Zeit Frühstadien einer Stadtentwicklung dokumentiert sind. Auffallend ist bei Welf VI., in welchem Maße seine Münzprägungen im Zusammenhang mit Klöstern stehen. Das ist sicher nicht zufällig. Bei Sindelfingen ist es durch den Fund von Sindelfingen nachgewiesen. Es wurde Füssen genannt. Es ist schon lange meine Vermutung, daß bei Prägungen Augsburger Schlages aus der Zeit Welfs VI. – sie müßten um 1160/70 liegen, mit einer Stadtdarstellung –, die eine Kondominatsprägung zwischen einem weltlichen und einem geistlichen Herrn sind, es sich hier um Füssen handeln könnte.
Weingarten und Kempten sind ebenfalls bereits in der Zeit Welfs VI. als Münzstätten wahrscheinlich. Es ist, wie gesagt, ganz auffallend, daß diese Prägeaktivitäten Welfs VI. ausschließlich an Klostermünzstätten stattfinden. Es ist sehr wichtig, zu sehen, daß hier im Zusammenhang mit den Klostervogteien Herzog Welfs VI. sich Stadtentwicklungen anbahnen.

Sydow: Können wir so bedenkenlos eigentlich immer gleich von Stadt reden? Ich habe sicher am Beispiel Tübingen ganz deutlich gemacht, daß hier eine im einzelnen kaum überschaubare Entwicklung vom Markt zur Stadt ganz augenscheinlich vorliegt.
Das Beispiel Sindelfingen würde ich nun ausgesprochen als Klostermarkt ansehen, auch wenn die Münzen eine »Stadtdarstellung« zeigen. Das Münzbild kann ebensogut auch den ummauerten Stiftsbezirk zeigen; denn dafür ist die Darstellung zu schematisch. Die *urbs sancta,* die ja auch ein Stiftsbezirk ist, ist eben eine heilige Stadt. Die Darstellung ist im allgemeinen sehr schematisch, sie besteht aus 1, 2, 3 Türmen und einem Stück Mauer. Da ist es schwer zu differenzieren zwischen einer schematischen Stadtdarstellung und der schematischen Darstellung eines Stiftsbezirks. Im übrigen verweise ich nur auf den Kirchweih-Hymnus *Urbs Jerusalem beata/dicta pacis visio,* der die ideelle Gleichstellung von Stadt Jerusalem und Kirche mit aller wünschenswerten Deutlichkeit zeigt.
Bei Ottobeuren hätte ich einige Bedenken, es im späten 12. Jh. als Stadt anzusehen, eher doch wohl nur als Klostermarkt, wofür wir ja auch Belege haben.

Koller: Ist mein Eindruck richtig, daß die Welfen Städte fast nur auf Allodialgut errichteten, und könnte man daraus die Faustregel ableiten, daß bei der Stadtgründung der Besitz von Grund und Boden ausschlaggebend war? Doch dann erhebt sich die Frage, unter welchen Rechtstiteln gründeten dann die Welfen in Baiern nach 1156 Städte und könnte vielleicht die überraschend geringe Stadtpolitik Heinrichs des Löwen in Baiern damit erklärt werden, daß er zu wenig Allodialgut hatte?

Kerkhoff: Die Unterscheidung zwischen Markt und Stadt ist natürlich schwierig. Mir selbst scheint sie aber auch zum Teil zu gekünstelt praktiziert worden zu sein. Man weiß einfach nicht, wann es ein Markt ist und wann eine Stadt. Man kann natürlich den Markt als Frühform der Stadt ansehen. Man kann Markt auch als erste Stufe einer Stadtentwicklung ansehen. Man kann aber auch Markt ansehen als »städtische« Siedlung, wo die Funktion des Handels usw. im Vordergrund steht. Ich würde sagen, wenn vor allem Welf VI. Münzen geprägt hat in Verbindung mit Klöstern, daß dann also ein Klostermarkt vorauszusetzen ist. Es ist ein anderer Stil des wirtschaftlichen Ausbaues eines Herrschaftsbereichs, daß man den Akzent mehr auf das Wirtschaftliche und den Handel legt, und dafür werden Münzen geprägt, werden Märkte, die nicht unbedingt befestigt sein müssen, die nicht im Rechtssinn den ganzen entwickelten Stadtorganismus haben brauchen, angelegt. So könnte ich mir denken, daß die Welfen, die nicht so stark auf das Rechtliche ausgewiesen sind, also mehr die Marktproduktion betont haben, deswegen nicht besonders interessiert waren, eine Stadt im vollen Sinne zu gründen.
Herrn Koller würde ich recht geben, daß noch eine große Geländereserve in Bayern und in Schwaben vorhanden war, aber immerhin gab es da auch schon Kolonisation und ein Ausgreifen über das Land hinaus. Ich glaube, man darf es nicht einfach statistisch nach Fläche berechnen, sondern der Raum wird doch schon etwas enger im älter besiedelten Land.

Aus der Schlußdiskussion

Koller: Zu Feldkirch, das im Referat Sydow berührt wurde, kann ich auf neuere Forschungen verweisen, die noch nicht publiziert sind. Demnach könnte der Ort zunächst zusammen mit der Erschließung eines Pilgerweges über den Arlberg in der Mitte des 12. Jhs. neu angelegt worden sein. Dabei wäre eine Beteiligung des Klosters Weingarten nicht ausgeschlossen. Die Grafen von Montfort würde ich eher für eine spätere, um 1200 erfolgte Erweiterung des Ortes verantwortlich machen und ihnen die Gründung jener Kaufmannssiedlung zuschreiben, die neben der Nikolauskirche angelegt wurde.

Klötzer: Frankfurt ist das Paradigma einer Stauferstadt. Nicht weil es ein Privileg hätte – es hat keines, und hier ist auf die Bemerkung von Herrn Sydow zu verweisen, daß wir mit Privilegien nicht überall rechnen dürfen. Viele Städte sind in unfixierten Freiheitsschüben gewachsen und haben sich in mehreren Schichten entwickelt. Auch Herr Störmer hat in seinem Diskussionsbeitrag bemerkt, Stadtgründung sei ein langer Prozeß, und Herr Schwineköper sagte ganz deutlich, daß Städte aus einzelnen Parzellen entstanden sind.
Dieser Stadtwerdungsprozeß ist in Frankfurt a. M. sicher schon in salischer Zeit anzusetzen. Wir wissen dies aus den Forschungen von Walter Schlesinger [1], auch von Frau Schalles-Fischer [2] und natürlich durch die Archäologie, die allein den Beweis liefert, daß die

1 W. Schlesinger, Archäologie des Mittelalters in der Sicht des Historikers, in: Zs. f. Archäologie d. Mittelalters 2, 1974, S. 7–31, bes. S. 22.
2 M. Schalles-Fischer, Pfalz und Fiskus Frankfurt (Veröff. d. Max-Planck-Inst. f. Gesch. 2), 1969.

karolingische Pfalz im 2. Jahrzehnt des 11. Jhs. abgebrannt ist [3]. Nun setzt ein Prozeß ein, der nicht aus wilder Wurzel entstanden sein kann, sondern einen rechtssetzenden Akt bedingt, über den wir nur keine Urkunde besitzen: Die Marktsiedlung, auf die Wolfgang Hess hingewiesen hat [4], dehnt sich nun über den Pfalzbereich, und dies bei völlig neuer Parzellierung. Als dann die Staufer nach einem Jahrhundert fast ohne Königsaufenthalte den Platz Frankfurt von neuem aufwerten – schon unter Konrad III. mit Reichsversammlungen, dann unter Friedrich I., der hier 1152 gewählt wird –, finden sie die alten Liegenschaften des Reiches besetzt und müssen ihre Pfalz am südwestlichen Rand der Siedlung, die damals sicher schon städtischen Charakter angenommen hatte, ganz neu bauen. Die Formen der erhaltenen Kapelle werden heute zwar allenfalls für das Ende des 12. Jhs. reklamiert [5], vermutlich sind aber die Anfänge der Stauferpfalz schon bei Konrad III. zu suchen; denn irgendwo mußte er ja den Hof unterbringen für die Hoftage der 40er Jahre.

Die solcherart gewachsene städtische Siedlung hat sich möglicherweise an das aus der karolingischen Pfalzkapelle hervorgegangene Salvator-(später Bartholomäus-)Stift angeschlossen [6], was zu der Frage berechtigt, ob nicht überhaupt mainzische Aktivitäten in der »reichslosen« Zeit des 11. Jahrhunderts die präurbanen Marktverhältnisse schufen [7], wie sie die Privilegierung der Wormser Kaufleute 1074 voraussetzt. Es mußte den Wormsern doch von Nutzen sein, Zollfreiheit in Frankfurt zu genießen.

Frankfurt ist tatsächlich eine staufische Stadt; denn wir sehen gerade im 12. und 13. Jh. die Stadt enorm wachsen, bis sie mit allen Erscheinungen staufischer Freiheit im Interregnum auftritt. Bei der fehlenden Stadtrechtsverleihung sind zwei Privilegien ersatzweise von größter Bedeutung: 1219 die Schenkung des Grundes für die spätere Leonhardskirche, 1232 die Befreiung vom Ehezwang [8]. Ich will hier auf das zweite Privileg nicht näher eingehen, obschon die implizierte Bürgerentlassung aus dem Hofrecht der königlichen familia für die Stadtgemeindebildung ausschlaggebend war. Hier nur kurz eine Analyse des Privilegs von 1219, und zwar in seiner doppelten Bedeutung: 1) der Aufgabe von Reichsbesitz *(area seu curtis)* in einem Stadterweiterungsgebiet *(forum frumenti)* westlich des Pfalzbereichs, 2) der Rechtsfähigkeit der beschenkten, hier zum erstenmal genannten Frankfurter Bürgerschaft *(universis civibus)*. Nicht von ungefähr erscheint in dieser Zeit zuerst das Stadtsiegel, das Frankfurt *specialis domus imperii* nennt, also bei aller Fortentwicklung doch die Reichsbindung betont, bis dann im Interregnum die Bürger sich von Richard von Cornwall eine Urkunde ertrotzen, in der sich der König verpflichtet, niemals innerhalb der Stadt einen Burgbau zu errichten [9].

---

3 O. Stamm, Spätrömische und frühmittelalterliche Keramik der Altstadt Frankfurt a. M. (Schrr. d. Frankf. Mus. f. Vor- u. Frühgesch. 1, 1962; hier S. 85 f.); zur Datierung vgl. Schalles-Fischer S. 232 Anm. 1132.

4 W. Hess, Frankfurt als karolingischer Markt, in: Nass. Ann. 74, 1963, S. 193–196.

5 F. Arens, Die Datierung staufischer Pfalzen und Burgen am Mittelrhein mit Hilfe des Stilvergleichs, in: Burgen im dt. Sprachraum, hrsg. v. H. Patze, Bd. 1, 1976, S. 181–196, bes. S. 186 f. Anm. 6; Ders., Staufische Pfalz- und Burgkapellen, ebd. S. 197–210, bes. S. 198, 203 f. u. 209; Ders., Der Saalhof zu Frankfurt und die Burg zu Babenhausen. Zwei staufische Wehr- und Wohnbauten am Mittelrhein, in: Mainzer Zs. 71/72, 1976/77, S. 1–56.

6 W. E. Kellner, Das Reichsstift St. Bartholomäus zu Frankfurt a. M. im Spätmittelalter (Stud. z. Frankf. Gesch. 1), 1962; G. Rauch, Propstei und Stift von Sankt Bartholomäus in Frankfurt (Stud. z. Frankf. Gesch. 8), 1975; H. Büttner, in: Bll. f. dt. Landesgesch. 106, 1970, S. 604 (Bespr. v. Schalles-Fischer).

7 Hess, S. 195.

8 Böhmer-Lau, Frankf. UB I 26 S. 14; ebd. 94 S. 49 (Reg. Imp. V 4225).

9 Böhmer-Lau I 216 S. 104 (Reg. Imp. V 5318).

Ich beziehe dies auf den von Herrn Schwineköper angesprochenen, in seinen Grundmauern ergrabenen monumentalen Rundturm auf dem Römerberg, der, wie Gespräche mit Frankfurter Archäologen ergeben haben, wahrscheinlich in der ersten Hälfte des 13. Jhs. erbaut worden ist, seiner ganzen Lage nach gegen die Bürgerschaft gerichtet war und, kaum fertig, wieder abgebrochen wurde, vielleicht in einem Bürgeraufstand am Schluß des Kampfes um die *terra imperii* Wetterau.

Hier haben wir also am Beispiel Frankfurts die Mehrschichtigkeit einer Stadtwerdung: die Grundlage des Marktes, die Stadterweiterung, die außerordentlich interessante Freiheitsentwicklung der Bürgergemeinde und schließlich auch – andeutungsweise – die Auseinandersetzung zwischen königlichem Stadtherrn und Bürgerschaft [10].

Drollinger: Ich möchte noch kurz auf Durlach eingehen im Hinblick auf die Liste der Königsaufenthalte, die Herr Baaken vorgelegt hat. Durlach wurde 1219 badisch, die Stadtgründung ist aber wohl um 1190 in der frühen Zeit Heinrichs VI. anzusetzen. In der Ursperger Chronik ist Durlach 1196 als *Oppidum* genannt. Ebenfalls 1196 hat hier Kaiser Heinrich VI. zwei Urkunden ausgestellt, wozu sich zuletzt Alfons Schäfer in einer Arbeit über die staufische Reichslandpolitik im Uf- und Pfinzgau in der Zeitschrift für die Geschichte des Oberrheins 1969 geäußert hat.

Dann ist Marbach angesprochen worden, dessen Stadtgründungsgeschichte ja einige Fragen offen läßt. Hier wollte ich auf Decker-Hauff hinweisen, der überzeugend die Stadtgründung Stuttgarts dem Markgrafen Hermann V. von Baden zugeschrieben hat und in einem Vortrag vor der Arbeitsgemeinschaft für geschichtliche Landeskunde am Oberrhein 1966 die Vermutung äußerte, daß möglicherweise auch Marbach als Gründung der Markgrafen von Baden zu gelten habe [11].

Sydow: Für Marbach haben wir zunächst das Privileg für Speyer aus dem 11. Jh. Als Marbach dann in das Licht der Geschichte tritt, hat es als Beizeichen auf dem Wappen die teckischen Rauten. Ich vermag einfach nicht einzusehen, warum man bei Waiblingen argumentiert, daß, weil im alten Stadtsiegel, das in die Frühzeit der Stadt zurückgehen soll, das württembergische Wappen erscheint, es zu dieser Zeit württembergisch gewesen sein soll und warum man sich bei Marbach, das bis 1302 die teckischen Rauten gehabt hat, dann darüber hinwegsetzt und sagt, das sei auch eine württembergische Grenzfestung. Hier ist nach meiner Ansicht methodisch etwas nicht in Ordnung.

Wenn nun Weingarten noch ins Spiel gebracht wird, möchte ich einmal darauf hinweisen, daß wir uns wirklich Gedanken machen müssen, daß nicht nur der Kaiser, wie wir das ja sehr oft wissen, auf Reichskirchengut, über das er als Vogt verfügt, Städte gründet, sondern daß die Laienfürsten bis zu den kleineren Herren herunter diese Politik auch sehr gut verstehen. Beispiele sind etwa Straubing, das ja augsburgisch ist, oder München mit der dortigen Anmerkung von Freisinger Rechten bis ins 18. Jh.

Wenn Feldkirch etwas früher gegründet worden ist, dann sind die Stadtgründer zwar nicht die Montforter, aber immer noch die Tübinger; denn seit den 60er Jahren des 12. Jhs. sitzen die Tübinger eben schon als Herren in Bregenz.

de Longueville: Woher plötzlich diese Bevölkerung kommt, die in diese Städte hineinzieht, ist ein gewisses Problem. Ich könnte mir vorstellen, daß sich hier aus wirtschaftlichen Überlegungen heraus größere Bevölkerungsteile in die Stadt hineingedrängt sehen,

---

10 In der Festschrift für WALTER HEINEMEYER (Archiv für Diplomatik) erscheint 1978 von mir eine diesbezügliche Untersuchung »War Frankfurt wirklich stauferfreundlich?«.

11 Vgl. Protokolle der Arbeitsgemeinschaft für geschichtliche Landeskunde am Oberrhein Nr. 80, Karlsruhe 1966 (hektographiert).

weil der agrarische Sektor einfach übersetzt ist, und daß man hier in der Stadt sich neue Erwerbsquellen hat erschließen können.

Im Zusammenhang mit dem Vortrag von Herrn Sydow sollte man stärker diese Ansätze von Stadtentwicklungen untersuchen und dann natürlich auch im Betrachtungsraum herausgreifen hinein ins Fränkische, in den ganzen Raum von staufischem Besitz hinauf nach Eger, der ja dann die sehr wichtige Brücke hinein in das heute mitteldeutsche Gebiet ist. Bautzen, Dresden, Chemnitz usw. sind ja völlig aus der Optik herausgefallen und damit natürlich auch so wichtige Beispiele wie Rothenburg und die Kristallisationspunkte im fränkischen Raum. Hinzu kommt natürlich, daß dann gleich automatisch die Funktion der Stadt nicht nur aus einer gewissen wirtschaftlichen Funktion heraus entwickelt wird, weil einfach die Nachfrage nach Handelsgütern bzw. von Handelsgütern explosionsartig angestiegen ist, sondern eben auch noch einmal diese sehr wichtige machtpolitische Stellung der Stadt beachtet werden sollte.

Beim Arlberg kann ich mir nicht ganz vorstellen, daß man sagen kann, zuerst sei er ein Pilgerweg gewesen und dann wurde er Handelsweg. Ich sehe nicht ein, weshalb der Weg über den Arlberg, auch wenn er noch nicht genug ausgebaut ist, durch eine Profanisierung im Handel ein höheres Risiko des Gebirgsübergangs hätte. Ich meine, der große Pilgerweg nach Santiago ist ja ganz eindeutig immer in gleich hohem Maße Handelsweg wie Pilgerweg. Zunächst nur einen Pilgerweg anzunehmen, aus dem erst später ein Handelsweg wird, ist für die Wirtschaftswissenschaft eigentlich nicht recht verständlich. Wir haben in der französischen Literatur gerade die ganz großen drei oder vier wichtigen Wege nach Santiago, die eindeutig Handelswege sind, und wir haben heute vom städtebaulichen Befund her noch in den großen Rastorten sehr große Marktplätze in Nordspanien.

Zu der Frage der Reichsministerialität müßten natürlich auch in gleichem Maße noch die Klosterstadtgründungen betrachtet werden. Frau Nau hat ja Murrhardt genannt, das dann nicht ausgebildet wurde zur Stadt, obwohl die Ansätze in der staufischen Zeit sehr deutlich waren. Man müßte sich einmal überlegen, ob es noch mehrere solcher Belegstellen gibt, dann könnte man vielleicht auch hier neue Ansatzpunkte finden, einfach von dieser neuen Funktion, die die Stadt bekommen hat, nämlich mit der Nachfrage nach Fernhandels- oder zumindest nach regionalen Handelsgütern.

Koller: Zum Arlberg möchte ich nochmals bemerken, daß die darin liegenden Kirchenpatrozinien (St. Christoph, St. Anton und St. Jakob) für einen Pilgerverkehr des 12. Jhs. sprechen und daß der Handel über den Paß erst im 14. Jh. nachweisbar ist. Diese Änderung würde ich mit einer verbesserten Straßenbautechnik erklären wollen, die wir in den Alpen (in Südtirol) und auch in anderen Gegenden nachweisen können. Warnen muß ich auch davor, Flußläufe generell als Grundlagen der Schiffahrt einzustufen. Man hat zwar Gewässer mit geringen Tiefen ausnützen können, in den Alpen waren aber die Stromschnellen und das allzu große Gefälle oft unüberwindbare Schwierigkeiten.

Diestelkamp: Herr Schwineköper hat das sogenannte Zähringer-Kreuz als den Stadtgrundriß des 12. und 13. Jhs. bezeichnet. Selbst wenn man diese Formulierung akzeptiert, bleibt doch die wesentlich interessantere Frage, wie weit man in diesem zeitlichen Rahmen noch differenzieren und sagen kann, die eine Form sei mehr dem 12., die andere mehr dem 13. Jh. zuzuschreiben. Methodisch möchte ich dazu aber vor allem bemerken, daß damit die Frage nach dem Zeittypischen aufgeworfen ist, was mir bei der Beurteilung der sogenannten Freiburger Gründungsurkunde als methodischer Fehler angelastet wurde und wird.

Zum Vortrag von Herrn Kerkhoff möchte ich anmerken, daß die süddeutschen Welfen offenbar nicht etwas bewirken konnten, was man als Stadtgründung bezeichnen kann. Dazu wäre nämlich zu fragen, was in diesem Fall »Gründung« sein soll. Ich assoziiere bei diesem Wort eine gewisse Aktivität. Haben aber die süddeutschen Welfen solche Aktivitäten entfaltet, die auf Gründung dieser Märkte hinzielten? Selbst die für das Vorhandensein von kaufmännischem Leben an diesen Orten im Referat angeführten Einzelindizien sind nur schwach und dürftig. Woher nimmt man dann aber die Berechtigung zur Verwendung des Wortes »Gründung« in diesem Zusammenhang? Es ist heute wieder üblicher geworden, stärker auf die Aktivitäten der Fürsten und adligen Kräfte zu schauen. Ist es aber bei Bewertung der vorgetragenen Fakten nicht mindestens genauso wahrscheinlich, daß sich in diesem Raum Kaufleute niedergelassen haben, deren Existenz zu irgendeinem Zeitpunkt durch die zuständige Herrschaft nur rechtlich abgesichert wurde? Dann wäre aber eine Gründungsaktivität fürstlicher Kräfte hier gar nicht zu konstatieren.

Schwineköper: Die Vorstellung, daß die Formen in einer zeitlichen logischen Abfolge aufeinanderfolgen, die eigentlich einleuchtend ist, trifft aber leider nicht zu. Ich habe ja gerade nicht ohne Grund das Beispiel Braunschweig gezeigt, das eine neuere Form in der Altstadt hat und in der Neustadt dann plötzlich wieder einen ganz offensichtlichen Straßenmarkt zeigt. Wenn man die späteren Formen der Stadt im 13. und sogar noch im 14. Jh. ansieht, da leben eben alte Formen auch wieder auf. Warum das so ist, läßt sich schwer entscheiden.
Für den Fall Feldkirch könnte man viele Parallelen beibringen, daß zwei große Marktstraßen, wahrscheinlich nacheinander, aber nie miteinander angelegt werden. Im Grunde genommen ist das schon in Konstanz festzustellen mit dem Fischmarkt und dann der Marktstätte, die auch so parallel zueinanderliegen. Das klassische Beispiel wäre Altenburg gewesen, wo es eine ganze Reihe von solchen riesigen langgestreckten Märkten nebeneinander, parallel, gibt. Wir sollten uns davon freihalten, von Leuten des Mittelalters die Logik zu verlangen, die wir von uns selbst fordern. Selbst bei dem Gebrauch von Begriffen wie *oppidum* oder *villa* sind die Schreiber eben niemals konsequent.

Rieber: Natürlich war der Arlberg erst vom 14. Jh. an befahrbar, aber als Pilgerweg bestand er eben schon vorher. Nun darf man sich einen solchen Pilgerweg doch nicht rein religiös vorstellen, sondern die Pilger mußten ja auch versorgt werden. Ein solcher Pilgerweg war auch in den Alpen begehbar mit Mauleseln, da die Mauleselkolonnen den normalen Nachschub der Heere bis ins 12. und noch ins 13. Jh. darstellten. Dort, wo die gefährliche Strecke gesperrt werden sollte, wurde sie gesperrt durch die Stadt Feldkirch, die absolut diese Funktion hat. Feldkirch gehört ja nachher doch zu den großen wichtigen Handelsplätzen in Schwaben.
Das Beispiel Ottobeuren führt zu den Prägungen bei Klöstern, die einen Markt bei sich haben. Für die Münzprägungsstätte ist ja nicht so sehr entscheidend der Markt, sondern die absolute Sicherung der Prägungsstätte. Es muß daher entweder eine Burg vorhanden sein oder eine Befestigung. Wenn eine Münzprägung irgendwo einsetzt, war dort ein befestigter Platz ganz zwangsläufig; denn man kann die kostbaren Metalle nicht ungesichert lagern. Eine normale Klosterumfassungsmauer bietet eben nicht diesen ausreichenden Schutz.
In einigen Städten kann man nachweisen, daß die Stadtgründung und Stadtwerdung nicht auf einen Zug sich vollzieht, sondern in mehreren Etappen. Wenn man dann gerade in diesen Städten die Abfolge hat *villa, oppidum, civitas,* dann liegt doch der Schluß nahe, daß dies verschiedene Entwicklungsstufen sind. Dieses *oppidum* ist m. E. in der bisherigen Diskussion nicht gebührend beachtet worden. Ein *oppidum* ist nicht eine *civitas,* es hat nicht eine Bürgerschaft im vollen Rechtssinn. Aber es besteht nicht nur rechtlich ein Unterschied, sondern auch räumlich. Ein *oppidum* kann den Markt vor ihren Toren haben; aber das *oppidum* ist auf jeden Fall ein befestigter Platz, mindestens mit Graben und Palisaden gesichert, aber auch mit Mauern. Bei den Staufern ist ja überliefert, daß sie nach der Wahl Lothars Ulm möglichst rasch befestigt haben, weil sie der Überzeugung waren, daß dieses ihr Eigentum ist, während Lothar Ulm beansprucht hat als Pfalz des Reichs. So wurde dieser Pfalzbezirk ummauert zum *oppidum.* Dieses *oppidum* ist archäologisch durchaus klar zu fassen, weil nämlich der Graben immer wieder nachweisbar ist als sehr

breiter Graben, der noch lange nach Gründung der *civitas* weiterbestanden hat und erst im 14. Jh. endgültig aufgefüllt worden ist. Dieses Zwischenstadium, das *oppidum,* kann man sehr schwer übersetzen; denn sowohl *civitas* wie *oppidum* wird in der deutschen Sprache als Stadt bezeichnet. Das ist m. E. die Voraussetzung für eine Münzprägung und die erste Stufe.
Bei den Stadtgründungen der süddeutschen Welfen habe ich den Eindruck, daß sie keine *civitates* bauten, aber *oppida* (Memmingen war auch räumlich zuerst ein *oppidum* und nicht eine *civitas),* und daß dann die Staufer diese *oppida* übernahmen und *civitates* daraus machen. Kennzeichnend für die *civitas,* die großen staufischen Gründungsstädte ist es doch, daß die Staufer nun in der Lage waren, die wirtschaftlichen Aktivitäten in einem ummauerten Raum festzubinden, und zwar mit ganz bestimmten Stadtvierteln. Ich habe auf Versorgung und Entsorgung schon hingewiesen, und zur Versorgung gehören natürlich auch die Metzig, das Schlachthaus und die Ansiedlung der Metzger wie auch die Siedlungen der Flößer, der Schiffer usw. Alle diese Dinge an Ort und Stelle in einem bisher landwirtschaftlichen Gebiet zu organisieren, bedeutet, daß man Handwerker haben muß, Organisatoren, die fähig sind, diese ganzen Versorgungsprobleme zu organisieren. Wo kommen diese Leute her? Die Staufer haben nicht umsonst eine Burg nach der anderen gebaut und eine Stadt nach der anderen gegründet. Wenn einmal die eine Stadt fertig ist, dann sind die Fachleute vorhanden, die wissen, wie man das macht. Da die Städte nun nicht nach einem einzigen Vorbild gegründet werden, sondern die Leute aus verschiedenen Vorbildern herkommen, aus verschiedenen Herkunftsorten zusammengezogen werden, daher kommen dann von verschiedenen Seiten die Einflüsse und daher die ungeheure Verschiedenartigkeit und die außerordentlich weitreichenden Beziehungen der Bürgerschaften dieser Städte. Einen Fachmann für dieses oder jenes organisatorische Problem fand man nicht in der nächsten Umgebung, auch nicht unbedingt in der Nachbarschaft, sondern eben dort, wo die Dinge damals gelöst worden waren. Hier müssen wir uns rein praktisch und real die Dinge vorstellen und daran anknüpfen an die Vorgänge, wie dann Städte später gegründet wurden oder wie überhaupt die Infrastruktur eines Gebietes entwickelt wird.

Sydow: Zunächst einmal zum Schutz der Münzstätten: Selbstverständlich müssen die Münzstätten mit ihrem Silber und auch mit den Geräten geschützt werden. Nur frage ich mich, ob die Klostermauern denn nicht ausreichten, die meistens nach meiner Meinung und nach einer Reihe von Beispielen, die man aufzählen könnte, stärker waren als die ersten Stadtbefestigungen, die zum großen Teil doch gerade nur so einen allerersten Anfang darstellten. Noch im 14. Jh. hat Florenz Holz-Erde-Befestigungen, und nur die Tore sind aus Stein gebaut. Wenn man dann an die Mauer in Hersfeld denkt, dann frage ich, ob nicht die Klostermauer ein besserer Schutz war als dieser kleine Wall, der von den Bürgern überhaupt erst einmal geschaffen werden mußte.
Zu der Reihe *villa, oppidum, civitas:* Wir kennen als *villa* ausgebaute Städte, von denen wir wissen, daß sie *civitas* auch im Rechtssinne sind, gerade im Südwesten. Diese Anlagen heißen aber *villa.* Dann haben wir ein *oppidum* in unmittelbarer Nähe von Tübingen, nämlich Waldhausen, ein Klostergut von Hirsau, das von Bebenhausen übernommen worden ist und zur Grangie gemacht wurde. Es heißt *oppidum,* und es mag sein, daß es als Klosterhof befestigt war, aber mit *oppidum* als einer auf die Stadt verengten Bezeichnung können wir nicht arbeiten.

Koller: Die Münzstätte im Kloster, die in der Zeit der Ottonen und Salier fast selbstverständlich war, wird für das 12. Jh. allmählich untragbar, wie die Tatsache beweist, daß die Zisterzienser meines Wissens nicht mehr münzen dürfen. Daher würde ich der Auffassung von Frau Nau eher zustimmen wollen, wenngleich ich zugebe, daß im Einzelfall eine Entscheidung schwer sein dürfte.

Warnen möchte ich auch davor, allzu sehr der Theorie zu vertrauen, Märkte seien einfach an Straßen und Kreuzungen gewachsen. Aus dem Plan könnte man zum Beispiel ablesen, daß Frankenmarkt in Oberösterreich sich an einer Straße von selbst bildete, die Hügellage des Ortes verrät dagegen, daß er planmäßig errichtet wurde. Übrigens hat kein geringerer als Kaiser Friedrich II. den Markt privilegiert.

Rieber: Natürlich ist nicht jedes *oppidum* eine Stadt in größerem Maße. *Oppidum* ist eben ein befestigter Platz. Aber es handelt sich m. E. darum: wenn wir in einer Stadt, größer als Ulm oder Konstanz oder Ravensburg, nun eine Vorstufe finden, die vorher einmal *oppidum* genannt wird, dann ist die Frage, ob sich durch Rückschlüsse aus Stadtgrundriß und Grundstücken, vor allem aber durch Bodenfunde nun nachweisen läßt, daß es einen früheren, engeren ummauerten Bezirk gegeben hat. Wenn dies der Fall ist, dann allerdings wird man den Ausdruck *oppidum* als Frühform der Stadt doch ernstnehmen und insbesondere fragen müssen, was denn diese großen Bodenbewegungen für einen Sinn haben. Wenn dann später derselbe Platz noch einmal als *villa* bezeichnet wird oder als *curia,* dann ist das gar kein Wunder; denn die Urkunden werden ausgestellt an dem Hof des Herrn. Da braucht man nicht die französische *ville* dazu hernehmen, sondern es ist einfach die altertümliche Bezeichnung. Sie wird durch Jahrhunderte weitergeführt, auch wenn sich der tatsächliche Umkreis etwas verändert hat. Der Hof des Herrn ist nach wie vor dasselbe. Es kann in den Urkunden dann wechseln, zwischen *curia, villa, oppidum* und *civitas,* während das erste Vorkommen des Ausdrucks *civitas,* das erste Vorkommen des Ausdrucks *oppidum* doch als wesentlich festzuhalten ist. Man muß die Bodenfunde in diesen Städten beachten und die Bodenbewegungen, die immer einmal wieder eintreten, dazu nützen, diese historischen Quellen wahrzunehmen, damit diese Quellen nicht ungenutzt zerstört werden.

Schwineköper: Es gibt tatsächlich nur eine einzige Schilderung einer Stadtentstehung, und zwar in dem von mir zitierten Text. Bei aller sagenhaften Ausgestaltung des Ganzen scheint die Schilderung doch einen wahren Kern zu haben. Es geht in einer Stadt Geplantes und Nichtgeplantes durcheinander, und es gibt sicherlich Fälle, wo das Planen in der Vorderhand war.
Im Frühjahr 1977 hat uns auf einer Tagung des Instituts für vergleichende Städtegeschichte ein polnischer Kollege (Wojciech Kalinowski) die Gitterstädte des Neusiedellandes östlich von der Oder vorgeführt. Er war der Meinung, bei diesem großen Gitterschema habe man überhaupt zunächst nur um den großen Vierecksmarkt herum die Baublöcke vermessen, und alles andere sei noch frei gewesen. Dort habe man im 13. und noch im 14. Jh. noch nicht einmal vermessen.
Wir neigen immer wieder dazu, in der Frage des *oppidum* unsere heutige Welt zu reproduzieren in das Mittelalter und unsere heutigen Vorstellungen darauf zu übertragen, was sehr gefährlich ist. Von Lampert von Hersfeld wird berichtet, Goslar sei mit Wällen und Gräben umgeben und könne verteidigt werden, dann heißt es aber in den Quellen wieder *villa.* Bei dem Annalista Saxo, der ein sehr gut unterrichteter Mann ist, heißt es plötzlich *vicus.*

VERZEICHNIS DER VERFASSER UND DISKUSSIONSTEILNEHMER

Prof. Dr. Gerhard BAAKEN, Tübingen;
Prof. Dr. Bernd DIESTELKAMP, Frankfurt a. M.;
Städt. Oberarchivrat Dr. Kuno DROLLINGER, Stuttgart;
Stadtoberarchivrat Dr. Peter EITEL, Ravensburg;
Städt. Archivdirektor Dr. Ludwig FALCK, Mainz;
Prof. Dr. Pankraz FRIED, Augsburg;
Stadtarchivdirektor Prof. Dr. Wolfgang KLÖTZER, Frankfurt a. M.;
Prof. Dr. Heinrich KOLLER, Salzburg;
Gymn.-Prof. a. D. Dr. Adolf LAYER, Dillingen;
Prof. Dr. Wolfgang LEISER, Erlangen;
Dipl.-Kfm. Hans Peter DE LONGUEVILLE, Mannheim;
Prof. Dr. Erich MASCHKE, Heidelberg;
Stadtarchivdirektor Dr. Helmut MAURER, Konstanz;
Hauptkonservator Dr. Elisabeth NAU, Stuttgart;
Albrecht RIEBER, Ulm;
Akadem.-Direktor Dr. Fred SCHWIND, Marburg;
Stadtarchivdirektor Prof. Dr. Berent SCHWINEKÖPER, Freiburg i. Br.;
Prof. Dr. Wilhelm STÖRMER, Neubiberg b. München;
Stadtarchivdirektor Prof. Dr. Jürgen SYDOW, Tübingen;
Prof. Dr. Hans THIEME, Freiburg i. Br.;
Prof. Dr. Gerd WUNDER, Schwäbisch Hall;
Kreisarchivamtsrat Walter ZIEGLER, Göppingen.

ORTS- UND PERSONENNAMEN

bearbeitet von Gerd Wunder

Vorbemerkung: Aus den Anmerkungen wurden Informationen, nicht aber Literaturangaben eingearbeitet.

Aachen 14, 101
Aarau 189
Adalbert Hg. Teck 182
Adelberg 34, 35, 46, 194, 195
Aggersberg 102
Agrigent 201
v. Aichelberg, Gf. 184
Aken a. Elbe 172
Alard, Thomas 132
Albert, Ebf. Magdeburg
Alise Sainte Reine 118
Allensbach 71, 92
v. Allensbach, H. 92
Al Mansur 107
Altdorf (Weingarten) 48, 194, 195, 201
Altenburg 44, 195, 207
von Altenburg, Luteger 196
Altkirch 184
Ammann, Hector 109
Amöneburg 64
Annweiler 195
ante Portam 18
Appelt, Heinrich 32, 36, 37, 42
Aquileja 196
Arbon, s. Hermann 76
Ardres 124, 128, 156, 164, 171
v. Ardres (Guines), Arnold 113, 118, 128, 156, 163 – Lambert 117, 118, 124, 127, 130, 135, 156, 163, 171
v. Arguel, Johannes 27
Ariani 13
v. Armenien s. Leo III.
Arnold (v. Selenhofen), Ebf. Mainz 25 – (v. Heiligenberg), Gegenbf. Konstanz 71
Aschaffenburg 56, 63
Aschersleben 146
Aso 113
Assenheim 63
Attendorn 64
Audricq 117, 131, 156
Auch s. Austindius
Augsburg 18, 26, 28, 34, 49, 56, 63–65, 74, 136, 194, 195, 202 – s. Bf. Hartmann, Hartwig, Udalschalk
v. Aurillac, Gerbert s. Silvester II.
Austindius, Hl. Ebf. Auch 129
Baaken, Gerhard 28, 193, 195, 198, 199, 205
v. Baden, Mgf. 181, 186 – s. Hermann, Mathilde
v. Baden (Aargau), Gf. 74
Bader, K. S. 183
Bagdad 107
Bala (Wales) 138
Baldock (Hertfordsh.) 107
Bamberg 9
Bardowiek 14
Basècles 116
Basel 15, 27, 49, 52, 74, 113, 115, 121, 126, 136, 198 – s. Bf. Ortlieb
Bastiden 132
Batzenhofen 34, 35, 46
v. Baumgarten-Ravensburg, Friedr. 190
Bautzen 206
v. Bayern s. Elisabeth, Heinrich, Ludwig, Welf
Baziège 120
Beatrix (v. Burgund), Kaiserin 62, 76 – v. Staufen (Tochter Philipps) 44
Beaulieu les Loches 116
Bebenhausen 176, 208
Beham, Albert 185
Benjamin v. Tudela 107
Beresford, H. 97, 132
v. Berg (Schelklingen), Gf. 74
Bergamo 117
Bergues 102
Berlin 62 – (Cölln) 146
Bern 155
Bernburg 146, 147
Bernhard v. Clairvaux, Hl. 80
Bernloch (b. Münsingen) 63
Berthold (II. v. Zähringen), Hg. Schwaben 43 – Bf. Konstanz 77 – (v. Zähringen, Gf.) 161
Berwick on Tweed 132
Biberach 48
Biddle, M. 97, 105
Biervliet 171
Birka 110
Biskupin 101, 103, 110
Blaschke, K. 97

Bobbio 75
Böblingen 179, 180
Bodman 40, 41
v. Bodman 40, 41
der Bogener, Otto 26
v. Böhmen s. Ottokar
Böhmer, J. F. 32
Boleslaw Chrobry, Kg. v. Polen 110
v. Bollweiler, Bernhard, Peter 122
Boppard 18, 113, 151, 153, 169, 201
Borst, Arno 40
Bosl, Karl 67, 130
Bradler, Günter 190
Brandenburg a. H. 146, 153, 154, 169
Braunfels, W. 97
Braunschweig 62, 140, 143–145, 170, 172, 207
Bregenz 180, 205
v. Bregenz, Gf. 74, 179 – Elisabeth 178 – Rudolf 178
Breisach 16, 49, 126, 137, 138, 140, 165
Bremen 118, 145 – s. Ebf. Hartwig
Bremgarten 189
Brugg 189
Brügge 166
Brühl, Carlrichard 30
v. Buch s. Christian
in der Bünd, Heinr. 90 – Hugo 92
v. Burgund s. Beatrix, Konrad, Otto

Cäcilie, Äbtissin Nordhausen 55, 62
Cambrai 149
Ceuta 94
Chemnitz 206
Chester 164
Chiavenna 36, 37, 39
Chillon 123
Christian (v. Buch), Ebf. Mainz 62
Chur 49, 74
v. Clairvaux s. Bernhard
Clarac 116
Cölln s. Berlin
Colmar 122, 127, 139
v. Comburg, Gertrud 194
Compegie s. Villeneuve
v. Cornwall s. Richard
Corvey 109 – s. Abt Erkenbert, Wibald

Damme 171
v. Dänemark s. Niels
Danzig 170
v. Dassel s. Rainald
Dattenried (Delle) 122, 126, 165
Decker-Hauff, H. 181, 205
Delle s. Dattenried
Dessau 146, 147
Dettingen 184
v. Dettingen, Gf. 184
Diedenhofen 119
Dießenhofen 187–189
Diestelkamp, Bernd 206
Diethelm (v. Krenkingen), Bf. Konstanz 63, 75, 78
Dietrich, Ebf. Trier 108 – (d. Bedrängte), Mgf. Meißen 164 – Propst v. Landsberg 131
Dietwin, Kardinal 35
Dilghausen 186
Dillingen 184
v. Dillingen, Gf. 74, 184
Dinkelsbühl 190
Dives, Gerung 21 (s. a. Reich)
Donauwörth 56, 63, 64, 140
Dornhan 182
Dortmund 144
Dover 119
Dresden 206
Drollinger, Kuno 205
Duisburg 12
Dünkirchen 171
Düren 121
Durlach 205

Eberbach 199
Eberhard I. (v. Waldburg-Thann), Bf. Konstanz 64, 82, 89 – II. Bf. 91
v. Eberstein, Gf. 183
Edward I., Kg. England 111, 115, 132
Eger 44, 206
Eggen 83
Eggert, Wolfgang 174
Eitel, Peter 194
Eketorp 102
Elbing 170
Elchenreute (b. Aulendorf) 56, 63, 64
Elisabeth v. Bayern, Königin 64
Ellwangen 34
Eltingen 186
Elzach 112
Emden 106
von Ems, Rudolf 25, 26
Endemann, Traute 120, 135
Engelbert (v. Falkenburg), Ebf. Köln 64
Engelrich, Abt Saalfeld 62
Engen 48
England s. Edward I.
v. Eppstein s. Siegfried, Werner
Erfurt 51, 62, 118, 120–122, 124

v. Erfurt, Bgf. s. Tinna-Gleichen
Erkenbert, Abt Corvey 109
Ernst II., Hg. Schwaben 43, 49
Ernst, Viktor 173
v. Eschenlohe s. Udalschalk
Esslingen 34, 42, 45–48, 63, 64, 66, 127
Eugen III., Papst 35, 39, 52

Falck, L. 199, 200
v. Falkenburg s. Engelbert
Feger, Otto 100
Fehring, G. P. 114
Feldkirch 178–180, 203, 205, 207
Feldmann, Karin 35
Ficker, Julius 32
v. Flandern, Gf. 113, 169 – Baldwin V. 116 – Baldwin VI. 117 – Philipp (v. Elsaß) 171
Fleckenstein, Josef 11
Florenz 153, 197, 208
de Foro 17
de Fossato 18
Francheville 111
Frankenmarkt 209
Frankfurt a. M. 14, 20, 22, 28, 56, 62, 65, 66, 101, 109, 114, 120, 185, 193, 203–206
Frauenfeld 189
Freiburg i. Br. 16, 34, 46, 49, 101, 106, 109, 114, 117, 120, 125, 129, 131, 133, 138, 155, 166, 167, 183, 187, 206
Freising 21, 51, 205 – s. Bf. Otto
Freyberg a. U. 172
Fried, Pankraz 34, 194, 195
Friedberg 13, 22, 56, 62, 139, 140
Friedingen 63, 75 – s. Hermann
Friedrich I. Barbarossa, Kaiser 12, 16, 21, 23, 25, 32–39, 41, 42, 46, 52, 55, 56, 62, 63, 66, 73–77, 92, 99, 121, 125, 126, 129, 182, 194–196, 198–200, 202, 204 – II. Kaiser 13, 16, 32, 33, 42, 44, 47, 55, 62, 64–66, 82–85, 87, 90, 125, 174, 182, 184, 185, 188, 190–192, 194, 198, 199, 209 – I. Hg. Schwaben 43, 49 – II. Hg. Schwaben 35, 43, 68
v. Froburg, Gf. 189
Fronton 102
Fulda 80, 170
v. Fürstenberg (Urach), Heinrich Gf. 183
Fyrkat 102

Gailingen (Kr. Vaihingen) 80
Gebhard I. Bf. Konstanz 72 – III. (v. Zähringen), Bf. Konstanz 71
Geeraardsbergen 116
Geislingen a. St. 47, 184, 194
v. Geldern, Gf. Gerhard 65
Gelnhausen 22, 38, 44, 56, 62, 125, 129, 140, 195
Gent 113, 166
Genua 94
Gerbert s. Silvester II.
Gerhard (Drost) 130
Gernsbach 183
Gestel 116
Ghislain 116
Giengen 46, 47, 196
Gießen 179, 180
van Giffen 102
Gir 10
Girbaden (b. Molsheim) 38
Gleiberg 179
v. Gleiberg, Gf. Wilhelm 179
v. Gleichen s. v. Tonna
Gloucester 150, 151
Goldstein, Johann 22
Göppingen 7, 33–35, 46, 112, 194
Goslar 13, 14, 23, 108, 120, 121, 140, 143, 145, 209
Gotha 62
Gottfried v. Straßburg 26, 27
Göttingen 29, 54, 193
Gottlieben 88
Grammont s. Geeraartsbergen
Granheim (Saulgau) 62
Gravelines 171
Greck 196
Gregor IX. Papst 66
Gresham, Thomas 65
Groitzsch 164
Gruber, K. 163
Grünberg 56
v. Grüningen, Gf. Hartmann 185
v. Guines, Gf. Arnold s. Ardres
Gur 107

Haase, Carl 123
v. Habsburg, Gf. 74, 189 – Albrecht IV. 189 – s. Rudolf I.
Hadrian IV. Papst 73
Haenohem 134
Hagenau 12, 16, 44, 127, 129, 137, 138, 140, 165, 190 s. Wolflin
Haigerloch 183
Haithabu 106, 123
Halberstadt 146, s. Bf. Ulrich
Haldensleben 172, s. Neu-H.
Hall, T. 97

Halle a. S. 131, 132
Hamburg 170
Hamm, E. 168, 170
Hannover 63
Hannoversch Münden 145, 172
Hardevust 10
Hartmann (v. Dillingen), Bf. Augsburg 64
Hartwig, Ebf. Bremen 52 – II. (v. Hürnheim), Bf. Augsburg 63, 64
Haselier, Günther 174, 181
Haßbach b. Rüsselsheim 199
Hausmann, Friedrich 32
Heide (Dithm.) 111
Heidelberg 8, 9, 25, 126, 140–142
Heilbronn 113, 127
v. Heiligenberg, Gf. Heinrich, Konrad 83 – s. a. Bf. Arnold
Heinrich II. Kaiser 186 – III. Kaiser 41, 113, 116 – IV. Kaiser 43, 113, 118, 124, 175 – V. Kaiser 41, 196 – VI. Kaiser 32, 33, 37, 42, 47, 53–55, 63, 66, 76, 81, 83, 126, 194, 195, 197, 198, 200, 205 – (VII.) Kg. 12, 15, 22, 32, 42, 44, 48, 66, 82, 87, 122, 125, 126, 134, 184, 198, 199 – Kg. (Sohn Konrads III.) 194 – Raspe, Gegenkg. 44, 48 – d. Löwe, Hg. Bayern, Sachsen 36, 38, 39, 55, 143, 145, 156, 170, 202, 203 – d. Schwarze, Hg. Bayern 43, 68 – (v. Tanne), Bf. Konstanz 82, 87 – Abt St. Gallen 44
v. Heidsberg s. Philipp
v. Helfenstein, Gf. 184
Herford 55
Hermann I. (v. Arbon) Bf. Konstanz 41, 69, 73, 75–77, 80 – (v. Friedingen), Bf. Konstanz 63, 75 – Mgf. v. Baden 74, 181, 186 – V. Mgf. 205
Herrenberg 179, 180
Hersbruck 64
Hersfeld 208, s. Lambert
Herzog, Erich 101, 108, 166
Heß, Wolfgang 204
v. Hessen, Lgf. 56
Hettstedt 196
Heuchlingen (Kr. Heidenheim) 64
Heusinger, Bruno 30
Higounet, C. 129
Hildesheim 124, 145, 167
Hirsau 208
v. Hohenberg, Gf. 74, 183
Hohenems 25
v. Hohenlohe 181
(Hohen)-Staufen s. Staufen
Horb 179, 180
v. Horburg 122
Horhusen 109, 120, 121
Hugo v. Reutlingen 127
Humbach s. Montabaur
v. Hürnheim s. Hartwig

Jänichen, Hans 31, 40
Jerusalem 80, 141, 148–150, 166, 169, 170, 201, 202
Ingelheim 101
Innozenz IV., Papst 87, 89
Johelarius, Otto 92
v. Isenburg-Kempenich 56
Isny 153
Istein 126

Kadeloh, Bf. Naumburg 105, 164
Kaiserslautern 44
Kalinowski, Wojciech 110, 209
Kalsmunt (Wetzlar) 56, 62, 195, 196
Kämmerer v. Ravensburg, Heinrich 190
Kamp, Norbert 54, 65
Karl d. Große, Kaiser 14 – IV. Kaiser 67 – K. Eugen, Hg. Wirtemberg 112
v. Kärnten s. Ulrich
Kasimir III., Kg. Polen 167
Kassel 62, 109
Kaysersberg 16, 122, 127
Kazimierz 167
Kelheim 156
Kempten 92, 202
v. Kempten, H. 92
Kenzingen 156, 168, 170
Kerzenheim (Pfalz) 63
Kiburg s. Kyburg
Kingston upon Hull 115
v. Kirchberg, Gf. 74
Kirchheim u. T. 182
v. Klingen 189
Klingnau 189
Klötzer, Wolfgang 203
Koblenz 19
Kochendorf 190
v. Kochendorf, Wilhelm 190
Koller, Heinrich 198, 200, 203, 206, 208
Köln 10, 14, 17, 22, 26, 56, 62–65, 67, 113, 133, 136, 197 – s. Ebf. Engelbert, Philipp, Rainald
König, Ulrich 80
Königsberg Pr. 170
Konrad I. Kg. 38, 40 – II. Kaiser 41, 43 – III. Kg. 12, 30, 32, 34–36, 43, 44, 46, 50–55, 62, 73–75, 116, 129,

140, 175, 194, 196, 204 – IV. Kg. 22, 23, 25, 26, 32, 42, 48, 64, 122, 194 – (v. Rothenburg), Hg. 76 – (v. Staufen), Pfgf. 141, 142 – Hg. v. Zähringen (Burgund) 35, 36, 68, 74, 133, 138 – (v. Wittelsbach) Ebf. Mainz 63 – (d. Heilige), Bf. v. Konstanz 68, 72 – (v. Tegerfeld), Bf. Konstanz 82 – III. (v. Scharfenberg), Bf. Speyer 63 – (v. Querfurt), Bf. Würzburg 64
Konrad von Würzburg 27
Konradin, Kg. 30, 32, 38, 44, 48, 94, 202
Konstanz 34, 35, 38–42, 46–50, 56, 62–65, 68–95, 108, 114, 121, 126, 134, 136, 166, 193, 194, 198–200, 207, 209, – s. Bf. Bertold, Diethelm, Eberhard, Gebhard, Heinrich, Hermann, Konrad, Ulrich
Konstanze (v. Sizilien), Kaiserin 76
Kopp, Herbert 143
Krakau 167
v. Krenkingen 189, s. Diethelm
Kreuzlingen 68, 72, 73, 76, 77, 80
Kreyher, V. 25
Krich 196
Kuppenheim 183
Kyburg 188
v. Kyburg, Gf. 74, 187, 189 – Hartmann III. 187, 188 – IV. 187, 189 – Ulrich III. 182, 188

Lampert v. Hersfeld 124, 209
Landau 63
Landsberg a. L. 209
v. Landsberg, Dietrich 131
Laufenburg 189
Layer, Adolf 194, 201
v. Leiningen, Gf. Friedrich II. 63
Leipner, Kurt 7
Leiser, Wolfgang 199, 200
Lenzburg 189
v. Lenzburg, Gf. 74, 187
Leo II., Kg. Armenien 196 – s. a. Löw
Leoben 159
Leonberg 185, 186
Leubas b. Kempten 62
le Waleys, Henry 132
Lichtenhagen 142
v. Lichtenstein, Ulrich 25
Limburg 63
Lindau 49, 54–56, 62, 63, 179
de Littore 18
Lobbes 118
v. Lobdeburg s. Otto
Logne (Vieuxville) 110, 116–118, 122, 123, 131
London 107, 132
de Longueville, Hans-Peter 197, 205
Lorch 33, 34, 46, 194, 195
Losebeck 145
Lothar I. Kaiser 131 – III. (v. Süpplingenburg), Kaiser 144, 207
v. Lothringen, s. Matthäus
Löw 196
Lübeck 114, 143, 144
Ludwig d. Fromme, Kaiser 40, 53 – IV. d. Bayer, Kaiser 23
Lund 116
Lüneburg 170
Lustnau 177
Luteger v. Altenburg 196
Lüttich 81, 116, 118
v. Luxemburg, Ermesine 133
Lyon 118

Magdeburg 105, 114, 118, 124, 127, 130, 136, 154 – s. Ebf. Albert, Wichmann
Mailand 38, 76, 117, 119, 121
Mainz 9, 17, 19, 21, 25, 56, 62–66, 125, 199 – s. Ebf. Arnold, Christian, Konrad, Siegfried, Werner
Manfred, Kg. Sizilien 26
Marbach 185–187, 205
Mardick 171
Marienburg 170
Markgröningen 185
Markward 92
Marmoutier en Montoire 136
Maschke, Erich 9, 29, 33, 96, 98
Mathilde v. Baden 185
Matthäus Hg. Lothringen 35
Matthias, Hl. 80
v. Mattweiler, Konrad, Otto 92
Maurer, Helmut 39, 41, 42, 68, 95, 157, 189, 198–200
Mayer, Theodor 29, 40
Meersburg 74, 78, 88, 134
Meingot (Kämmerer) 25
v. Meißen s. Dietrich
Meckseper, Cord 96, 157, 160, 170
Mellingen 189
Memmingen 48, 201, 208
Mengen 34, 35, 46
Merseburg 124, 164
Meschede 119
Mespelare 116
Meßkirch 190
Metz 119

Middelburg 102, 103
Minden 119
Mitteis, Heinrich 36, 197
Molsheim 125
Mommsen, Karl 68
Monpezier 167
Montabaur 108
Montauban 172
v. Montfort, Gf. 25, 178, 181, 203, 205 – Hugo I./II. 179
Mühlhausen (Thür.) 14, 16, 20, 51, 53, 54, 62
Mühlheim 184
Mühlhausen (Elsaß) 125
v. Müllenheim 18
München 62, 64, 156, 202, 205
Münster i. W. 110
Munsterbilzen 116
Münzenberg 56, 62
v. Münzenberg 56 – Kuno 62 – Ulrich 63
Murbach 122, 126
Murrhardt 53, 54, 62, 206
Murten 122

Nadelin, Sinzo 21
Namur 116
v. Namur, Gfn. Clementine, Gf. Gottfried 133
Nau, Elisabeth 49, 195–197, 201, 202, 206, 208
Naumburg 9, 105, 172, s. Bf. Kadeloh
Nazareth (Flandern) 108
Neapel 69
v. Nellenburg, Gf. 74
Neuffen 183
v. Neuffen 184 – Heinrich 44
Neu-Haldensleben 130
Neuravensburg 190
Neustadt a. D. 156
Newtown (Francheville) 111, 168
New Winchilsea 111, 132
Nidda 56
Niedermarsberg 109, 120, 121
Niels, Kg. Dänemark 116
Niewpoort 169, 171
Nivelles 119
Nonnebekken 102
Nordhausen 55, 62
Nuenborch 127
Nürnberg 12, 13, 28, 50, 53, 54, 62, 64, 65, 113, 121, 140, 141, 144, 195
v. Nürnberg, Bgf. Gottfried 51, 62, 195

Obermarsberg 109
Oberndorf 182
Oberuhldingen 74, 77
Ochsenfurt 68
Offenburg 125, 127, 148, 152, 167
Old Dynevor 164
Oldenstadt 170
Old Winchilsea 111
Oost Souburg (Walcheren) 102, 103
Oppeln 110
Oppenheim 16
Orb 56
Orleans 120
Ortenberg 56
Ortlieb Bf. Basel 52
Otheno, H. 92
Otto I. Kaiser 41, 114, 119, 121 – II. Kaiser 41, 119 – III. Kaiser 41, 62, 161 – IV. Kaiser 19, 21, 32, 44, 47, 82, 159 – (v. Staufen) Pfgf. Burgund 76 – (Bf. v.) Freising 51 – (v. Lobdeburg), Bf. Würzburg 64 – v. St. Blasien 38
Ottobeuren 202, 207
Ottokar II., Kg. Böhmen 26 – (Reimchronist) 26
Overstolz 10
Owingen (Kr. Hechingen) 63, 64

Paderborn 109
Pairis 122, 127
Passau 200
Patze, Hans 95
Pavia 68, 69
Pegau 16, 164 – s. Abt Wikpert
Pelagius, Hl. 72
Petersberg 131
Petershausen 38, 72, 76–78, 90
Petit Rechain 116
v. Pfalz s. Konrad
Pfirt 184
v. Pfirt, Gf. 184
Pforzheim 163
v. Pfullendorf, Gf. 74 – Rudolf 78
Philipp, Kg. 12, 32, 43, 44, 47, 75, 76, 78, 82, 159 – (v. Heinsberg) Ebf. Köln 55
Planck, Max 29
Planitz, Hans 11, 100
de Ponte, Ludwig 18
v. Polen, s. Boleslaw, Kasimir
ante Portam, de Porta 18
Prüm 197

Quedlinburg 117, 120, 121, 143
v. Querfurt s. Konrad

Radolfzell 49, 81, 92
v. Radolfzell, Ulrich 92
Rainald (v. Dassel), Ebf. Köln 62
Randenweiler (Kr. Crailsheim) 63
v. Rappoltstein 122
Ravensburg 45, 47, 48, 56, 63, 64, 153, 194, 196, 201, 209
v. Ravensburg s. Kämmerer – s. v. Baumgarten
Regensburg 21, 37, 152
Reich 10, 21
Reichenau 71, 74, 81, 93
Reichenbach 175
Remmingsheim 62
Renquishausen (b. Tuttlingen) 63
Reutlingen 127, 141, 143 – s. Hugo v. R.
Rex (König), Ulrich 80
Rexroth, K. H. 87
v. Rheinfelden s. Rudolf
Richard (v. Cornwall), Kg. 204
Rieber, Albrecht 196, 201, 207, 209
Ringleben (Kr. Sondershausen) 62
Ripa d'Oglio 117
v. Rohrdorf 78
Rom 52, 149, 194, 197
Rommersheim 197
Rörig, Fritz 129, 130
Rosenfeld 182
Rosheim 125
Rothenburg o. T. 154, 206
v. Rothenburg s. Konrad
Rottenmünster 47
Rottweil 17, 47, 48, 64, 65, 96, 111, 114, 120, 127, 148, 152, 156–160, 167, 168, 170
Rudolf I. (v. Habsburg), Kg. 44, 89 – v. Rheinfelden, Gegenkg. 43
Ruprecht, Kg. 11

Saalfeld 55, 62 – s. Abt Engelrich
v. Sachsen, Hg. s. Heinrich
Sachsenhausen 22
Säckingen 34, 35, 46
Saint Denis 134
Sainte Foi de Peyrolières 102
Saint Genou de l'Estrée 135
Saint Mihiel 128 – s. Abt Stefan
Saint Nicolas-de-la-Grave 102
Saint Omer 163, 164
Saint Philibert de Grandlieu 116
Saint Trond 116
Saive 116
Salem 35
Salzburg 200
Sankt Blasien s. Otto
Sankt Gallen 26, 49, 64, 74, 88, 89, 92, 101, 110, 167 – s. Abt Heinrich, Ulrich v. St. Gallen, Ulrich, Walter 92
Sankt Veit a. Glan 26
Santiago de Compostela 206
Sart les Spa 116
Saulgau 190
v. Savoyen, Gf. 123
sub Scopa, C. 92
v. Selenhofen s. Arnold
Seligenstadt 13, 56, 63, 195
Selnesse 156
Selz 38
Siegfried (v. Eppstein), Ebf. Mainz 63
v. Sigmaringen, Gf. 74
Silvester II. (Gerbert) Papst 170
Sindelberg 121
Sindelfingen 179, 186, 202
Sinsheim 54, 55
Sint Truiden 116
v. Sizilien, s. Konstanze, Manfred
Sulgen 92
v. Sulgen, Heinrich, Olrich 92
Süpplingenburg s. Lothar
Swigger, Heinrich 93
Sydow, Jürgen 173, 202, 203, 205, 206, 208
Schäfer, Alfons 205
Schaffhausen 48, 49, 109
Schalles-Fischer, M. 203
Schammach 190
v. Scharfenberg s. Konrad
Schattbuch 34, 35, 47
Scheuerbrandt, Arnoldt 174, 182
Schlesinger, Walter 29, 33, 41, 43, 105, 131, 138, 203
Schleswig 114
Schlettstadt 127
Schmitt, Ursula 33, 43
Schongau 63, 64, 201
Schöngrabern 141
Schorndirf 185, 186
Schulz, Knut 11
Schussenried 190
v. Schwaben, Hg. s. Bertold, Ernst, Friedrich, Konrad
Schwäbisch Gmünd 17, 34, 35, 46, 47, 63, 121, 138, 140, 194
Schwäbisch Hall 63, 65–67, 197
Schwarzmaier, H. 98
v. Schwerin, Gf. 170

Schwind, Fred 193, 195
Schwineköper, Berent 95, 200, 201, 203, 205–207, 209
Speyer 13, 14, 23, 24, 53, 54, 63, 65, 121, 136, 177, 186, 198, 205 – s. Bf. Konrad
Staad 78
Stablo s. Stavelot
Stap 135
Staufen (Hohen-St.) 34, 35, 47
136, 177, 186, 198, 205 – s. Bf. Konrad Otto
Stavelot (Stablo) 116 – s. Abt Wibald
Stefan Abt v. St. Mihiel 129
v. Steinach, Rudolf 26
Stolz 7
Stoob, Heinz 108, 109, 181
Störmer, Wilhelm 201
Strada 135
Straßburg 9, 18–21, 24, 49, 120, 122, 125, 136, 152, 161 – s. Gottfried
Straubing 156
Stromer, Ulman 11
Stuttgart 7–9, 64, 95, 181, 185

Tabor 108
v. Tanne s. Waldburg, s. Heinrich
Teck 182
v. Teck, Hg. 184, 186, 187, 205 – s. Adalbert
v. Tegerfeld s. Konrad
Tellenbach, Gerd 41
Theodelach, Bf. Worms 122
Theux 116
Thieme, Hans 197
Thun 155
v. Thüringen, Lgf. 56
Thyssen 7
Tiel 14
Tiengen 189
v. Toggenburg, Gf. 74, 92
Tongerloo 170
v. Tonna-Gleichen, Bgf. Erfurt, Ernst, Lampert 51
Topilstein, Konrad 20
Toul 38
Toulouse 135
v. Toulouse, Gf. 172
Trelleborg 102, 103
Trier 18–20, 25, 80 – s. Ebf. Dietrich
Trifels 195
v. Trimberg 56
Tübingen 7, 8, 63–65, 175–178, 180, 188, 202, 208
v. Tübingen, Pfgf. 40, 44, 175, 176, 178, 180, 181, 205 – Friedrich 178 – Hugo I./II. 38, 178 – IV. 179 – Rudolf III. (I. Scheerer) 179 – Rudolf I. 178, 179 – Rudolf, Ulrich, Wilhelm 179
v. Tudela, Benjamin 107
v. Türheim, Ulrich 26
Turin 153
von dem Türlin, Heinrich, Ulrich 26
zum Turm, Arnold 17
Turn 17
Tuttlingen 63
Tyrus s. Wilhelm

Überlingen 45, 47, 48, 56, 63, 74, 82, 196
Udalschalk (v. Eschenlohe), Bf. Augsburg 63, 64
Ulm 12, 28, 29, 33–40, 42–44, 46–48, 50, 51, 56, 62–64, 73, 74, 92, 177, 193, 195, 196, 199, 207, 209
v. Ulm, C. 92
Ulrich, Hg. Kärnten 25 – Bf. Halberstadt 52 – I. (v. Dillingen), Bf. Konstanz 72 – Abt St. Gallen 71
Ulrich von Türheim 26
Ülzen 170
Unter-Uhldingen 74, 77
Urach 182, 183
v. Urach, Egino IV. 182 – V. 183 – Gebhard, Gottfried, Heinrich, Konrad 183 – s. a. Fürstenberg
Urbach 119
Ursperg 205
v. Üsenberg 156

Vaihingen a. E. 183
v. Vaihingen, Gf. 183
Velhar, Erth 196
Venedig 108
Venette (b. Compiègne) 135
Verdun 119
v. Veringen, Gf. 74
Vienne, Ebf. 131
Viersel 116
Vieuxville s. Logne
Villeneuve (Compegie) 122 – V. (b. Genf) 138
Villingen 114, 130, 138, 156, 160–163, 166–168, 170, 183
Vitruvius 150
v. Vohburg, Adela 39, 75
Vöhrenbach 183
Vreden 55

Waiblingen 185, 186, 205
Wakken 116

Walcourt 116
v. Waldburg-Tanne, Truchseß 190, s. Bf. Eberhard – v. W.-Rohrdorf 190
Waldhausen 208
Wallhausen 34, 35, 47
le Waleys, Henry 32
Walpod, Arnold 21
Warschau 110
Weilderstadt 185
Weingarten 47, 48, 194, 195, 201–203, 205 – s. a. Altdorf
Weise, Markward 19
Weißenau 47, 48, 195
Weißenburg (Elsaß) 121
Welf I. Hg. Bayern 43 – VI. 35, 36, 74, 202, 203
Weller, Karl 174
Wendlingen 184
Wenzel, Kg. 67
Werla 193
Werner (von Eppstein) Ebf. Mainz 64
Wertheim 183
v. Wertheim, Gf. 183
Wetvik 116
Wetzlar 22, 56 – s. a. Kalsmunt
Wibald Abt v. Stablo u. Corvey 36, 110, 116
Wichmann, Ebf. Magdeburg 130, 197
Wielandt, Friedrich 49
Wien 12, 15, 24, 32, 33
Wiesbaden 13
Wikpert, Abt Pegau 164, 165
Wilhelm (v. Holland), Kg. 83, 87, 89
Wilhelm v. Tyrus 141
Wilmersdonc 116
Wimpfen 12, 14, 44, 126, 190, 195, 199
Winchester 104–106, 111, 119, 132, 141, 150, 166
Winkelmann, Eduard 32
Winnenden 184
v. Winterstetten, Konrad 26, 130, 190
Winterstettenstadt 190
Winterthur 92, 188, 189
v. Winterthur, Bertold 92
v. Wirtemberg, Gf. 184–186 – Gf. Ulrich 184, 186 – s. Hg. Karl Eugen
Wisniewski 25
v. Wittelsbach s. Konrad, Ludwig IV.
Wittenberg 146, 148
Wölfflin v. Hagenau 16, 127, 130
Wolfram, Schultheiß 22
Wollishausen (Kr. Augsburg) 56, 63
Worms 11, 13–15, 19, 21, 23, 24, 63, 65, 123, 125, 127, 199, 204 – s. Bf. Theodelach
Würzburg 11, 12, 15, 17, 19–21, 24, 25, 53, 62, 64, 65, 76 – s. Bf. Konrad, Otto v.
Würzburg, Konrad 27

York 119, 132

Zabern 122
v. Zähringen, Agnes 182 – Anna 182, 188 – s. Bertold, Gebhard, Konrad – s. Teck
Zaventem 116
Zejen (Drente) 102
v. Ziegenhain, Gf. 56
Ziegler, W. 194
Zinsmaier, Paul 33
v. Zollern, Gf. 74, 184
Zudkerque 117, 131, 156
Zug 189
Zürich 49, 69, 92
v. Zürich, Heinrich, Hiltebold 92
Zwingenberg 190

Stadt in der Geschichte

Veröffentlichungen des Südwestdeutschen Arbeitskreises für Stadtgeschichtsforschung

Hrsg. von Erich Maschke und Jürgen Sydow. Jeder Band 15 x 23 cm. Kartoniert

1 Zur Geschichte der Industrialisierung in den südwestdeutschen Städten

11. Arbeitstagung in Göppingen 1972

1977. 176 Seiten. ISBN 3-7995-6401-2

M. Akermann: Göppingen – Industriestadt am Fuße des Hohenstaufen; Fr.-F. Wauschkuhn: Staatliche Gewerbepolitik und frühindustrielles Unternehmertum in Württemberg von 1806 bis 1848; H. Hellwig: Heilbronn – Stadt und Umland im 19. Jahrhundert; H. Christmann: Bemerkungen zur Frage der Kinderarbeit in der württembergischen Gewerbsindustrie in der zweiten Hälfte des 19. Jahrhunderts; B. Kirchgässner: Der Aufstieg Mannheims als Bank- und Versicherungsplatz im deutschen Kaiserreich; H.-P. de Longueville: Geschichte des Sparkassenwesens in Württemberg und Baden im 19. Jahrhundert; Beiträge aus der Diskussion; Orts- und Personennamen.

2 Städtisches Haushalts- und Rechnungswesen

12. Arbeitstagung in Überlingen 1973

1977. 188 Seiten. ISBN 3-7995-6402-0

B. Kirchgässner: Zur Frühgeschichte des modernen Haushalts. Vor allem nach den Quellen der Reichsstädte Esslingen und Konstanz; J. Rosen: Eine mittelalterliche Stadtrechnung – Einnahmen und Ausgaben in Basel 1360–1535; W. Hess: Rechnung Legen auf Linien. Rechenbrett und Zahltisch in der Verwaltungspraxis in Spätmittelalter und Neuzeit; D. Kreil: Zusammensetzung und Entwicklung des Haushalts der Reichsstadt Schwäbisch Hall von 1420 bis 1620; R. Hildebrandt: Zur Frage der reichsstädtischen Finanzen und Haushaltspolitik seit dem Westfälischen Frieden; K. Rothe: Überblick über das städtische Haushaltswesen der Reichsstadt Ulm im 18. Jahrhundert; L. Sigloch: Der Gemeindehaushalt der württembergischen Landstadt Pfullingen von 1656 bis 1874; W. Küchler †: Konstanz a. B. – Beispiel einer finanzschwachen Stadt. Zur Geschichte der kommunalen Finanzen im Bodenseeraum während des 19. Jahrhunderts; H. Vietzen: Das Stuttgarter Haushaltswesen im Zusammenbruch 1945 bis nach der Währungsreform 1948; W. Bühler †: Die Entwicklung des Finanzwesens in der Freien Reichsstadt Überlingen bis zur Mitte des 18. Jahrhunderts; Beiträge aus der Diskussion; Register.

3 Stadt und Universität im Mittelalter und in der früheren Neuzeit

13. Arbeitstagung in Tübingen 1974

1977. 192 Seiten. ISBN 3-7995-6403-9

H. Koller: Stadt und Universität im Spätmittelalter; A.-D. v. den Brincken: Die Stadt Köln und ihre Hohen Schulen; U. Im Hof: Die reformierten Hohen Schulen und ihre schweizerischen Stadtstaaten; A. Schindling: Die reichsstädtische Hochschule in Straßburg 1538–1621; A. Layer: Universität und Stadt in Dillingen an der Donau; H. E. Specker: Das Gymnasium academicum